Ponte da Liberdade, sobre o Rio Danúbio, vista do apartamento de Lukács, em Budapeste.

PROLEGÔMENOS PARA UMA ONTOLOGIA DO SER SOCIAL

Manuscrito original de *Prolegômenos para uma ontologia do ser social*, Lukács Archívum, Budapeste. Foto: Ester Vaisman, julho de 2010.

GYÖRGY LUKÁCS
PROLEGÔMENOS PARA UMA ONTOLOGIA DO SER SOCIAL

Supervisão editorial: **Ester Vaisman**
Tradução: **Lya Luft e Rodnei Nascimento**
Revisão técnica: **Ronaldo Vielmi Fortes**
Prefácio e notas: **Ester Vaisman e Ronaldo Vielmi Fortes**
Posfácio: **Nicolas Tertulian**

Copyright desta tradução © Boitempo Editorial, 2010
Tradução do original alemão *Prolegomena zur Ontologie des gesellschaftlichen Seins*, parte I
(Darmstadt, Luchterhand, 1984), *Werke*, v. 13

Coordenação editorial
Ivana Jinkings

Editora-assistente
Bibiana Leme

Supervisão editorial
Ester Vaisman

Tradução
Lya Luft e Rodnei Nascimento

Revisão da tradução
Ronaldo Vielmi Fortes (técnica) e Nélio Schneider

Preparação
Tulio Kawata

Assistência editorial
Ana Lotufo, Elisa Andrade Buzzo e Gustavo Assano

Revisão
Pedro Paulo da Silva e Vivian Miwa Matsushita

Diagramação
Antonio Kehl

Capa
Isabella Teixeira
(com base em projeto gráfico de David Amiel)

Produção
Livia Campos

É vedada a reprodução de qualquer parte deste livro sem a expressa autorização da editora.

CIP-BRASIL. CATALOGAÇÃO-NA-FONTE
SINDICATO NACIONAL DOS EDITORES DE LIVROS, RJ

L977p
    Lukács, György, 1885-1971
        Prolegômenos para uma ontologia do ser social : questões de princípios para uma ontologia hoje tornada possível / György Lukács ; tradução de Lya Luft e Rodnei Nascimento ; supervisão editorial de Ester Vaisman. - São Paulo : Boitempo, 2010.
        il.

        Tradução de: Prolegomena zur Ontologie des gesellschaftlichen Seins
        Inclui bibliografia e índice
        ISBN 978-85-7559-116-1

        1. Ontologia. 2. Filosofia marxista. I. Luft, Lya, 1938-. II. Nascimento, Rodnei. III. Vaisman, Ester. IV. Título.

10-0765.   CDD: 111
CDU: 111
23.02.10   26.02.10   017718

1ª edição: outubro de 2010; 1ª reimpressão: fevereiro de 2012;
2ª reimpressão: agosto de 2015; 3ª reimpressão: outubro de 2023

BOITEMPO
Jinkings Editores Associados Ltda.
Rua Pereira Leite, 373
05442-000 São Paulo SP
Tel.: (11) 3875-7250 / 3872-6869
editor@boitempoeditorial.com.br
boitempoeditorial.com.br | blogdaboitempo.com.br
facebook.com/boitempo | twitter.com/editoraboitempo
youtube.com/tvboitempo | instagram.com/boitempo

Sumário

Apresentação 9
Ester Vaisman e Ronaldo Vielmi Fortes

Parte 1 33

Parte 2 75

Parte 3 127

Posfácio 383
Nicolas Tertulian

Índice onomástico 403

Referências bibliográficas 413

Obras do autor 415

NOTA DA EDITORA

A publicação deste livro marca o início de um ambicioso projeto da Boitempo: traduzir as obras de György Lukács diretamente do alemão para o português. Seguindo as mesmas diretrizes adotadas nos livros da coleção Marx-Engels – contando com o auxílio de especialistas renomados e sempre com base nos textos originais –, a editora inaugura com este volume a série dedicada ao legado lukacsiano, com a intenção de disponibilizar aos leitores seus livros mais importantes.

A tradução dos *Prolegômenos para uma ontologia do ser social* passou por um processo cuidadoso de revisão técnica coordenado por Ester Vaisman, professora do departamento de Filosofia da Universidade Federal de Minas Gerais, e de revisão da tradução, a cargo de Ronaldo Vielmi Fortes (técnica) e Nélio Schneider. Colaboraram também Leonardo Gomes de Deus, Mônica Hallak Martins da Costa e Rainer Câmara Patriota.

Também de autoria de Ester Vaisman e Ronaldo Vielmi Fortes são o "Prefácio" e as notas de rodapé explicativas ao leitor brasileiro, sinalizadas com asteriscos (as notas de rodapé numeradas são de autoria do próprio Lukács). A edição apresenta ainda um posfácio de Nicolas Tertulian, um índice onomástico e uma relação das obras publicadas pelo autor.

No intuito de respeitar o texto de Lukács, atentando para o fato de tratar-se de um manuscrito, mantivemos as notas de rodapé do autor exatamente como se encontram na edição alemã (*Prolegomena zur Ontologie des gesellschaftlichen Seins*, Darmstadt, Luchterhand, 1984), motivo pelo qual muitas vezes as referências bibliográficas encontram-se resumidas. Para auxiliar o leitor a localizar as obras mencionadas, incluímos ao final do livro, em "Referências bibliográficas", uma versão o mais completa possível dessas indicações – por tratar-se de obras às vezes muito antigas, nem sempre nos foi possível descobrir seus dados completos.

Por fim, destacamos que, apesar de ser bastante comum no Brasil adotar a grafia "Georg" para o primeiro nome de Lukács (em consonância com as edições alemãs), optamos por mantê-lo aqui conforme sua grafia original em húngaro: "György".

Esperamos que o leitor tenha tanto prazer ao ler este volume quanto tivemos, todos os envolvidos, em editá-lo.

Apresentação

Para uma ontologia do ser social e *Prolegômenos* foram publicados pela primeira vez na Alemanha em 1984. A editora Luchterhand integrou os dois livros à coleção de obras completas de György Lukács, lançada em dois volumes e editada por Frank Benseler. No Brasil, cinco anos antes, Carlos Nelson Coutinho traduzira e publicara pela Livraria e Editora Ciências Humanas de São Paulo os capítulos "A falsa e a verdadeira ontologia de Hegel" e "Os princípios ontológicos fundamentais de Marx" a partir do manuscrito em alemão, valendo-se também da tradução italiana de Alberto Scarponi e da versão inglesa de David Fernbach. Embora o original tenha vindo a público apenas em 1984, a tradução italiana do primeiro volume, contendo a introdução, os capítulos críticos dirigidos ao neopositivismo, ao existencialismo e a Nicolai Hartmann, além dos capítulos supracitados dedicados a Hegel e a Marx, data de 1976. Tal antecipação cronológica só foi possível porque Scarponi, assim como Coutinho, tiveram acesso aos manuscritos que estavam sob a guarda de Ferenc Bródy e Gábor Révai. Em maio de 1981, a editora Riuniti publicou os volumes II* e II** (os asteriscos fazem parte da nomenclatura adotada pela editora), também traduzidos por Scarponi. No primeiro, foram reunidos os capítulos sobre o trabalho e a reprodução; no segundo, os capítulos "O momento ideal e a ideologia" e "O estranhamento". O mesmo ocorreu com a edição inglesa da Merlin Press, embora, até o momento, a editora só tenha publicado os capítulos sobre Marx, Hegel e o trabalho (lançados em 1978). Em relação aos *Prolegômenos*, a situação é um pouco diferente:

não constam da edição da Riuniti. Em 1990, foram publicados na Itália em volume separado (353 páginas) pela Guerini e Associati, com tradução de Scarponi e apresentação de Nicolas Tertulian. E, em 2009, pelas Éditions Delga (Paris), com tradução de Aymeric Monville e revisão de Didier Renault.

De *A alma e as formas* a *História e consciência de classe*

Não é o caso aqui de retomar em detalhe a extensa e sinuosa trajetória intelectual do autor. É importante indicar ao leitor, desde logo, que

> Lukács pode ser considerado um dos pensadores mais marcantes da cultura marxista contemporânea. Tal avaliação, diga-se de passagem, não é fruto apenas de seus intérpretes, que de um modo ou de outro vieram a se alinhar em torno da obra do pensador húngaro, mas também de seus adversários.[1]

Valendo-nos do testemunho de Tertulian, podemos dizer que "a evolução intelectual de György Lukács oferece uma imagem singular da formação e do devir de uma personalidade nas condições agitadas de um século não menos singular, por sua complexidade e pelo caráter dramático de sua história"[2].

É difícil determinar em poucas linhas o cerne teórico de Lukács – antes e depois de sua adesão ao marxismo –, pois ele "passou por experiências espirituais as mais variadas e heterogêneas"[3]; por isso, desenvolveu-se grande polêmica em torno das continuidades e das descontinuidades de seu pensamento. Não é o caso de nos delongarmos sobre esse importante tema, mas não poderíamos deixar de fazer referência à controvertida tese "daqueles que consideram o 'verdadeiro Lukács' aquele das obras de juventude e que a fase de maturidade de sua obra, isto é, a fase rigorosamente marxista, constituiria uma involução evidente"[4].

A compreensão da trajetória de Lukács se torna ainda mais difícil por uma característica de seu itinerário intelectual e biográfico: as "autocríticas". E isso nos leva a um debate fecundo:

---

[1] Ester Vaisman, "O 'jovem' Lukács: trágico, utópico e romântico?", *Kriterion*, Belo Horizonte, v. 46, n. 112, 2005, p. 294.
[2] Nicolas Tertulian, "L'évolution de la pensée de Georg Lukács", *L'Homme et la Societé*, Paris, n. 20, abr.-jun. 1971, p. 15.
[3] Idem.
[4] Idem.

Que outro pensador contemporâneo foi capaz de renunciar crítica e deliberadamente, como ele fez por diversas vezes, ao prestígio de obras consagradas? Renúncia que chegou ao total divórcio delas, a ponto mesmo de manifestar completa desidentidade autoral por textos que teriam feito, cada um *per se*, a inconfessa e sempre almejada glória de carreira de qualquer um, inclusive dos melhores e mais respeitáveis.

Esse desapego, sinônimo de enorme exigência para consigo mesmo, que nunca declinou em arrogância ou pedantismo, nem em autoproclamações de méritos ou em bravatas de autossuficiência, em que pese a imensa solidão teórica a que esteve constrangido seu trabalho.[5]

Lukács nasceu em 1885, no bairro de Leopoldstadt, em Budapeste[6]. Seu primeiro livro – *História da evolução do drama moderno* – foi publicado em 1909 e, à época, recebeu um prêmio literário. Nesse texto, de plena juventude, ele buscava:

> uma forma de interpretação das manifestações literárias que não fosse uma mera abstração de seus conteúdos peculiares. Donde, na contraposição teórica em que se encontrava e sob a aderência ao neokantismo, não ter ido além, naquela época, da equação armada em *História da evolução do drama moderno*: a da pura síntese intelectual entre sociologia e estética, sob amparo e sustentação do pensamento de Simmel. Em lugar de partir "das relações diretas e reais entre a sociedade e a literatura", como dirá no "Prefácio" a *Arte e sociedade*, onde afirma também que "não pode surpreender que de uma postura tão artificiosa tenham derivado

---

[5] Ester Vaisman, "O 'jovem' Lukács: trágico, utópico e romântico?", cit., p. 294.

[6] Para mais detalhes sobre a biografia de Lukács, conferir uma entrevista que ele concedeu a István Eörsi e Erzsébet Vezér. Eörsi, em uma nota inicial, esclarece o leitor: "Quando György Lukács foi informado de sua doença fatal, empreendeu esforços extraordinários para poder concluir rapidamente as correções de sua obra *Para uma ontologia do ser social*. O rápido agravamento de seu estado o impediu, no entanto, de executar esse trabalho tão importante para ele, com a intensidade a que estava acostumado. Nessa época, ele se pôs a escrever o esboço sobre sua vida, em parte devido ao menor desgaste teórico, em parte para, assim, satisfazer um desejo de sua falecida mulher. Depois que terminou o esboço, ficou claro que não teria forças para redigir. A própria atividade de escrever mostrou-se tarefa que ultrapassava cada vez mais suas forças físicas. Entretanto, como não suportaria viver sem trabalhar, seguiu o conselho de seus alunos mais íntimos e contou sua vida em conversas gravadas ao responder, em crescente decadência física, às perguntas que, baseadas no seu esboço biográfico, Erzsébet Vezér e eu lhe fazíamos", em *Pensamento vivido: autobiografia em forma de diálogo* (Santo André/Viçosa, Estudos e Edições Ad Hominem/Editora UFV, 1999), p. 25. Edição traduzida diretamente do original alemão *Gelebtes Denken – Ein Autobiographie im Dialog* (Frankfurt, Suhrkamp, 1981).

construções abstratas", sempre insatisfatórias, até mesmo quando atinam com alguma determinação verdadeira.[7]

Com a publicação de *A alma e as formas*, em 1911, o filósofo húngaro chamou a atenção de diversos membros da elite europeia. [...] O último ensaio do livro, [...] que muitos comentadores consideram o texto capital desse conjunto [...], foi consagrado à apologia da tragédia. Aos olhos do jovem Lukács, a tragédia aparecia como a encarnação da vida essencializada levada às últimas consequências, como o modo supremo de articulação desta forma [...] na qual ele via a condição inalienável da verdadeira arte.[8]

Na sequência, publica *A teoria do romance* (1914-1915), que, ao lado de *A alma e as formas*, representa o trânsito lukacsiano de Kant a Hegel, culminando no último. É o percurso que o leva, sem abandonar o território das assim chamadas "ciências do espírito" (Dilthey, Simmel, Weber), da filosofia e da nascente sociologia alemã de Simmel para uma forma da "ciência do espírito" acoplada ou transpassada pelo hegelianismo, responsável pela urdidura de *A alma e as formas*, mas com destaque maior em *A teoria do romance*. Essas obras surgem sob o influxo direto ou indireto, aqui não importa, do "esteticismo da *filosofia da vida* [*Lebensphilosophie*], que predominava no pensamento alemão no início do século passado [século XX]"[9].

O estalar da guerra de 1914 e seu efeito sobre a intelectualidade de esquerda, ao ser assumida pela social-democracia, determinam o projeto de redação de *A teoria do romance*. A obra "nasceu de um estado de espírito de permanente desespero diante da situação mundial"[10], diz Lukács, que mais de uma vez lançou mão de uma fórmula de Fichte para caracterizar a imagem que nutria daquele tempo: "época da pecaminosidade consumada"[11]. Essa visão infernal de uma Europa sem brechas e sem horizontes, tecida de pessimismo eticamente modulado, faz do Lukács de *A teoria do romance* um utópico primitivo, expressão quase idêntica a uma criada por

---

[7] Ester Vaisman, "O 'jovem' Lukács: trágico, utópico e romântico?", cit., p. 295-6.
[8] Nicolas Tertulian, "L'évolution de la pensée de György Lukács", cit., p. 17.
[9] Ibidem, p. 20.
[10] G. Lukács, "Prólogo a *La teoría de la novela*", em *Obras completas* (Barcelona, Grijalbo, 1975, v. I), p. 182. [Ed. bras.: *A teoria do romance*, São Paulo, Duas Cidades/Editora 34, 2000.]
[11] G. Lukács, *Pensamento vivido*, cit., p. 49.

ele mesmo. De tal sorte que ele pode afirmar: "*A teoria do romance* não é conservadora, mas destruidora"[12]. E de forma mais concreta:

> metodologicamente, é um livro de história do espírito. Mas acho que é o único livro de história do espírito que não é de direita. Do ponto de vista moral, considero toda aquela época condenável e, na minha concepção, a arte é boa quando se opõe a esse decurso.[13]

Não é possível, aqui, entrar em detalhes sobre essa importante fase da vida do autor, mas é necessário aduzir que "o devir intelectual de Lukács apresenta um interesse único, possuindo valor paradigmático para o destino da intelectualidade europeia do século XX"[14].

História e consciência de classe – seu livro mais afamado[15] – foi:

> reconhecidamente, um esforço intelectual marcante no sentido de pôr em evidência um campo de reflexão teórica até então relegado a um segundo plano. Nesse livro estão reunidos vários estudos do período que vai de 1919 a 1922. De fato, a obra de Lukács, na década de 1920, se revestiu de importância decisiva, na medida em que representou a tentativa de – independentemente de seus embaraços e malogros – reconhecer e ressaltar a natureza e as complexas funções da esfera ideológica.[16]

Em outras palavras, *História e consciência de classe*, apesar de seu hiper--hegelianismo, reconhecido pelo próprio autor no prefácio à edição de 1967 – ou seja, mais de quatro décadas após a primeira publicação do livro[17] –,

---

[12] G. Lukács, "Prólogo a *La teoría de la novela*", cit., p. 290.
[13] G. Lukács, *Pensamento vivido*, cit., p. 49.
[14] Nicolas Tertulian, "L'évolution de la pensée de György Lukács", cit., p. 25.
[15] Não obstante seu prestígio, o livro foi publicado no Brasil apenas em 2003 pela editora Martins Fontes, de São Paulo. Até então, por aqui circularam a edição portuguesa das Publicações Escorpião, a espanhola da Editorial Grijalbo e a francesa da Les Éditions de Minuit.
[16] Ester Vaisman, *A determinação marxiana da ideologia* (Tese de Doutorado, Belo Horizonte, UFMG, 1996), p. 57.
[17] "Durante muito tempo, um equívoco terrível, carregado de vários significados, pairou sobre esse livro. Lukács o negou, em termos enérgicos, numa série de textos escrita entre 1930 e 1940. O prefácio de 1967 não foi o primeiro. Os admiradores zelosos de uma obra considerada capital para o marxismo do século XX continuaram a cultuá-lo, atribuindo a desaprovação do autor a uma coerção sofrida por Lukács. (A obra de Lukács e a de Karl Korsch foram denunciadas por Zinoviev no V Congresso da Internacional Comunista, em 1924, como heréticas e revisionistas. Ao mesmo tempo, Kautsky, em sua revista *Die Gesellschaft*, e os social-democratas criticaram Korsch e Lukács de um outro ponto de vista.)." Nicolas Tertulian, "L'évolution de la pensée de György Lukács", cit., p. 25.

representou uma reação importante às desventuras do marxismo oficial que não valorizava o papel da subjetividade no interior dos processos históricos. Nesse prefácio, o autor revê autocriticamente o conteúdo do livro em questão, revelando, entre outros aspectos, o "dualismo temático e intimamente contraditório" de seus posicionamentos filosóficos da época. Embora não se pretenda sequer esboçar uma análise crítica desse livro, é conveniente frisar que foi escrito num momento de transição intelectual do autor em direção ao marxismo, como ele próprio veio a reconhecer ao afirmar: "encontro em meu mundo mental da época tendências simultâneas à assimilação do marxismo e à atividade política, de um lado, e, do outro, uma constante intensificação de colocações éticas puramente idealistas"[18]. A restrição de Lukács acerca de sua obra dos anos 1920 está no plano filosófico.

> *História e consciência de classe* representa objetivamente – e contra as intenções subjetivas do autor – uma tendência que no interior da história do marxismo e, sem dúvida com grandes diferenças na fundamentação filosófica e nas consequências políticas, representa sempre, voluntária ou involuntariamente, uma orientação contrária à ontologia do marxismo.[19]

De *Estética* a *Para uma ontologia do ser social*

Alguns intérpretes de Lukács, como Guido Oldrini[20] e Nicolas Tertulian[21], consideram que sua fase de maturidade tem início em 1930, data a partir da qual o filósofo passa a se dedicar aos seus estudos sobre a arte, tendo como orientação uma chave analítica fundada no pensamento de Marx. Oldrini, buscando descobrir o momento em que tem início o processo que leva Lukács à redação de sua obra postumamente publicada, se vale de

---

[18] G. Lukács, *Historia y consciencia de clase* (México, D. F., Grijalbo, 1969), p. X. [Ed. bras.: *História e consciência de classe*, São Paulo, Martins Fontes, 2003.]

[19] Ibidem, p. XVII.

[20] Guido Oldrini, "Em busca das raízes da ontologia (marxista) de Lukács", em Maria Orlanda Pinassi e Sérgio Lessa (orgs.), *Lukács e a atualidade do marxismo* (São Paulo, Boitempo, 2002), p. 49-75.

[21] Nicolas Tertulian, "Lukács hoje", em Maria Orlanda Pinassi e Sérgio Lessa (orgs.), *Lukács e a atualidade do marxismo*, cit., p. 27-48.

depoimentos do crítico soviético Michail Lifschitz[22] e dos húngaros István Hermann, um dos primeiros alunos de Lukács, e László Szikai, diretor do Arquivo Lukács de Budapeste. Tais depoimentos "têm insistido com ênfase particular na 'importância histórica' da virada dos anos 1930, no fato de que – sem sombra de dúvida – exatamente ali, em Moscou, é que se forma o Lukács maduro"[23]. No primeiro turno dos exílios em Moscou, no início do ano de 1930, ao deixar o exílio em Viena, Lukács trabalha com Riazanov, que então cuidava da edição dos manuscritos juvenis de Marx e empreendia a publicação da Marx-Engels-Gesamtausgabe (MEGA), a qual ficou incompleta com sua expulsão em 1931 do Partido Comunista da União Soviética (PCUS) e posterior desaparecimento no bojo dos expurgos stalinistas. Foi uma experiência mais do que invulgar, provavelmente responsável por sua inflexão em relação ao pensamento marxiano, e da qual ele se recordava com grande entusiasmo até o fim da vida, como na entrevista à *New Left Review* em 1968: "Quando estive em Moscou, em 1930, Riazanov me mostrou os manuscritos de Marx elaborados em Paris em 1844. Você pode imaginar minha excitação: a leitura desses manuscritos mudou toda a minha relação com o marxismo e transformou minha perspectiva filosófica"[24]. De acordo com Oldrini, essa virada tem caráter ontológico, na medida em que se fundamenta na crítica de Marx à filosofia especulativa de Hegel, na qual Marx, em parte influenciado pelos pequenos escritos de Feuerbach[25], faz o reconhecimento da objetividade enquanto propriedade originária de

---

[22] Esteta e filósofo com quem Lukács conviveu no primeiro exílio na União Soviética. No prefácio ao seu volume antológico *Arte e sociedade*, publicado em Budapeste em 1968, ele declara: "No Instituto Marx-Engels, conheci e trabalhei com Michail Lifschitz, com quem, no curso de longos e amigáveis colóquios, debati as questões fundamentais do marxismo. O resultado teórico mais importante dessa clarificação foi o reconhecimento da existência de uma estética marxista autônoma e unitária. Essa afirmação, indiscutível hoje em dia, parecia no início dos anos 1930 um paradoxo até para muitos marxistas". *Arte e società* (Roma, Riuniti, 1981, v. I), p. 11. Nesse contexto, importa lembrar, imperavam ainda as concepções formuladas pela II Internacional.
[23] Guido Oldrini, "Em busca das raízes da ontologia (marxista) de Lukács", cit., p. 52-3.
[24] G. Lukács, "Democracia burguesa, democracia socialista e outras questões", *Nova Escrita/Ensaio*, São Paulo, n. 8, 1981, p. 49. (Trata-se de entrevista concedida à sucursal da *New Left Review* em Budapeste, em 1968, e publicada em 1971, no número 68 da revista.)
[25] Cf. Ludwig Feuerbach, *Princípios da filosofia do futuro* (Lisboa, Edições 70, [s. d.]).

todo ente[26]. Oldrini considera, nesse sentido, que "as linhas diretrizes da investigação lukacsiana após os anos 1930 se devem imediatamente à teoria materialista da objetividade", contudo isso não significa necessariamente "que se devam deixar de lado", na análise desse longo período que desemboca em *Para uma ontologia do ser social*, "os inconvenientes e os limites que derivam da ausência como fundamento, de um explícito projeto ontológico. Nesse momento, em Lukács, esse projeto está completamente ausente"[27]. Além disso, é necessário advertir para o fato de que tal "virada", por assim dizer, embora apresente diferenças substanciais em relação a seus textos juvenis, não é "fruto de uma brusca e inesperada inversão de rota, de uma reviravolta que se teria verificado de improviso, sem preparação, na última década da vida do filósofo. Pelo contrário, por trás dela há uma longa história, que merece atenção"[28]. Essas fases intermediárias de seu pensamento que incluem, segundo Oldrini, "por exemplo, os escritos berlinenses ou moscovitas, aqueles de volta à Hungria"[29], merecem um estudo mais cuidadoso, sem isolá-las do contexto mais amplo da obra. Evidentemente, tal intento escapa aos limites da presente proposta de trabalho. O que importa aqui é identificar os móveis teóricos que relacionam sua grande *Estética* com o trabalho derradeiro[30]. Colocada a questão, inicialmente, em termos cronológicos, é novamente Oldrini[31] quem oferece algumas pistas importantes:

---

[26] Em *Pensamento vivido*, Lukács se posiciona a respeito: "Marx elaborou principalmente – e esta eu considero a parte mais importante da teoria marxiana – a tese segundo a qual a categoria fundamental do ser social, e isto vale para todo ser, é que ele é histórico. Nos manuscritos parisienses, Marx diz que só há uma única ciência, isto é, a história, e até acrescenta: 'Um ser não objetivo é um não-ser'. Ou seja, não pode existir uma coisa que não tenha qualidades categoriais. Existir, portanto, significa que algo existe numa objetividade de determinada forma, isto é, a objetividade de forma determinada constitui aquela categoria à qual o ser em questão pertence", em *Pensamento vivido*, cit., p. 145.

[27] Guido Oldrini, "Em busca das raízes da ontologia (marxista) de Lukács", cit., p. 67.

[28] Ibidem, p. 50.

[29] Idem.

[30] Cf. Ester Vaisman, "A obra tardia de Lukács e os revezes de seu itinerário intelectual", *Trans/Form/Ação*, São Paulo, v. 30, n. 2, 2007, p. 251-2.

[31] Nesta etapa da exposição, dado o espaço de que dispomos, julgamos adequado seguir a análise de Oldrini e Tertulian, intérpretes que conseguiram captar com mais acuidade o elo entre a *Estética* e a *Ontologia*.

Vejamos, antes de mais nada, algumas datas fornecidas por Tertulian e Mezei para orientar-nos e mover-nos com facilidade na selva dos fatos. Lukács só pensa numa *Ontologia* muito tarde, como introdução a uma ética marxista, para a qual ele já vinha recolhendo grande quantidade de materiais preliminares pelo menos desde o fim dos anos 1940, e que se torna mais forte (mas também é posta temporariamente entre parênteses) com o início do trabalho na grande *Estética*[32], datável de 1955: trabalho que prosseguiu até 1960.[33]

Em *Conversando com Lukács* (1967)[34], ao ser indagado pelo entrevistador sobre a presença, em sua *Estética*, de alguns pressupostos ontológicos que nem sempre são tratados de forma explícita, o filósofo húngaro não só indica alguns elementos da obra em preparação – a *Ontologia* –, mas também responde afirmativamente à questão que lhe fora colocada. Assim, podemos identificar em depoimentos do próprio Lukács sinalizações razoáveis para admitir a existência de elementos de caráter ontológico na obra publicada originalmente em 1963. Nesse mesmo sentido, Oldrini, apoiando-se em uma carta enviada pelo autor a Ernst Fischer e em outra endereçada à irmã, pôde afirmar que, imediatamente após a conclusão da *Estética*, teve início o trabalho na *Ética*. E mais, "ele sentiu logo a necessidade imprescindível de um capítulo introdutório de caráter ontológico, testemunham as conversas com os alunos e, mais ainda e melhor, o que diz a Werner Hofmann numa carta de 21 de maio de 1962: ou seja, que 'seria necessário avançar ainda na direção de uma concreta ontologia do ser social'".[35]

Da provável existência de um fio condutor, principalmente entre a *Estética* e a *Ontologia*, não resulta de imediato a conclusão que Lukács tenha aderido, sem mais, à expressão ontologia, ainda que, como afirma Oldrini: "mesmo lá onde a coisa, o nexo conceitual, já exista em germe,

---

[32] G. Lukács, *Die Eigenart des Ästhetischen* (*Ästhetik*) (Berlim, Luchterhand, 1963, 2 v.) e *Estética* (Barcelona, Grijalbo, 1966, 4 v.).
[33] Guido Oldrini, "Em busca das raízes da ontologia (marxista) de Lukács", cit., p. 51.
[34] Hans Heinz Holz, Leo Kofler e Wolfgang Abendroth, *Conversando com Lukács* (Rio de Janeiro, Paz e Terra, 1969), p. 11-2 e ss.
[35] Guido Oldrini, "Em busca das raízes da ontologia (marxista) de Lukács", cit., p. 52. (Oldrini faz referência a G. I. Mezei [org.], *Ist der Sozialismus zu retten? Briefwechsel zwischen György Lukács und Werner Hofmann* [Budapeste, Lukács Archívum, 1991], p. 21.)

falta a palavra para exprimi-lo"[36]. Em verdade, Lukács nutria desconfianças e suspeitas em relação à própria palavra, resistindo em utilizá-la; "para ele, tomando a conotação que lhe fora conferida por Heidegger, ela só tem um valor negativo"[37]. Entretanto, ao entrar em contato com a obra de Ernst Bloch, *Questões fundamentais da filosofia: pela ontologia do ainda--não-ser* [Noch-Nicht-Sein], publicada em 1961, e com a volumosa obra de N. Hartmann sobre a *Ontologia*, há uma mudança de postura em relação à palavra.

Desse modo, a abordagem da própria *Estética* muda de configuração: apesar de, cronologicamente, ter sido elaborada antes da *Ontologia*, há claros indícios que tornam factível a hipótese de que, em termos lógicos, os problemas ontológicos já estavam presentes, mesmo que tal expressão não tenha sido utilizada, seja porque Lukács a associava com o existencialismo, seja porque ele próprio não havia se dado conta da possibilidade de uma ontologia em bases materialistas. No entanto, o fato é que "a tese de que a obra de arte 'está lá', de que ela existe anteriormente à análise de suas condições de possibilidade, não representa de fato uma 'novidade' do último Lukács [...]"[38]. Com efeito, a partir do depoimento do próprio autor, constata-se esse nexo entre a análise da obra de arte e questões de ordem ontológica. No prefácio de 1969 à edição francesa de *Meu caminho até Marx*, o autor afirma: "Se para a *Estética* o ponto de partida filosófico consiste no fato de que a obra de arte está aí, de que ela existe, a natureza social e histórica dessa existência faz com que toda problemática se desloque para uma ontologia social"[39].

De *Para uma ontologia do ser social* aos *Prolegômenos para uma ontologia do ser social*: as relações entre indivíduo e gênero

Ainda é Tertulian que nos oferece uma informação preciosa acerca do momento exato em que tem início a elaboração da última obra de Lukács: maio

---

[36] Guido Oldrini, "Em busca das raízes da ontologia (marxista) de Lukács", cit., p. 67.
[37] Idem.
[38] Ibidem, p. 70.
[39] G. Lukács, *Utam Marxhoz* (Budapest, Magvetö, 1971), p. 9-31, citado em Guido Oldrini, "Em busca das raízes da ontologia (marxista) de Lukács", cit., p. 69.

de 1960[40], data em que, conforme seus planos, começaria os escritos da *Ética*. Contudo, "sabemos o que ocorreu depois: os trabalhos preparatórios da *Ética* se transformaram num volumoso manuscrito, a *Ontologia do ser social*, concebida como uma necessária introdução à obra principal"[41].

A incursão lukacsiana no debate da ontologia não é de modo algum fruto de inclinações particulares ou meramente teóricas, mas surge do "entendimento de que a realidade deve ser transformada e não simplesmente manipulada e gestada"[42], e que, para tanto, uma série de questões do campo prático e do teórico devem ser tratadas a partir de uma nova perspectiva. As adversidades de seu tempo impunham – assim julgava o pensador húngaro – a enorme tarefa de retornar à obra de Marx, com o intuito de reformular as perspectivas revolucionárias e de buscar respostas aos descaminhos provocados pelo vigor stalinista que dominou toda tentativa revolucionária comunista.

Por isso mesmo, a última grande obra filosófica de Lukács, *Para uma ontologia do ser social*, constitui um caso singular no interior da história do marxismo, uma vez que destoa do núcleo comum sobre o qual a obra de Marx foi compreendida ao longo de todo o século XX: tem o mérito de ter sido a primeira a destacar tal caráter. É uma denúncia de que o caráter ficou obscurecido pela rigidez dogmática em que o marxismo se viu imerso desde a morte de Lenin, que rechaçava a discussão acerca da ontologia, qualificando-a de idealista e/ou simplesmente metafísica. Como Lukács sugere, essa rigidez é uma vertente específica das reflexões lógico-epistemológicas que passaram a dominar todo o cenário da filosofia desde o século XVII, as quais combatem vigorosamente a tentativa de basear sobre o ser o pensamento filosófico em torno do mundo, afirmando "que qualquer reflexão sobre o ser efetivo é afastada no domínio da ciência como 'não científica'"[43]. Não importam quão distintas essas perspectivas possam ser em suas pretensões políticas ou quão antagônicas possam ser em relação a seus princípios filosóficos, ambas são perspectivas enrijecidas e

---

[40] Nicolas Tertulian, *Lukács: la rinascita dell'ontologia* (Roma, Riuniti, 1986), p. 11. Trata-se de uma carta datada de 10 de maio de 1960, endereçada a Ernst Fischer, na qual Lukács anuncia que havia finalizado a *Estética* e que pretendia "ter à mão sem demora a *Ética*".

[41] Idem, "O grande projeto da *Ética*", *Ensaios Ad Hominem*, Santo André, t. 1, n. 1, 1999, p. 126.

[42] Alberto Scarponi, "Introduzione", em G. Lukács, *Per l'ontologia dell'essere sociale* (Roma, Riuniti, 1976, t. I), p. XII.

[43] Ver parte 3, p. 381.

reduzidas pelas mesmas amarras, uma vez que se fundam no interior das discussões lógico-gnosiológicas e, precisamente por isso, estão incapacitadas de perceber que o cerne estruturador do pensamento marxiano se compõe de lineamentos ontológicos acerca do ser social.

Vale, no entanto, lembrar que, apesar das perspectivas abertas, essa obra não teve uma receptividade à altura de suas pretensões. O destino funesto a que foi condenada revela-se com clareza na tênue repercussão desses últimos escritos no pensamento do século XX. Essa fatalidade a que se viu submetida possui pelo menos dois motivos principais: por um lado, como já mencionado, surge na contramão das tendências filosóficas do século, na medida em que quer repor a necessidade da reflexão ontológica em um mundo dominado pelo debate lógico-epistemológico; por outro, a publicação integral de sua obra aparece em um momento extremamente desfavorável, pois coincide com a implosão do Leste Europeu e, consequentemente, com a tão decantada derrocada do pensamento marxista em geral.

Encontram-se apenas estudos esparsos sobre a última fase de seu pensamento, e a autoridade intelectual do pensador húngaro ainda hoje é muito mais reconhecida por conta de *História e consciência de classe*. As consequências necessárias passíveis de serem extraídas de suas últimas determinações sobre o pensamento de Marx ainda não foram consideradas em sua íntegra.

Todo o vigor dos escritos ontológicos de Lukács possui duas direções básicas: volta-se contra as leituras mecanicistas provenientes principalmente do stalinismo, ao mesmo tempo em que procura combater a crítica dos adversários de Marx, demonstrando como a incompreensão – e mesmo a recusa – de toda e qualquer ontologia encontra-se circunscrita em necessidades prementes da própria configuração da sociedade capitalista: "Se analisássemos bem as constantes teorias dos grupos dirigentes políticos, militares e econômicos do nosso tempo, descobriríamos que estes – conscientemente ou não – são determinados por métodos de pensamento neopositivistas"[44].

O combate sugerido por Lukács ao predomínio das reflexões lógico-epistemológicas tem, portanto, a perspectiva que concilia a posição teórica com a necessidade prática. Contra o predomínio manipulatório a que se viu

---

[44] G. Lukács, "As bases ontológicas da atividade e do pensamento do homem", em *Temas de ciências humanas* (São Paulo, Livraria Editora Ciências Humanas, 1978), p. 6.

reduzida a ciência no mundo do capital, a ontologia recoloca o problema filosófico essencial do ser e do destino do homem.

A percepção da ontologia em Marx fornece a Lukács os elementos passíveis de estabelecer de uma vez por todas a ruptura com o predomínio da gnosiologia e da epistemologia em nossos tempos. Suas reflexões partem da crítica fundamental que postula que, em Marx, "o tipo e o sentido das abstrações, dos experimentos ideais, são determinados não a partir de pontos de vista gnoseológicos ou metodológicos (e tanto menos lógicos), mas a partir da própria coisa, isto é, da essência ontológica da matéria tratada"[45].

Revela-se nessas palavras o reconhecimento de uma fecunda inflexão do pensamento de Marx em relação a tudo o que foi produzido pela filosofia até então: "o objeto da ontologia marxista, diferentemente da ontologia clássica e subsequente, é o que existe realmente: a tarefa é a de investigar o ente com a preocupação de compreender o seu ser e encontrar os diversos graus e as diversas conexões em seu interior"[46]. Instaura-se, a partir dessa determinação, uma inflexão com os padrões científicos predominantes desde o século XVII. A novidade do pensamento de Marx deve ser entendida como:

> uma estrutura de caráter completamente novo: uma cientificidade que, no processo de generalização, nunca abandona esse nível (existência em-si) e que, não obstante, em cada singular adequação aos fatos, em cada reprodução ideal de um nexo concreto, examina continuamente a totalidade do ser social e desse modo sopesa continuamente a realidade e o significado de cada fenômeno singular; uma consideração ontológico-filosófica da realidade existente em si que não vaga por sobre os fenômenos hipostasiando as abstrações, mas, ao contrário, se põe, criticamente e autocriticamente no mais elevado nível de consciência, só para poder tomar cada existente na plena forma de ser que lhe é própria, que é específica propriamente deste. Nós cremos que Marx criou assim uma nova forma tanto de cientificidade geral quanto de ontologia, que é destinada, no futuro, a superar a constituição profundamente problemática, não obstante toda a riqueza dos fatos descobertos, da cientificidade moderna.[47]

---

[45] Idem, *Per l'ontologia dell'essere sociale*, cit., p. 302.
[46] Hans Heinz Holz, Leo Kofler e Wolfgang Abendroth, *Conversando com Lukács*, cit., p. 15.
[47] G. Lukács, *Per l'ontologia dell'essere sociale*, cit., p. 275.

Essa nova caracterização da cientificidade é definida de um modo simples, porém pleno de consequências: as "categorias são formas e determinações da existência". Afirmar isso significa dizer que as categorias e as conexões próprias ao ser assumem para o pensamento caráter de metro crítico no processo de construção das abstrações. E como não poderia deixar de ser, o arremate de Lukács é conclusivo, ao destacar que:

> o marxismo distingue-se em termos extremamente nítidos das concepções do mundo precedentes: no marxismo, o ser categorial da coisa constitui todo o ser da coisa, enquanto nas velhas filosofias o ser categorial era a categoria fundamental no interior da qual se desenvolviam as categorias da realidade. Não é que a história se desenvolva no interior do sistema das categorias, mas ao contrário, a história é a transformação do sistema das categorias. As categorias são, em suma, formas do ser.[48]

O ser é compreendido como totalidade concreta dialeticamente articulada em totalidades parciais. Essa estrutura constitutiva do ser, a que Lukács designa como um "complexo de complexos" – tomando emprestada a terminologia de Nicolai Hartmann –, apresenta-se sempre por meio de uma intrincada interação dos elementos no interior de cada complexo. O complexo no interior dessa perspectiva é compreendido e determinado como um conjunto articulado de categorias que se determinam reciprocamente, além de estruturado de forma decisiva por uma categoria que atua como momento preponderante em seu interior.

> A universal processualidade do ser deriva não somente da complicada interação dos "elementos" (complexos) no interior de cada complexo e dos complexos entre si, mas da presença, a cada vez, de um *übergreifendes Moment* [momento preponderante] que fornece a direção objetiva do processo, o qual se configura, por isso, como um processo histórico.[49]

Esse enfrentamento – teórico e prático – forma a base do argumento que adverte para a necessidade de retorno a Marx, sem as peias erguidas pelo marxismo em geral. Trata-se de varrer das páginas da obra marxiana uma discussão totalmente estranha à sua letra: afirmações que acusam a existência em Marx

---

[48] Idem, "Diálogo sobre o pensamento vivido", *Ensaio*, São Paulo, n. 15/16, 1986, p. 85.
[49] Alberto Scarponi, "Introduzione", cit., p. XIII.

de um determinismo unívoco, proveniente da esfera da economia, que absolutiza a potência do fator econômico, colocando em segundo plano a eficácia dos outros complexos da vida social. Ao contrário de um determinismo unívoco da esfera econômica sobre as outras instâncias da sociabilidade, como lhe atribui grande parte de seus adversários, o cerne estruturador do pensamento econômico de Marx se funda na concepção da determinação recíproca das categorias que compõem o complexo do ser social.

> Esse método dialético peculiar, paradoxal, raramente compreendido, repousa na já referida convicção de Marx segundo a qual, no ser social, o econômico e o extraeconômico continuamente se convertem um no outro, estando em uma insuprimível interação recíproca, da qual, como mostramos, não deriva nem um desenvolvimento histórico extraordinário privado de leis nem uma dominação mecânica "imposta por lei" do econômico abstrato e puro.[50]

Trata-se de momentos que se apresentam permanentemente em um estado de determinação reflexiva. São a interação e a inter-relação desses momentos que constituem a estrutura sobre a qual se move e que dinamiza o processo de socialização do homem. As categorias de produção e reprodução da vida – esfera econômica – desempenham a função de motor central dessa dinâmica. Todavia, só podem se desenvolver sob a forma de um "momento ontologicamente primário de uma interação entre os complexos que vêm a existir na dialética objetiva entre acaso e necessidade"[51]. A base econômica permanece sempre como o momento preponderante; no entanto, isso não elimina a relativa autonomia das superestruturas, fato que se expressa de maneira definitiva na dialética de mútua reciprocidade determinativa existente entre estas e a esfera da economia. As esferas superestruturais da sociedade não são simples epifenômenos da estrutura econômica. Longe de constituírem um reflexo passivo, elas podem agir (ou retroagir) sobre a base material em maior ou menor grau, sempre, entretanto, no interior das "condições, possibilidades ou impedimentos" que esta lhes determina.

Compreender o ser social em seu sentido preciso implica, pois, considerar a dinamicidade existente entre os complexos que compõem a sua tota-

---

[50] G. Lukács, *Per l'ontologia dell'essere sociale*, cit., p. 290.
[51] Alberto Scarponi, "Introduzione", cit., p. XIII.

lidade. Sob esses aspectos, a relação da esfera do ser social com as outras formas de ser, inorgânicas e orgânicas, ganha, no contexto das elaborações lukacsianas, uma relevância inusitada. O salto ontológico representado pelo trabalho, ao mesmo tempo que funda e constitui a sociabilidade, liga-a ineluntavelmente à natureza orgânica e inorgânica. O que equivale dizer que o processo de humanização ou de socialização do homem não pode nem poderá mais prescindir das esferas do ser orgânico e inorgânico. Isso constitui para Lukács uma das novidades centrais do pensamento marxiano, pois sua filosofia rechaça a ideia tradicional de separação entre natureza e sociedade. Toma os problemas pertinentes à natureza na sua efetiva inter-relação com a sociedade, portanto, não como antíteses que se excluem mutuamente, mas como inter-relações entre complexos distintos que se formam e se modificam numa relação de determinação reflexiva. Nas palavras de Lukács, ocorre a "dupla determinação de uma insuprimível base natural e de uma ininterrupta transformação social dessa base"[52].

O que caracteriza e determina a especificidade da atividade humana é a transformação da atividade natural em uma "atividade posta", ou seja, é a configuração objetiva de um fim previamente estabelecido – o *pôr teleológico*. O trabalho é a unidade entre o pôr efetivo de uma dada objetividade e a atividade ideal prévia diretamente regida e mediada por uma finalidade específica. A natureza, que tem na causalidade o princípio geral de seu movimento, passa a ser mediada pela consciência. Esta, sob a regência da realização de uma finalidade, a partir dos próprios nexos causais da natureza, impõe novos direcionamentos, desdobrando-os em novas formas inusitadas em relação aos processos naturais. Nesse sentido, Lukács define o resultado final do trabalho como uma "causalidade posta", o que significa dizer que se trata de uma causalidade que se põe em movimento pela mediação de um fim humanamente configurado. Na atividade laborativa, as duas categorias, embora antagônicas e heterogêneas, formam uma unidade no interior do complexo. Portanto, causalidade posta, ou variante da mesma assertiva, o pôr teleológico constitui o fundamento ontológico da dinamicidade de complexos próprios apenas ao homem, na medida em que a teleologia é uma categoria existente somente no âmbito do ser social. Desse modo, definindo a posição teleológica como célula

---

[52] Ibidem, p. 265.

geradora da vida social e vislumbrando no seu desenvolvimento e complexificação o conteúdo dinâmico da totalidade social, Lukács impossibilita a confusão entre as diretrizes e os princípios que regem a vida e a sociedade, pois reconhece pelo menos dois tipos de pôr teleológico, que se diferenciam claramente quando se considera o objeto sobre o qual incidem suas ações. A primeira forma de pôr teleológico primário atua sobre um dado objeto ou elemento natural, enquanto o pôr teleológico designado por Lukács como secundário tem como objeto a consciência de outros homens, ou seja, "não são mais intervenções imediatas sobre objetos da natureza, mas intencionam provocar essas intervenções por parte de outras pessoas"[53]. É a análise dessas formas distintas dos pores teleológicos que nos auxilia a compreender o processo de desenvolvimento das fases superiores a partir da forma originária do trabalho. A dinâmica inerente às interações categoriais do trabalho não apenas instaura a gênese do ser social como também determina a dinâmica das formas superiores da sua prática. Nas etapas superiores da sociabilidade, essas formas de teleologia tornam-se mais "desmaterializadas", uma vez que se desvinculam da relação direta com o momento material da prática social, assumindo o papel preponderante na dinâmica do processo social. São elas que mais tarde darão origem a dimensões importantes da prática social, tais como a ética e a ideologia. É por meio delas – e esta é uma questão crucial para Lukács – que podemos vislumbrar a gênese das ações políticas. Precisamente por isso, são também designadas como pores socioteleológicos.

É no conjunto das determinações decisivas que perfazem os lineamentos fundamentais do pensamento marxiano que Lukács elabora suas considerações sobre os complexos mais problemáticos do ser social. Nesse sentido, todo o empreendimento levado a cabo em sua *Ontologia* tem por objetivo reexaminar passo a passo as categorias fundamentais do pensamento de Marx, iniciando pela retomada das considerações marxianas acerca do trabalho como complexo central decisivo do ser social, passando pelo problema da reprodução, da ideologia, e culminando no tratamento da alienação. O distanciamento do tratamento de Lukács ao abordar tais complexos problemáticos do ser social das já referidas distorções provenientes do marxismo em geral, na medida em que revela e descortina uma série de

---
[53] Ibidem, p. 56.

determinações marxianas que ficaram obnubiladas, faz de sua obra, sem dúvida, algo completamente inusitado no panorama da filosofia marxista ao longo do século XX.

Sobre os *Prolegômenos para uma ontologia do ser social* são necessárias algumas informações adicionais. De acordo com Tertulian, tais manuscritos possuem o valor de um testamento, pelo fato de serem o último grande texto filosófico de Lukács. As considerações que neles estão presentes encerram todo um conjunto de novos indicativos acerca de questões que o pensador húngaro supõe como urgentes. De fato, foram redigidos pouco antes de sua morte, o que nos revela a lucidez do filósofo que, vendo o escasso tempo que lhe restava, pretendeu deixar, a partir de uma série de esboços, sua contribuição indicando os resultados finais de *Para uma ontologia do ser social*, bem como apresentar questões que não foram devidamente trabalhadas nesse livro.

Sobre as razões que levaram o filósofo a escrever seus *Prolegômenos*, depois de finalizada a *Ontologia*, há várias controvérsias entre os intérpretes. A esse respeito, o mais cuidadoso é levantar algumas hipóteses, tomando cuidado para não afirmar nada categoricamente. Em primeiro lugar, consta que Lukács teria se mostrado insatisfeito com o modo como a *Ontologia* havia sido dividida: a parte histórica e, depois, a parte sistemática. É importante salientar que os escritos posteriores, os *Prolegômenos*, não foram redigidos seguindo essa subdivisão – talvez Lukács tenha pretendido com isso superar a divisão da obra anterior.

Entre os estudiosos da obra lukacsiana no Brasil e no exterior corre a notícia de que Lukács teria resolvido reescrever a *Ontologia* por causa das críticas recebidas de seus alunos, consignadas em um texto publicado pela primeira vez em italiano, no fim dos anos 1970, na revista *Aut aut* e sucessivamente em inglês e alemão sob o título de "Anotações sobre a ontologia para o companheiro Lukács"[54].

Muito embora na apresentação de suas "Anotações" os autores tenham demonstrado um tom respeitoso ao antigo mestre, eles procuram evidenciar que Lukács – mesmo trabalhando sob uma disciplina férrea, consciente que estava da

---

[54] Ferenc Fehér, Agnes Heller, György Márkus e Mihály Vajda, "Annotazioni sull'ontologia per il compagno Lukács (1975)", *Aut aut*, fascículo especial, n. 157-8, jan.-abr. 1977, p. 21-41.

gravidade de sua moléstia – teria despendido longas horas de seus últimos dias de vida em acirradas discussões com seus alunos, o que nos parece bastante inverossímil. Por outro lado, mesmo que tais debates tivessem ocorrido, por que os ex-alunos de Lukács procuraram tão apressadamente, logo após a sua morte, tornar públicas suas discordâncias com uma obra que sequer havia sido publicada? Não cabe aqui uma análise minuciosa das "Anotações", mas convém levantar algumas questões. Segundo Fehér, Heller, Márkus e Vajda, a *Ontologia* de Lukács padecia de vários problemas, como a existência de "duas concepções de ontologia que se contradizem em pontos essenciais"[55]. Ademais, afirmam peremptoriamente que haveria, entre outras mazelas, "um contraste gritante entre ser social e consciência social"[56], problema que atravessaria a obra em seu conjunto. Não há espaço nesta apresentação para comentar cada uma dessas críticas, mas vale notar que se trata de discordância de fundo. Os autores se mostraram descontentes não apenas com alguns aspectos pontuais, mas questionaram o próprio intento lukacsiano de constituir uma ontologia em bases materialistas.

A hipótese de que Lukács teria elaborado os *Prolegômenos* como tentativa de correção de sua empreitada teórica final, diante das críticas de seus alunos, parece não corresponder aos fatos, pois na análise do texto em questão não se encontra nenhuma referência a tais questionamentos, tampouco uma tentativa de reconfigurar cabalmente sua posição teórica.

Portanto, a hipótese mais plausível é a de que Lukács considerou não ter conseguido expressar com clareza e profundidade as suas intenções iniciais na *Ontologia*. Uma leitura mais atenta dos *Prolegômenos* evidencia que eles trazem novidades muito especiais, apesar de seu caráter repetitivo e, por vezes, lacunar em algumas passagens específicas.

Em nosso ponto de vista, uma das principais contribuições desses escritos diz respeito às relações entre indivíduo e gênero, que ainda não receberam o devido tratamento analítico pelos intérpretes. Lukács assevera que

> O lugar central da generidade, a superação do seu mutismo na natureza, não é de modo algum uma "ideia" genial e isolada que tenha ocorrido ao jovem Marx. Embora a questão raras vezes apareça abertamente, com essa terminologia explícita, em suas obras posteriores, Marx nunca cessou de avistar no desenvol-

---

[55] Ibidem, p. 21.
[56] Ibidem, p. 22 e ss.

vimento da generidade o critério ontológico decisivo para o processo do desenvolvimento humano.[57]

Segundo o filósofo húngaro, a categoria da *generidade* explicita a concepção revolucionária sobre o ser e o devir humano instaurada por Marx. Lukács identifica o lugar genético dessa concepção, isto é, da superação do gênero mudo natural e o advento do gênero propriamente humano, precisamente na práxis que constitui o modo pelo qual se processa a "adaptação ativa" e a partir da qual se dá, de forma contraditória e desigual, a constituição processual do ser social. Em outros termos,

> a base ontológica do salto [do gênero mudo para o gênero não-mais-mudo] foi a transformação da adaptação passiva do organismo ao ambiente em uma adaptação ativa, com o que a sociabilidade surge como nova maneira de generidade.[58]

Nesse contexto, a individualidade não é entendida por Lukács como um dado humano originário, mas uma categoria que se constitui também historicamente, na base de uma "determinação recíproca" com a generidade, mas não é só isso. Trata-se de um processo extremamente lento, inclusive, das próprias relações sociais para que o problema da individualidade possa aparecer não só como um problema real, mas também universal. Ademais,

> o desenvolvimento real da individualidade [...] é um processo muito complexo, cujo fundamento ontológico é formado pelos pores teleológicos da práxis com todas as suas circunstâncias, mas que não tem ele próprio, em absoluto, caráter teleológico.[59]

Enfim, estamos diante de um processo que se desenrola tanto no sentido objetivo quanto subjetivo, ou seja,

> devido à práxis, o homem que continua a se desenvolver em uma multilateralidade cada vez mais variada se encontra defronte à sociedade [...] com o que não apenas cresce a corporificação objetiva da generidade, tornando-se cada vez mais variada em muitos aspectos, mas ao mesmo tempo coloca múltiplas e diferenciadas exigências ao indivíduo humano nela praticamente ativo.[60]

---

[57] Ver parte 2, p. 75.
[58] Ver parte 2, p. 79.
[59] Ver parte 2, p. 81.
[60] Ver parte 2, p. 82.

Vale dizer, num dado ponto da sociabilidade há uma multiplicidade quase infinita de decisões alternativas que o indivíduo singular da sociedade é obrigado a tomar, tendo em vista a diferenciação e a complexificação da sociedade no seu conjunto. Enfim, é importante ressaltar que, ao se debruçar sobre a convergência ou a divergência entre desenvolvimento social e individual, tudo indica que Lukács não concebe a formação dos indivíduos humanos como meros produtos mecânicos do gênero, caso contrário se apagariam os traços específicos do ser social e restaria apenas a relação natural muda entre espécie e seu exemplar. Ademais, o filósofo denuncia mais uma vez o equívoco idealista que insiste em conceber a generidade não como expressão do *ser*, mas como determinação do pensamento, da ideia.

Vale ainda ressaltar que o combate às concepções deterministas e teleológicas da história, que constituem o pano de fundo da *Ontologia*, recebe nas páginas dos *Prolegômenos* uma relevância inédita. A importância dessa problemática se reflete no tratamento que Lukács confere às categorias modais da necessidade, da casualidade e da possibilidade. Se nas páginas da *Ontologia* esse tratamento encontrava-se restrito à discussão crítica da obra de Nicolai Hartmann, nos *Prolegômenos* tal temática ocupa um lugar destacado, recebendo uma análise mais pormenorizada, principalmente na discussão em torno da irreversibilidade.

> Se tentarmos abordar a necessidade e a casualidade no âmbito do ser real, também precisaremos agora partir de nossa visão fundamental: o ser consiste de inter-relações infinitas de complexos processuais, de constituição interna heterogênea, que tanto no detalhe quanto nas totalidades – relativas – produzem processos concretos irreversíveis. Como demonstramos repetidamente, esses processos constituintes dos complexos só podem ser compreensíveis em sua legítima mobilidade, e por isso o resultado pode ser apenas uma probabilidade estatística – maior ou menor, segundo as circunstâncias. Para a práxis humana – incluindo ciência e técnica –, resulta assim que a alta probabilidade de um curso qualquer do processo deve ser tratada como necessária, sem ter de provocar erros práticos, pois os desvios da norma esperada ou estabelecida não são decisivos para a práxis.[61]

No contexto de *Para uma ontologia do ser social*, a categoria da irreversibilidade ganha destaque tão somente nas páginas iniciais do capítulo, o que já

---

[61] Ver parte 3, p. 197-8.

não ocorre nos *Prolegômenos*, onde ocupa o *locus* central das discussões. Tomando por base a famosa afirmação marxiana de que "nós conhecemos apenas uma ciência, a ciência da história", Lukács considera a historicidade como categoria fundamental dos seres da natureza (inorgânicos e orgânicos) e do ser social. Como característica central da historicidade, a irreversibilidade aparece definindo o conjunto dos processos naturais e sociais. Tomando como exemplo uma variedade de resultados provenientes da ciência, Lukács enfatiza incansavelmente esse caráter da história, demonstrando como a perspectiva "necessitarista" da história ou dos processos naturais é desprovida de fundamento. Lukács nos advertirá sobre a relevância da questão da probabilidade nas ciências atuais, demonstrando que a própria previsibilidade dos fenômenos naturais torna-se algo relativo. Mais uma vez a ênfase recai na crítica à visão "necessitarista" do cosmo ou da sociedade; é um combate direto a toda visão fechada, mecânica e sistemática da sociabilidade, da história e da natureza. Desse modo, a substância deve ser compreendida como processo de continuidade na descontinuidade, na medida em que Lukács a concebe como ponto de apoio central para a compreensão da historicidade, desempenhando inclusive papel fundamental no combate ao determinismo historicista.

A esse respeito vale também salientar que as considerações de Lukács acerca do pensamento de Engels sofrem modificações significativas. Em Engels, Lukács observa uma distorção quanto às determinações marxianas acerca da relação entre necessidade e casualidade, e uma deformação da relação entre universal e particular. Ademais, ele teria supervalorizado a força coercitiva da necessidade em detrimento da casualidade histórica, quando sobressalta as determinações econômicas na definição do curso do direcionamento histórico. Existiria, para Lukács, uma forte reminiscência hegeliana no pensamento de Engels, que valorizaria de modo excessivo a necessidade histórica, entendida como uma força impessoal que governa e estabelece a diretriz dos processos sociais. Muito embora procure em determinados momentos poupar diplomaticamente tal pensador, a análise de Lukács a seu respeito é enérgica e se radicaliza a ponto de considerá-lo responsável pela deformação do cerne ontológico do pensamento marxiano e que, precisamente por isso, seu pensamento teria aberto as portas para o surgimento do stalinismo.

Nos *Prolegômenos*, Lukács se distanciará de uma forma mais definitiva de Engels, abandonando inclusive a crítica que este dirige a Hegel – que na

Ontologia recebera adesão quase incondicional. Nos *Prolegômenos*, Lukács retoma a crítica de Marx à dialética hegeliana, que, se comparada à exposição desta na *Ontologia*, apresenta inovações importantes, colocadas sobre um novo patamar. Seria, entretanto, arriscado dizer que Lukács abandona a ideia (desenvolvida na *Ontologia*) da existência de uma falsa e de uma verdadeira ontologia no pensamento hegeliano.

Assim, apesar de seu caráter lacunar, com algumas passagens de difícil compreensão, os *Prolegômenos* – este verdadeiro "testamento filosófico" de Lukács – apresentam muitas questões novas ou não tratadas suficientemente na *Ontologia*. Além dos exemplos arrolados anteriormente, há um em particular que chama a nossa atenção: é quando o filósofo húngaro aponta para a inevitabilidade do "mercado mundial" e seu caráter essencialmente contraditório, que traz como consequência as bases para uma autêntica generidade – nas palavras do autor, traz desafios e obstáculos para a realização da mesma possibilidade, na medida em que se põe apenas no plano abstrato, no *modus vivendi* contemporâneo. Ou seja, com a mundialização dos mercados e a consequente ampliação do universo social estariam postas as condições para a emergência de uma generidade efetiva. No entanto, em função do caráter visceralmente contraditório desse processo, radicalmente excludente, tem-se apenas a dimensão abstrata do gênero e não sua efetividade autêntica.

Ester Vaisman e *Ronaldo Vielmi Fortes*
Belo Horizonte, julho de 2010

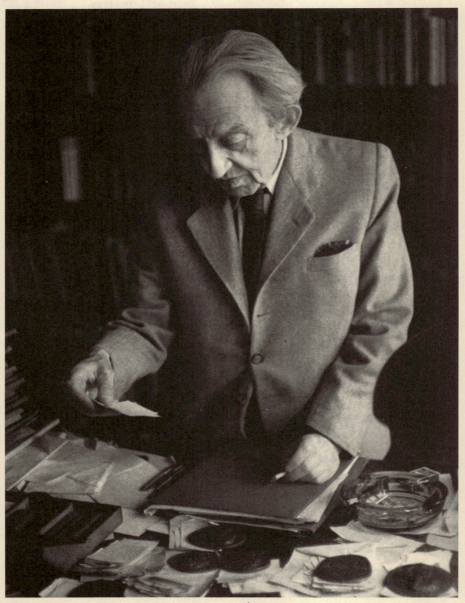

György Lukács no fim dos anos 1960. Foto de Édit Molnár.

1

Certamente ninguém se surpreenderá – menos ainda o autor destas linhas – ao constatar que a tentativa de basear o pensamento filosófico do mundo sobre o ser se depara com resistências de muitos lados. Os últimos séculos do pensamento filosófico foram dominados pela teoria do conhecimento, pela lógica e pela metodologia, e esse domínio está longe de ser superado. A preponderância da primeira dessas disciplinas se tornou tão forte que a opinião pública competente esqueceu totalmente que a missão social da teoria do conhecimento, que culminou em Kant, consistia, quanto a sua finalidade principal, em fundamentar e assegurar o direito à hegemonia científica das ciências naturais desenvolvidas desde o Renascimento, mas de tal maneira que permanecesse preservado para a ontologia religiosa, na medida em que isso fosse socialmente desejável, o seu espaço ideológico historicamente conquistado. Nesse sentido histórico amplo, podemos considerar o cardeal Bellarmino como o pai da moderna teoria do conhecimento, ainda que a doutrina da dupla verdade no *hominismo** já deva ser encarada como sua precursora.

---

* *Hominismus* no original. Embora a edição italiana tenha traduzido a expressão por nominalismo, julgamos mais correto traduzi-la por hominismo. Segundo Nicola Abbagnamo, no *Dicionário de filosofia* (São Paulo, Martins Fontes, 1998), trata-se de "termo criado por Windelband para designar o relativismo, doutrina em que o homem é a medida de todas as coisas". Em alemão, designa de modo geral o relativismo subjetivista em filosofia.

Com isso, a ontologia religiosa original, que visava reinar sozinha, foi vítima de um – respeitoso – desprezo científico que costuma estender-se também, com menos respeito, para a ontologia que está fora do domínio religioso. O moderno neopositivismo, em seu período de florescimento, qualificou toda indagação sobre o ser, até mesmo qualquer tomada de posição em relação ao problema de saber se algo é ou não é, como um absurdo anacrônico e anticientífico. Naturalmente, a questão do ser está tão intimamente ligada com a vida e com a práxis que, apesar dessa severa proibição, puderam e tiveram de surgir, de modo continuado, filosofias com pretensões ontológicas que, pelo menos por algum tempo, encontraram divulgação e eco. Basta pensar em Husserl, em Scheler* e em Heidegger, no existencialismo francês**, para se reconhecer o caráter ineludível da abordagem ontológica dos problemas do mundo como um fato que não pode ser negligenciado no pensamento também de nossa época.

Seja como for, as considerações que aqui se seguem nada têm a ver com essas tendências de nosso tempo. Essas tendências – fundadas em pontos de partida

---

* Na edição alemã, houve um erro de transcrição e foi grafado Scholer. No manuscrito que se encontra sob a guarda dos Arquivos Lukács de Budapeste, porém, verificou-se que o autor escreveu Scheler e não Scholer.

** Em várias oportunidades, ao longo de sua obra, Lukács se dirigiu criticamente a esse conjunto de autores que, embora distintos entre si, têm como denominador comum a postura fenomenológica em filosofia, criada por Edmund Husserl (1859-1938). Em sua obra *Investigações lógicas*, desenvolve, entre outras, a teoria da intencionalidade da consciência e o método da redução fenomenológica, *epoché*, que se apresentam como uma psicologia descritiva, à qual Husserl denomina fenomenologia. Lukács, no livro *Existencialismo ou marxismo*, escrito logo após a Segunda Guerra Mundial, coloca o existencialismo francês no centro da controvérsia que acaba por resultar numa oposição irreconciliável entre existencialismo e marxismo. É impossível, portanto, segundo o filósofo húngaro, uma conciliação entre ambos, como foi proposto por Sartre em *Crítica da razão dialética*. O referido livro de Lukács teve no Brasil duas edições: a primeira foi publicada em 1967 pela editora Senzala e a segunda em 1979 pela editora Ciências Humanas, ambas traduzidas por José Carlos Bruni a partir da edição francesa. No livro *A destruição da razão*, concluído em 1952 e publicado em 1959, Scheler e Heidegger fazem parte do grande rol de autores que são criticamente analisados por Lukács, na medida em que pertencem, com maior ou menor intensidade, à trajetória da filosofia irracionalista na Alemanha, expressão teórica considerada pelo autor como "fenômeno internacional do período imperialista". Já em *Para uma ontologia do ser social*, Lukács dedica um longo *excursus* contra Heidegger, no qual denuncia, entre outros aspectos, o fato de o filósofo alemão transformar a assim chamada "inautenticidade", que se opera na vida cotidiana, em um dado insuprimível.

bem diferentes e associando métodos e resultados bastante diversos – partem essencialmente do indivíduo isolado, entregue a si mesmo, cuja "derrelição"* no mundo habitual (natureza e sociedade) deve formar seu verdadeiro ser, como a questão fundamental da filosofia. Aqui não se pretende desenvolver nenhuma crítica a essas ideias. Se não fosse por outro motivo, simplesmente porque, da própria formulação da questão – com exceção de Husserl, que lutou com obstinação intelectual quase heroica contra essas consequências –, seguiu-se uma posição irracional diante da realidade, cuja contraditoriedade e insustentabilidade já tentei demonstrar em outras considerações. Também as aproximações de Sartre com o marxismo, embora toquem em uma série de problemas importantes, não podem superar essa problematicidade da ontologia existencialista. E mesmo Husserl apresenta nesse aspecto, precisamente ontológico, um fundamento altamente problemático: com a sociabilidade ontológica primária do homem têm de desaparecer também nele precisamente aquelas determinações fundamentais do ser que hoje possibilitam, de maneira objetiva, uma nova postura de princípios com relação a esse método, a esse complexo de problemas. O "colocar entre parênteses" da realidade destinado a possibilitar a visão da essência – realizado com intenção ontológica, mas no fundo permanecendo sempre na teoria de conhecimento – não pode em absoluto apreender de uma nova maneira a nova situação do problema.

Nossas considerações visam determinar principalmente a essência e a especificidade do ser social. Mas, para formular de modo sensato essa questão, ainda que apenas de maneira aproximativa, não se devem ignorar os problemas gerais do ser, ou, melhor dizendo, a conexão e a diferenciação dos três grandes tipos do ser (as naturezas inorgânica e orgânica e a sociedade)**. Sem compreender essa conexão e sua dinâmica, não se pode formular corretamente nenhuma

---

* *Geworfenheit* no original. Lukács utiliza a palavra entre aspas, procurando com isso, provavelmente, acentuar seu sentido filosófico original, criado e utilizado por Heidegger. Pode ser traduzida como *abandono*, mas julgamos mais adequado traduzi-la como *derrelição*, expressão mais forte e com certo tom pejorativo: é o indivíduo jogado, lançado no mundo. Tal expressão já foi utilizada por Josiane Conillet na tradução em francês (*déréliction*) de um fragmento dos *Prolegômenos* publicado na revista *La Pensée* de agosto de 1979. Alberto Scarponi, na tradução italiana de 1990, utiliza *deieizione*.

** Em *Conversando com Lukács*, de 1966, o autor assim se exprime a respeito dessa polêmica questão: "a estrutura do ser revela três grandes formas fundamentais: inorgânica, orgânica e social. Essas três formas são descontínuas umas em relação às outras. Em geral, na esfera do

das questões autenticamente ontológicas do ser social, muito menos conduzi-las a uma solução que corresponda à constituição desse ser. Não precisamos de conhecimentos eruditos para ter a certeza de que o ser humano pertence direta e – em última análise – irrevogavelmente também à esfera do ser biológico, que sua existência – sua gênese, transcurso e fim dessa existência – se funda ampla e decididamente nesse tipo de ser, e de que também tem de ser considerado como imediatamente evidente que não apenas os modos do ser determinados pela biologia, em todas as suas manifestações de vida, tanto interna como externamente, pressupõem, em última análise, de forma incessante, uma coexistência com a natureza inorgânica, mas também que, sem uma interação ininterrupta com essa esfera, seria ontologicamente impossível, não poderia de modo algum desenvolver-se interna e externamente como ser social.

Tal coexistência dos três grandes tipos do ser – suas interações, bem como suas diferenças essenciais aí incluídas – é, assim, um fundamento tão invariável de todo ser social que nenhum conhecimento do mundo que se desenvolva em seu terreno, nenhum autoconhecimento do homem, poderia ser possível sem o reconhecimento de uma base tão múltipla como fato fundamental. Visto que essa condição do ser também fundamenta toda práxis humana, ela tem necessariamente de constituir um ponto de partida inelimintável para todo pensamento humano, que, em última análise – como haveremos de mostrar –, provém dela e surgiu para conduzi-la, modificá-la, consolidá-la etc. O papel da ontologia na história e no presente do pensamento humano é, pois, concretamente determinado pela constituição ontológica do próprio ser do homem e, por isso, não é – de fato, não apenas abstrata e verbalmente – eliminável de nenhum sistema de pensamento, nenhum domínio do pensamento e antes de tudo, naturalmente, de nenhuma filosofia.

---

inorgânico, não existe reprodução temporalmente condicionada, não se dá essa forma de existência determinada por um princípio e um fim que caracteriza os complexos orgânicos singulares; da mesma forma, não é possível estabelecer analogias entre o mundo orgânico e a vida social. Creio que o que se chama sociedade animal é um problema complexo. De qualquer modo, com a sociedade, surge um ser novo e específico. Mas não podemos representar o salto de modo antropomórfico, quando me levanto da mesa e corro ao telefone. Um salto pode durar milhões de anos, com vários pulos para a frente, recaídas, e assim por diante", em Hans Heinz Holz, Leo Kofler e Wolfgang Abendroth, *Conversando com Lukács* (trad. Giseh Vianna Konder, Rio de Janeiro, Paz e Terra, 1969), p. 20.

Apesar disso, o essencial do ser, não por acaso, empalideceu totalmente nas antigas ontologias, por vezes desapareceu totalmente, ou, nos casos favoráveis, constituiu apenas um elemento, muitas vezes quase imperceptível, na consideração em seu conjunto. Esse problema tem vários motivos, que em sua totalidade, em seu verdadeiro contexto, em suas contradições importantes, só serão esclarecidos, na medida do possível, no curso destas considerações. Aqui ainda precisamos nos limitar à concepção mais geral das contradições centrais. De um lado, uma consideração ontológica do ser social é impossível sem procurarmos seu primeiro ponto de partida nos fatos mais simples da vida cotidiana dos homens. Para expor esse fato nos seus estados mais rudimentares, é preciso lembrar uma trivialidade, muitas vezes esquecida, de que só uma lebre que exista pode ser caçada, só uma amora que exista pode ser colhida etc. Todo pensamento, cujas pressuposições e conclusões perderem esse fundamento último, tem de dissolver-se subjetivamente, em sua totalidade e em seus resultados. Mas, por outro lado – devido igualmente ao fato básico, próprio do ser humano, de que nunca somos capazes de ter um conhecimento total de todos os componentes de nossas decisões e suas consequências –, também na vida cotidiana o ser real muitas vezes se revela de maneira altamente distorcida. Em parte, os modos de manifestação imediata encobrem o realmente essencial no plano ontológico, em parte, nós mesmos projetamos no ser, com silogismos analógicos precipitados, determinações que são totalmente estranhas a ele, apenas imaginadas por nós; além disso, confundimos com o próprio ser os meios com que tomamos consciência de momentos determinados do ser etc. Portanto, é preciso partir da imediatidade da vida cotidiana, e ao mesmo tempo ir além dela, para poder apreender o ser como autêntico em-si. Mas, simultaneamente, também é preciso que os mais indispensáveis meios de domínio intelectual do ser sejam submetidos a uma permanente consideração crítica, tendo por base sua constituição ontológica mais simples. As inter-relações desses dois pontos de vista aparentemente opostos é que possibilitam uma aproximação daquilo que o ser, como ente, verdadeiramente é.

Essa interação até agora praticamente nunca foi conscientizada de modo correto, o que se deve em parte à simultaneidade de tendências verdadeiras e falsas de seus dois componentes e, em parte e muitas vezes até em primeiro lugar, deve-se a que as pessoas não procuraram diretamente a solução correta, que precisava ser encontrada sobre esse ponto, achando-a por acaso quando tentavam satisfazer determinadas necessidades ideológicas apenas momentâneas. Se agora e mais tarde falarmos de ideologias em contextos mais amplos, estas não devem ser entendidas no enganoso uso atual da palavra (como uma consciência antecipadamente falsa da realidade), mas, assim como Marx as determinou no prefácio de *Para a crítica da economia política*, como formas "nas quais os seres humanos se conscientizam desse conflito" (isto é, daquele que emerge dos fundamentos do ser social) "e o combatem"[1]. Essa determinação abrangente de Marx – e esse é o elemento mais importante de sua ampla aplicabilidade – não dá nenhuma resposta unívoca à questão da correção ou falsidade metodológica e objetiva das ideologias. Ambas são igualmente possíveis na prática. Assim, as ideologias em nosso caso podem proporcionar tanto uma aproximação do ser como um afastamento dele. De qualquer modo, porém, tem um grande papel na história do nosso problema o interesse repleto de conflitos dos homens em saber se um momento importante – para eles – de sua vida social deve ser considerado como existente ou meramente aparente. Como tais ideologias, especialmente em tempos de crise da sociedade, podem se desenvolver, tornando-se verdadeiras forças espirituais, sua influência na formulação e solução da questão teórica sobre o ser é considerável*.

---

[1] Marx, *Zur Kritik der politischen Ökonomie*, Stuttgart, 1919, p. LV-LVI. [Ed. bras.: *Para a crítica da economia política e outros textos*, São Paulo, Abril Cultural, 1978, Os Pensadores.]

* Tais ideias são desenvolvidas por Lukács de forma mais acurada no capítulo "O momento ideal e a ideologia", em *Para uma ontologia do ser social*. Na perspectiva lukacsiana, "a correção ou falsidade não bastam para fazer de uma opinião uma ideologia. Nem uma opinião individual correta ou errônea é em si e por si uma ideologia: pode, somente, vir a ser. Somente depois de se tornar veículo teórico ou prático para combater conflitos sociais, quaisquer que sejam, grandes ou pequenos, episódicos ou decisivos para o destino da sociedade, eles são ideologia" (György Lukács, "Il problema dell'ideologia", em *Per l'ontologia dell'essere sociale*, Roma, Riuniti, 1981, t. II**, p. 448). Todo o desenvolvimento do tema em Lukács não se encontra voltado para a elaboração de uma teoria do falso; pelo contrário, combatendo exatamente essa perspectiva, sua análise parte da caracterização da ideologia "como veículo de conscientização e prévia-ideação da prática social dos homens". Nas palavras de Lukács, "a ideologia é antes de tudo uma forma de elaboração ideal da realidade que serve para tornar a práxis social dos homens consciente e operativa" (446.1). Portanto, "na medida em que o ser social exerce uma determinação sobre todas as manifestações e expressões humanas, qualquer reação, ou seja, qualquer resposta que os homens venham a formular, em relação aos problemas postos pelo seu ambiente econômico-social, pode, ao orientar a prática social, ao conscientizá-la e operacionalizá-la, tornar-se ideologia" (Ester Vaisman, "A ideologia e sua determinação ideológica", *Ensaio*, São Paulo, n. 17/18, 1989, p. 418).

Sob a força desviante de fatores tão ativos, não admira que uma fundamentação ontológica do pensamento do mundo, realmente correspondente aos fatos, sempre tenha enveredado por descaminhos. Nem estamos falando da Idade Média, quando essa situação (prova ontológica da existência de Deus) era uma evidência geral. Mas, entrementes, muitos compreenderam que tanto a concepção da coisa-em-si kantiana, abstrata, incognoscível, sem qualidades, que concebe nossa realidade como um mundo de meros fenômenos, quanto a ontologia histórico-logicizada* de Hegel sobre o sujeito/objeto idênticos, e, mais ainda, os sonhos irracionalistas do século XIX, nos afastam muitas vezes de uma legítima problemática do ser. E se, chegando aos nossos dias, a posição da individualidade, que parece totalmente isolada na sociedade capitalista e ao mesmo tempo é concebida como "átomo" autocrático, tornou-se o fundamento efetivo de ontologias temporariamente influentes como *"action gratuite"***, como "derrelição" na existência, como confrontação com o "nada", tudo isso pouco contribuiu para a solidez e a fecundidade aqui exigidas para o embasamento ontológico do conhecimento.

Assim, a abordagem ontológica do conhecimento da realidade ficou gravemente comprometida do ponto de vista teórico e sua renovação atual tem de recomeçar desde o início em certo sentido, e – com exceção da ontologia que fundamenta o método de Marx – só em raras questões isola-

---

* A crítica a Hegel feita por Lukács encontra-se no capítulo específico de *Para uma ontologia do ser social*, intitulado "A falsa e a verdadeira ontologia de Hegel", em que, a despeito de a consideração problemática que aqui encontramos, isto é, a possibilidade de uma *ontologia verdadeira* em Hegel, não encontrar respaldo no próprio Marx, Lukács estabelece que o principal problema em Hegel, vale dizer, seu dualismo, "deriva da sua fundamentação idealista-objetiva, da concepção sujeito-objeto idênticos que não apenas impede uma clara separação entre categorias e método ontológico e categorias e método lógico-gnosiológico, não apenas mistura ininterruptamente um com o outro, mas subordina continuamente as verificações ontológicas aos pontos de vista lógico-hierárquicos, violentando-as e deformando-as" (I, p. 225 da edição italiana, e I, p. 524 da edição alemã).

** Em francês no original. Segundo alguns tradutores, a noção de *action gratuite* aparece em alguns autores imediatamente anteriores a Albert Camus, como André Gide, mas é no primeiro, notadamente no livro O *estrangeiro*, que essa noção é levada ao paroxismo, quando o personagem Mersault justifica ter atirado em um árabe em função do calor. Trata-se, portanto, em Camus, do elogio à exasperação da contingência questionado por Lukács. No original alemão, lê-se *"action gratuito"*, com certeza um erro de grafia ou de digitação. Na edição italiana, lê-se *"action gratuite"*.

das pode recorrer a precursores históricos. Isso, decerto, não enfraquece em nada, de modo objetivo, o papel faticamente fundado do ser. Teóricos neopositivistas como Carnap podem hoje invocar, raramente despertando objeções, que, quando engenheiros medem uma montanha, sua posição filosófica com relação à constituição do ser da coisa medida é totalmente inexpressiva para os resultados dessa atividade. Isso parece imediatamente correto para muitos. Apesar disso, não se pode negar que, independentemente das opiniões filosóficas, muitas vezes fortemente orientadas, dos engenheiros medidores, a montanha tem de existir como ser, para que possa ser medida. Assim como na era da coleta só se podiam colher amoras existentes, também no tempo do mais alto desenvolvimento da manipulação técnica só se podem medir montanhas efetivamente existentes. Essa situação não muda, em essência, se considerarmos esse ser meramente empírico e, portanto, sem importância para a teoria do conhecimento. Os automóveis na rua podem, na teoria do conhecimento, ser facilmente considerados meras impressões dos sentidos, fantasias etc. Apesar disso, se eu for atropelado por um carro, não haverá uma colisão entre minha representação de um carro e minha representação de mim mesmo, mas meu ser como homem vivo é ameaçado em seu ser por um automóvel existente. Filosoficamente generalizada, contudo, a força probante de tais situações fracassa naquele complexo de relações de nosso conhecimento do ser como nível geral de nossa consciência sobre a própria práxis, sobre seus fundamentos, que há pouco caracterizamos de modo provisório e por demais simplificado, premidos pela urgência. Em níveis rudimentares, naturalmente, o poder ativo dos fatos existentes parece muito mais forte do que ali onde, entre homem e natureza, intervém uma quantidade enorme de mediações sociais; mas o componente do não reconhecido e do conhecido de modo incorreto tem de se tornar, do mesmo modo, incomparavelmente mais ativo para o sujeito. Portanto, é bastante compreensível que tais situações, projetadas para o interior da realidade com base em analogias, se tornem imediatamente eficazes como existentes, que a práxis, e sobretudo sua fundamentação intelectual e social, também permaneçam fortemente orientadas para a realidade. Basta recordar a força, que atuou por milênios, das representações mágicas sobre aquilo que é o ser. Se elas foram paulatinamente rejeitadas com o desenvolvimento da práxis e o conhecimento mais legítimo da realidade dela nascido, não se pode ignorar também o traspassamento dialético de verdade e falsidade no conhecimento dos objetos, circunstâncias, meios etc. da práxis. Já destacamos que o homem jamais é capaz de agir com total conhecimento de todos os elementos de sua práxis. Mas o limite entre verdadeiro e falso é fluido, social e historicamente condicionado, cheio de transições. Isto quer dizer que noções que se mostram falsas num desenvolvimento mais elevado da práxis social e das ciências podem oferecer por longos períodos uma base, à primeira vista, segura para a práxis, uma base que pretensamente funcione bem. Pensemos na astronomia ptolomaica na Antiguidade e na Idade Média. Navegação, calendários, cálculo de eclipses solares e lunares etc., puderam ser realizados com relativo sucesso com sua ajuda, satisfazendo as exigências sociais então vigentes da práxis. É também conhecido de todos que o resultado geral originado necessariamente desse sistema, o caráter geocêntrico do universo, teve ideologicamente grande papel na conservação da falsa imagem da realidade, na resistência exacerbada contra a nova, mais correta. Todo o episódio mostra, ao mesmo tempo, como muitas vezes é preciso superar grandes obstáculos sociais para poder aproximar-se mais, intelectualmente, do ser autêntico. Já mostramos que só da correta colaboração de experiência cotidiana prática e conquista científica da realidade pode decorrer uma aproximação legítima da verdadeira constituição do ser, mas que os dois componentes também podem assumir funções que bloqueiam o progresso, sem falar dos elementos puramente ideológicos, que podem se tornar estímulo ou obstáculo para essa colaboração, segundo os interesses das classes sociais.

Acrescem-se a isso dificuldades no próprio objeto do conhecimento. Os três tipos do ser existem simultaneamente, entrelaçados um no outro, e exercem também efeitos muitas vezes simultâneos sobre o ser do homem, sobre sua práxis. É preciso ter sempre em mente que uma fundamentação ontológica correta de nossa imagem de mundo pressupõe as duas coisas, tanto o conhecimento da propriedade específica de cada modo do ser como o de suas interações, inter-relações etc. com os outros. Nas duas direções, o desconhecimento da verdadeira relação (unidade na diversidade, por meio dela a separação e a oposição nas interações homogêneas etc.) pode conduzir às maiores distorções do conhecimento daquilo que é o ser. O ser humano pertence ao mesmo tempo (e de maneira difícil de separar, mesmo no pensamento) à natureza e à sociedade*. Esse ser simultâneo foi mais claramente reconhecido por Marx como processo, na medida em que diz, repetidas vezes, que o processo do devir humano traz consigo um recuo das barreiras naturais. É importante enfatizar: fala-se de um recuo, não de um desaparecimento das barreiras naturais, jamais sua supressão total. De outro lado, porém, jamais se trata de uma constituição dualista do ser humano. O homem nunca é, de um lado, essência humana, social, e, de outro, pertencente à natureza; sua humanização, sua sociabilização, não significa uma clivagem de seu ser em espírito (alma) e corpo. De outro lado, vê-se que, também aquelas funções do seu ser que permanecem sempre naturalmente fundadas, no curso do desenvolvimento da humanidade se sociabilizam cada vez mais. Basta pensar na nutrição e na sexualidade, nas quais esse processo aparece de forma evidente. Mas, e isso ocorre com frequência, não se devem transferir para a natureza determinadas marcas, muitas vezes negativas, do ser social. Por exemplo, muitas vezes dizemos que a crueldade humana é "animalesca", esquecendo totalmente que animais nunca são cruéis. Sua existência permanece totalmente submetida ao círculo das necessidades biológicas de sua autopreservação e reprodução do gênero. Quando o tigre caça e devora um antílope, faz, no interior da sua reprodução prescrita pela natureza, o mesmo que a vaca ao pastar. Ele é tão pouco cruel com o antílope quanto a vaca em relação ao capim. Só quando o homem primitivo começa a torturar seu prisioneiro de guerra é que surge – como produto causal do devir humano – a crueldade, com todas as suas consequências futuras, cada vez mais refinadas.

Esse comportamento do homem social consigo mesmo como ser natural é, em termos objetivos, um processo irreversível, um processo histórico. Por isso – mais tarde voltaremos a falar nos motivos – é tão difícil para os homens tornarem-se conscientes dessa sua mais peculiar constituição ontológica. Surge

---

* Lukács se reporta neste momento à noção da *dupla base do ser social*, desenvolvida no capítulo "A reprodução" de *Para uma ontologia do ser social*. Segundo o autor, toda a reprodução do ser social pressupõe a relação entre natureza e sociedade, pois tal inter-relação se põe como base necessária para o advento e desenvolvimento de categorias sociais. Vale dizer, as categorias naturais constituem, assim, base insuprimível das categorias sociais, podendo até surgir "categorias mistas". A esse respeito ver Ronaldo Vielmi Fortes, *Trabalho e gênese do ser social na ontologia de Lukács* (Dissertação de Mestrado, Belo Horizonte, Programa de Pós-Graduação em Filosofia/Fafich, UFMG, 2001).

sempre uma concepção dual dessa comunhão profundamente homogênea, embora processual. Aqui já não se trata mais, de fato, de mera "primitividade". Ao contrário. O próprio desenvolvimento da sociedade, da civilização, cria posturas espirituais em que o ser humano ativo é confrontado com as bases naturais e sociais de sua atividade de maneira dualisticamente excludente. Aqui não se trata da pertinência, nem mesmo alusiva, de um esboço histórico, embora seja claro que tais dualismos são produtos de diversas civilizações ou pelo menos de diversas etapas da mesma civilização, de diversas camadas sociais.

Para falar apenas do aspecto mais geral desses fenômenos, basta pensar quantas vezes, de um lado, as categorias dos processos que se mostram necessários na natureza inorgânica foram, inadvertidamente, aplicadas à natureza orgânica, até mesmo ao ser social dos homens. Do mesmo modo, é frequente que o homem seja considerado unicamente como ser biológico, até sua psicologia (de todo derivada da biologia ou, em alguns casos, até contrastando com ela) é, de modo absoluto, contraposta às determinações sociais, como mutuamente excludentes. A tenacidade de tais preconceitos é quase sempre reforçada porque estes se tornam elementos de uma ideologia (no sentido marxiano já mencionado) e, consequentemente, são utilizados para desempenhar papel importante no esforço de grupos sociais para resolver seus conflitos segundo seus interesses. Mas jamais devemos esquecer que essa sua capacidade de tornar-se elemento e, sob certas circunstâncias, ponto central de uma ideologia, em geral parece apoiar-se em determinações do ser que de alguma forma realmente existem, que "somente" devido a generalizações falsas, analógicas, conduzem a determinações incorretas do ser. Isso pode ser visto de imediato no fato ontológico fundante do ser social, o trabalho. Este, como Marx demonstrou, é um pôr* teleológico** conscien-

---

* No original alemão, o termo utilizado por Lukács é *teleologische Setzung*, cuja tradução correta é "pôr teleológico" e não "posição teleológica", tradução disseminada entre os leitores brasileiros de Lukács, que passaram a utilizá-la em função da tradução italiana de Alberto Scarponi, *posizione teleológica*.

** No século XVIII, a noção de teleologia passou a ser utilizada para designar o recurso à *finalidade*, mas esse último conceito mostra certa ambiguidade ao longo da história da filosofia. Por exemplo, a palavra grega *télos* designa o acabamento de uma coisa, sua finalização, embora seu sentido etimológico seja "doutrina da finalidade". A afirmação da finalidade universal encontra-se em Aristóteles, no qual a finalidade domina tudo o que ocorre na natureza. Entretanto,

temente realizado, que, quando parte de fatos corretamente reconhecidos no sentido prático e os avalia corretamente, é capaz de trazer à vida processos causais*, de modificar processos, objetos etc. do ser que normalmente só funcionam espontaneamente, e transformar entes em objetividades que sequer existiam antes do trabalho. (Seria enganoso, aqui, pensar apenas em formas de trabalho altamente desenvolvidas. A roda, que não existe em parte alguma na natureza, foi, por exemplo, inventada e produzida em fases relativamente iniciais.) Portanto, o trabalho introduz no ser a unitária inter-relação, dualisticamente fundada, entre teleologia e causalidade; antes de seu surgimento havia na natureza apenas processos causais. Em termos real-

---

a concepção teleológica do mundo foi sustentada por pensadores religiosos. No Renascimento, Bruno e Campanella também formularam uma visão teleológica do mundo, nas, com Bacon e Descartes, a teleologia foi reconduzida novamente à esfera da fé. Encontramos a presença dessa categoria também em Espinosa, Leibniz e Kant e, na contemporaneidade, em Schopenhauer e Hartmann, neste último criticamente. Em tempos mais recentes, o determinismo mecânico entrou em crise, o que acabou por favorecer algumas formas de afirmação do finalismo contingente. Entretanto, em Lukács, o pôr teleológico significa, antes de tudo, uma ação (trabalho) orientada por um fim previamente ideado. O ponto de partida decisivo da ontologia do ser social encontra-se na definição da especificidade humana como uma nova forma do ser surgida mediante o complexo do trabalho, que Lukács define como pôr teleológico. O trabalho é entendido como complexo genético do ser social e como modelo de toda práxis social precisamente porque nele está contida a *diferença específica* que instaura a linha divisória entre o modo de reprodução da existência social e aquele pertinente aos seres que compõem a esfera da natureza. Cf. Ronaldo Vielmi Fortes, *Trabalho e gênese do ser social na ontologia de Lukács*, cit., p. 28.

* Por princípio de causalidade deve-se entender, em termos gerais, a relação e a influência intercorrente entre causa e efeito. Assim como ocorre com a categoria da teleologia, a causalidade foi utilizada por diversos filósofos. A primeira formulação é atribuída a Aristóteles, que a compreende em função do futuro. Tomás de Aquino se apropria da fórmula aristotélica. Entre os céticos, a categoria é negada, para ser restabelecida no racionalismo como um princípio *a priori* de evidência imediata. Também a encontramos em Espinosa e Leibniz. O princípio de causalidade é admitido em Hobbes, Locke e Berkeley, cujas formulações a esse respeito foram criticadas por Hume, que, por seu turno, exerceu influência sobre Kant quanto a esse aspecto. Para Hume, a conexão causal não é dada nem *a posteriori*, já que a experiência ocorre nesse plano por semelhança e contiguidade. Assim, o nexo causal não é objetivo, mas subjetivo. Kant parte da posição humeana, aceitando-a como crítica do princípio de causalidade enquanto lei real, mas não compartilha das conclusões psicologizantes do filósofo escocês. Para Kant, o princípio de causalidade é um *juízo sintético a priori*, ou seja, uma condição *a priori* – estruturalmente ligada à natureza do nosso conhecer – da possibilidade da experiência. Assim como a teleologia é um componente do complexo laborativo, a causalidade em Lukács "é um princípio de automovimento que repousa sobre si mesmo, que mantém esse seu caráter mesmo quando uma série causal tem o próprio ponto de partida em um ato da consciência" (*Para uma ontologia do ser social*, II, p. 20 da edição italiana, e II, p. 17 da edição alemã).

mente ontológicos, tais complexos duplos só existem no trabalho e em suas consequências sociais, na práxis social. O modelo do pôr teleológico modificador da realidade torna-se, assim, fundamento ontológico de toda práxis social, isto é, humana. Na natureza, em contrapartida, só existem conexões, processos etc. causais, nenhum de tipo teleológico. O analogismo mais óbvio ao pensamento, que é conceber o pôr teleológico como fundamento, componente etc. de processos naturais cuja verdadeira sequência não foi percebida (em determinada fase do desenvolvimento social, nem era perceptível), de um lado, leva a concepções totalmente distorcidas sobre tais processos, mas, de outro, é uma consequência espontânea, óbvia, que costuma ser tirada da relação imediata do homem com seu meio. O hábito que assim surge naturalmente também deve ser entendido nessa sua processualidade histórica, embora sua permanência no comportamento humano em relação a seu ambiente vital, o mundo, tenha por base fatos inalteráveis, de modo que, devido à infinita quantidade de momentos, processos etc. com os quais o ser humano entra em relação na natureza e na sociedade, ele jamais está em condição de realizar sua decisão teleológica com base em conhecimento, previsão etc. de todos os seus elementos, consequências etc. Embora se trate aqui de uma base irrevogável das decisões teleológicas da práxis humana, esta aparece em inter-relação com o desenvolvimento do homem na sociedade, necessariamente de maneira processual (irreversível). Isto é, o crescimento constante dos momentos controlados – mais ou menos – pelo pensamento, ou diretamente na prática, produz em cada estágio essencial um aspecto geral qualitativamente diverso, e age por isso, a cada vez, de maneira qualitativamente diferente sobre o tipo de práxis humana, sobre o pensamento que a prepara, e que dela emerge.

Esses efeitos diferenciam-se em vários aspectos. Na prática, o mais importante é que mesmo um aspecto – em última análise – falso ou pelo menos incompleto do ser pode dar um fundamento aparentemente tão suficiente para a práxis, que por sua vez pode ter atingido apenas um determinado nível, a ponto de não haver socialmente nenhum tipo de necessidade real de ir além das concepções teóricas da realidade assim obtidas, de criticar sua fundamentação em seus princípios. Basta lembrar mais uma vez o longo predomínio da astronomia ptolomaica que, apesar das teorias heliocêntricas já existentes, permaneceu inabalável por muitos séculos. Naturalmente, como já se aludiu, isso depende também do fato de que o geocentrismo satisfazia muitas necessidades da ideologia (religiosa) de então. Mas, em tais circunstâncias, é característico que as novas necessidades das condições de trabalho provocadas pelo desenvolvimento social, que muitas vezes despertam grandes crises ideológicas, costumam de todo modo se impor finalmente, como em realidade aconteceu com essa teoria. Isso mostra como cada imagem humana a respeito do ser também depende de quais imagens de mundo parecem adequadas para fundar teoricamente uma práxis, possível ao máximo grau, que funcione corretamente conforme as circunstâncias. Dessa maneira, como sempre enfatizou o marxismo, a práxis, especialmente o metabolismo da sociedade com a natureza, se revela como o critério da teoria. Todavia, para aplicar sempre corretamente essa concepção, correta no sentido histórico, nunca se pode ignorar o elemento da relatividade histórica. Exatamente porque também o desenvolvimento social da humanidade é um processo irreversível, esse critério só pode exigir uma validade geral processual, uma verdade só respectivamente *rebus sic stantibus**. A totalidade jamais inteiramente cognoscível das respectivas determinações do ser torna socialmente possíveis e necessários tanto sua superação como um longo funcionamento imperturbado de teorias incompletas, que contenham apenas verdades parciais.

Acrescentem-se a isso ainda, como já mostrou nosso exemplo sobre astronomia, as necessidades ideológicas. Como o trabalho – base fundadora de toda sociabilização humana, mesmo da mais primitiva – destaca tendencialmente o ser humano da esfera das necessidades biológicas mais puramente espontâneas e de sua satisfação apenas biológica, tornando determinantes, em seu lugar, os pores teleológicos, que, por sua natureza, assumem de imediato um caráter alternativo, são necessários desde o primeiro instante reguladores sociais que regulamentem as decisões alternativas que estabelecem os conteúdos da teleologia conforme as respectivas necessidades sociais vitais. Para isso também existe, como vimos, a ideologia no sentido de Marx. De início, é naturalmente impossível tratar-se aí apenas de prescrições ou ordens, como se tornou mais tarde função de governos, de sistemas de direito. Porém, mesmo nesses casos, que só apa-

---

* Em latim no original. Expressão jurídica que significa "estando as coisas assim" ou "enquanto as coisas estiverem assim".

recem em níveis relativamente mais elevados da sociabilização (sociedades de classes), pode-se observar que seria impossível seu funcionamento se tivessem de se impor em todos os casos, até na maioria deles, diretamente como ordens de regulamentação (por meio de castigo). Ao contrário, cada uma dessas regulamentações pressupõe que a maneira prática do agir comum dos membros da sociedade siga "voluntariamente", pelo menos externamente, essas prescrições; só diante de uma minoria a coerção do direito deve e pode tornar-se de fato eficaz.

Já essa constelação universalmente conhecida mostra como é de vital importância a ideologia para o funcionamento de qualquer sociedade. A execução constante e correta do trabalho produz conflitos continuados, até diários, hora a hora, e o modo de sua decisão muitas vezes pode conter, direta ou indiretamente, questões vitais para a respectiva sociedade. Por isso, a ideologia – em última análise – tem de ordenar essas decisões isoladas em um contexto de vida geral dos seres humanos e esforçar-se por esclarecer ao indivíduo como é indispensável para sua própria existência avaliar as decisões segundo os interesses coletivos da sociedade. O conteúdo e a forma do que aqui entendemos como interesse coletivo tem tanto mais caráter prevalentemente ideológico quanto mais rudimentar for a respectiva sociedade. Isso porque, quanto menos os seres humanos de certa fase de desenvolvimento são capazes de apreender seu ser real, tanto maior tem de ser o papel daqueles complexos de ideias que eles formam diretamente de suas experiências ontológicas e projetam analogicamente no ser para eles ainda inapreensível objetiva e realmente. Como o trabalho (e a linguagem que surge simultaneamente com ele) ocupa aí uma parte reduzida na vida então realmente perceptível, não é de surpreender que nessas projeções – concebidas como ser – exatamente elas tenham o papel decisivo. Já as noções mágicas são projeções, ainda que muito impessoais, dos elementos mais importantes do trabalho. Quando surge a fase mais elevada, a religião, essa situação sofre uma intensificação personificante. O elemento comum é que o acontecimento essencial no mundo não pareça um acontecimento fundado em si mesmo, mas aparente ser produto de uma (transcendente) atividade ponente. Todos os deuses das religiões naturais têm essas "funções laborativas" como fundamento de sua existência imaginária. E, no caso clássico, no Antigo Testamento, esse modelo de trabalho é tomado tão literalmente que até o dia de descanso faz parte da história da criação. Só no fim seria mencionado que o domínio das coisas e processos costuma figurar como transferência de uma força criadora-transcendente sobre os seres humanos, porque se pode dizer seus nomes, como já acontecia na magia. Devido a projeções desse tipo, surge na ideologia esboçada pela religião uma segunda realidade, que encobre a verdadeira constituição do ser, assumindo em relação a ele a função de um ser mais legítimo e mais elevado, mas ao mesmo tempo, por longos períodos, a indispensável ideologia conserva um poder social real, formando, assim, uma parte inseparável do respectivo ser social. Só quando essa prática, essa práxis social, o poder que influencia diretamente o ser social, se debilitou socialmente, puderam surgir os processos ideológicos de esclarecimento, que passaram a purificar o ser daqueles acréscimos nascidos dele mesmo, mas que o distorciam.

Também não devemos esquecer que, durante todo o período de desenvolvimento intelectual e todo o longo tempo de permanência ativa das imagens de mundo que não correspondem ao ser legítimo, não apenas essas consequências, projeções etc. têm papel importante – derivadas de um desconhecimento essencial dos atos sociais executados pelos próprios seres humanos. Na execução de aperfeiçoamentos dos processos de trabalho, a sociedade constitui modos de conhecimento cuja essência é constituída, no fundo, de tal maneira que com a ajuda destes pode-se conhecer o verdadeiro ente com mais precisão, mais veracidade etc. (sobretudo como algo controlável na prática), do que sem eles, mas que, no curso do desenvolvimento, podem colaborar para o afastamento daquilo tudo, e com frequência o fazem. Também aqui trata-se da incapacidade do homem, em sua práxis social, de dar-se conta do fato de não estar em condições de realizar suas decisões entre alternativas com pleno conhecimento de todas as suas circunstâncias, consequências etc. Daí se segue, de um lado, como mostramos, que diversas vezes tais teorias por muito tempo podem tornar-se bases de ações úteis especialmente no metabolismo da sociedade com a natureza. Como polo oposto e complementar, vê-se, de outro lado, que métodos teóricos também teoricamente corretos, fecundos, indispensáveis, podem ao mesmo tempo afastar os seres humanos da apreensão correta do ser. Aponto apenas para a matemática. Sua importância revolucionariamente progressista para o desenvolvimento da produção social, para a imagem correta do ser por parte dos homens, não precisa ser detidamente mencionada. Contudo, se buscamos uma concepção correta do ser, não podemos esquecer o quanto já a teoria matemática pitagórica, como modo verdadeiro, autêntico, de existência do ser*, levou à sua incompreensão. Exatamente essas espécies de falseamentos do ser por excessos da "razão matemática" já não são mais eficazes, como também não o é a secular matematização de nexos astrológicos, às vezes de valor puramente matemático. Esta última vale a pena ser lembrada em um discurso metodológico apenas para deixar bem claro que tratamentos matemáticos mais completos, sem falhas internas, imanentemente muito valorizados de um nexo ontologicamente não existente não podem em absoluto transformá-lo em um ente real. É útil lembrar isso hoje, pois tanto os métodos de manipulação de mercado do atual capitalismo como os planos grosseiramente manipuladores e as disposições táticas dos herdeiros espirituais dos métodos stalinistas desenvolveram igualmente o hábito mental de interpretar um desenvolvimento ontológico como um processo cujo conteúdo pode ser determinado, endereçado e assim por diante, supostamente sem falhas, mediante extrapolações "corretamente" aplicadas. Apenas se esquece o "detalhe" de que, no meio homogêneo das ciências puramente matemáticas, podem-se realizar extrapolações quase ilimitadamente, sem que, no entanto, se indague, antes de cada extrapolação, se o processo ali tratado em sua processualidade ontológica concreta é constituído de modo tal que a extrapolação expresse exatamente as suas tendências reais. Esse limite ontológico da aplicabilidade da matemática aos eventos reais do ser foi corretamente reconhecido por Kant, uma vez que ele apontou para o caráter não causal das relações neles possíveis. Só uma "visão de mundo" que considera a máquina cibernética como modelo exemplar para todo pensamento, e que por isso despreza toda consideração sobre o ser baseada na experiência e orientada para a qualidade como se fosse um pensamento há muito antiquado, pode chegar à sistema-

---

* De acordo com Aristóteles, os pitagóricos supunham "que os elementos de todos os números eram a essência de todas as coisas, e que os céus eram harmonia e número" (*Metafísica*, A 5, 985 b 23-986 b 8). Os pitagóricos, de acordo com essa interpretação, estabeleciam analogias entre os números e as coisas e chegaram a fundar, dizem, um tipo de misticismo numérico que exerceu grande influência no mundo antigo.

tização de tais concepções. Aqui, uma "Crítica da razão matemática", que ontologicamente mais do que na hora de ser escrita, seria aplicada até a territórios onde a pura quantificação pelo ser social é imposta inclusive ao pensamento (dinheiro na economia), a fim de, sempre com antecedência, examinar ontológica, crítica e metodologicamente em que medida esse modo de manifestação expressa de forma adequada a realidade econômica, antes que se possam tirar, de uma matematização de contextos monetários, relações monetárias etc., consequências acríticas que digam respeito ao ser econômico da sociedade. (Naturalmente, uma crítica ontológica não pode limitar-se à essência e à aplicabilidade da matemática. Todos os modos "superiores" na descoberta de conexões do mundo – teoria do conhecimento, lógica, metodologia – teriam de enfrentar tal crítica antes que seus resultados pudessem ser reconhecidos como corretos ontologicamente.)

Esta introdução pode apenas aludir a essa crítica em seus traços mais gerais e grosseiros. No tratamento concreto de problemas sócio-ontológicos, ainda voltaremos a algumas questões importantes desse tipo, não obstante já tenham sido mencionadas aqui de passagem. Se dermos prosseguimento a nossa tentativa de fazer um esquema dos contornos mais gerais dos complexos de problemas que daí emergem, pelo menos em suas determinações mais importantes, é preciso comentar brevemente, antes de tudo, o nexo genético e a diferença qualitativa dos três importantes tipos do ser (natureza inorgânica, natureza orgânica e a sociedade).

No entanto não podemos examinar esses problemas nem mesmo de maneira superficial, sem entrar no problema da causalidade e da teleologia. Sabemos que na história da filosofia frequentemente se concebia esse complexo de questões como relação de duas formas universais, realmente efetivas, porém diferentes, de determinação da realidade em geral. Por mais óbvio que possa parecer no nível de uma abstração da teoria do conhecimento, no ser mesmo nada lhe corresponde. A natureza conhece apenas procedimentos causais. Quando Kant chama os atos de adaptação dos organismos de "finalidade sem escopo"*, esse termo

---

* Embora a crítica levantada contra Kant neste momento se dirija prioritariamente aos equívocos que esse autor comete no tratamento das diferenças entre a esfera dos seres inorgânicos e orgânicos, vale lembrar que a mesma diretriz crítica acerca das relações entre teleologia e causalidade já fora desenvolvida por Lukács no livro O *jovem Hegel* (*Le Jeune Hegel* [Paris,

também no sentido filosófico é genial, porque aponta acertadamente para a singularidade das reações que os organismos são forçados a executar em relação ao seu ambiente, sempre de forma espontânea, ontologicamente, para poder enfim realizar sua reprodução. Surgem assim processos que não podem ter analogia na natureza inorgânica, mas são ditados por legalidades especificamente biológicas, as quais se desenvolvem no quadro de uma causalidade espontaneamente eficaz, e constituídos da mesma maneira que aqueles processos do ambiente inorgânico e orgânico, que a cada vez os desencadeiam. E se nas espécies de animais superiores esses acontecimentos são conduzidos por uma espécie de consciência, em última análise isso é um epifenômeno* das legalidades causal-biológicas de sua vida. É por isso que o "sem escopo", na determinação kantiana, é tão genial, porque o próprio processo aponta ontologicamente para a essência da finalidade – ao contrário da sequência puramente causal –, porque esta parece ser posta sem conscientemente ser posta de fato por algo consciente. Quando Marx trata do primeiro conceito de trabalho, destaca exatamente esse elemento. Não nega que determinados produtos da "atividade" animal às vezes até podem ser mais perfeitos do que os do trabalho humano. "Mas", prossegue,

> o que de saída distingue o pior construtor da melhor abelha é que ele construiu a célula em sua cabeça antes de fazê-la na cera. No fim do processo de trabalho,

---

Gallimard, 1981, t. II], p. 80-5), sendo posteriormente retomada, quase nos mesmos termos, no capítulo "O trabalho", em termos bem mais amplos do que aqueles que aqui estão expostos. Segundo Lukács, Kant "se limita a dizer que na ciência da natureza as explicações causais e teleológicas se excluem mutuamente" (ibidem, p. 23): "o problema da causalidade e da teleologia se apresenta na forma de uma incognoscível – para nós – coisa em si" (ibidem, p. 22). Ou seja, a negação de uma teleologia na natureza se restringe apenas a nosso conhecimento; na medida em que se quer científico, o pensamento deve se sujeitar à crítica do conhecimento que impugna o caráter de cientificidade a uma concepção teleológica da natureza. Com isto fica negada a possibilidade de um conhecimento acerca de uma teleologia do mundo natural, mas não a existência de uma teleologia no mundo natural. É por isso que, para Lukács, Kant abre as portas para o irracionalismo e inviabiliza para si mesmo a possibilidade de uma correta compreensão da relação entre teleologia e causalidade. Cf. Ronaldo Vielmi Fortes, *Trabalho e gênese do ser social na ontologia de Lukács*, cit., p. 33.

* Ordem de eventos, de caráter secundário ou acessório, que acompanha uma ordem correlata, considerada primária e essencial. Embora o conceito seja pouco utilizado em filosofia e tenha assumido um significado especial na área de psicologia, tem importância fundamental na análise lukacsiana, especialmente, nas relações entre a produção material e a ideal.

aparece um resultado que no começo já existia na ideia do trabalhador, portanto, já existia idealmente. Não que ele apenas provoque uma mudança de forma do natural; ele efetua simultaneamente no natural sua finalidade; finalidade que ele sabe que determina como lei a maneira do seu fazer e à qual ele tem de submeter sua vontade.[2]

Será tarefa da análise do trabalho mostrar como a situação aqui esboçada pelo pensamento paulatinamente se tornou modelo para as atividades sociais do ser humano ativo na sociedade. Porém, mesmo com essa ampliação, efetuada no sentido de Marx, da determinação aqui citada, o pôr teleológico jamais vai se tornar um princípio de movimento dos próprios objetos processuais contrapostos ou paralelos à causalidade. O processo que esse tipo de pôr desencadeia permanece sempre causal em sua essência. Em todos os atos teleológicos do metabolismo da sociedade com a natureza, desencadeiam legalidades naturais existentes independentemente deles, ainda que em muitos casos, que com o desenvolvimento vão se multiplicando, trata-se de descobertas na preparação de tais atos; estes podem impor-lhes uma nova forma de objetividade que ainda não existia na natureza (pensemos novamente na roda), mas isso tudo não muda em nada o fato básico de que pelo pôr teleológico se desencadeiam séries causais; pois conexões, processos teleológicos próprios etc. não existem em si de modo algum. A impossibilidade ontológica da hipótese de uma conexão de ações teleológicas se revela muito cedo. Mestre Eckhart caracteriza, por exemplo, a diferença entre as séries de evolução teleológicas e causais, de modo tal que a natureza do homem evolui da criança e a galinha do ovo, ao passo que Deus cria o homem antes da criança e a galinha antes do ovo. Por mais correto que seja aqui o contraste da oposição entre o pôr teleológico (Deus) e a série causal (natureza), resulta evidente que na realidade nunca houve conexões de ações teleológicas, nem poderia haver. Já o alargamento, puramente mental, do pôr teleológico para um processo teleológico de movimento, evidencia a sua própria impossibilidade. Nesse sentido, Engels, referindo-se à determinação hegeliana da relação entre liberdade e necessidade, tem razão ao dizer: "A liberdade não está na independência

---

[2] Marx, *Kapital*, Hamburgo, 1914, I, p. 140. [Ed. bras.: *O capital: crítica da economia política*, São Paulo, Abril Cultural, 1983.]

sonhada com relação às leis naturais, mas no reconhecimento dessas leis e na possibilidade, assim oferecida, de fazê-las agir de modo planejado para determinados fins"[3]. Liberdade que, aqui, designa apenas a decisão entre alternativas no pôr teleológico, significa, pois, um uso social, baseado em conhecimento praticamente correto das causalidades naturais (leis da natureza) para a realização de determinados objetivos sociais. Entretanto, mesmo que um uso seja deste tipo pleno de consequências no plano social – Engels refere-se com razão à descoberta do fogo por fricção – não está em condições de produzir novas conexões na natureza, apenas as utiliza ("apenas!") corretamente para atender a necessidades sociais.

A interpretação de Kant da diferença entre natureza inorgânica e orgânica, concernente exatamente à conexão e oposição entre causalidade e teleologia, tem o grande mérito de empenhar-se firmemente – quanto aos processos desencadeados pela "finalidade sem escopo" – na preservação do necessário predomínio de seu caráter causal (Kant diz "mecânico"). O fato de que processos da natureza orgânica no reino da reprodução de complexos orgânicos pertençam ao reino da "finalidade sem escopo" não pode modificar em nada, com relação ao ser, esse caráter causal irrevogável de seu funcionamento ontológico. Com isso, Kant aproximou-se muito, conceitualmente, dos fatos fundamentais do segundo mundo do ser da natureza. O fato de que, apesar disso, ele não tenha conseguido introduzi-los de maneira convincente na sua imagem de mundo é resultado de sua postura em relação à teoria do conhecimento. Como, segundo todos sabem, ele quer fundamentar a realidade partindo da capacidade de conhecimento, e não fundar o conhecimento partindo do ser, existem para ele, primária e irrevogavelmente, apenas esses dois reinos: causalidade mecânica e atos livres de liberdade (produzidos por sujeitos que põem conscientemente seus fins no mais elevado nível espiritual da ética). Sua genial intuição da finalidade sem escopo como fundamento do ser da natureza orgânica se enfraquece em suas aplicações concretas, por isso, como consequência logicamente necessária dessa visão fundamental, isto é, porque as formas do ser assim conhecidas não podem ser objetos do mundo do entendimento que constrói de maneira adequada (mecanicamente), con-

---

[3] Engels, *Anti-Dühring*, MEGA, p. 118. [Ed. bras.: *Anti-Dühring*, São Paulo, Paz e Terra, 1990.]

forme o conhecimento, o mundo dos fenômenos, mas apenas da faculdade de julgar da qual se pode fazer aqui um uso apenas regulador. Com esse conceito de regulação, esse novo conhecimento do ser, embora formal, pode ser introduzido em seu sistema, fundado em termos da teoria do conhecimento, mas para isso – do ponto de vista do ser – ele tem de pagar o preço de que o novo fenômeno só possa ocorrer no sentido de uma finalidade contingente. Isso se mostra cada vez que Kant concretiza sua aproximação desse território. Vê-se então que ele não parte do novo tipo do ser do organismo que se reproduz em ação recíproca com o ambiente: o aspecto "ambiente" da natureza inorgânica e orgânica em relação ao organismo só pode surgir, aliás, daqui. Kant pergunta, bem antes, se a natureza tornada ambiente – que muitas vezes é, ela mesma, de origem orgânica – era, portanto, segundo sua essência, dirigida objetiva e teleologicamente para essa função. Quando – com razão – nega aqui uma teleologia objetivamente ativa, ele precisa – de novo com razão – negar a teleologia objetiva também no momento da ação conjunta, e deixar valer somente uma "finalidade contingente". Por mais que isso possa ser um progresso, especialmente em relação às ingênuas concepções teleológicas da natureza antes vigentes, tais pensamentos ignoraram a relação essencial do organismo que se reproduz com o seu ambiente, e com isso ignoram o problema ontológico fundamental do ser orgânico[4]. A partir daqui compreende-se sua famosa frase de que seria "disparate esperar que pudesse surgir outro Newton, para tornar compreensível a criação de uma folha de capim segundo leis naturais que não foram ordenadas por nenhuma intenção"[5]. Darwin, que afinal se tornou o "Newton das folhas de capim", bem como seus grandes precursores partiam exatamente – não importa em que medida o faziam ontologicamente conscientes – dessa constituição fundamental do ser orgânico, e assim puderam tornar-se descobridores de sua essência realmente existente. Não é nenhum acaso que a relação ontológica com a teoria marxista surja aqui, e não nas geniais intuições de Kant. Marx escreve para Engels, depois de ler Darwin: "Embora escrito num inglês tosco,

---

[4] Kant, *Kritik der Urteilskraft*, Phil. Bibl., v. 39, Leipzig, 1902, p. 63. [Ed. bras.: *Crítica da faculdade do juízo*, trad. Valério Rohden e Antônio Marques, Rio de Janeiro, Forense Universitária, 2008.]

[5] Ibidem, p. 277.

este é o livro que contém os fundamentos de história natural para nossa visão"[6]. Do ponto de vista da metodologia aqui desenvolvida, parece digno de menção que o interessantíssimo impulso de Kant tenha permanecido sem frutos para o desenvolvimento, devido exatamente à postura básica de seu método quanto à teoria do conhecimento. Entrou, assim, por um beco sem saída de maneira semelhante ao seu genial trabalho de juventude, que foi o primeiro a historiar as relações astronômicas, anterior à teoria do conhecimento da obra principal, e que tomou como base epistemológica o anti-historicismo de Newton, não conseguindo, no entanto, afirmar-se no prosseguimento de sua filosofia[7]. Aqui se vê nitidamente como a teoria do conhecimento de Kant, em vez de ser um auxílio no processo de conhecimento do ser, obstrui seu real conhecimento. Na análise do ser orgânico, Kant chegou muito perto de sua verdadeira constituição. Porém sua teoria do conhecimento, que não partiu da verdadeira constituição da natureza inorgânica e não examinava as determinações do ser, pretendeu, em vez disso, ser uma teoria geral abstrata de suas determinações do conhecimento (julgamentos sintéticos *a priori*; incognoscibilidade da coisa em si etc.), impedindo Kant, depois de descobrir importantes determinações ontológicas do ser orgânico, de continuar elaborando-as em legítimos princípios de conhecimento do ser, pois não cabiam em seu sistema gnosiológico abstrato. Temos de nos contentar, aqui, com a constatação dessa situação. Mais tarde falaremos dos motivos ideológicos que desempenham importante papel para esse tipo de falsa construção.

Uma vez que o sistema de Kant, metodologicamente baseado na teoria do conhecimento, encobria, em última análise, a propensão, por vezes grandiosa, de conceber ontologicamente a essência e a relação dos tipos do ser, acaba por torná-los ineficazes exatamente para o conhecimento científico. Na tentativa de sua superação pelo idealismo objetivo de Hegel predomina metodologicamente o momento do caráter processual, histórico enfim, de cada ser, não importa seu tipo, dispensando por isso qualquer distorção gnosiológica. Em compensação, dada a logicização, corrente em Hegel, de cada constelação intrinsecamente ontológica em todas as conexões do ser, estas

---

[6] MEGA, III/2, p. 533.

[7] Portanto também não é coincidência que justamente Engels se refira novamente ao significado dessa obra de juventude (por exemplo, Engels, *Anti-Dühring*, MEGA, p. 26).

foram reinterpretadas de maneira lógico-sistematizante. A relação de causalidade e teleologia na estrutura total da imagem de mundo também experimenta o mesmo destino*. Por isso, a teleologia no sistema de Hegel tem de ser incorporada como elo logicamente necessário para o devir-para-si da ideia. Por esse motivo, ela já aparece na parte puramente lógica "como unidade do mecanismo e do quimismo"[8]. Ontologicamente, essa afirmação é insustentável. A coatuação do mecanismo e do quimismo não pode produzir uma teleologia; permanece puramente causal, embora naturalmente possa aparecer muitas vezes em pores teleológicos; dessa atuação conjunta, porém, não deriva nenhum tipo de teleologia. Na medida em que Hegel não parte aqui de pores teleológicos, mas dos próprios processos naturais, ele ignora, primeiro, que a coexistência do mecânico e do químico é um fato natural importante, mas não uma etapa de desenvolvimento para a teleologia; pertence apenas à objetividade geral da natureza inorgânica, na qual forma um elemento processual importante, sem ter em si nada a ver com a teleologia. Portanto, os processos teleológicos, segundo essa concepção, não deveriam

---

* Em um comentário muito próximo ao desenvolvido neste momento, Lukács demonstra nas primeiras páginas do capítulo de *Para uma ontologia do ser social* destinado à crítica do pensamento hegeliano que, "por um lado, Hegel descobre no trabalho o princípio no qual se expressa a forma autêntica da teleologia, o pôr e a realização real da finalidade por parte de um sujeito consciente; por outro lado, essa genuína categoria ontológica é incorporada ao meio homogêneo de uma sistemática na qual imperam os princípios lógicos. Segundo tal sistemática, a teleologia surge num estágio que não produziu ainda nem a vida, nem o homem, nem a sociedade. Com efeito, a vida – em conformidade com os princípios lógicos de explicitação do sujeito-objeto idêntico – só pode se tornar figura no estágio da ideia e a teleologia tem precisamente a função lógico-sistemática de conduzir do estágio do conceito àquele da ideia. Com isso, a hierarquia lógica leva ao seguinte absurdo: a categoria do trabalho é desenvolvida antes que, na sequência evolutiva lógico-ontológica, tenha surgido a vida" (*Zur Ontologie des gesellschaftlichen Seins* [Berlim, Luchterhand, 1984, v.1], p. 508). Lukács aponta aqui para aquilo que ele considera o problema central do idealismo hegeliano: "o contraste entre a transcendência teleológica do sistema lógico e a imanência do método dialético entendido ontologicamente". Em outras palavras, segundo Lukács, existiria na filosofia de Hegel uma dicotomia entre determinações ontológicas efetivamente apreendidas e formuladas e a forma de sua exposição sistemática que subsume essas mesmas determinações a ordenamentos puramente lógicos. O problema estaria na forma com que tais determinações ontológicas são tratadas no sistema hegeliano, ou seja, os nexos ontológicos estariam expostos sobre a base de esquemas lógicos, o que levaria a uma subsunção do ontológico à logicização do sistema hegeliano. Cf. Ronaldo Vielmi Fortes, op. cit., p. 194-8.

8   Hegel, *Enzyklopädie*, §194, supl. 2. [Ed. bras.: *Enciclopédia das ciências filosóficas*, trad. Paulo Menezes, São Paulo, Loyola, 1995.]

aparecer em uma fase concreta determinada do processo total do ser (do trabalho), mas seriam momentos essenciais de muitos fenômenos da natureza, com o que toda a construção dialética-logicizada de Hegel teria de superar a si mesma. O próprio Hegel provavelmente teve uma noção dessa insuficiência, pois, na descrição mais concreta dessa conexão na filosofia da natureza, segue um outro caminho – igualmente falso. Aqui, o surgimento da vida é dividido em três etapas: na seção intitulada "Física orgânica", começa a série com o "organismo geológico", do qual derivam como "subjetividade particular, formal", o mundo das plantas e, como "subjetividade concreta isolada", o mundo animal[9]. Abstraindo-se do caráter objetivamente problemático dessas determinações, especialmente da primeira, na qual a "totalidade da natureza existente como inanimada, mecânica e física" é descrita, se considerada isoladamente, de modo não inteiramente incorreto, permanece totalmente não esclarecido, no plano do ser, como a mera totalidade dos processos inorgânicos podem converter-se em organismo. Os processos descritos por Hegel dão um quadro correto de como o caráter processual da natureza inorgânica pode se manifestar em sua irreversibilidade. Entretanto, ontologicamente, os processos permanecem sendo processos da natureza inorgânica. Em determinadas circunstâncias concretas (casuais), podem produzir uma base para o surgimento da vida, mas isso é apenas uma das possibilidades inerentes ao processo, e em nenhuma circunstância é sua própria essência; ainda que se concretize, o processo inorgânico permanece aquilo que era. A ligação desses processos com a natureza orgânica é, pois, uma construção puramente logicista, que denuncia ao mesmo tempo o quanto a supremacia desses elementos continua ligada, em Hegel, com momentos criptoteleológicos de sua concepção de conjunto. A concepção essencialmente correta da teleologia do trabalho[10] – na qual, diferentemente de Kant, o todo é distorcido, quanto ao conteúdo, logicamente e não gnosiologicamente – permanece, assim, um episódio genial, que em Hegel pode ter consequências ontológicas reais e legítimas para o ser social.

Vemos que, embora a constituição ontológica da teleologia – seu lugar no processo total do ser, sua relação com a universalidade da causalidade – seja,

---

[9] Ibidem, §337.
[10] MEGA, I/3, p. 156.

quando considerada com imparcialidade ontológica, muito facilmente perceptível, todavia entre os maiores pensadores – mesmo entre aqueles que por vezes se aproximaram intelectualmente de maneira razoável do fenômeno fundamental – surgem contradições bruscas e extremamente desorientadoras. Por isso, pareceu-nos necessário apontar, em Kant, para a prioridade do método gnosiológico e, em Hegel, para a "onipotência" da logicização como fontes relevantes da distorção do pensamento. A determinação correta do lugar ontológico da teleologia, como pudemos ver, torna-se assim um momento muito importante para alcançarmos uma posição correta diante do problema em seu conjunto.

Sua correta apreensão pode não esgotar todo o complexo de possibilidades de desorientação. Para apontar o caminho do método correto, pelo menos de modo bem geral, deve-se dizer que o problema fundamental está em conceber como ponto central da autocrítica ontológica tanto a unidade ontológica última dos três modos importantes do ser como sua diferença estrutural no interior dessa unidade, sua sequência nos grandes processos irreversíveis do ser do mundo. Tanto filosófica como cientificamente, é muito fácil, mas grosseiramente falso, encarar a maneira concreta da dinâmica processual em um tipo do ser como absolutamente obrigatória para as demais (ou pelo menos para uma outra). O mais conhecido exemplo disso, excetuando as distorções religiosas do ser, é o velho materialismo, que encarava o encadeamento causal de todas as objetividades e processos na natureza inorgânica como absolutamente obrigatórios para o ser em seu conjunto. Embora o ponto de partida esteja correto – de que com isso é dado aquele ser cujos processos irreversíveis oferecem o fundamento ontológico de qualquer ser mais complexo –, sua concepção concreta, tanto na natureza orgânica como no ser social, torna-se totalmente falseada com esse tipo de método. As leis da causalidade na natureza inorgânica e orgânica, bem como no ser social, são irrevogavelmente fundadas por esses processos. Mas quem, de um lado, negligencia ou aplica erroneamente o efeito modificador da autorreprodução dos organismos em ambas [sucessivas espécies do ser e, por outro lado]*, no pôr teleológico e nas decisões alternativas

---

* Na edição alemã, que corresponde à transcrição literal dos manuscritos lukacsianos, a passagem aqui acrescentada entre colchetes não aparece. Na edição italiana esse trecho é acrescentado com o intuito de tornar mais claro o raciocínio do autor e sanar possível ambiguidade na construção da frase.

que o fundamentam, no ser social, acabará chegando a resultados incorretos. Naturalmente nada melhora quando os modos de movimento da esfera biológica são elevados à posição monopolizadora de modelo de conhecimento. Também onde a determinidade biológica é indubitável, como no curso da vida dos seres humanos, esse monopólio da determinação deve conduzir a distorções. O maior exemplo dos perigos aos quais está ligado esse domínio absoluto, falsamente generalizado, é a psicologia, especialmente a chamada psicologia profunda, hoje tão popular, incluindo o freudismo[11]. Essa situação naturalmente piora ainda mais quando não apenas a vida espiritual do ser humano biologicamente determinado é transformada em único fundamento do ser, mas quando esta aparece posta sobre si mesma, como determinante, em última análise, até da vida biológica, como fundamento do conhecimento em geral. Nos dois casos, desaparece o fato de que aqueles atos conscientes, que muitas vezes parecem funcionar como única fonte de sua própria atividade nas decisões teleológicas entre alternativas dos seres humanos (essa "aparência" é um elemento real no ser social, que não deve ser negligenciado), pudessem também constituir de modo isolado, ontologicamente, o fundamento real da práxis e da existência humanas.

Não se trata, aqui, de enumerar ou refutar todas as possibilidades de erro que possam surgir. É suficiente, para estes comentários introdutórios gerais, mostrar que todos os métodos para tornar, de modo homogêneo, compreensível ao pensamento o que é decisivo ontologicamente no ser social, por meio de um predomínio único de elementos isolados, leva sempre a aspectos distorcidos de sua verdadeira constituição. Sem um domínio intelectual e científico do ser social, que tem de partir, ontologicamente, sempre das tentativas teóricas de esclarecimento da práxis humana (no sentido mais amplo), não haverá uma ontologia confiável, objetivamente fundada. Por mais que a própria práxis ofereça diretamente os indícios imediatos e mais importantes da essência do ser social, por mais que seu cerne objetivo seja indispensável para uma ontologia crítica autêntica, pouco podem as tentativas de tornar corretamente compreensíveis esses indícios imediatos sobre o ser social, pois os mantém em sua

---

[11] É mérito de Erich Fromm ter chamado atenção para esse problema. Cf. seu ensaio "Le modèle de l'homme chez Freud et ses déterminants sociaux", *L'Homme et la société*, nº 3, 1969. Parte do livro *La crise de la psychoanalyse*. [Ed. bras.: *A crise da psicanálise: ensaios sobre Freud, Marx e psicologia social*, Rio de Janeiro, Zahar, 1997.]

imediatidade. Para isso, são imprescindíveis as descobertas científicas. É preciso apenas enfatizar com energia – em relação a hábitos mentais passados e ainda dominantes no presente – que também é preciso assumir um ponto de vista crítico em relação a essas descobertas. O período em que a interpretação religiosa do ser assumiu uma posição espiritualmente privilegiada, única ou no mínimo competente antes de tudo, considerada como interpretação autocrática, foi essencialmente superado, embora ainda hoje – até entre os que se afirmam ideólogos libertos da religião, cientistas – haja muitos que ainda tratam teses assim determinadas como importantes para a ontologia. Contra isso, até hoje – naturalmente se omitirmos Marx – é muito rara uma consideração verdadeiramente crítica da relevância ontológica dos métodos científicos como tais. Isso é mais do que compreensível. Pois o processo de esclarecimento de cada modo do ser apoia-se diretamente nos resultados da pesquisa científica. Nunca é suficiente enfatizar que grande parte dos conhecimentos corretos hoje obtidos sobre o ser tem aqui a sua fonte.

No entanto, também não se deve esquecer que, de outro lado, os conhecimentos assim obtidos muitas vezes partem de distorções do ser, ou nelas desembocam. E isso não é, de modo algum, casual. Pois a ciência, que do ponto de vista ontológico em diversos momentos – poderíamos até dizer em geral – se baseia em uma práxis social muitas vezes inconsciente e por isso mesmo muito raramente consegue – apesar do acerto e importância de seus resultados isolados – esclarecer sua própria base metodológica ou até mesmo seus elementos mais importantes como meros momentos do ser como tal. E os órgãos controladores que forma para seus fins, pensemos na teoria do conhecimento, lógica etc. não podem oferecer nenhum tipo de garantia em relação a tais distorções, como demonstraram os grandes exemplos de Kant e Hegel, e muito facilmente podem até as desencadear. A tendência para essas posições no comportamento científico muitas vezes liga-se estreitamente a seus elementos mais fecundos e progressistas, em especial com o consciente contraste com os hábitos de pensamento imediatos da vida cotidiana, que, especialmente nas ciências naturais, se elevam a métodos desantropomorfizantes* conscientemente aplicados.

---

* É em sua *Estética* (1963), especificamente no capítulo intitulado "A desantropomorfização do espelhamento na ciência" (cap. 2, livro 1), que Lukács trata com profundidade o problema da desantropomorfização do conhecimento, desde a Antiguidade clássica até a

Nessa questão importa lembrar que a desantropomorfização é e continuará sendo um dos mais importantes e indispensáveis meios para o conhecimento do ser como ele realmente é, como ele é em si, como foi e como permanece sendo. Tudo o que aparece inseparavelmente ligado à relação imediata do respectivo objeto de conhecimento com o ser humano real que percebe, e que determina não apenas suas qualidades legítimas, objetivas, mas também a peculiaridade dos órgãos de percepção humanos (incluindo o pensamento imediato), precisa passar para o plano de fundo, como fenômeno (ou eventualmente até mera aparência) nesse processo de desantropomorfização. Deixa, desse modo, seu lugar para os momentos realmente existentes em si, e capacita o ser humano a perceber o mundo como ele é em si, independente dele. Tal domínio da realidade pela práxis humana, tendo como ponto de partida o trabalho, jamais teria existido realmente sem essa abstração do ser humano em relação à sua própria imediatidade. Esse processo, em grande parte inconsciente, iniciou-se já nos mais rudimentares estágios do trabalho, e paulatinamente tornou-se um meio universal de domínio do homem sobre seu ambiente, instrumento adequado daquilo que distingue o trabalho, como adaptação ativa do homem ao seu ambiente, de qualquer adaptação pré-humana. Naturalmente, o pôr teleológico consciente constitui aqui a verdadeira linha de separação primária. Uma vez que o desenvolvimento ilimitado dessa adaptação ativa se distingue, ontologicamente, das formas de adaptação passivas, antigas, fundadas apenas biologicamente e, por isso, em sua essência, relativamente estáticas, precisamente a desantropomorfização é um momento de decisiva importância para a humanização do ser humano, para o recuo das barreiras naturais em seu processo social reprodutor como indivíduo e como gênero. Sem esse processo, para voltarmos ao nosso problema, muitas manifestações diretas da vida cotidiana humana formariam barreiras insuperáveis para tal práxis e, com isso, para o autêntico conhecimento do ser por parte dos homens.

No entanto não devemos esquecer que as decisões entre alternativas na teleologia do trabalho sempre se relacionam a complexos de objetividade

---

modernidade, embora nesse momento não seja possível identificar de modo explícito seu vínculo com a questão ontológica.

concretos dentro de posições concretas de fins* e só podem cumprir sua função social quando são capazes de conduzi-los a uma concretização adequada. Naturalmente, essa cientificidade desantropomorfizante, fundadora de tais posições de fins – tanto mais quanto mais se desenvolveram as forças produtivas –, está orientada para conhecimentos cada vez mais generalizados, que vão muito além dessas decisões isoladas e de sua ligação interna com as tarefas a serem efetuadas na práxis, mas não pode cessar totalmente sem ameaçar essa função em suas bases. Com o surgimento e desenvolvimento do capitalismo como primeira sociedade acima de tudo social, em que o desenvolvimento das forças produtivas estimulado pela sua colocação consciente assume medidas cada vez mais dominantes, essa tendência levou ao nascimento das ciências particulares em sua forma moderna, que é a única válida até hoje. Nas sociedades mais antigas, determinadas de maneira decisiva pelas barreiras naturais, também se desenvolveram, mais ou menos conscientemente, de modo mais ou menos bem-sucedido, comportamentos desantropomorfizantes que evoluíram para a cientificidade. Porém, estes ou ligavam-se estreitamente com a filosofia – e muitas vezes mesmo com a magia e a religião – ou estavam relacionados diretamente com uma produção ainda primitivamente racionalizada e que racionalizava em termos apenas rudimentares e tinham, muitas vezes, como esta, métodos e objetivos marcantemente artesanais. Só a produção capitalista foi profundamente inclinada e capacitada econômica e socialmente a constituir para suas finalidades, de forma consciente, uma ciência particular no sentido atual. Nas crises espirituais dos tempos de transição, a ligação das ciências com as questões gerais da concepção de mundo era ainda muito intensa. Não tivesse esgotado os conflitos assim originados, a ciência jamais teria conseguido sua independência, necessária para a indústria. Mas, assim que esta foi obtida, essa ligação inicial com questões de concepção de mundo pôde aos poucos desaparecer. Nasceram, também, por exigências científicas, ciências particulares nas quais essas questões indispensáveis para a práxis econômica puderam ser resolvidas com base em métodos científicos. Embora tivessem seu conteúdo voltado sobretudo para a práxis, tendencialmente, adquiriram maior independência em relação à

---

* Em alemão *Zielsetzungen*. O termo "posições" designa o "ato de pôr", de realizar objetivos previamente estabelecidos.

possibilidade de compatibilizar o ponto de partida, método e pôr da finalidade com a problemática geral da imagem do mundo.

Essa separação entre ciências e necessidades filosóficas e de concepção de mundo é resultado de um processo em si muito diverso. Sem desconsiderar a questão central de servir corretamente ao desenvolvimento da produção, tal separação, precisamente por isso – com frequência de modo involuntário –, era muito progressista, porque muitas vezes havia casos em que o resultado obtido puramente pela ciência (ou o método de sua realização) abria brechas em teorias gerais envelhecidas. Com isso, mesmo sem originariamente ter essa pretensão, servia também ao progresso da ciência em geral, e por vezes também à filosofia. É claro que aqui se trata, em última análise, da situação ontológica já discutida na qual a práxis humana, mesmo quando cientificamente fundada, jamais pode se realizar com conhecimento de todas as circunstâncias, pressuposições e resultados que dela surgem, presentes num dado caso particular. Isso tem como consequência, por um lado, que uma tese científica aplicada na prática pode ser falsa em muitos aspectos, mesmo em sua essência, do ponto de vista do conhecimento geral e de sua tendência evolutiva e, no entanto, ser capaz de resolver corretamente uma tarefa dada. Pode, por outro lado, trazer à luz tendências de conhecimento de época corretas em determinados casos. Assim, o desenvolvimento das ciências em ciências particulares, aqui descrito, possui efeito altamente contraditório no caminho geral do conhecimento do gênero humano, e sua tendência geral nesse contexto não pode ser pura e homogeneamente progressista.

Essa situação se acentua com a indissolúvel ligação com tendências do evolver ideológico no desenvolvimento da sociedade e da economia capitalistas. Aqui consideramos apenas sua influência na ontologia. Não devemos, porém, esquecer que o primeiro avanço irreversível da cientificidade moderna está no início da dominação da produção capitalista. Sua classe dirigente e seus ideólogos ainda não podiam, pois, impor totalmente a dominação de uma ideologia que correspondesse ao seu ser social. Essa dominação só veio a se desenvolver no século XVII e atingiu seu auge no período de preparação da Revolução Francesa. Portanto, tratava-se primeiro de encontrar formas, estrutura, fundamentação etc. da práxis que, de um lado, se adequassem aos interesses do capitalismo nascente (incluindo a cientificidade) e, de outro, não produzissem conflitos sociais insolúveis com a monarquia absoluta, com seus resquícios feudais muito poderosos e com a ideologia religiosa cristã essencial para ambos. Para nos limitarmos apenas aos fundamentos ideológicos da cientificidade como método que funda a práxis, podemos dizer que determinada disposição para o compromisso, imposta pelas circunstâncias econômicas e políticas, estava também presente em certo grau no lado oposto, propriamente nos elementos relativamente progressistas; pensemos na posição assumida pelo cardeal Bellarmino no caso Galileu* e, antes ainda, na ideologia da "dupla verdade" do nominalismo**. Assim como, sobre essas questões, a Revolução Inglesa desde o início se encontrava inclinada por motivações de classe ao compromisso, também o desfecho da grande Revolução Francesa acabou por despertar tais necessidades. Não é nenhum milagre, mas antes de tudo uma necessidade do desenvolvimento, que um compromisso ideológico expresso na pergunta "o que faz a ciência científica?" se tornasse uma questão central da ideologia burguesa, séculos a fio, sobretudo da fundamentação filosófica da cientificidade das ciências. Enquanto o próprio Galileu ainda expressava de forma ingenuamente ontológica seu método científico e seus resultados, logo a seguir, já com Descartes, a teoria crítica do conhecimento assumiria o ponto central do método filosófico e manteria sua predominância de maneira cada vez mais fortalecida e decidida, até os nossos dias.

Nas considerações filosófico-metodológicas, raras vezes emergia esse problema da função inteiramente nova da teoria do conhecimento. Hegel, no começo de seu período de Iena, tocou de leve nessa questão do contraste entre ceticismo antigo e moderno (isto é, para ele, Kant e seus epígonos) e

---

* Lukács refere-se à postura de Bellarmino diante dos textos de Galileu, que pode ser exemplificada pela correspondência datada de 1615, em que o cardeal lembrava a Galileu que não poderia afirmar que a nova astronomia não era matéria de fé, visto que nas Sagradas Escrituras há passagens que descrevem os fenômenos astronômicos. Estava, no entanto, disposto a rejeitar a leitura tradicional da Bíblia se houvesse uma demonstração verdadeira de que o Sol se encontrava no centro do universo. Caso isso fosse possível, Bellarmino admitia a necessidade de critérios cuidadosos para explicar esse ponto nas Escrituras e conclui: "é melhor afirmar que nós não compreendemos o que ocorre a ter que dizer que algo é falso e foi provado". Galileu, ao contrário do cardeal, sempre insistiu que não poderia haver nenhuma contradição entre as verdades da ciência e as verdades da fé, como é possível notar em uma carta enviada à duquesa Cristina da Toscana.

** Doutrina filosófica segundo a qual os universais seriam apenas nomes com os quais designamos um conjunto de indivíduos concretos, mas não corresponderiam à realidade das coisas.

destacou que o primeiro é "dirigido contra o dogmatismo da própria consciência geral", não contra a generalização filosófica[12]. Mas não tira consequências radicais amplas dessa constatação, nem mesmo em relação a Kant. Isso não é mero acaso. Hegel critica, com razão, o fundamento da teoria do conhecimento kantiana, a incognoscibilidade da coisa em si, mas, em geral, ele afasta aquelas ponderações gnosiológicas em seu sistema apenas para substituí-las por uma ontologia rigorosamente logicizada e logicizantemente distorcida, cuja postura fundamental, em última análise, não vai além do compromisso de seus predecessores, quanto aos princípios, pois também ele anuncia uma concepção de realidade que assegura um lugar honrosamente transigente para a transcendência religiosa, ao lado e dentro de sua visão fundamental orientada para o progresso sócio-histórico. Todas as consequências ateístas deriváveis dos conteúdos desse sistema (pensemos em Heine, na brochura de juventude de Bruno Bauer e Marx) não podem mudar, essencialmente, o fato básico de que, nesse sentido, Hegel pertence historicamente à linha da história desse complexo de problemas que começou com Descartes.

Nesse compromisso, trata-se da tentativa de evitar, com ajuda de uma variação da "dupla verdade", as consequências últimas de uma concepção de mundo coerentemente científica. Para nossas considerações, não interessa descrever, ainda que sob a forma de esboço, essa evolução, nem mesmo em seus tipos principais. Para nós, o problema importante é que a teoria do conhecimento adquire a dupla função: de um lado, fundamentar o método da cientificidade (especialmente no espírito das rigorosas ciências particulares) e, de outro, afastar os eventuais fundamentos e consequências ontológicas dos métodos e resultados científicos da única realidade reconhecida como objetiva, por não poderem ser cientificamente fundamentados. Essa postura ideológica é ao mesmo tempo social e historicamente condicionada: as relações de força e os conflitos por elas provocados determinam em última análise o respectivo conteúdo, forma, método e resultado das teorias de conhecimento assim nascidas. Os componentes decisivos que devem ser aqui ideologicamente reconciliados ou pelo menos silenciados são, de um lado, o poder social da religião e, do outro, aquelas necessidades econômico-sociais que as ciências devem atender quanto

---

[12] Hegel, *Werke*, I, *Erste Druckschriften*, Leipzig, 1928, p. 182.

à natureza, sobretudo as ciências particulares. Nas duas questões podemos ser breves. Ninguém hoje duvidará que o poder social das religiões diminuiu consideravelmente desde os tempos de Galileu, ainda que, como o autor destas linhas, não menospreze sua influência sobre as opiniões de grandes grupos humanos, por mais convencionais que se possa considerá-las. Mais importante é que essas tendências, não importa quão consciente ou inconscientemente, precisam atender amplamente aos imperativos do desenvolvimento puramente econômico.

É notável como essas modificações muito essenciais das relações de forças sociais, e os conflitos que delas nasceram, alteraram relativamente pouco a orientação básica das funções ideológicas da teoria do conhecimento. Mas o que há de surpreendente nisso reduz-se muito quando contemplamos mais de perto o desenvolvimento capitalista e, através dele, o desenvolvimento da ideologia burguesa. No tempo do grande poder social da religião, o compromisso necessário para a ciência burguesa só poderia ser realizado por uma crítica aniquiladora da relevância ontológica das ciências naturais, com a preservação de sua validade no interior da práxis econômica e de todos os territórios direta ou indiretamente ligados a ela. (Essa etapa atinge seu auge na teoria kantiana da incognoscibilidade das coisas em si.) No século XIX, e mais ainda no presente, a necessidade social de tais considerações vai desaparecendo pouco a pouco, e até mesmo tendências materialistas ateístas podem anunciar suas doutrinas sem temer represálias. Se é verdade que esse constante crescimento do espaço social para a pesquisa científica quase não atinge a influência das tendências ontologicamente agnósticas na teoria do conhecimento, esse fato indica que a necessidade ideológica que o provocou no pensamento burguês deveria ter outros fundamentos.

Não é muito difícil perceber quais são. O ímpeto da ciência e da cientificidade no período inicial do desenvolvimento capitalista desperta em determinadas camadas burguesas tendências para uma ontologia puramente imanente ao mundo, mais ou menos conscientemente orientada para o ser material. Seus inícios já se percebiam em Bacon*, e a filosofia de Hobbes

---

* Rompidos os liames com o passado, Francis Bacon anuncia um novo modo de pensar, isto é, de considerar a realidade. A oposição à lógica aristotélica se concentra sobre um ponto capital: o valor e o uso da indução. Segundo o filósofo inglês, é necessário, além da rejeição de qualquer procedimento dedutivo, identificar as imagens ou *idola* que são responsáveis

é uma ontologia legitimamente materialista, puramente imanente ao mundo, *sans phrase**. A execução consequente de tal maneira de pensar, que muitas vezes, ou melhor, em geral, busca trazer a público todos os contrastes importantes da sociedade capitalista, contradiz os interesses dos círculos dirigentes do capitalismo que, apesar da execução real de seus métodos de produção, se esforçaram por manter, no compromisso com as antigas classes dominantes, também a "respeitabilidade" social. A irrupção para o reconhecimento da essência da própria práxis, assim como ela é, já foi percebida por Hobbes como malvista, e recebeu nova intensificação quando Mandeville** pronunciou, sem rodeios, todas as consequências práticas e ideológicas da sociedade capitalista nessas questões. Pois, como Marx diz muito antes: "O burguês comporta-se com as instituições de seu regime como o judeu com a lei; ele a burla sempre que isso é possível em cada caso particular, mas quer que todos os demais a cumpram"[13].

A recusa gnosiológica de uma ontologia materialista da natureza e da sociedade levada às últimas consequências tem aqui uma de suas mais importantes bases ideológicas: a burguesia, que passou a dominar economicamente, busca não apenas a paz com as forças religiosas, mas também a manutenção da própria "respeitabilidade" sociomoral diante dos materialistas, em que podem com frequência se revelar, aberta e criticamente, as últimas consequências morais dessa ordem social. Essa situação ideológica só poderia se intensificar quando o marxismo se apresentou como adversário também no território das concepções de mundo. Uma simples "refutação" de suas constatações de fatos não bastava para tanto, era preciso comprovar –

---

    pelas principais alterações que os objetos sofrem em nossa representação. No *Novum Organum* (São Paulo, Abril Cultural, 1984, Os Pensadores) elas aparecem classificadas em quatro espécies: *idola tribus*, *idola specus*, *idola fori* e *idola theatri*.

* Em francês no original, significa "sem qualificação, sem mais".

** Contra o otimismo que pretendia identificar no homem uma disposição natural para a moralidade e para o altruísmo, Mandeville protesta com a alegoria exposta em *A fábula das abelhas*. A moral da fábula é a afirmação do caráter não natural, não sensível, não espontâneo, da virtude moral. Virtude, para Mandeville, é toda ação contrária ao impulso natural, em que se encontram enraizadas as paixões e onde o vício é todo ato que o homem realiza para satisfazer algum tipo de apetite.

[13] MEGA, I/5, p. 162.

gnosiologicamente – a insustentabilidade científica do método, o que só foi possível pela proclamação da cientificidade única e exclusiva do tipo das posturas neokantianas, positivistas etc. em relação a todos os problemas da ontologia. As ciências particulares podiam, como sempre, cumprir inteiramente todas as suas obrigações econômicas, sociais etc., mas a questão acerca da realidade era rejeitada como questão "ingênua" e "não científica". No período da "desideologização", no período aparentemente inabalável de dominação do *american way of life*, essa tendência atingiu seu ápice provisório e só a crise dessa nova consolidação permite que hoje apareçam novas tendências contrárias, ainda que por meio de um grande primitivismo filosófico, com que estas frequentemente se apresentam. Hoje, uma tentativa de realmente reconduzir o pensamento do mundo para o ser só pode suceder pelo caminho do redespertar da ontologia do marxismo. Entretanto, para isso seria necessária uma crítica de princípios de todo o período passado. É preciso reconhecer que a teoria do conhecimento é filosoficamente incapaz de realmente compreender os problemas ontológicos na ciência. Surge ademais a tarefa de colocar sob uma luz correta o domínio filosófico da teoria do conhecimento como ideologia necessária de um importante período de transição.

À primeira vista, isso parece implicar um retorno do pensamento à vida cotidiana como fundamento. É impressionante como, de fato, é isto: podem-se expor em termos gnosiológicos as mais complicadas teorias científicas, as que melhor funcionam, sem qualquer referência ao ser. Apenas remeto à afirmação de Poincaré – inteiramente no espírito do cardeal Bellarmino – de que a vantagem da teoria copernicana em relação à ptolomaica reside no fato de que nela "se expressam em uma linguagem muito mais simples as leis astronômicas"[14]. A vida cotidiana, em contrapartida – até devido a sua imediatidade –, não pode em absoluto tornar-se consciente sem a permanente referência ao ser. Pensemos em nosso anterior exemplo do atropelamento. Não se devem tirar conclusões exageradas de tais exemplos, que hoje parecem filosoficamente banais. Basta lembrar que o exemplo deve apontar apenas para a atitude grotesca que é encarar o

---

[14] Poincaré, *Wissenschaft und Hypothese*, Leipzig, 1906, p. 118.

chamado ser meramente empírico como algo totalmente irrelevante em termos filosóficos e até científicos. Em contraste decisivo com isso, uma ontologia que realmente queira apreender o ser precisa ver nesses fatos mais rudimentares e elementares do ser um ponto de partida importante para as análises. No curso de nossas considerações, poderemos, repetidamente, observar que existem fenômenos do ser – muitas vezes bem importantes – que exatamente aqui, em seu primeiro e mais primitivo surgimento, mostram seu verdadeiro caráter ontológico para depois serem despidos de sua legítima constituição por obra das – em geral socialmente necessárias – "culturas superiores". De outro lado, também nunca se deve esquecer que, na vida cotidiana, os problemas da práxis só podem emergir de modo imediato, o que, por sua vez, se absolutizado acriticamente, pode conduzir a distorções – ainda que de outro tipo – da verdadeira constituição do ser. O modo de consideração ontológico, que, como vimos, tem de saber-se e sentir-se capaz de submeter a uma crítica fundada no ser mesmo as manifestações mais elaboradas do ser social, precisa mobilizar constantemente esse método crítico também em relação à vida cotidiana.

Se, pois, nem as objetivações desenvolvidas da práxis social e humana, nem seus modos fenomênicos imediato-rudimentares, tal como se apresentam, podem formar uma base inequivocamente sólida para o exame crítico-ontológico do ser social, onde poderíamos encontrar uma garantia para os caminhos corretos de uma tal crítica?

O legítimo retorno ao próprio ser só pode acontecer quando suas qualidades essenciais são compreendidas como momentos de um processo de desenvolvimento essencialmente histórico e são colocadas no centro da consideração crítica – conforme o caráter específico da historicidade e precisamente em conformidade com o seu respectivo modo do ser. Em um contexto posterior, voltaremos a falar mais detidamente dos fundamentos do ser dessa constelação, que apenas em nosso tempo tornaram-se claros e inquestionáveis. Agora, basta-nos constatar que Marx, já em sua juventude, colocou no centro de seu método essa validade universal da historicidade para cada ser. "Nós conhecemos uma única ciência, a ciência da história."[15] Décadas depois, ele

---
[15] MEGA, I/5, p. 567.

dará indicações precisas sobre o método de sua investigação: o exame dos próprios processos em seu respectivo ser-propriamente-assim [*Geradesosein*] dinâmico. Esse desenvolvimento não é – como se afirma muitas vezes do lado burguês – apenas uma determinada modificação de objetos, de suas relações etc., enquanto persistem substancialmente inalteradas as categorias que expressam e determinam sua essência. Marx diz que as categorias são "formas do ser, determinações da existência". Por isso, o conteúdo e a forma de cada ente só podem ser concebidos através daquilo em que ele se tornou no curso do desenvolvimento histórico. "Na anatomia do homem há uma chave para a anatomia do macaco." Marx vê aqui, com legítima consideração crítica, "uma chave", não "a chave" para decifrar o ser em sua historicidade. Isso porque o processo da história é causal, não teleológico, é múltiplo, nunca unilateral, simplesmente retilíneo, mas sempre uma tendência evolutiva desencadeada por interações e inter-relações reais de complexos sempre ativos. As orientações etc. assim surgidas nas modificações jamais podem, pois, ser avaliadas diretamente como progresso ou regressão. Ambas podem tornar-se a tendência dominante no curso de tais processos, independentemente – e sobre isso só se poderá falar em um contexto futuro concreto – de onde e em que medida, no processo global do ser social, isso significa um progresso de cada ser em geral. Marx afirma:

> Podemos entender tributos, dízimos etc. quando conhecemos a renda fundiária. Mas não é preciso identificá-los. Como, além disso, a própria sociedade burguesa é apenas uma forma opositiva do desenvolvimento, certas relações pertencentes a formas anteriores só poderão ser novamente encontradas nela quando completamente atrofiadas ou até mesmo disfarçadas, como a propriedade comunal. Se é verdade que as categorias da economia burguesa possuem uma verdade para todas as demais formas de sociedade, isso só se pode aceitar *cum grano salis*. Elas podem conter aquelas formas, desenvolvidas, atrofiadas, caricaturadas etc., mas sempre com uma diferença essencial.[16]

Já essa prioridade, coerentemente levada até seus últimos termos, da historicidade em seu concreto ser-propriamente-assim, como modo de ser real-

---
[16] *Rohentwurf*, p. 26.

mente processual do ser é uma crítica explosiva a qualquer absolutização da vida cotidiana. De fato, em cada pensamento do mundo nesse nível costuma habitar – já devido à predominante imediatidade de sua maneira de ser – a tendência de perenizar os fatos diretamente dados. Contudo, a ontologia crítica de Marx não se limita a essa crítica criativa, que é criativa por não se limitar apenas a controlar, mas revelar novos processos realmente dialéticos. Ela parte, e desde o começo já partia, dos princípios mais profundos do ser social, da prioridade ontológica da práxis em contraposição à simples contemplação da realidade efetiva, por mais energicamente que esta se oriente para o ser. Marx já apresentou completamente os princípios de tal crítica ontológica em suas antigas *Teses ad Feuerbach**. Por isso ele critica no materialismo de Feuerbach – e, assim, em toda ontologia materialista antiga – seu caráter que ignora a práxis, orientado para a mera contemplação (o que se relaciona estreitamente com uma orientação unilateral para o ser-natural). Este tem como resultado, em Feuerbach e em seus predecessores, que a crítica se concentra exclusivamente no território teórico, e a práxis é considerada apenas "forma fenomênica" subordinada, empírica, das concepções de mundo religiosas criticadas, em geral idealistas. A crítica de Marx é uma crítica ontológica. Parte do fato de que o ser social, como adaptação ativa do homem ao seu ambiente, repousa primária e irrevogavelmente na práxis. Todas as características reais relevantes desse ser podem, portanto, ser compreendidas apenas a partir do exame ontológico das premissas, da essência, das consequências etc. dessa práxis em sua constituição verdadeira, ontológica. Naturalmente, com isso não se negligencia teoricamente, de forma alguma, a abordagem histórica, antes apresentada, das diversas formas de ser, ou seja, o surgimento processual de umas a partir das outras. Bem ao contrário. Precisamente o lugar ontológico central da práxis no ser social constitui a chave para a sua gênese a partir do modo de adaptação meramente passivo diante do ambiente na esfera de ser da nature-

---

* Mal interpretadas, as *Teses ad Feuerbach*, redigidas, entre 1845 e 1846, são onze aforismos lançados por Marx sobre uma folha de papel no interior de uma de suas cadernetas de anotações cotidianas. Não foram referidas por ele em nenhuma outra oportunidade. Não há, em verdade, nenhum outro texto marxiano que apresente as mesmas características. Embora, às vezes, não sejam muito claras, possuem a vantagem de ser sintéticas, o que permite uma visualização de conjunto dos lineamentos ontológicos de Marx como nenhum escrito seu.

za orgânica. E o predomínio da historicidade não deve, de forma alguma, cessar em uma análise isolada da gênese. Mais tarde, na análise mais concreta do ser social, poderemos ver que em seu autodevir [*Selbstwerden*] processual essa oposição desempenha um papel decisivo como desenvolvimento tendencial continuado daquilo que Marx chamou o "recuo das barreiras naturais" no ser social. Nesse sentido, a gênese de um modo de ser, portanto, nunca deve ser entendida como ato único de conversão em outra coisa, por meio do qual é posto como realidade um novo ser, daqui para frente permanentemente igual a si mesmo, que depois se reproduz de maneira isolada e homogênea. Gênese e desdobramento são, em última análise, momentos iguais, ainda que não do mesmo tipo, dessa processualidade histórica de todo ser e que atuam concretamente de maneira muito diferente, não importando se tentarmos apreender o ser em sua unicidade ou em sua multiplicidade. Por isso, Marx jamais renunciou ao modo histórico-dialético unitário de conhecimento essencial do ser. Esse grande pensamento, porém, frequentemente não recebeu expressão teórica adequada no marxismo. Se, como aconteceu muitas vezes, examinam-se os modos de ser isolados estaticamente, absolutizando as relações categoriais assim descobertas, de forma abstrata, para "aplicar" cada relação assim obtida em outros modos de ser, esse procedimento estará distorcendo a grande concepção de Marx. Surgiram assim noções no fundo falsas, como se essa verdade histórico-dialética só fosse válida para o ser social, e não – *mutatis mutandis*, como aqui demonstramos – para o ser em geral; remeto aqui à minha antiga obra *História e consciência de classe* (1923)*, a Sartre em suas atuais posturas com relação ao método dialético. Só a ideia da historicidade universal concreta das categorias de cada ser pode mostrar

---

* *História e consciência de classe*, conjunto de ensaios que marca a transição do autor para o marxismo, foi um esforço intelectual marcante no sentido de colocar em evidência um campo de preocupação teórica até então relegado a segundo plano, por conta do domínio de vertentes mecanicistas consubstanciadas na II Internacional. De fato, a obra de Lukács, na década de 1920, se revestiu de importância decisiva, na medida em que representou a tentativa – independentemente de seus embaraços e malogros, muitos deles denunciados pelo próprio autor no afamado "Prólogo de 1967" – de reconhecer e ressaltar a natureza e as complexas funções da esfera ideológica. Exerceu grande influência em várias gerações de ramos intelectuais distintos, notadamente na assim chamada Escola de Frankfurt. Apenas em 2003 foi publicado no Brasil – pela Martins Fontes –, em edição que contém o referido prólogo autocrítico.

aqui o caminho para uma consideração correta, ao mesmo tempo unitária e historicamente bem diferenciada.

Raciocínios desse tipo só aparentemente se afastam de nossa questão principal, a constituição dialético-histórica, processual, de todo ser, e – nesse contexto total – das peculiaridades do ser social. Se a práxis for corretamente compreendida no sentido de Marx, com todas as suas premissas e consequências ontológicas, essa práxis – e Marx analisa essa questão com pertinência e profundidade nas *Teses ad Feuerbach* – é concebida como ponto central objetivo, ontológico, do ser-homem do homem, como aquele ponto central ontológico de seu ser como homem e como ser social, a partir do qual podem ser adequadamente compreendidas todas as demais categorias em seu caráter ontológico processual. Como pretendemos esclarecer aqui apenas o ponto central, diremos, muito resumidamente, que, segundo Marx, a correção de nossos pensamentos só consegue ser demonstrada na práxis, que a práxis em sua essência e em seus efeitos espontâneos é o fator decisivo da autoeducação humana, que todos os conflitos que o ser humano é forçado a dominar espiritualmente sempre repousam, primariamente, em contradições da práxis na respectiva vida, e ali desembocam etc., etc.

Para nós, a questão decisiva agora é que Marx acusa Feuerbach de conceber, ao passar pela sociabilidade do ser, o homem como indivíduo isolado. Pois a "essência humana" de que Feuerbach fala não é, em nenhuma circunstância, uma "abstração intrínseca ao indivíduo isolado". Em sua realidade, ele é "o conjunto das relações sociais". Quando Feuerbach separa aqui, conceitualmente, aquilo que ontologicamente coexiste de modo inseparável, é forçado a interpretar de modo totalmente errôneo essa essência humana, a generidade* do homem. Ele ignora totalmente o novo no ser humano-social, pois assim é forçado a conceber a nascente generidade do modo como ela ainda é efetivamente na natureza orgânica, como essencialmente "muda" em seu ser, "que une muitos indivíduos de modo apenas *natural*". É nessa crítica que a adaptação ativa ao próprio ambiente, a práxis como categoria básica fundamental da nova forma do ser, adquire aquele conteúdo que caracteriza de modo adequado a universalidade totalmente recente dessa nova forma de

---

* *Gattugsmässigkeit* é mais bem traduzido por "generidade", embora se trate de um neologismo. Acompanhamos aqui a tradução italiana que apresenta o termo *genericità*.

ser, que de outra maneira permaneceria inexplicável. Toda a vida espiritual, introduzida no mundo apenas pelo ser social – que pareceria um milagre inexplicável de Deus caso não fosse desenvolvida a partir da práxis –, com o lugar central da generidade-não-mais-muda adquire a base que desencadeia no homem interações de tais tipos, que o colocam em condições de, e deste modo até mesmo o obrigam a, estender esse pensamento sobre o mundo para toda a amplitude do círculo objetivo e subjetivo de seu ser [*Dasein*], e a transformar seus resultados em componentes orgânicos de sua própria existência [*Existenz*] (isto é, de seu próprio desenvolvimento, que apenas nessa permanente interação com o "conjunto das relações sociais" pode chegar a um desdobramento real). Apenas numa concepção assim fundada do ser social pode desaparecer, da gênese e desenvolvimento superior do ser humano, todo elemento de uma transcendência inexplicável, e o ser social dos seres humanos pode receber uma visão de conjunto racional semelhante – embora em conteúdo e forma bem diferentemente determinados –, uma univocidade cientificamente explicável, como aos poucos o pensamento humano está fazendo com a natureza – partindo daí. A generidade é uma qualidade objetiva elementar de cada ente. Já por isso, a superação do seu mutismo elementar pode se tornar a base ontológica e o critério dos esforços humanos para adquirir consciência em sua universalidade e realidade efetiva. Apenas em comentários posteriores poderemos mostrar que a práxis como base do ser do homem, e de todos os momentos de seu ser, produz necessariamente, já na fase mais primordial, essa superação do mutismo do gênero, como base do seu autodevir; poderemos mostrar que as manifestações complexas de sua vida espiritual, aparentemente até distantes da realidade, são momentos necessários daquele processo que introduz no ser a primeira práxis, isto é, o trabalho.

2

O lugar central da generidade, a superação do seu mutismo na natureza, não é de modo algum uma "ideia" genial e isolada que tenha ocorrido ao jovem Marx*. Embora a questão raras vezes apareça abertamente, com essa terminologia explícita, em suas obras posteriores, Marx nunca cessou de avistar no desenvolvimento da generidade o critério ontológico decisivo para o processo do desenvolvimento humano. O contínuo destaque dado ao recuo das

---

* O termo aparece pela primeira vez nos *Manuscritos econômico-filosóficos* de 1844 (Primeiro manuscrito) (São Paulo, Boitempo, 2004) quando Marx, no debate com os economistas, esclarece, a partir da análise da relação do trabalhador com o produto, a prioridade do trabalho sobre a propriedade privada. Lukács, como um dos decifradores dos referidos manuscritos no início da década de 1930, juntamente com o filólogo russo Riazanov, manifesta em vários momentos admiração por esses escritos. Em relação à propalada proximidade dessa expressão com aquela utilizada por Feuerbach, é importante esclarecer que, "não obstante a inclinação humanista comum a Feuerbach e Marx dos *Manuscritos de Paris*, Marx não herda a antropologia feuerbachiana, mas sim a rejeição dos caracteres idealistas inerentes à demanda pelo ser sensível proveniente dos textos que circundam o projeto de 'reforma da filosofia', o que significa dar à *Essência do cristianismo* somente os créditos que lhe cabem. Em suma, o pensamento de Marx desmente os fundamentos do que seria uma antropologia. Nesse sentido, a naturalidade própria do *homem* tomado no isolamento, intrínseca a Feuerbach, contrasta com a sociabilidade inseparável do ser como *atividade sensível* de Marx". Rodrigo Maciel Alckmin, *Feuerbach e Marx: da sensibilidade à atividade sensível* (Dissertação de Mestrado, Belo Horizonte, Programa de Pós-Graduação em Filosofia, Fafich/UFMG, 2003), p. 134.

barreiras naturais, como característica da realização da sociabilidade, já aponta para essa concepção. Talvez mais significativo seja que Marx designe o socialismo legitimamente concretizado, o comunismo, como fim da pré-história da humanidade. Portanto, ele se distingue dos utópicos* – mesmo dos maiores – não apenas porque descreve objetiva e precisamente as tendências sócio-históricas que levam ao comunismo, mas também porque não vê nessa fase um auge finalmente atingido da história do gênero humano, mas somente o começo de sua história real, propriamente dita. Do surgimento do trabalho (e, com isso, das bases ontológicas objetivas e subjetivas do gênero humano) até o comunismo, lidamos, pois, apenas com a pré-história desse processo, da real história da humanidade.

Nessa constatação ontológica tão revolucionária sobre o ser e devir histórico-social do gênero humano, é notável como Marx, que geralmente fundamenta com precisão cada uma de suas afirmações, já nas *Teses ad Feuerbach* encara suas constatações como algo óbvio e evidente, que não precisa ser comprovado. E com toda a razão. Em explícita contraposição às teorias do conhecimento anteriores, que muitas vezes se esforçavam com grande acuidade dedutiva para entender como o pensamento humano pode se elevar dos casos singulares – apenas sensivelmente apreensíveis – até o conceito geral de generidade (abstrato, geral etc.), ou o que o torna capaz de descer de tais conceitos gerais "lógicos" para o caso singular, o individual. Marx considerava a unidade inseparável entre gênero e exemplar como um fato fundamental do ser que deve incondicionalmente ser reconhecido e aplicado prática e teoricamente, sendo desnecessária a comprovação de seu ser. Assim, já em sua primeira crítica da filosofia hegeliana (1843)**, ele entra em

---

* Expressão usada por Marx e adotada pelos teóricos políticos contemporâneos para indicar a teoria político-sociológica, difundida particularmente na primeira metade do século XIX, que, criticando a sociedade contemporânea e aspirando a uma radical transformação no sentido socialista e comunista, renegavam tanto os meios violentos como os revolucionários e julgavam suficiente a atuação dos modelos experimentais. Entre os vários representantes de tal doutrina, destacam-se Babeuf, Buonarroti, Saint-Simon, Robert Owen, Charles Fourier, Étienne Cabet, entre outros.

** Texto escrito por Marx visando o "acerto de contas" com seu arcabouço teórico anterior, como ele próprio veio a se referir, em 1859, a esses manuscritos inacabados, com o intuito de caracterizar a crise intelectual vivenciada por ele naquele exato momento. Nesse texto, que marca a transição para seu pensamento próprio, Marx, por meio da crítica ao Estado

cena com energia e paixão contra as construções lógicas abstratas que violentam o ser. Deste modo comenta o antagonismo de seu pensamento com o de Hegel sobre a questão do compreender: "Mas esse compreender não consiste, como pensa Hegel, em reconhecer por toda parte as determinações do conceito lógico, mas em apreender a lógica específica do objeto específico"[1]. Não é difícil ver que Marx se refere aos nexos legais dos desenvolvimentos concretos do ser, dos processos reais. Essa crítica filosófica geral se relaciona, porém, com a nossa questão sobre a relação do singular com o universal, e vice-versa. Assim, Marx diz sobre a forma silogística de Hegel: "Pode-se dizer que, em seu desenvolvimento do silogismo racional, toda a transcendência e o mítico dualismo de seu sistema tornam-se evidentes. O termo médio é o ferro de madeira, a oposição dissimulada entre universalidade e singularidade"[2]. E, mais tarde, completando e resumindo: "Mas quando Hegel trata a universalidade e a singularidade, os momentos abstratos do silogismo, como opostos reais, é esse precisamente o dualismo fundamental da sua lógica"[3]. Portanto, que o universal e o singular não sejam contraposições lógicas no sentido da lógica hegeliana, mas expressões, no pensamento, de determinações do ser obrigadas a coexistir, parece já uma convicção inicial de Marx. E com efeito: só partindo de tal ontologia torna-se fundada e compreensível a acusação contra Feuerbach de conhecer apenas a generidade muda, e a exigência de reconhecer que o gênero humano supera a mudez*.

A generidade muda (não feita consciente, que não busca expressão consciente nem a encontra, mas que nos processos reais do ser se expressa efetivamente) aparece como categoria ontológica fundante geral do ser-natu-

---

moderno e de sua melhor exposição, dá o primeiro passo da crítica à especulação, isto é, marca a ruptura com a tradição idealista alemã, notadamente pelo rompimento com a concepção hegeliana de *ser*.

[1] MEGA, I/1, p. 510.
[2] Ibidem, p. 502.
[3] Ibidem, p. 506.
* De fato, na tese 6, Marx recrimina Feuerbach por dissolver "a essência religiosa na essência *humana*. Mas a essência humana não é uma abstração intrínseca ao indivíduo isolado. Em sua realidade, ela é o conjunto das relações sociais". Cf. "Ad Feuerbach (1845)", em Karl Marx e Friedrich Engels, *A ideologia alemã* (São Paulo, Boitempo, 2007), p. 534.

ral orgânico. Como na própria natureza inorgânica faltam até os mais débeis indícios de qualquer consciência que pudessem acompanhar, ao menos, as relações dos objetos e seus processos, podemos, nesse território do ser, falar apenas de generidades objetivamente constatáveis (portanto, mudas). Mas o fato ontológico básico, de que de um lado a generidade só existe diretamente nos exemplares singulares, embora, de outro lado, ser e processo do ser de cada exemplar revelem as mesmas determinações da generidade, mostra que a mesma relação categorial – segundo Marx, categorias são formas do ser, determinações da existência – também é um modo do ser fundamental na natureza inorgânica. Nesse ponto, o engano idealista consiste em não ver na universalidade da generidade uma expressão do ser, mas apenas uma determinação do pensamento (abstração). Essa "abstração", porém, jamais é separável da verdadeira essência da objetividade existente, é uma determinação do pensamento somente em termos secundários, derivados. Ela não é senão a constatação, no pensamento, de uma situação existente. O fato de, na natureza inorgânica, processos físicos ou químicos levarem à dissolução de formas de objetividade, o fato de, em tais casos, o objeto assim modificado pertencer objetivamente a um gênero diferente do precedente, não elimina essa relação entre exemplar singular e gênero. Como a relação dos objetos entre si nessa esfera do ser é essencialmente um mero ser-outro, essa mudança de gênero insere-se facilmente na totalidade das relações dinâmicas do ser inorgânico.

Com o surgimento do organismo ocorre uma mudança radical diante da natureza inorgânica, uma vez que cada organismo é um complexo movido por forças internas, que possui como determinação fundamental de seu ser o surgir e o passar. (Antes e depois desse processo de reprodução, os elementos do organismo são apenas algo existente no interior do ser inorgânico.) Esse processo de reprodução dos organismos singulares transcorre no quadro de sua respectiva generalidade, e em sua essência é uma inter-relação entre o organismo e a interferência direta de processos predominantemente físico-químicos de seu ambiente determinado segundo seu gênero; o fato de que também objetos da natureza orgânica possam pertencer a tal ambiente não suprime essa situação. Só num estágio superior, no qual o processo de reprodução do organismo pressupõe uma mobilidade independente de seu ambiente, surgem as reelaborações biológicas dos processos físico-químicos do ambiente (raios de luz transformam-se biologicamente, por exemplo, em cores, ondas de ar em sons). Esse fato ontológico tem como resultado tendencial uma comunicação sempre determinada concretamente entre os exemplares do mesmo gênero por sinais (sons etc.), os quais se referem a situações importantes para a reprodução (alimento, perigo, relação sexual etc.), para possibilitar a reação genericamente correta, em situações determinadas. Um organismo que se move autonomamente só pode reproduzir-se em um ambiente cujos acontecimentos típicos e mais importantes para sua reprodução sejam por ele percebidos e, nesse quadro, também sejam comunicáveis no interior do gênero.

Este é o estágio de desenvolvimento do ser que Marx chamou de generidade muda, ao corrigir a concepção de Feuerbach. (Na natureza inorgânica, tal designação falsearia a exterioridade físico-química completa das inter-relações. O ser-mudo pressupõe pelo menos uma possibilidade abstrata de comunicação, e em tal etapa esta ainda não existe.) Por isso, não se deve sobrevalorizar o salto constituído, em todas as relações essenciais, do organismo que se reproduz genericamente; o salto contém uma transformação radical em todas as relações do organismo com seu ambiente, que em todos os seus momentos pressupõe o desenvolvimento que conduz a essa transformação, aqui esboçada apenas em suas linhas mais gerais. Nesse salto, pois, o ser conserva tanto uma continuidade, que em estágios superiores também se mostra como preservação de determinadas estruturas fundamentais, quanto uma ruptura da continuidade, que se pode observar com o surgimento de categorias inteiramente novas. Aqui iremos observar as principais determinações em relação aos dois modos de ligação, sobretudo do ponto de vista da relação antiga-nova entre exemplar e gênero.

Sabemos que a base ontológica do salto foi a transformação da adaptação passiva do organismo ao ambiente em uma adaptação ativa, com o que a sociabilidade surge como nova maneira de generidade e aos poucos supera, processualmente, seu caráter imediato puramente biológico. Também aqui é absolutamente necessário apontar, em termos ontológicos, para a coexistência ontológica das duas esferas. Uma coexistência semelhante em abstrato, mas, em determinações concretas, totalmente diferente, existe também no salto entre natureza inorgânica e orgânica. E na medida em que o ser humano, o qual em sua sociabilidade supera sua mera existência biológica, jamais pode deixar de ter uma base do ser biológica e se reproduz biologicamente, também jamais pode romper sua ligação com a esfera inorgânica. Nesse duplo sentido, o ser humano jamais cessa de ser *também* ente natural. Mas de tal modo que o natural nele e em seu ambiente (socialmente) remodelado é cada vez mais fortemente dominado por determinações do ser social, enquanto as determinações biológicas podem ser apenas qualitativamente modificadas, mas nunca suprimidas de modo completo.

A maneira ativa de adaptação ao ambiente (segundo a tendência: remodelação do ambiente, sua adaptação tendencial, surgida nessa inter-relação com as novas condições produzidas de reprodução) é, portanto, o ponto decisivo. De sua mera faticidade segue-se uma série de determinações que produzem o ser-humano real, seu pertencimento a um gênero de outro tipo bem diferente. Já comentamos o surgimento e o caráter do pôr teleológico no trabalho, a partir do trabalho. O posterior tratamento específico desse círculo temático há de esclarecer paulatinamente o círculo mais amplo da práxis humana. Mas mesmo que apenas encaremos abstratamente, como aqui, o mero fato de que toda práxis tem como base um pôr teleológico, é preciso ficar claro, para nós, que todo pôr teleológico deve ter como pressuposto e consequência o surgimento da dualidade sujeito-objeto, que só é possível, como ser, coexistindo. Seu surgimento paulatino, ainda não sabemos bem em quantos milênios, ilumina e obscurece ao mesmo tempo a completa novidade dessa determinação do ser. De um lado, na medida em que for corretamente reconhecido e interpretado em suas etapas, esse processo pode colaborar muito para a concretização dessa nova determinação do ser social. Porém, de outro, isolar, no pensamento, fases de desenvolvimento, a partir de sua semelhança muitas vezes apenas aparente com certos indícios na evolução animal, pode levar o conhecimento do processo a caminhos equivocados, visto que aqueles processos, ao permanecerem puramente biológicos, desembocam em becos sem saída da evolução.

Em todo caso, ocorre uma tendência de desenvolvimento muito importante do ponto de vista da generidade: a paulatina transformação da singularidade em individualidade. A singularidade é, de fato, assim como a universalidade, categoria fundamental de todo ser: não há ente que não possa existir ao mesmo tempo como exemplar de seu gênero (universal) e como objetividade singular (singularidade). Leibniz* demonstrou isso em sua famosa anedota das damas da corte e das folhas das plantas. Enquanto, porém, a relação com os outros objetos – assim como a adaptação passiva do organismo ao seu ambiente – não se eleva ainda à condição de relação sujeito-objeto, a singularidade só pode permanecer mero fato natural. Assim também acontece com o ser humano. A antiga constatação de que todo ser humano tem uma impressão digital única, que jamais se repete, não vai, em seu conteúdo ontológico, além do exemplo das folhas de Leibniz. Naturalmente, Leibniz poderia ter ilustrado essa sua tese, ainda altamente abstrata e geral, com as pedrinhas de cascalho das veredas do parque. O desenvolvimento real da individualidade sempre socialmente fundada, nunca simplesmente na natureza, que brota da singularidade meramente natural, é um processo muito complexo, cujo fundamento ontológico é formado pelos pores teleológicos da práxis com todas as suas circunstâncias, mas que não tem ele próprio, em absoluto, caráter teleológico. Esse fato básico não se anula porque, em fases relativamente superiores de desenvolvimento, os próprios seres humanos querem, mais ou menos conscientemente, ser individualidades, e essa sua intenção muitas vezes pode tornar-se conteúdo de pores teleológicos. E isto porque é preciso um desenvolvimento longo, e de início muito lento, das relações sociais para que o problema da individualidade apareça como problema real e, principalmente, como proble-

---

* Lukács se reporta aqui ao capítulo XXVII dos *Novos ensaios sobre o entendimento*, em que Leibniz, sob a forma de diálogo, discute a questão da identidade ou diversidade. Já na parte final de seu *Pensamento vivido*, no momento em que é indagado pelo entrevistador acerca de sua *Ontologia* e até que ponto "esta teoria foi elaborada pelo próprio Marx", Lukács assim se pronuncia: "Marx elaborou principalmente – e esta eu considero a parte mais importante da teoria marxiana – a tese segundo a qual a categoria fundamental do ser social, e isto vale para todo ser, é que ele é histórico. Nos manuscritos parisienses, [...] acrescenta: 'Um ser objetivo é um não-ser'. Ou seja, não pode existir uma coisa que não tenha qualidades categoriais. Existir, portanto, significa que algo existe numa objetividade de determinada forma, isto é, a objetividade de forma determinada constitui aquela categoria à qual o ser em questão pertence. [...] Tomemos o exemplo historicamente célebre do modo pelo qual Leibniz explicou às princesinhas que não existem duas folhas que tenham a mesma forma. A singularidade dos objetos é inseparável do seu ser e não pode ser reduzida a nada. Isto é, eu diria que o sistema das categorias, quanto ao aspecto da singularidade, revela aquele desenvolvimento no curso do qual a categoria da singularidade se desenvolveu, como resultado de um desenvolvimento extremamente longo, da singularidade do seixo até a singularidade do homem" (*Pensamento vivido: autobiografia em diálogo*, cit., p. 145-6).

ma universal. É verdade que o trabalho e todas as formas de práxis dele diretamente originadas exercem desde o começo efeitos retroativos complexos sobre o trabalhador, sobre o ser humano praticamente ativo, transformando sua atividade em outra sempre mais ampla e ao mesmo tempo mais diferenciada e consciente, fazendo com que a relação sujeito-objeto se torne cada vez mais forte e, simultaneamente, de forma mais intensa, uma categoria dominante na vida humana. Ao mesmo tempo, fundamentando o processo recém-descrito, só aos poucos se constrói realmente a sociabilidade na sociedade, produzindo para os pores teleológicos um campo de atividade cada vez maior, extensa e intensamente, ao passo que vai se consolidando, concretizando e, onde for necessário, limitando esse crescente campo de atividade, certamente fundado em motivações sociais primárias. Assim, devido à práxis, o homem que continua a se desenvolver em uma multilateralidade cada vez mais variada se encontra defronte à sociedade, ao seu metabolismo com a natureza, à sua formação de órgãos para desenvolvimento próprio etc., com o que não apenas cresce a corporificação objetiva da generidade, tornando-se cada vez mais variada em muitos aspectos, mas ao mesmo tempo coloca múltiplas e diferenciadas exigências ao indivíduo humano nela praticamente ativo. Esse processo, que se desenrola objetiva e subjetivamente, em constante interação entre objetividade e subjetividade, faz surgir as bases ontológicas, das quais a singularidade do ser humano, ainda em muitos aspectos meramente natural, pode adquirir aos poucos caráter de individualidade (social, possível apenas na sociabilidade).

Em considerações que faremos mais adiante, esse complexo de problemas será tratado de modo bem mais detido e concreto. Aqui interessava apenas dar a entender que, só no curso de um demorado processo, o surgimento do sujeito e do objeto na práxis social pode trazer à existência o complexo de problemas da generidade-não-mais-muda em seu modo bem próprio de ser, o que sucede da seguinte maneira: para o homem, em sua práxis, não só as coisas [*Gegenstände*] concretas, em cuja existência e elaboração está baseado o metabolismo da sociedade com a natureza, convertem-se em objetos [*Objekten*] com que ele passa a se defrontar como sujeito da práxis social, mas também as formas de sociabilidade daí resultantes fazem surgir, em última análise, como destacou Marx, a sua própria generidade como conjunto das relações sociais.

Essa mudança se revela, de maneira expressiva, no fato de que na linguagem surge uma forma de comunicação totalmente nova entre os exemplares do gênero. Marx determina essa nova situação no desenvolvimento da generidade do homem em relação à linguagem, da seguinte forma:

> A linguagem é tão velha quanto a consciência – a linguagem é a verdadeira consciência prática, que existe para as outras pessoas, portanto primeiro também para mim mesmo, e a linguagem nasce, como a consciência, somente da precisão, da necessidade da relação com outras pessoas.[4]

Naturalmente, a linguagem tampouco surge como uma "criação do nada", mas – apesar do caráter de salto de sua gênese, que a distingue qualitativamente de todas as suas formas anteriores – tem, como meio de comunicação entre exemplares de um gênero, sua pré-história nas formas de comunicação por meio de sinais dos animais superiores. O salto contém uma dupla base de conteúdo e forma. Primeiro, a linguagem, para ser linguagem, tem de ir além do mero condicionamento situacional dos sinais e de sua relação única puramente concreta, com uma ação atual, imediata. Quando, por exemplo, uma ave (galinha, ganso, eventualmente também ganso selvagem), ao avistar uma ave de rapina no ar, reage com determinados sinais, acontece apenas uma reação eficaz a determinado e concreto perigo de vida no meio ambiente, e a reação de defesa, imediata, é de grande precisão em sua unicidade. Do funcionamento preciso e pontual de tais reações, porém, não se deriva, em absoluto, que a ave em questão seja capaz de constatar esse inimigo como "o mesmo" em circunstâncias totalmente diferentes. Conhecer tal ameaça de vida não significa a identificação daquele que ameaça com o seu ser-em-si, portanto, o conhecimento daquele que ameaça, que, além dessa função para o organismo ameaçado, possui enquanto ente-em-si uma longa série de qualidades praticamente relevantes por si mesmas. (Os homens, por exemplo, em estágio avançado de seu desenvolvimento, puderam usar aves de rapina como auxiliares na caça.) A relação humana com o meio ambiente natural contém, pois, a identidade do objeto em questão em situações que vão além de cada situação dada. Do ser-conhecido (do ser-para-nós concreto e imediato) desenvolve-se um conhecimento do ser-em-si. Marx expressa essa nova relação, que se objetiva no tornar-se consciente, na linguagem, dizendo que para o homem que trabalha está disponível em volume crescente uma "relação" com os objetos e relações de seu ambiente, tanto inorgânicos

---
[4] MEGA, I/5, p. 20.

quanto orgânicos (e mais tarde também sociais), aos quais ele se adapta ativamente com o trabalho e com a práxis posterior, enquanto nos animais não há relação com nada e em geral nenhuma relação. "Para os animais, a sua relação com os outros não existe como relação."[5]

Isso é sem dúvida um salto qualitativo. Mas nunca devemos esquecer que no qualitativamente novo se preserva uma determinação ontológica essencial do ponto de partida originário: a imediata e inseparável unidade do gênero com o exemplar do gênero a ser considerado na prática em cada caso. A superação na linguagem da vinculação com a situação não significa, pois, que se suprima a vinculação com o gênero ali inseparavelmente existente. Ao contrário, sua vinculação fica fortalecida quando se torna conhecida. Quanto mais emergem no gênero, assim como no exemplar, os momentos do ser-em-si – fato que constitui exatamente o conteúdo principal dessa superação –, tanto mais predomina, nos momentos autônomos mediados pela linguagem, a referência direta com a práxis e, com isso, a imagem do mundo é dominada pela generidade objetiva que vai, por meio do conhecimento, superando o simples conhecimento imediato de uma generidade estranha. Isso indica uma permanência insuperável de todo exemplar na própria generidade, sempre mais independente daquilo que constitui a cada vez sua situação concreta, seu funcionamento concreto no interior dela etc. Só assim compreende-se a afirmação de Marx de que o homem, como ser genérico, se "relaciona" de maneira determinada, pelos fundamentos fáticos de sua práxis, com os outros gêneros e seus exemplares. Quando Hegel, no início de sua *Fenomenologia*, fixa como ponto de partida para o pensamento humano, como estímulo para seu desenvolvimento superior, que o conhecido, já que é conhecido, não é ainda reconhecido, para o homem da vida cotidiana verifica-se já em sua linguagem. Para poder expressar algo na linguagem, sua designação pela palavra tem de apreender essa dupla constituição real, e expressá-la: de um lado, a identidade que permanece de cada exemplar no seu ser-propriamente-assim que lhe é próprio, de outro, de maneira inseparável e ao mesmo tempo, sua inseparabilidade de sua própria generidade. Por isso, não é nada casual que o pensamento humano em seus primórdios tenha concebido a capacidade de nomear os objetos como sinal de seu domínio sobre eles. (Também aqui podemos lembrar a his-

---

[5] Idem.

tória mosaica da criação, na qual o ser humano documenta seu domínio sobre os animais dando-lhes nomes.) Por mais que nos primórdios tal coincidência entre nomear e dominar tenha recebido exageros mágico-místicos, continua sendo, na prosa da práxis real, o fundamento teórico da adaptação ativa eficaz do gênero humano ao seu ambiente.

Aqui discutiremos apenas essa relação ontológica fundante no ser social. Naturalmente, a gênese de sua expressão na linguagem é também um processo: o caminho que intercorre entre a concretude limitada dos simples sinais e a "abstração" praticamente fecunda da apreensão linguística do ambiente, o domínio prático de suas complicadas relações de complexos de objetos, entre os processos que são fundamentos desses, é certamente um caminho demorado. Tanto quanto podemos entender atualmente, pelo menos um dos componentes mais essenciais do desenvolvimento foi a fixação linguística da generidade por nós acima esboçada. Portanto, trata-se em aparência de um caminho do concretamente único para a "abstração" genérica. Falamos em aparência porque quando, por exemplo, em um caso que Lévy-Bruhl* registra, os índios Klamath não têm expressão para raposa, mas, em compensação, têm um termo para cada uma de suas subespécies, nesses casos o surgimento da designação mais abrangente, do gênero (eventualmente, o que não é necessário, reprimindo os antigos nomes diferenciados), não trilhou mais o caminho do sinal para a linguagem, mas o de um processo de integração dentro da linguagem. Qualquer que seja a amplitude ou a restrição assumidas pelos conceitos de gênero, em nada modifica a unidade linguística de gênero e exemplar, assim como não suprime tal relação básica de sucessivas determinações científicas mais exatas, por exemplo, que a baleia não pertença ao gênero dos peixes, mas ao dos mamíferos.

Essa unidade de capacidade de desenvolvimento e persistência das determinações básicas, de elasticidade e solidez, torna tal caso de apreensão ontológica do mundo, que se verifica na linguagem, adequado para entender também as variações essenciais que podem acompanhar esse tipo de relação dos objetos no ser social para o sujeito como modos de expressão, como órgãos

---

* Lucien Lévy-Bruhl dedicou cerca de trinta anos à pesquisa da mentalidade dos chamados povos primitivos. Nega, em seus estudos, a identidade no tempo do espírito humano e o caráter unitário da forma lógica do pensamento.

da conscientização, como capacidade na preparação e execução dos pores e decisões necessários para a práxis. Todavia, nossa formulação não é efetivamente precisa, pois as fixações linguísticas, comentadas antes, dos momentos do metabolismo da sociedade com a natureza já são, em sua essência, de caráter social. Em cada ato de trabalho já está contida, objetivamente, a transição realizada do mero conhecido para o reconhecido, ainda que não contenha, necessariamente, um espelhamento ideal realmente consciente. Também para o trabalho, e para ele com maior razão, vale a frase de Marx sobre a práxis humana, fundamental para a metodologia histórica: eles não sabem, mas fazem. O conhecimento que se desenvolve do mero ser-conhecido pode tornar-se, na práxis do trabalho, rotina, fixação tornada reflexo, evidência, sem que os atos de conscientização dos seres humanos, que fixam e concretizam sua objetividade, tenham que tornar-se diretamente registrados no pensamento como tais. Na objetividade da práxis, porém, esse processo que conduz do sinal para a linguagem, do meramente conhecido para o mais ou menos reconhecido, da reação direta a fatos ao "relacionar-se" com complexos e processos de objetos, precisa ter sido realizado para poder ser fixado como fundamento da práxis do trabalho. Pois só assim o ser humano fica em condições de relacionar-se adequadamente com os complexos do ser que em sua objetividade já são, exclusiva ou prevalentemente, produtos do ser social resultante. A forma do ser qualitativamente nova assumida pela generidade na sociedade mostra-se logo de início por ser pluralista, isto é, diferenciando-se exatamente na práxis imediata em grupos específicos menores, em relação aos quais a generidade universalmente humana parece existir de forma direta como mera abstração, embora – em última análise – ela seja aquela força que determina a direção das tendências principais. Estamos falando do fato básico pelo qual, enquanto os organismos singulares na natureza orgânica são imediatamente exemplares de seus respectivos gêneros, o gênero humano tornado social se diferencia em unidades menores, aparentemente fechadas em si, de modo que o homem, mesmo atuando, em sua práxis, para além do gênero natural-mudo, mesmo obtendo enquanto ser genérico certa consciência dessa determinação do seu ser, é ao mesmo tempo forçado a aparecer como elo consciente de uma forma parcial menor do seu gênero. A generidade-não-mais-muda do homem ancora, pois, a sua consciência de si não diretamente no gênero real, total, da humanidade – que deveria ter se tornado ser sob forma de sociedade –, mas nessas formas fenomênicas parciais primariamente imediatas. A separação que ocorre na consciência vai tão longe que os membros dessas primeiras formas parciais de generidade – ainda que, mesmo na sua parcialidade, formas não mais mudas – tratam os outros grupos análogos como se não fossem seus semelhantes, como se não pertencessem ao mesmo gênero (canibalismo etc.). Assim, a generidade humana não mais muda parece fragmentar-se, na práxis imediata, em partes independentes. Então, parece ontologicamente evidente que as formas de consciência imediatas da vida cotidiana são obrigadas a seguir amplamente essa desagregação. Isso mostra de forma bastante clara a história de um dos órgãos primários da generidade própria do homem: a linguagem. Assim como o desenvolvimento geral da generidade humana se mostra num pluralismo desconhecido na natureza, isso também acontece na linguagem; ela também existe de maneira pluralista desde o começo*.

Mas esse pluralismo mostra uma dialética curiosa na história do gênero humano: de um lado, há nas tendências subjetivas do ser dos homens uma grande capacidade de persistência desse modo originário da realidade de sua existência social (ainda hoje podem se perceber tais tendências por exemplo na Bretanha e em Gales), de outro, a superação ininterrupta dessa diferenciação inicial, o surgimento de unidades de integração cada vez maiores por fusão dessas associações parciais, aparece como elemento importante da história humana. Ela se desenvolveu até agora principalmente ali onde os princípios sociais sempre mais puros reprimiram aqueles meramente naturais de forma mais forte do que o habitual até surgirem e se consolidarem as nações. Hoje em dia pouco se pode dizer de realmente concreto, como tendência futura, a respeito das formas do ser concretas de integração ainda mais abrangentes e que vão mais além. De um lado, temos de perceber uma integração econômica sempre crescente, que sem dúvida leva objetivamente para um ser econômico unitário

---

* Embora o autor tenha se referido ao problema da linguagem em vários momentos de sua *Para uma ontologia do ser social* (por exemplo, nos capítulos sobre o trabalho e sobre a reprodução), buscando demonstrar a linguagem como um momento do complexo laborativo, é importante destacar que, na longa passagem acima, Lukács debruça-se sobre o problema da linguagem especialmente em um outro contexto de caráter ontológico: o da relação entre o exemplar e o gênero. Aqui como lá, a linguagem tem um duplo movimento, possui caráter universal, mas sempre se realiza de uma forma particular, singular: existe na consciência dos indivíduos.

de todo o gênero humano. Também a nação jamais poderia ter-se imposto como forma unitária mais abrangente sem as bases dessa tendência de integração econômica, que foi suficientemente forte para superar as particularidades locais das formas iniciais de sociedade, fundindo-as em uma unidade econômica. De outro lado, vemos com que intensidade as tendências unificadoras integradas nas nações se opõem (como vimos, também aquelas de caráter pré-nacional ou nacional primitivo) contra todas as novas formas de unificação em fases econômicas superiores; também essas tendências são hoje de constituição econômico-social diversa. A história da humanidade mostra que até aqui, em última análise, as formas superiores de integração foram as vitoriosas, sem poder nos informar com segurança de que modo concreto conseguem executar essas ulteriores reestruturações que modificam qualitativamente a generidade. Para nossos questionamentos ontológicos atuais, ainda muito gerais, importa, sobretudo, que a generidade humana alterou qualitativamente seu caráter processual superando a mudez biologicamente determinada. Desde Darwin (ou mesmo, desde Geoffroy de Saint-Hilaire, Goethe e Lamarck) temos de conceber também a generidade dos seres vivos como um processo essencialmente histórico. Este reproduz, porém, em um nível mais geral, o fato ontológico básico da natureza orgânica: o devir e o passar dos organismos. De maneira ontologicamente semelhante, também existe um devir e um passar para os gêneros. Esse processo pode conduzir à extinção de um antigo e ao florescer de um novo, mas sempre – não importa por meio de quantas formas de transição – traz apenas um devir e um passar de gêneros no sentido biológico. Para a humanidade, o processo de desenvolvimento, que comentamos antes, repousa, em contrapartida, precisamente sobre a transformação das formas essenciais ontológicas do gênero humano, que nesse processo se mantém como tal e ao mesmo tempo se desenvolve para um nível superior. As forças motrizes de última instância dessa tendência a um nível de desenvolvimento superior são aqui também a economia, o modo de reprodução social do ser social. Mas, enquanto os desenvolvimentos biológicos se realizam diretamente nos exemplares individuais dos gêneros, não executados por eles, mas neles, um desenvolvimento do processo econômico só pode ser realizado por pores teleológicos dos seres humanos (imediatamente, mas imediatamente apenas pelos indivíduos, os exemplares do gênero). Na medida em que assim a economia se torna ao mesmo tempo produtora e produto do homem em sua práxis, a tese de Marx, de que os homens fazem sua própria história, ainda que não em circunstâncias por eles escolhidas, tem como consequência natural que também a generidade humana não é capaz de desenvolver-se sem que os indivíduos tomem posições conscientes e práticas quanto aos problemas nela contidos. O fato de que esse desenvolvimento não se realiza por uma mudança biológica essencial nos homens e de que o recuo das barreiras naturais é um elemento muito primordial desse processo não provoca nenhuma modificação essencial no seu caráter fundamental.

Aqui ainda não é o lugar de tratar de maneira exaustiva esse complexo de problemas. Basta comentar que as condições de desenvolvimento aqui aludidas já indicam que, no gênero humano, a generidade tem de expressar sua universalidade em oposição aos exemplares de maneira totalmente diversa do reino onde domina a biologia. Certamente, a experiência nos ensinou que a generidade expressa, ao mesmo tempo direta e completamente, o universal típico de um gênero. A contraposição de todo geral entre o singular e o genérico-típico [*gattungsmässig Typischen*] naturalmente também não pode faltar nas formas mutáveis da sociabilidade – ou o gênero deixaria de ser gênero –, mas recebe determinações internas e externas totalmente novas. Já falamos sobre a mudança, sobre a processualidade, agora interessa contemplar um pouco mais de perto, do ponto de vista da generidade, as condições, forças, instituições etc. sociais que desencadeiam e mantêm em movimento essa processualidade. Exatamente em relação a esse complexo de problemas já apresentamos a concepção marxiana da generidade-não-mais-muda; Marx determina-a como conjunto das relações sociais. Com isso, a constituição mais geral da relação de gênero e exemplar singular não é anulada, mas modificada fundamentalmente, uma vez que o gênero se torna uma totalidade articulada, internamente diferenciada, cuja própria reprodução, altamente complicada, pressupõe e exige certas atividades, modos de comportamento etc. dos indivíduos que a ele pertencem, mas de modo que, de um lado, proporcione ocasião, caráter, espaço de manobra etc. para os pores teleológicos dos seres humanos singulares – determinando e concretizando-os amplamente – e, de outro lado, que também seja determinado, de maneira não irrelevante, em seu movimento total, por esses atos e impulsos individuais. A mudança estrutural provocada pelo pôr teleológico no trabalho, pela relação sujeito-objeto ontologicamente nova que nesse se forma, que é chamada a vida, pelas suas consequências diretas às quais também pertence a linguagem como órgão de comunicação, recebe exatamente nessa totalidade, em sua abrangência objetiva das formas e conteúdos de todos os destinos individuais, nas inter-relações entre os processos de reprodução dos indivíduos e seu conjunto, a sua constituição como totalidade social, como fundamento objetivo de toda generidade no nível do ser da sociabilidade.

Para tornar mais nítido o novo, aqui decisivo, em seu ser-outro abstrato em relação a antigas formas do gênero, é preciso destacar (embora, segundo a essência, tenhamos em mente mais o conteúdo) o caráter não unitário, por princípio, dessa nova generidade. Trata-se do fato de que já em uma fase bastante primordial esse conjunto de relações não pôde agir de maneira unitária sobre os indivíduos humanos por ele abrangidos. Isso já se inicia com a mais primordial divisão de trabalho. Quando na natureza orgânica se percebe algo como a divisão de trabalho, ela é biologicamente fundada. Uma abelha-operária não pode, simplesmente por razões biológicas, cumprir as funções de um zangão, ou vice-versa. Em contrapartida, já no período da coleta tem de ser socialmente decidido quem encontra a presa na caçada, quem vai abatê-la etc. Naturalmente, a divisão de trabalho inicial ainda é bastante natural, por exemplo entre homem e mulher. Mas também aqui já se vê que mesmo tal vínculo natural não pode ter o caráter absoluto, insuperavelmente biológico, do mundo animal. Biologicamente, um homem tem plenas condições de apanhar amoras ou cogumelos e, a partir das lendas das amazonas da Antiguidade até Joana d'Arc e as heroínas das guerras civis, há incontáveis documentos mostrando que por razões sociais, não por sua incapacidade biológica, a mulher era excluída das ocupações masculinas dentro da divisão de trabalho. Incluindo esses casos extremos, toda divisão de trabalho é, desde logo, social, e o desenvolvimento das forças produtivas, e com ele o desenvolvimento da própria divisão do trabalho, a torna sempre dominantemente social.

O predomínio da sociabilidade nos processos de reprodução significa, porém, uma diferenciação e pluralidade socioespontânea nas atividades práticas dos seres humanos. Quando o desenvolvimento desse processo social de reprodução tem como resultado a introdução, por exemplo, de regulações jurídicas que permitem ou proíbem tipos de práxis, surge "por si" uma ampla diferenciação dos homens envolvidos: eles podem respeitar ou rejeitar essa regra, podem submeter-se a ela de modo convicto ou acrítico, podem cumprir aparentemente as prescrições, mas tentar fraudá-las quando se trata de seus próprios interesses, podem abertamente agir contra elas – com diversos meios – etc. Deve-se acrescentar ainda que a diferenciação dos modos de reagir não precisa relacionar-se necessariamente de modo unitário com o conjunto da respectiva regulação jurídica; poder-se-ia-dizer que ela mesma se mostra em nova composição a cada prescrição concreta, ainda que, naturalmente, como consequência da estruturação social de cada sociedade, tenham de se mostrar também certas tendências sintetizantes. Este, decerto, é um exemplo tomado ao acaso. Quanto mais desenvolvida uma sociedade no sentido social, tanto mais variadas decisões de detalhes ela exige de cada um de seus membros, em todos os domínios da vida, de tal modo que, objetivamente, domínios próximos entre si também podem, frequentemente, mostrar grandes diferenças no tipo de reações exigidas; pensemos no comércio e na Bolsa, no comportamento de crianças em casa e na escola etc. etc. etc.

Essa multiplicidade, aparentemente quase infinita, de decisões alternativas com que o membro singular da sociedade é constantemente induzido ou até mesmo obrigado, a tomar pela diferenciação interna da sociedade no seu conjunto, é o fundamento social daquilo que costumamos designar, de modo geral, como formação do homem para a individualidade. Foi costume muito difundido (que existe ainda hoje) ver na individualidade uma forma originária fundamental, por assim dizer antropológica, do ser homem. Correto nisso é apenas que o ser humano em geral tem a possibilidade interna de, nas reações a seu mundo exterior social (e inclusive, é claro, no metabolismo com a natureza), adequar-se ou rebelar-se praticamente contra as tendências objetivas de desenvolvimento e, portanto, também àquelas da diferenciação das motivações das decisões alternativas. Sabemos, porém, que em última análise se trata apenas de uma possibilidade, da mobilização de uma reserva interior até ali pouco ou nada utilizada. A história social registra muitos exemplos não somente de pessoas singulares, mas também de grupos inteiros, de estratos etc., nos quais essas reservas mobilizáveis faltam em parte ou inteiramente, motivo pelo qual, diante de grandes mudanças na estrutura social, podem ficar expostos ao extermínio, ao passo que outros indivíduos ou outros grupos participam com espírito de iniciativa desse movimento.

Essa grande multiplicidade de reações, muitas vezes às mesmas novas tarefas postas pelo movimento social (incluindo o papel das iniciativas recém--mencionadas), não significa, porém, que o impulso dominante desse desenvolvimento sempre tivesse sido produzido por iniciativas individuais. Ao contrário, a história mostra que tanto a crescente diferenciação dos problemas socialmente solúveis quanto sua maneira, seu conteúdo, sua forma etc., em última análise são sempre postos na ordem do dia pelo desenvolvimento da sociedade como um todo. E como o ser humano – a exemplo do que mostrarão mais concretamente nossas explicações mais detalhadas – é um ser que responde, seu papel nesse curso histórico consiste em dar às questões colocadas pela sociedade respostas tais que, em suas consequências, sejam capazes de estimular, inibir e modificar etc. as tendências de fato operantes. Naturalmente, a relação da resposta com a pergunta que a desencadeia jamais deve ser entendida como uma vinculação mecânica. Se isso acontecer, nem existirão pergunta e resposta como elementos ontológicos de uma sociedade. Nenhuma constelação simplesmente existente de objetos, processos etc. contém nessa sua datidade [*Gegebensein*] imediata uma pergunta a ser respondida*. Esta última aparece como produto de um sujeito que pensa e põe, que interpreta como pergunta a nova ou velha constelação, tendência etc., sempre existente, para só então formulá-la como resposta, também com o pensamento; só nessa fase da conscientização a resposta pode estar adequada para figurar como fundamento dos pores teleológicos práticos. Enquanto na natureza orgânica as transformações da generidade muda ainda se realizam nos exemplares singulares, mas não por meio deles, sua superação no ser social consiste exatamente em que os exemplares singulares também podem se tornar imediatamente portadores e órgãos das modificações na generidade. Não, porém, no sentido de que sua iniciativa autocrática pode determinar primariamente conteúdo, forma, direção etc. de cada transformação, mas, ao contrário, de modo que as transformações tornadas existentes na sociedade em seu conjunto levem os membros do gênero – em última análise, sob o preço da ruína – a elaborar a essência econômico-social como pergunta a ela dirigida, e como resposta dada a esta última, e a realizá-la teleologicamente.

Mesmo uma descrição tão abstrata dessa situação social mostra que, acrescendo-se os componentes puramente sociais na convivência dos seres humanos, uma exigência da sociedade feita a seus membros, de realizarem o seu ser social na forma de pores teleológicos conscientes, tem de estar já contida nesse crescimento. Quanto mais uma sociedade é primitiva, quanto menos existir

---

* O termo "datidade" refere-se à imediatidade concreta. É diferente de "dado", pois este pode ser entendido no sentido meramente empírico.

nela a tendência de afastar radicalmente as barreiras naturais, tanto mais raramente ela faz exigências múltiplas a seus membros, exigências que estes só podem satisfazer no caminho da pergunta e resposta. Aqui nos interessa apenas o crescimento de tais formas de decisão, tanto em termos meramente quantitativos como na crescente abrangência das diversas manifestações de vida. A consideração – ainda geral, senão, do ponto de vista da práxis, formalmente observada – dos modos de agir assim surgidos impõe, do ponto de vista dos seres humanos assim constrangidos a agir socialmente, uma crescente diferenciação de seus modos de reação à realidade na reprodução do próprio ser na sociedade. Se considerarmos esse processo de diferenciação do ponto de vista dos seres humanos singulares que vivem na sociedade, resulta para eles, como necessidade de autopreservação, o esforço mais ou menos consciente de também harmonizar de certa forma subjetivamente, também no seu eu, esses modos de agir cada vez mais heterogêneos, e muitas vezes até contraditórios. Tal tendência de homogeneidade interior nas reações ao mundo externo, que aqui constrange cada organismo à reprodução do próprio ser, já aparece no nível ontológico da organicidade. No entanto, certamente, nesse nível a conservação da reprodução biológica é o princípio dominante, que costuma se realizar continuamente sem ser guiada por uma consciência. A adaptação dos seres vivos a um ambiente essencialmente renovado tem sua dificuldade principal exatamente no fato de a adaptação em geral se relacionar com a função do organismo como complexo unitário. É evidente que as condições de vida ainda muito "naturais" das etapas primitivas prescrevam em grande parte modos de reprodução semelhantes (mas já como adaptação ativa) aos indivíduos. Apesar de todas as semelhanças, ainda existentes, com a esfera orgânica, mesmo a mais primordial forma de adaptação ativa nesses casos impõe momentos qualitativamente novos ao processo de reprodução do ser humano. Esse novo é a separação paulatina de adaptações espontâneas meramente biológicas, através de maior ou menor consciência, ainda que muito primordial. O motivo da transformação é a adaptação ativa ao ambiente, da qual não se pode mais excluir certo grau de atividade consciente. Mas, com isso, a adaptação biológica a um ambiente total ou parcialmente mudado ou em mutação deixa de funcionar como único regulador da reprodução desses seres vivos. Ela deve ser substituída por um modo de adaptação social ativo, em que o novo tipo de relação ontológico-prática entre o gênero e o exemplo possa expressar-se de um novo modo.

O modo fenomênico, o órgão dessa nova forma de reprodução dos seres humanos tornada social, é seu modo de ser como individualidades. A singularidade meramente natural (biológica) do homem singular correspondia ao estágio da reprodução biológica espontânea, superado, em princípio, pelo trabalho. Como seu afastamento (jamais seu desaparecimento total) é um processo demorado, desigual, contraditório – o crescente domínio do social sobre o meramente natural – também na vida social o surgimento e a importância subjetiva e objetiva crescente da individualidade têm de ser um processo com tais determinações. Se considerarmos esse processo partindo de suas determinações fundamentais, veremos que a individualidade que surge conforme ele predomina, e que vai se fazendo valer mais fortemente, tanto extensiva quanto intensivamente, deve igualmente constituir um processo tão característico. Se quisermos concebê-lo corretamente apenas em seu modo de ser elementar, precisamos, antes de tudo, evitar qualquer emprego de conceitos de valor. Naturalmente, esses conceitos serão excluídos apenas de modo provisório, pois, exatamente como tais, formam determinações muito importantes das sociedades que estão se sociabilizando. Mas os valores positivo e negativo só podem ser concebidos de forma correta, em sua essência, se primeiro aparecer diante de nós, claramente, em sua condição nua do ser – por isso muito incompleta. A qual consiste, primariamente, em reunir em um sistema hierárquico, praticamente operante, uma quantidade sempre crescente de modos de reação bastante heterogêneos entre si, do ponto de vista da mais bem-sucedida reprodução de cada ser humano (por isso mesmo buscando unificação), que assim é socialmente forçado a tornar-se individualidade. Entretanto, ainda aqui, a hierarquia só tem caráter valorativo na medida em que a heterogeneidade dos motivos desencadeantes, sua contraditoriedade que muitas vezes aparece na prática, obriga cada ser humano a escolher entre suas exigências contrárias ou divergentes em toda práxis determinada, a subordinar um dos tipos de reação a outros etc. Sem tal tendência de unificação em suas decisões práticas, nenhum ser humano, em uma sociedade razoavelmente desenvolvida, poderia alcançar qualquer tipo de vida que funcionasse.

Portanto, essa tarefa é socialmente proposta. E seria muito equivocado, do ponto de vista de um conhecimento razoável da vida social, seguir a práxis costumeira segundo a qual se reserva a categoria de individualidade para os chamados grandes homens, ou no máximo para a inteligência. Não, o fenômeno social que nos interessa aqui é muito mais amplo. Por exemplo, se um pequeno funcionário negligencia seu trabalho por causa da família (por exemplo, para a educação de seus filhos) ou se, ao contrário, alguém encontra uma carteira, sem que ninguém mais perceba, e a entrega ou fica com o dinheiro, se cede seu assento para uma senhora idosa num veículo de transporte coletivo etc., são hoje, quase sem exceção, expressões da personalidade. O costume em sociedades primitivas e a religião na Idade Média ainda podiam regular de maneira socialmente unitária a maioria desses comportamentos – pelo menos tendencialmente. Deve-se introduzir aqui a caracterização "tendencialmente", pois, desde que se abandonaram as condições sociais mais primordiais, a eficácia de imposições e proibições sociais é meramente tendencial, não mais uma regulamentação geral natural, como é a biológica nos animais[6]. A individualidade como sistema próprio, socialmente determinado, de reagir às alternativas que a vida apresenta (a vida cotidiana), caracteriza hoje praticamente todos os seres humanos da sociedade e é, em termos ontológicos objetivos, um produto do desenvolvimento milenar da sociedade para uma sociabilidade tendencialmente omnilateral, é óbvio que também no processo de reprodução dos exemplares singulares do gênero.

Até aqui, o elemento do valor e da valoração [*Bewertung*] foi conscientemente omitido, por abstração, de nossas descrições. No entanto, a mais simples observação da vida cotidiana mostra que se tratava apenas de uma abstração metodologicamente aplicada às situações ontológicas da vida em sua completude. Pois em cada pôr teleológico está contida uma valoração [*Wertung*]. Guardar ou devolver um dinheiro encontrado, citado no exemplo acima, contém de um lado a posição valorativa, acerca do problema se a proibição social (jurídica) deve ou não ser observada, mas também, para além disso, porém em relação com isso, também a valoração subjetiva, acerca do problema se eu (ser humano X ou Y) devo agir, no caso dado, segundo essa ou aquela valoração. Na vida, porém apenas imediatamente, se trata de decisões singulares, mesmo quando artificialmente isoladas. O curso de vida de cada ser humano consiste numa cadeia de decisões, que não é uma sequência simples de diferentes decisões heterogêneas, mas se refere contínua e espontaneamente ao sujeito da decisão. As inter-relações

---

[6] Nesse sentido é significativo que, em animais domésticos que convivem constantemente com as tarefas que lhes são colocadas pelo homem, ocorra um relacionamento complicado entre eles e os seres humanos e que, consequentemente, existam tendências a reações diferentes. Ver o caso de cachorros e cavalos.

desses componentes com o ser humano, como unidade, formam aquilo que costumamos chamar, na vida cotidiana, com razão, o caráter, a personalidade, do ser humano singular.

Todavia, como sempre na vida social, um fenômeno tão importante da vida cotidiana nunca se limita em si mesmo. Uma série ininterrupta de mediações conduz daqui às mais importantes decisões que podem ser tomadas na vida humana. Com isso podem ocorrer conhecimentos e valorações que, do ponto de vista da história da sociedade, vão além da imediatidade da vida cotidiana e aparentemente não podem, ou dificilmente podem, ser relacionados com ela. Dizemos frequentemente, por exemplo, que a vida privada (vida cotidiana) não deve entrar em consideração no julgamento de um grande político, intelectual ou artista. Em um sentido metodológico parcial isso até é correto, se dissermos que grandes obras de arte devem ser avaliadas independentemente da vida de seu criador. Por motivos que logo abordaremos, essa abstração metodológica tem uma justificação ontológica determinada e limitada: há complexos inteiros, por vezes até mesmo grandes, da vida cotidiana, que podem apenas confundir o julgamento correto e desviar do caminho da compreensão real de tais fenômenos. De outro lado, porém, modos de reagir dos homens típicos da vida cotidiana podem influenciar decisivamente, ou pelo menos parcialmente, em termos positivos ou negativos, suas objetivações mais elevadas no sentido social; por exemplo, para mencionar um momento bastante corrente da vida cotidiana, lembremos o papel da vaidade (ou de sua ausência) nas mais altas produções das atividades sociais dos homens.

Essa limitação – semissuperada – não é, portanto, em termos ontológicos, nem incorreta nem apenas casual. Em sentido abstratamente geral é correto que, tanto as tarefas socialmente relevantes só possam ser convertidas em ser por decisões alternativas dos indivíduos, quanto que nenhuma decisão alternativa pessoal possa ocorrer sem ser socialmente determinada em seus traços decisivos. Ao mesmo tempo, porém, qualquer observação imparcial de tais complexos mostra que sua relevância costuma se fazer valer nos dois polos (sociedade em seu conjunto e o homem singular) de maneira extremamente diferente. Há toda uma escala de mediações que vai das transformações sociais muitas vezes concretamente importantes, que põem em movimento povos inteiros (a maioria da população), até aquelas que parecem passar quase despercebidas por eles. E na vida dos homens singulares uma tal escala de transições une e separa aqueles acontecimentos sociais que provocam uma espécie de subversão na vida privada dos exemplares do gênero, daqueles que permanecem quase sem efeitos no desenvolvimento das individualidades enquanto tais. Quanto mais, com o tornar-se social da sociedade, o círculo de ações interno e externo da individualidade se amplia, tanto mais graduais, tendenciais, devem se tornar essas interações nos dois polos. Trata-se, pois, nesses modos de reagir sempre mais diferenciados dos seres humanos ao seu ambiente social, não apenas de uma multiplicação quase ilimitada de problemas vitais, que só assim podem vir transformados em unidade subjetiva na personalidade, mas também de sua gradação, que se manifesta já na cotidianidade, em relação a seu peso social. E isso acontece tanto no conteúdo social que será decidido na alternativa, como no peso da decisão para a vida pessoal de seu sujeito. Em nenhum ser humano as duas séries se desenrolam independentemente uma da outra, mas o significado da decisão para o indivíduo não tem nenhuma relação que apareça concebível como uma legalidade geral, em seu desenvolvimento interior; o que externamente parece insignificante pode se tornar vitalmente decisivo para o indivíduo singular, e ele pode, ao mesmo tempo, passar de maneira inadvertida por encruzilhadas objetivamente bastante significativas.

Assim, a nossa observação mais apurada – ainda sempre livre de valor – parece conduzir-nos a uma anarquia irracionalista. Essa aparência de irracionalidade surge, no entanto, porque a construção da respectiva generidade universal, a partir da síntese sociodinâmica das decisões individuais e sua decomposição analítica, e a tentativa de conhecer quais variações surgem nas repercussões da generidade universal sobre a personalidade autêntica, sobre aquela imaginária etc., quando se busca formar uma unidade do eu, parecem ser na sua imediatidade processos muito heterogêneos, cuja unidade pode estar em condições de ser elucidada corretamente apenas por uma análise ao mesmo tempo muito geral e muito concreta de ambos os fatores. Essa dualidade fundamental na datidade imediata do ser [*unmittelbaren Seinsgegebenheit*], na polarização do gênero em totalidade real e exemplares singulares reais, não pode ser superada nem mesmo se ampliarmos nossa consideração – até aqui orientada puramente para o ser, excluindo, abstrativamente, valor e valoração – por meio da inclusão conceitual desses fatores. Em uma tal visão mais abrangente, de fato, se esta permanece fundada no ser, valor e valoração, como componentes das decisões alternativas pelas quais tudo no imediato é posto em andamento, entram como momentos do ser social, e não se destacam de sua complexidade de maneira tão absolutamente contrastante como costuma afirmar a maioria dos filósofos burgueses (em geral, na linha da teoria do conhecimento).

Devemos dizer até que a conquista imediatamente mais eficaz do método marxiano, a luta de classes como força motriz real do desenvolvimento social, e, portanto, como motor decisivo na história do gênero humano enquanto fator ontológico eficaz, não podem ser inteiramente compreendidas, sem que se aprenda a compreender que o complexo de decisões do qual surge a individualidade humana como superação da mera singularidade, é momento real do processo em seu conjunto que valora e que é valorado. Marx esclareceu plenamente essa situação em sua importante obra da juventude *Miséria da filosofia*. É o desenvolvimento econômico objetivo que transforma uma massa de população em trabalhadores, criando, assim, interesses comuns para situações comuns. Com isso, porém, a classe objetiva que assim nasce é "já uma classe face ao capital, mas ainda não o é para si mesma". Só na luta, cuja gênese imediata não pode ser compreendida sem decisões alternativas sempre operantes de indivíduos humanos, surge aquilo que Marx chama, com acerto, de "classe para si mesma". Só a partir daí é possível uma luta que chegue a se desenvolver plenamente, uma luta política[7]. Se acrescentarmos o momento – muito importante para o nosso problema atual – da consciência da ação adequada indispensável para tal práxis, que, segundo Lenin, "só pode ser trazida ao trabalhador 'de fora', isto é, fora da luta econômica, fora da esfera das relações entre operários e patrões"[8], vemos, de um lado, que cada decisão alternativa de cada trabalhador tornado individualidade pressupõe como base um determinado estágio do desenvolvimento do ser social, e, por outro lado e ao mesmo tempo, é impossível que a práxis coletiva assim originada (síntese prática de muitas decisões alternativas pessoais imediatas) possa ser mera consequência mecânico-causal imediata do desenvolvimento (econômico) social objetivo. Pelo contrário, ela pressupõe a decisão alternativa individual e, portanto diferente, de muitos indivíduos. No entanto, não se deve esquecer que, naturalmente, a

---

[7] Marx, *Elend der Philosophie*, Stuttgart, 1919, p. 162. [Ed. bras.: *Miséria da filosofia*, São Paulo, Global, 1989, p. 159.]

[8] Lenin, *Werke*, IV, 2, Viena/Berlim, p. 216-7.

realidade fundante de que cada uma dessas decisões alternativas é provocada pelo ser econômico, que permanece em última análise seu único espaço real.

Entretanto, antes de prosseguirmos na direção prescrita, é preciso dizer de maneira inequívoca algo fundamentalmente evidente, mas ainda não formulado de forma explícita: o gênero, que determina os homens singulares e se constrói sobre sua existência e práxis, não é simplesmente um processo de diferenciações sempre mais acentuadas e por isso criador de diferenciações sempre novas, mas é – a partir de certa fase de desenvolvimento –, por sua essência ontológica, um resultado de forças em luta recíproca que são colocadas em movimento socialmente: um processo de lutas de classes na história do ser social. Portanto, o homem singular que busca reproduzir a si mesmo socialmente pelas decisões alternativas de sua práxis precisa, na maioria esmagadora dos casos – não importa com quanto de consciência –, assumir posição sobre como imagina o presente e o futuro da sociedade na qual, mediado por tais decisões, ele se reproduz individualmente, como ele a deseja enquanto ser, sobre qual direção do processo corresponde a suas ideias sobre o curso favorável de sua própria vida e da de seus semelhantes.

Sem poder entrar aqui nos complexos de problemas que a função central das lutas de classes levanta para o processo de desenvolvimento da sociedade como um todo, permanecendo no momento, portanto, primeiramente no problema da origem, do tornar-se ativo de seu papel para a individualidade, é preciso constatar que o devir social da sociedade já em fases iniciais, mais tarde de maneira extensa e intensivamente acrescida, lança de forma ininterrupta o problema da convergência ou divergência entre desenvolvimento individual e do conjunto da sociedade, determinando a essência de todos os atos de reprodução dos seres humanos. Exatamente aqui se expressa, de modo inequívoco, que a generidade socialmente fundada dos seres humanos já não pode ser muda, e de que maneira já não é muda. Não se trata, portanto, simplesmente do fato de que a diferenciação das decisões alternativas singulares está aumentada na vida do indivíduo, uma vez que ele não tem de tomar suas decisões em uma situação estática e sim em meio a um processo de colisão de forças existentes antagônicas, mas também pelo fato de que essas decisões (conscientes ou inconscientes, ambas com muitas transições) emergem de contradições práticas que movem a sociedade, e influenciam quase sempre independente de sua consciência a esse respeito – de alguma maneira objetivo-prática, ainda que mínima, seu desfecho [*Ausgang*]. Se portanto, para compreender de modo mais multilateral e objetivo possível o tornar-se indivíduo do homem, quisermos entender suas tentativas vitalmente necessárias de levar à unidade em si mesmo, as decisões isoladas altamente heterogêneas quer pelo conteúdo quer pela forma, como elementos dinâmicos da própria personalidade, só o poderemos fazer lembrando que nesse complexo sempre móvel, sempre processual, cada momento nasce de problemas sociais reais da respectiva fase da generidade, e, qualquer que seja a práxis em que se traduz, em última análise, da mesma forma nela desemboca.

Portanto, é ontologicamente impossível apenas imaginar uma individualidade sem essa origem e esse desfecho, e muito menos ver, em seu ser isoladamente pensado, em seu – sob esta óptica: pretenso – movimento próprio, o princípio unificante, que realmente orienta a individualidade. Essa negação teoricamente brusca de preconceitos muito difundidos e profundamente enraizados não perde nada de sua acuidade se acrescentarmos, a título de explicação, que não se pretende negar a eficácia imediata primária dos fatores subjetivos do movimento, mas, pelo contrário, afirmá-la plenamente. De fato, sem reconhecer esse caráter ontológico na imediatidade da vida dos indivíduos, estes não poderiam se tornar individualidades, mas apenas produtos mecânicos do desenvolvimento social. E, com isso, todos os traços específicos do ser social, que o distinguem de qualquer outro ser, seriam outra vez idealmente eliminados. Uma ontologia do ser social deve, portanto, se não quiser falsear os nexos ontológicos, tentar apreender exatamente seus traços específicos em seu originário ser-propriamente-assim. E para o ser social é profunda e decisivamente característico que todos os processos dinâmicos dos complexos da práxis humana, só nele constituídos e só nele possíveis, sejam quanto à sua gênese fundados no respectivo modo de desenvolvimento da sociedade, em sua economia, e que sejam por ela determinados até em suas características específicas; em sua dinâmica imediata, ao contrário, podem reclamar para si uma muito ampla vida própria, um desdobramento dinâmico próprio, tanto em termos formais como em termos de conteúdo.

Nessa unidade indissolúvel, apesar da duplicidade imediata, expressa-se claramente, nessa fase de seu desdobramento, a essência da generidade já--não-mais-muda. As antigas ligações mais estreitas, meramente "orgânicas", entre gênero e exemplares, apesar de todas as conquistas evolutivas objetivas, ainda são em muitos aspectos tipos da generidade muda em estado natural. Por isso, apesar de todas as mudanças objetivamente ainda operantes, a generidade ainda aparece aqui como algo inabalavelmente fixo, e o comportamento do exemplar singular em relação a ela parece algo eterno, naturalmente inato ao ser humano. Só uma sociabilização relativamente desenvolvida da sociedade pode transformar a relação do gênero com seus exemplares em um processo duplo, no qual, de sua interação prática ativa, a própria generidade nasce como processualidade sócio-histórica. Naturalmente, também esse estado de coisas não é, sob nenhum aspecto, produto de uma teleologia histórica. Já aludimos ao ambiente imediato desses modos de comportamento dos seres humanos. Marx já ofereceu há muito tempo uma descrição precisa das circunstâncias econômicas: "No estamento (e mais ainda na tribo) esse fato permanece escondido; por exemplo, um nobre continua sempre um nobre, um *roturier* continua um *roturier*, prescindindo de suas demais relações; é uma qualidade inseparável de sua individualidade"*. Só no capitalismo aparece

> a diferença do indivíduo pessoal diante do indivíduo de classe, a casualidade das condições de vida para o indivíduo. [...] A concorrência e a luta dos indivíduos entre si produz e desenvolve essa casualidade como tal. Por isso, na ideia, os indivíduos são mais livres do que antigamente sob domínio da burguesia, porque suas condições de vida são fortuitas; na realidade, naturalmente eles são menos livres, porque mais subsumidos sob a força objetiva.[9]

Com isso, são determinadas as formas particulares que concretizam o comportamento do indivíduo em uma tal sociedade de antagonismos de classes.

A individualidade pode expressar-se tomando posição contra ou a favor da sociedade existente, nas lutas que toda sociedade deve enfrentar para impor-se praticamente como fase da generidade e pode fazê-lo tanto em nome do passado como do futuro, com o que estes podem significar tanto uma transformação paulatina e reformadora do presente quanto sua derrubada revolucionária. Essa escala de conteúdos históricos tão ampla é um dos elementos mais importantes que, ou ajudam o ser humano singular a elevar suas decisões, em territórios e níveis tão heterogêneos para sua personalidade, a uma unidade subjetivo-

---

* Karl Marx e Friedrich Engels, *A ideologia alemã* (São Paulo, Boitempo, 2007). Marx utiliza a expressão *roturier*, que significa aquele que não é nobre, ou seja, plebeu.
[9] MEGA, I/5, p. 65-6.

-dinâmica, ou o levam ao fracasso interno nessa busca de unidade, que, naturalmente, pode ter como resultado um fracasso externo de toda conduta de vida. Isso é, naturalmente, apenas um exemplo da série aparentemente ilimitada das possibilidades assim surgidas e operantes. Na fase de concretização até aqui atingida, a tentativa de uma ordenação mais determinada dessas possibilidades estaria desde o começo condenada ao fracasso. Só uma ontologia do ser social realizada – porquanto hoje possível – sistematicamente e, falando mais concretamente, uma teoria ontológica, apoiada sobre si mesma, das diversas formas e fases da práxis social dos seres humanos, uma teoria da generidade que nelas opera quanto à forma e ao conteúdo, poderia nos ajudar a expressar, ao menos com razoável adequação, a problemática aqui existente. De momento, devemos nos limitar a algumas alusões muito gerais, necessariamente ainda abstratas.

Até aqui ficou bem claro, principalmente, que a individualidade do ser humano em circunstância alguma pode ser uma qualidade originária, inata a ele, mas resultado de um longo processo de sociabilização da vida social do ser humano, um momento de seu desenvolvimento social, que só conseguimos tornar compreensível, tanto na qualidade do ser como nas possibilidades em perspectiva, partindo da história de sua verdadeira essência. A gênese sócio-historicamente determinada da individualidade humana deve por isso ser energicamente colocada no centro de tais análises, porque tanto a ciência social como a filosofia da sociedade burguesa tendem a ver, na individualidade, uma categoria central do ser do homem como um fundamento de tudo, que não necessita nenhuma dedução. Tal ponto de partida, em nada fundamentado e que nada fundamenta, parece tão evidente ao homem tornado indivíduo do nosso presente que na maioria dos casos ele nem ao menos sente necessidade de fundamentá-lo, até reage a cada tentativa de uma dedução histórico-genética, por meio de uma aversão imediata. As ontologias do passado recente, nascidas da luta contra a manipulação universal, portanto contra o positivismo e o neopositivismo* (Jaspers, Heidegger,

---

* Em *Conversando com Lukács* (*Gespräche mit Lukács*), entrevistas concedidas em 1966 para Wolfgang Abendroth, Hans Heinz Holz e Leo Kofler, logo no início, referindo-se ironicamente ao neopositivismo, o pensador também utiliza a imagem do automóvel para caracterizar essa tendência, considerada, por ele, de caráter essencialmente manipulatório. Em suas palavras: "quando alguém caminha pela rua – mesmo que seja, no plano da teoria do conhecimento, um obstinado neopositivista, capaz de negar toda realidade –, ao chegar a um

o primeiro Sartre)*, mostram nitidamente a tendência de elevar traços bem específicos e temporais do atual desenvolvimento social do ser humano a categorias atemporalmente fundamentais na relação do homem com o "mundo". Disso podem surgir fascinações passageiras (e isto ocorreu, como nas orientações literárias da mesma época com posições semelhantes em muitos aspectos), mas nenhum caminho metodologicamente viável para o esclarecimento ontológico de sua gênese histórico-social específica, de suas perspectivas e de seus becos sem saída que daí decorrem. Que seja mencionada apenas, como exemplo significativo, a análise fenomenológica do "utensílio" [*Zeug*] em Heidegger. Uma gênese social real (o trabalho) fica completamente de fora de suas considerações de como realmente, na vida cotidiana imediata do homem atual, mas apenas neste, o "utensílio" [*Zeug*] é simplesmente "levado às mãos" [*Zuhanden*]. Desse pressuposto, que contém uma generalização acrítica de um momento da vida cotidiana atual, decorrem importantes consequências ontológicas que se referem ao "homem em geral". Heidegger afirma: "Apenas porque o utensílio tem esse ser-em-si, e não comparece simplesmente diante, ele é manejável no sentido mais amplo e disponível"[10]. Porquanto, em abstrato e simplificado que se possa tratar dessa etapa relativamente nova no desenvolvimento da generidade humana, o acesso a essa presume, no entanto, a clarificação geral de situações típicas fundamentais que aí surgem com seus pressupostos e consequências.

Antes de tudo, devemos, como já aconteceu até aqui, delinear de modo claro o ser social indissociável, simultâneo, nos dois complexos dessa etapa sócio-historicamente determinada da generidade. Todas as questões, tanto de conteúdo como de forma, que emergem nas objetivações práticas do desenvolvimento atual da individualidade humana, que nela se tornam efetivos de maneira puramente prática, ou por objetivação filosófica, artística etc. de

---

cruzamento deverá por força convencer-se de que, se não parar, um automóvel real o atropelará realmente; não lhe será possível pensar que uma fórmula matemática qualquer de sua existência estará subvertida pela função matemática do carro ou pela sua representação da representação do automóvel" e, páginas adiante, acrescenta de modo contundente: "Se não fazemos uma ampla crítica da visão neopositivista, aquela divisão manipulatória do trabalho [...] *acaba por transformar esta divisão em disciplinas numa barreira ontológica no interior da realidade*" (em itálico no original), em *Conversando com Lukács*, cit., p. 12.

* Ver nota **, na p. 34 da parte 1, em que é referida a crítica a esses autores no livro *A destruição da razão*.

[10] Heidegger, *Sein und Zeit*, Halle, 1941, p. 69.

problemas práticos, têm esta dupla determinação: por um lado, mostram num caso singular uma das múltiplas possibilidades que podem nascer necessariamente em determinada etapa da generidade, e, por outro, apontam, enquanto decisões singulares (generalizadas imediata e diretamente ou generalizadas a partir da imediatidade), para aqueles problemas atuais da generidade precisamente realizados, cujo fundamento econômico provoca imediatamente sua realização individual. Trata-se sempre, portanto, de inter-relações que nascem das relações ontológicas dos dois processos em última instância, mas só em última instância, determinados unitariamente; do processo da generidade geral e do seu modo de manifestação real no processo prático da reprodução dos exemplares singulares. Que o primeiro processo surja imediatamente da síntese social dos atos singulares do segundo, é uma evidência, este no entanto, não apenas não cancela o fato da heterogeneidade, e mesmo da oposição dos atos singulares, como o produz precisamente. Não se pode esquecer aqui que esse processo também abriga em si, sinteticamente, momentos contrapostos ao seu andamento. A realidade, tão fundamental para nossa questão, da luta de classes traz consigo necessariamente que, para o ser autêntico de cada um dos momentos nesse processo, é, em alta medida, caracterizadora a quantidade de negações (sua direção para frente ou para trás, qual força, qual qualidade etc.) que contém cada um dos momentos como componente da respectiva decisão realmente tomada. E isso tem como consequência necessária que cada um desses momentos não apenas apresenta em si uma síntese muito complicada, como também deve ser valorado socialmente, tanto como presente quanto como passado, sob os mais diferentes modos. Para aquele que, no presente, age dessa ou daquela maneira resulta, na maioria dos casos, como fundamento de sua decisão não apenas o ser social precisamente atual, mas também que sua ação é inseparável de onde ele vem e de qual direção pretende tomar no futuro. Essas valorações estão submetidas, no curso do processo real que as provoca, às mais diversas alterações. No entanto, somente assim, nessa mudança dúplice por princípio, o curso histórico da generidade pode tornar-se para os seres humanos sua própria história. Talvez seja supérfluo acrescentar ainda que esse processo de dupla processualidade possui seus componentes efetivos não apenas nos atos práticos imediatamente reais da sociedade e dos seres humanos singulares que os executam, mas em tudo o que o desenvolvimento histórico da humanidade produziu.

Ciência, arte, filosofia constituem seus momentos que põem e destroem valores, não menos do que as ações dos seres humanos em sentido estrito. Assim, quanto mais tal momento se torna passado tanto mais isso se verifica. Grande parte das ações reais cai no esquecimento e apenas aquelas cuja essência, sentido, valor etc. permanecem elevados à consciência, como momento de uma etapa do desenvolvimento da generidade, formam um material para as valorações posteriores. Pode-se dizer: a ideologia essencial que foi e é produzida pela sociedade[11].

Já destacamos que o processo objetivo assim descrito, tanto em seu ser social enquanto presente, tanto enquanto passado – objeto de valorações diversas, mas que influenciam de algum modo as ações presentes –, assim como enquanto perspectivas tornadas visíveis, é composto pelos atos singulares dos homens. Se, agora, nos voltarmos para esses atos singulares, veremos neles uma multiplicidade não menos complexa de processos. Sobretudo são atos necessariamente imediatos no processo de reprodução social dos respectivos seres humanos singulares. Que sejam aí respostas primárias que os seres humanos são levados a dar às situações sociais, processos etc. no interesse de sua autorreprodução, isto também nos é conhecido. Agora importa apenas confirmar o exposto até aqui complementando e, ao mesmo tempo, acrescentando que a almejada, de maneira mais ou menos consciente pelos seres humanos singulares, unificação subjetiva desses seus atos de reação ao ambiente social pode ser considerada, como atos subjetivos puros no sentido estrito, somente em sua imediatidade artificialmente simplificada. Não apenas, o que a desencadeia é, em última análise, a motivação para produzir uma "resposta" às questões postas pela sociedade, mas também seu conteúdo, embora sua intenção imediata parta do sujeito enquanto tal, pode ser orientado, sobretudo quanto ao seu teor, para a generidade dos seres humanos em questão. Como o homem não pode agir em situações humanamente vazias, em cada um dos seus feitos, mesmo nos mais pessoais, como toda tentativa de realização dos seus pensamentos ou sentimentos pessoais partem de comunidades humanas e, de alguma maneira, desemboca nelas, precisamos afirmar com Marx: "O homem é, no sentido mais literal, não um animal social, mas um animal que pode isolar-se

---

[11] Lembremos outra vez a definição de ideologia por Marx como meio de nos tornar conscientes e combater os conflitos sociais.

apenas em sociedade"[12]. Assim, precisamente o teor pessoal mais autêntico de tais decisões na síntese singular e, ainda mais, em sua síntese unificadora da particularidade pessoal na práxis, tem de alguma maneira de ser orientada para os problemas da respectiva sociedade, tem de incluir o esforço para desempenhar um papel determinado, adequado à personalidade, na generidade nascente, não importa com quais conteúdos e direções conscientes. Naturalmente, o êxito ou o fracasso de uma tal autoconstituição humana é determinado primária e imediatamente pelos seus dotes pessoais (talento, disposição moral etc.). Mas, mesmo o modo como cada um desses pode manifestar-se, como agem também em direção ao exterior, como, por sua vez, repercutem sobre os homens que põem, é impossível de ser compreendido separadamente das reações sociais que os desencadeiam.

Tudo isso se mostra já na mera faticidade de tais atos, mesmo quando fazemos abstração dos problemas de valor de seu nascimento, ação, retroação, propagação sobre outros etc. Mas aqueles que nos atos de pôr valor, de valoração, de [pôr uma] continuidade e descontinuidade do valor, pensam ver fenômenos que podem determinar a personalidade humana como dado ontológico posto sobre si mesmo, autônomo, e mesmo como força antagônica à generidade fundada socialmente, não percebem precisamente – no plano dos valores – os problemas ontológicos centrais. Pois não é verdade que o êxito ou o fracasso da unificação, constitutiva da personalidade, dos modos de reação à realidade seriam, em última instância, meramente de caráter pessoal subjetivo. Precisamente no plano dos valores, a contraposição ao caso, a resistência da personalidade, só pode prevalecer ou falhar na relação recíproca com os outros homens, com o meio social. Uma decisão solitária que permanece no eu não apenas não tem nenhuma realidade social como nenhuma realidade pessoal. Isso porque nenhum homem pode ter uma certeza *a priori* sobre se sua decisão pode ser uma realidade, pelo menos até a tentativa de sua realização, ou é apenas uma ideia fugaz, que nem mesmo é realmente característica de seu sujeito. Mesmo o mais profundo sentimento interior só pode demonstrar sua autenticidade ao converter-se de algum modo em feitos, e estes só são possíveis na convivência com outros seres humanos (ou seja, socialmente).

---
[12] *Rohentwurf*, p. 6.

Naturalmente, em nenhuma circunstância isso significa que a afirmação social ou o fracasso da personalidade devam, a este ponto, fornecer a medida de valor de sua autêntica ou falsa substância. Já na antiga Roma se diz: *"Victrix causa diis placuit, sed victa Catoni"**. Daí, de nenhum modo se segue de antemão uma superioridade de valor do sujeito frente ao seu ambiente social, como frequentemente proclama o subjetivismo moderno, mas "simplesmente" uma determinação nova muito importante da relação entre os dois processos da generidade que se desenrolam em última análise (mas só em última análise) unidos e no imediato (mas só no imediato) separados: a de sua totalidade [*Gesamtheit*] e a de seus componentes (humanos, pessoais). Aqui se mostra, mais uma vez, uma nova diferença decisiva entre o gênero mudo na natureza e a superação desse mutismo no ser social dos homens. No primeiro caso trata-se simplesmente do ser ou do não-ser do gênero; já a segunda possibilidade está ligada à sua transformação em um outro, assim, no declínio [*Untergang*] de um gênero nasceu um novo, diferente. Somente com a superação do mutismo nasce uma forma radicalmente nova da generidade: uma substância que, no processo ininterrupto da mudança se suprime e se preserva ao mesmo tempo, na qual a alternância de continuidade e descontinuidade nos processos pode tornar-se igualmente, conforme as circunstâncias internas e externas das transformações, portadora tanto de inovações como de estagnações e mesmo de declínios.

Se quisermos, portanto, aplicar ao ser histórico-social, de maneira fecunda, a observação fundamental de Marx, a superação social da generidade muda, então temos que distinguir o novo estágio da generidade em relação àquele superado, também dizendo que ela, não apenas em seus princípios, é processualmente diferente, mas já no próprio processo – exatamente no que concerne ao caráter do seu ser – demonstra traços completa e radicalmente novos diante de todo ser da natureza e, sob muitos aspectos, também diante do ser social precedente. Já tratamos de alguns desses novos traços e teremos ainda de entrar em muitos outros, mais detalhadamente, no curso de nossas análises concretas. Aqui destacamos apenas, de acordo com a situação presente do problema, especialmente a mudança na constituição da própria generidade. Como indicado acima, ela não é mais algo estável (embora exposta ao declínio), mas a síntese de um duplo processo, que, nesse aspecto,

---

* "A causa vencedora agradou aos deuses; mas a vencida, a Catão", em *Pharsalia*, de Lucano.

também define seu caráter ontológico. Quando Marx fala, em suas descrições concretas, do recuo das barreiras naturais, do nascimento das formações que possuem um nível de desenvolvimento distinto, nas quais a relação entre gênero e exemplar do gênero é constituída de maneira qualitativamente distinta etc., ele aponta inequivocamente para esse problema. E de modo ainda mais claro naquela já nossa conhecida determinação do processo em seu conjunto, em que toda a história até aqui, a história até o comunismo realizado, é concebida apenas como pré-história da generidade humana.

As reações sempre mais diferenciadas dos exemplares singulares do gênero, descritas por nós sob diferentes aspectos, em relação à sociedade, que a cada vez as unifica, mostram-se sob uma nova luz: a generidade que aí se exprime em cada momento não é mais algo ontologicamente unitário (como os gêneros na natureza), não é, pois, meramente uma processualidade clara e simples em oposição a sua estabilidade relativa, enquanto ela se conserva, mas, justamente, uma síntese processual de diferentes fases da generidade em seu caminho, que só pode mostrar-se, naturalmente, de maneira tendencial, para a fase em que sua própria pré-história cessa e alcança sua história efetiva. A ferramenta mais primitiva, a linguagem mais primordial de todas, o ordenamento social das relações dos membros da sociedade entre si (divisão do trabalho etc.), aparentemente no imediato ainda "natural", já superam em si o mutismo dos gêneros naturais, por mais inicial que seja seu conteúdo social, por mais simples que seja seu modo de manifestação na práxis dos seres humanos, por mais insignificante que seja a diferença entre os seus modos de reação, por mais duradoura que seja a estabilidade da generidade dada. A situação social fundamental, que já no período da coleta determina os modos de ação dos seres humanos como decisão entre alternativas, é um modo do ser que conduz espontaneamente a uma diferenciação crescente dos tipos de reações. Certamente essas reações são, de início, integradas em um contexto das tradições tribais que atua quase "naturalmente". Contudo, esse contexto precisa forçosamente adaptar-se e diferenciar-se frente às novas tarefas que sempre surgem. Com isso, o mutismo inicial se enfraquece e um certo espaço de ação para as decisões singulares dos seres humanos é liberado. A história mostra que essa tendência de desenvolvimento torna-se, em última instância, universalmente dominante.

O surgimento das classes (dos antagonismos de classe) introduz, pois, nas bases ontológicas da vida dos homens que motivam as ações, o novo elemento da oposição de interesses, que vem abertamente à tona. Com isso, no entanto, a generidade-não-mais-muda que representa o conjunto da sociedade torna-se um objeto social de valorações necessariamente opostas, que determinam os processos de reprodução dos homens singulares, correspondentemente, de modos opostos. Aqui, naturalmente, é impossível entrar nos detalhes históricos. É preciso ficar claro, porém, que em tais casos as afirmações e negações do sistema dominante exibem precisamente, dos dois lados, gradações significativas, da simples adaptação até a rebelião aberta, da nostalgia de um passado que ainda não conhecia esses conflitos, até a de um futuro que não mais as conhecerá etc. Elas constituem suas determinações no ser social, lutando entre si. Aquilo que, portanto, nós observamos em tais casos, do lado social objetivo, como generidade existente, aparece, assim, na prática imediata, como o resultado de tais forças em luta. Contudo, a essência de um tal ser social exprime-se precisamente nessas lutas, em que a sua explicitação omnilateral, seus antagonismos reais incorporam ontologicamente a essência objetiva da generidade ainda mais profunda e completamente do que o simples desfecho efetivo das lutas. Espártaco as incorpora, em seu tempo, pelo menos tão claramente como seus vencedores, os líderes oficiais da antiga Roma.

A historicidade do ser social não se limita, contudo, a esse seu decurso imediato. O ser humano é também um ser fundamentalmente histórico-social, na medida em que seu passado constitui, sob a forma do seu próprio passado, um momento importante do seu ser e atuar presentes. Já o ser humano singular, enquanto singular, vive e constitui sua própria vida histórica espontaneamente, na medida em que as recordações da própria pré-história constituem elementos importantes para as suas decisões entre alternativas atuais e ainda mais para a sua unificação em sua personalidade. Isso aparece no nível social do ser ainda mais decisiva e fortemente e, muitas vezes, de modo mais concreto. Sem essa ligação sintetizante entre presente e passado (pouco importa se correta ou falsa) não existe nenhuma ação social do ser humano singular nem do ser humano social; e tanto menos quanto mais desenvolvida, mais social se tornou uma sociedade. Ora, é assim um fato imediatamente fundamental que o passado não é algo modificável e toda ação prática no presente tem de considerar esse fato insuperável (ou pelo menos teria que considerar). O significado disso contradiz apenas na superfície dos fenômenos essa verdade irrefutável. Ninguém pode transformar o acontecimento passado em um ser não acontecido; se tal tentativa for empreendida em determinadas formas de demagogia social, ela estará, no fim das contas, condenada socialmente ao fracasso.

O que importa aqui é algo completamente diferente: trata-se de uma determinação mais ampla da dinâmica histórica, na generidade humana processual não-mais-muda. Não se trata, portanto, de modo algum, de resultados determinados da ciência da história, embora estes costumem intervir nela em medida crescente.

A história não é aqui, porém, um simples saber, mas o esclarecimento dos motivos traduzidos na práxis enquanto passado, daquelas forças motoras do passado que, ao dar expressão plástica à relação presente dos seres humanos com sua própria generidade, poderiam ser mais eficazes que os simples fatos do presente. Os conteúdos de uma tal consciência histórica – enquanto forças motrizes da práxis – têm, por isso, sua capacidade para essa ação dinâmica no fato de que tais conteúdos iluminam a generidade humana como processo, como caminho do ser humano para sua própria realização, de modo que ajudam o ser humano assim a realizar-se, nesse nível, como parte do desenvolvimento do gênero humano. Movido por tais motivações (frequentemente não expressas, que permanecem inconscientes, mas orientadas a um fim), esse passado é igualmente submetido a transformações ininterruptas: apenas isso cai sob o esclarecimento da práxis presente como prosseguimento – positivo ou negativo – do passado, o que é capaz de dar impulsos positivos ou negativos às ações presentes. O passado muda, portanto, juntamente com o processo presente, assim como seus conteúdos, formas, valores etc. continuamente ligados a esse processo. Ele é, portanto, no sentido de Marx, uma ideologia: um instrumento social de tomada de consciência e de combate de conflitos do presente[13]. A generidade de um dado instante não pode, por isso, ser compreendida corretamente sem que se saiba o que e como ela, em sentido positivo e negativo, concebe de relevante em seu próprio passado

---

[13] A ideologia que atua nas ciências da história tem aqui, muito frequentemente, seu fundamento. Nesse momento fica claro que a ideologia, de modo algum, é simplesmente um sinônimo de falsa consciência. Ao contrário, esse componente ideológico da ciência da história abriu-lhe, muitas vezes, o caminho para grandes e importantes descobertas.

para o presente e futuro: se em termos de aprovação-exemplaridade ou de repulsa-dissuasão. Temos de compreender, portanto, a respectiva generidade não apenas como processo, mas como síntese processual de todos os momentos aqui esboçados. Se observamos sua essencialidade apenas como processo, então nossa consideração permanecerá formal-superficial. O autêntico significado humano desses processos, sua distância efetiva da generidade muda na natureza só pode vir à luz do dia nessa intrincada complexidade.

No entanto, isso tem como outra consequência importante que a generidade humana, não mais muda, em sua respectiva unidade, em uma determinada fase de desenvolvimento, permite em termos processuais e ontológicos a expressão dos níveis de ação do seu ser em medida crescente, simultaneamente distintos. Já aludimos a essas diferenças de nível. Elas se estendem da simples adaptação quase irrefletida ao ordenamento concreto local da sociedade, a cada momento dado, onde evidentemente o mutismo natural já está ultrapassado, até a compreensão – com frequência apenas turva – traduzida na práxis, que na maioria das vezes aparece sob a forma de conflitos, do fato de que a generidade humana autêntica pode consistir meramente em querer realizar sua tarefa particular específica no próprio desenvolvimento da personalidade, por meio de sua elevação à generidade e em ver precisamente nisso a medida de realização da própria personalidade. Apenas os seres humanos cuja necessidade da personalidade é conscientemente orientada para uma tal unidade de gênero e exemplar podem superar completamente e de modo efetivo os últimos resquícios de mutismo, podem, como personalidades plenamente desenvolvidas, tornar-se sujeitos ativos de uma autêntica história da humanidade. Aqui não é ainda o lugar apropriado para falarmos dos seus pressupostos econômico-sociais. Sabemos a partir de Marx que esse "reino da liberdade" pressupõe um aperfeiçoamento da economia (do "reino da necessidade"), sabemos como apenas dessa maneira parece possível uma superação da utopia pela teoria marxiana do socialismo. Hoje, no entanto, só raras vezes se reflete sobre o fato de que esse mesmo desenvolvimento pode ser simultaneamente, também no sentido da existência humana, uma preparação para o "reino da liberdade". Pouco se reflete também sobre o fato de que, se o desenvolvimento levado até essa direção não promove de algum modo uma tal constituição da humanidade, nem mesmo os fundamentos econômicos estão em condições de superar completamente a utopia.

Entretanto, isso acontece precisamente compreendendo de maneira correta o processo de realização da generidade. O que chamamos anteriormente de diferentes níveis na generidade que se desenvolvem socialmente mostra aqui sua verdadeira fisionomia ontológica. Revela-se, pois, que, quase desde o início – sobretudo em tempos de crise –, os diferentes níveis descritos por nós na generidade se precipitam sempre até essa fase. Determinadas formas de filosofia e em particular de arte (que se pense na forma da tragédia, em geral pouco compreendida) não teriam possibilidade de ter nascido e permanecer continuamente ativas; determinadas personalidades que por conduta de vida exerceram durável influência, também nunca poderiam ter obtido tal força de irradiação, se em seus atos vividos ou figurados essa relação dos homens com sua própria generidade pessoal não tivesse se expressado. Até agora, contudo, se tratou predominantemente de exceções. Mas de exceções que, precisamente enquanto tais, agiram como exemplos na história, ao passo que, ao lado delas, a generidade moral-normal parece empalidecer até a inessencialidade, parece cair no esquecimento. Que se pense no contraste criado muito conscientemente por Sófocles entre Antígona e Ismênia; em Jesus de Nazaré na conversa com os adolescentes ricos; na lenda de Brutus, que, apesar das refutações históricas, não pode ser eliminada; nas palavras desesperadas de Hamlet: "O tempo se esvai; ultraje e aflição que eu venha ao mundo para ordená-lo"; no efeito da vida de Napoleão em Stendhal e Balzac, em Tolstoi e Dostoievski etc.

Quem estuda atentamente a história universal em seus grandes períodos por meio dos efeitos vivenciais da grande arte, das grandes personalidades, da grande filosofia etc., quem é capaz de deduzir daí que nível de personalização do ser humano lhes confere uma posição duradoura na memória que o gênero humano tem de sua pré-história, verá com clareza que se trata principalmente de um processo de esclarecimento do desenvolvimento ascendente da própria generidade. Naturalmente, isso também deve ser entendido como um modo processual não teleológico. De um lado, tais fenômenos não podem ser apenas de caráter positivo; personagens profundamente problemáticas (Dom Quixote), até mesmo personagens levadas ao ápice e que se relacionam com a generidade de maneira negativa (Tartufo), podem alcançar na consciência da posteridade uma, por assim dizer, ampla e difusa notoriedade sobre o ser-conhecido e também alcançar efeito ideológico; também os lados humanos negativos, devido ao nível obtido na sua espécie [Art], podem atuar na imagem que os seres humanos fazem de seu próprio desenvolvimento para a generidade. De outro lado, essa memória do gênero humano não é apenas momento de um grande processo, mas, aí incluído, ela possui esse próprio caráter processual. Conforme os conteúdos das forças que levam o presente para suas tendências futuras de perspectivas contraditórias, tais figuras podem desaparecer e emergir de novo. (Lembremos como Homero, na era do feudalismo, foi substituído por Virgílio séculos a fio como força ideologicamente eficaz, para só no começo do capitalismo, por sua vez, substituí-lo.)

É difícil supervalorizar a importância de tais processos de superação radical de toda mudez dos processos da generidade. Um dos motivos principais da vulgarização do marxismo, que tanto colaborou para que ele perdesse sua influência como teoria universal do desenvolvimento da humanidade, foi exatamente a concepção mecanicista de toda ideologia como mero "produto naturalmente necessário" das respectivas relações econômicas. O fato de que a maior parte das oposições internas conduziu, em contrapartida, a sua "autonomização" burguês-gnosiológica (Max Adler* etc.), naturalmente não podia indicar qualquer escapatória desse beco sem saída ontológico. Pois somente uma análise imparcial do especificamente novo do ser social diante de toda natureza é capaz de avançar no sentido da verdadeira existência do ser [*Seinsbestand*]. A crítica da "ortodoxia" marxista vulgar na questão da causação em geral é o pressuposto indispensável disso. É simplesmente um preconceito mecanicista naturalista afirmar que a causação de um complexo objetivo por outro possa emprestar ao causador uma superioridade ontológico-valorativa geral. A mera causação nunca pode criar uma relação de valor, mesmo que a respectiva relação causal concreta de causa e efeito mostre uma necessária permanência social (como entre a economia e a superestrutura). Só na ideologia religiosa primitiva, na qual os homens atribuem a forças transcendentes aquilo que eles próprios criaram, surge tal hierarquia de valores totalmente infundada entre criador e criatura, que por caminhos diversos conseguiu atingir até o materialismo vulgar. Tal interpretação da insuperável prioridade ontológica de fato da causa em relação ao causado, aqui, portanto, da base em relação à superestrutura, não passa de uma trans-

---

* Max Adler desenvolveu uma concepção rigorosamente causal dos fenômenos econômicos. Sua gnosiologia é claramente inspirada por Kant.

posição antropomorfizadora falsa, distorcida, de determinadas deformações teleológicas primitivas para a constituição do ser social. A crítica materialista das ontologias religiosas apoiadas sobre a cabeça – o "criador" como projeção do homem trabalhador em relação ao produto de sua atividade – teve como crítica uma justificação histórica bastante limitada e, como Engels tentou repetidamente mostrar nos seus últimos anos, conduz a becos sem saída teóricos no exame de problemas sociais. Portanto, é indispensável olhar, de antemão, com muito espírito crítico, cada um desses princípios de necessidade que, nascidos deste modo, sejam aplicados na sociedade.

Essa crítica tem de começar pelo significado fundante das decisões alternativas que põem a teleologia. De fato, sempre deve ser levado em conta que estas só podem pôr em movimento séries causais, de modo que com frequência surge na realidade alguma coisa diferente daquela que foi teleologicamente posta. Por isso, Marx sempre teve razão ao enfatizar esse caráter ontológico da economia, não admitindo qualquer fetichização de sua constituição real fundante; e não apenas na "pré-história" da humanidade, mas também no fato de que na efetiva história da humanidade o "reino da liberdade [...] só pode florescer tendo aquele reino da necessidade (isto é, da economia – G. L.*) como sua base"[14].

Tudo isso deve ser antecipado como introdução à verdadeira situação do problema. Isso porque, na história da economia, Marx mostra aquela base ontológica que produz de modo real a relação radicalmente nova aqui descrita da generidade com seus exemplares. Esse novo modo de desenvolvimento está em operação desde o início: enquanto os animais são sempre na totalidade de seu ser exemplares imediatos de um gênero, o gênero humano está desde o início fragmentado em tribos. Os animais gregários são, como tais, exemplares do gênero, assim como aqueles não reunidos em rebanhos. Mas a tribo forma um complexo não mudo da consciência operante do gênero nos homens, contendo por longo tempo uma negação total ou parcial daqueles que não pertencem à tribo (canibalismo). Com a integração universal da humanidade em nações etc., essas objetivações do gênero já não-mais-mudas se tornam cada vez maiores, sem suprimir inteiramente a

---

* Iniciais de György Lukács, presentes no manuscrito, indicando um acréscimo seu à citação.
[14] Marx, *Kapital*, III, II, p. 355.

exclusão dos que estão fora do gênero humano (helenos e bárbaros, brancos e "de cor" etc.). E, mesmo quando esse processo de integração da economia avançou até o mercado mundial, continua existindo, operando na prática imediata, a generidade das nações, assim como das nacionalidades etc. Certamente, desenvolveu-se – de fato, por longo tempo de maneira puramente ideológica –, uma dupla concepção da generidade, em que a autêntica unidade do gênero humano constitui tão somente um fundo intelectual, na prática com frequência amplamente desprovida de efeitos, em relação à unidade prática-social funcionante. Também desse ponto de vista, portanto, a generidade humana integral, não-mais-muda, é um processo que opera de maneira gradual, contraditória, como uma tendência, ainda que com uma força crescente; muitas vezes uma exigência sociomoral nunca realmente traduzida em práxis. O fim da pré-história pressupõe, assim, o surgimento de uma base econômica real também nesse sentido.

Aqui se mostra um novo traço essencial da generidade-não-mais-muda frente àquela muda. Esta última está fundada biologicamente, por isso age imediatamente, sem necessidade de uma consciência mediadora. A generidade humana supera desde o início essa imediatidade, por isso necessita sempre de atos mediadores conscientes, para em geral poder funcionar. Essa separação do novo ser da objetividade natural se apresenta desde o início. Mesmo o mais insignificante instrumento, produto etc. do trabalho, desde logo possui um ser essencialmente social. De tal modo que, não importa por quais motivos, estes, ao perderem sua função, retornam à mera naturalidade[15]. No próprio homem, o salto – mediado pelo trabalho e pela linguagem – para além da generidade muda (apenas biológica) não é mais reversível.

Isso, porém, não significa que sua autêntica generidade-não-mais-muda, com esse salto seja, propriamente no plano ontológico, mais do que o ponto de partida de um processo agora inexorável, embora altamente desigual; um processo cujo fundamento insuprimível é constituído propriamente pelo desenvolvimento da economia. Para nos aproximarmos mais concretamente de nosso atual problema da generidade, devemos voltar a nossa atenção ao complexo de problemas que Marx chamou recuo das barreiras naturais. Por meio do tratamento da questão de como da unidade ainda natural dos

---

[15] Ibidem, I, p. 145-6.

exemplares do gênero humano surge a individualidade, já invocamos Marx, que caracterizou a forma capitalista como a mais pronunciadamente social do desenvolvimento das sociedades de classes até aqui, como aquela em que a relação dos homens singulares com a sociedade se tornou casual. O sentido específico, para nós aqui essencial, dessa constatação só se torna bem nítido através dos contrastes sociais descritos por Marx. Ele destaca da seguinte maneira o antagonismo com o estágio anterior de desenvolvimento: nessa sociabilização

> surge uma divisão na vida de cada indivíduo, na medida em que há um diferença entre a sua vida pessoal e a sua vida enquanto subsumida a um ramo qualquer de trabalho e às condições a ele correspondentes [...] No estamento (e mais ainda na tribo) esse fato permanece escondido; por exemplo, um nobre continua sempre um nobre e um *roturier* é sempre um *roturier*, abstração feita de suas demais relações; é uma qualidade inseparável de sua individualidade.[16]

Se em considerações anteriores demos grande ênfase aos momentos socialmente casuais no surgimento da personalidade humana, nosso fio condutor já era essa tendência de desenvolvimento. Aqui, no momento em que o ponto central de nosso interesse se tornou a ligação social da base econômica com a personalidade como forma social e singular humana de conduta de vida, vemos claramente que as antigas estruturações da sociedade (estamento etc.) determinadas pela economia agora dominante oferecem objetivamente ao homem singular mediações sociais reais com sua atual e específica generidade (pensemos também nas castas, na situação social dos cidadãos da pólis, na nobreza etc.); ao passo que o homem singular no capitalismo, sem essas mediações sociais, é diretamente confrontado com essa generidade. Naturalmente, isso não significa, de modo algum, uma igualdade social. O contraste entre rico e pobre é mais claro, mais pleno de consequências no capitalismo, do que em qualquer formação econômica anterior. Porém, exatamente do ponto de vista do nosso problema, ocorre uma supressão das antigas mediações ontológicas: um nobre empobrecido continua sendo nobre, um capitalista empobrecido cessa de ser capitalista etc. Se colocamos no centro essas bases da vida economicamente determina-

---
[16] MEGA, I/5, p. 65.

das, apenas o fazemos para deixar mais claro que, com essa modificação na qualidade da estruturação de classes, tornam-se operantes aquelas mediações sociais (e respectivamente sua ausência) que determinaram o caminho do homem singular para a individualidade e, com isso, nos dois casos, de modo diferente, em direção para a generidade. Essa diferenciação posta em evidência por Marx é, pois, primariamente, e de modo ontologicamente decisivo, economicamente fundada.

No entanto, o conhecimento dessas relações entre base e ideologia nos importa também do ponto de vista puramente metodológico. Porque, como mostramos várias vezes, as séries causais que fundam praticamente a economia não contêm em seus efeitos ontológicos imediatos nada de teleológico. Seria ontologicamente falso, simplificador (e vulgarizante), dizer: esse desenvolvimento econômico produz a individualidade como forma de vida dos homens, portanto, a individualidade seria simplesmente seu produto direto. Já do ponto de vista puramente causal isso não procede. Os efeitos causais da economia puderam destruir a estrutura de classes anterior, superando assim, socialmente, a existência de mediações sociais que antes operavam ilimitadamente. Mas, com isso, eles apenas elevaram a casualidade na relação genérica dos homens singulares com o conjunto da sociedade a uma forma de ser objetiva incontornável: em lugar da antiga mediação de efeito altamente concreto, surgiu uma casualidade em si vazia. Nessa confrontação, o homem singular em uma tal sociedade é levado a transformar essa situação objetiva do ponto de vista do "O que fazer?" dentro de sua própria conduta de vida em uma questão que, muitas vezes, tem de responder prática e teoricamente segundo seus interesses e capacidades de vida, em certo ponto com o risco de sucumbir. A necessidade do desenvolvimento econômico, colocou, portanto, o homem diante de um hiato profundamente problemático em sua conduta de vida, o problema da casualidade da própria existência como gênero. E como o espaço objetivo das respostas praticamente realizáveis é economicamente limitado, não pode ser superada a casualidade das respostas singulares no interior desse espaço. O desenvolvimento econômico pode transformar essas casualidades em base objetiva de toda práxis dos homens singulares. Preenchê-la com o novo conteúdo de uma generidade autoposta na conduta de vida dos homens, superando-a, é coisa que só a práxis, o pensar e o agir dos próprios homens conseguem fazer.

A partir do predomínio da causalidade no decurso objetivo da sociedade colocado em marcha diretamente pelos pores teleológicos singulares, é impossível eliminar o acaso. Mas, enquanto no terreno dos próprios processos econômicos essas casualidades se cancelam mutuamente sob forma tendencial, podendo sintetizar-se em uma unidade tendencialmente dominante no processo em seu conjunto (pensemos no mercado), no estágio da vida cotidiana um tal princípio de compensação operante automaticamente tem ação muito mais fraca. Marx viu de modo claro essa diferença; ele a apresentou, em geral, magnificamente em seus estudos históricos e, de resto, nunca a perdeu de vista. Assim, escreve a Kugelmann sobre a Comuna de Paris:

> A história universal seria muito cômoda se a luta só fosse assumida quando houvesse chances infalivelmente favoráveis. De outro lado, ela teria uma natureza muito mística se as "casualidades" não desempenhassem nenhum papel. Essas casualidades naturalmente entram no curso geral do desenvolvimento e são compensadas por outras casualidades. Mas aceleração e retardamento dependem grandemente dessas "casualidades", entre as quais figura também o "acaso" do caráter das pessoas que se encontram primeiro à frente do movimento.[17]

É importante lembrar aqui, que Marx admite para o processo objetivo em seu conjunto a compensação mútua [*Sich-gegenseitig-Kompensieren*] das casualidades, mas já concebe seu ritmo, suas etapas, sobretudo a qualidade de cada líder, como submetidos a uma casualidade insuperável. A diferenciação de método do curso necessário ao desenvolvimento, segundo o caráter social da parte em questão da totalidade, deve ser tanto mais corretamente entendida e lembrada do que costuma fazer a bilateral vulgarização do marxismo, de um lado como materialismo mecânico, de outro, como idealismo.

Engels que, depois da morte de Marx, combateu com incansável energia as tendências vulgarizantes, eventualmente caiu, ele mesmo, numa situação que facilmente produz mal-entendidos. Numa carta a Starkenburg, comenta o mesmo problema que acabamos de conhecer na versão de Marx. Ele também resolve os problemas aqui surgidos em sua linha principal de modo semelhante a Marx. Mas quando, no resultado final (domínio de Napoleão I, surgimento do materialismo histórico), chega à conclusão "sempre se encon-

---
[17] Marx, *Briefe an Kugelmann*, Berlim, 1924, p. 87-8.

trou o homem quando se tornou necessário", de que o tempo já estava maduro para a teoria marxista "e ela *devia* ser descoberta", desvia-se da linha de Marx, da tendencialidade cautelosamente abordada do curso histórico nesse nível, e proclama – de modo ontologicamente simplista – uma necessidade exagerada que é estranha ao ser social, com exceção da economia em sentido mais estrito. Pois é correto que, na falta de um Napoleão Bonaparte, a necessidade social teria transformado outro general (talvez Moreau) em ditador. Mas pode-se duvidar, justificadamente, de que ele possuísse as capacidades "casuais" que transformaram Bonaparte naquela figura histórica cuja influência foi sentida em todo o século XIX. Isso vale mais nitidamente ainda para o próprio marxismo. Certamente, é correto que as questões fundamentais de seu método estavam objetivamente na ordem do dia do desenvolvimento espiritual. Entretanto, em outro contexto, o único candidato real para "sucedâneo" histórico de Marx, o próprio Engels, duvida se teria pessoalmente as capacidades necessárias para realizar a obra da vida de Marx sem ele. Aqui, com efeito, os homens fazem sua própria história; ainda que calculemos aí o poder real das circunstâncias que eles próprios não escolheram, não se pode realizar uma compensação recíproca necessária das casualidades semelhantes àquelas no território da economia tomada no sentido mais estrito[18].

Apenas tal exame do funcionamento qualitativamente diferente desses dois estratos da práxis social pode levar a uma consideração ontologicamente correta da relação de liberdade e necessidade no curso histórico da vida do gênero humano. O próprio Marx expressou isso claramente no trecho que já mencionamos várias vezes sobre a relação do "reino da liberdade" com o "reino da necessidade", designando este como base daquele. Mas se, em sua inter-relação, as relações categoriais (especialmente de necessidade, casualidade, liberdade) não são entendidas em sua simultânea ligação indissolúvel e diferenciação qualitativa, a liberdade torna-se ou um "milagre" que transcende o desenvolvimento normal (idealismo), ou um produto obrigatório do desenvolvimento (materialismo mecânico). Nos dois casos, desaparece aquela real, variada, desigual etc. inter-relação processual constituída por homogeneidade e diferença, por ligação e crescimento, relativamente autônomo en-

---

[18] Marx-Engels, *Ausgewählte Briefe*, Moscou/Leningrado, 1934, p. 412.

tre os dois âmbitos, em cuja dialética consegue expressar-se adequadamente o caráter histórico da generidade humana em sua essência.

Como na seção seguinte, num contexto mais amplo, mais detalhadamente do que foi possível aqui, iremos nos ocupar da essência e do funcionamento social dessas categorias, contentamo-nos de momento com essa alusão a tais relações categoriais, tanto mais porque centralizamos nossas considerações quase exclusivamente no complexo importantíssimo, mas nunca isolado, da generidade. Encerrando essas considerações, repetimos, em suma, que no processo de devir social desse par categorial inseparável (gênero-exemplar singular), precisamente no cessar da mudez natural, pudemos observar uma extraordinária complicação, em contraste com a originária simplicidade. Isto tem como consequência que esse nexo categorial tão elementar para a existência humana – que no nível do ser da natureza orgânica, embora mudo, sem consciência dos exemplares do gênero, funcionou regulando de maneira evidente relações decisivas – aqui, exatamente devido à sua consciência, a sua importância objetivamente crescente, ligada a isso de maneira profunda, jamais conseguiu impor socialmente uma concepção de pensamento adequada.

No essencial já pudemos até agora acertar as contas, em nossas tentativas de aproximação com a relação correta, com os primeiros tipos de reação intelectual, imediatamente falsos, ao ser genérico dos homens: com a ideia de que a individualidade humana – na realidade resultado de um prolongado processo econômico, e por isso também sócio-histórico – é um dado primordial do ser humano em geral. Motivo pelo qual, especialmente nos tempos modernos, se difundiu muito a superstição de que só partindo daí se poderia conceber adequadamente as complicadas relações de nossa vida social. Basta lembrarmos a "*action gratuite*" de Gide, as diversas nuanças do existencialismo; embora naturalmente os inícios de tal atitude ontológica sejam muito anteriores às referidas correntes de pensamento.

Marx já fez os acertos teóricos com tal concepção nas *Teses ad Feuerbach*. Na tese, mencionada por nós várias vezes, que determina o gênero humano como o "conjunto das relações sociais", ele polemiza contra as consequências da concepção feuerbachiana do ser humano: "a essência humana não é uma abstração intrínseca ao indivíduo isolado", segundo a qual, ao lado do ser real da individualidade, o gênero pareceria uma mera formação do pensamento, uma abstração conceitualmente alcançada. Na sequência ele indica que ignorar o "curso histórico" leva necessariamente a "pressupor um indivíduo humano-abstrato-*isolado*". Essa breve e marcante polêmica metodológica foi precedida, pouco antes, por uma polêmica histórica. Em *A sagrada família*, a concepção de que na sociedade humana o indivíduo representaria aquelas funções que, segundo a opinião científica geral da época, são atribuídas ao átomo na natureza, foi rejeitada como uma "representação não sensível e uma abstração sem vida"[19]. A isso contrapõe-se, como nas *Teses ad Feuerbach*, embora de modo mais pormenorizado, a sociedade de então, viva e operante, fundada na economia concreta, na qual é de todo em sua imaginação abstrativamente que é atribuído ao indivíduo o modo do ser de um átomo. Metodologicamente, importa que o marxismo não rejeita apenas, do ponto de vista ontológico geral, a pretensão ontológica de que a individualidade tenha uma originalidade e um papel determinante nos fundamentos da vida social, mas comprova que só uma fase particular do processo de desenvolvimento da humanidade pode produzir esse desenvolvimento da singularidade para a individualidade, que, portanto, esta última é resultado específico do processo de transformação do conjunto dos fundamentos da humanidade, portanto, um produto particular do processo como um todo, nele fundado e em nenhuma circunstância uma forma do ser que pudesse fundar ontologicamente a sociabilidade.

No presente, é bem menos atual a direção contrária, que representa também uma abordagem ideologicamente falsa do complexo de problemas do gênero humano, isto é, o caminho que contrasta a sociedade com a natureza concebida como valor; com isso, o acabamento abstrato-"supratemporal" desta última seria uma correção dos defeitos concretos da primeira em suas respectivas formas concretas. Aqui, trata-se diretamente de que a generidade humana desde o começo, e por longos períodos, ainda hoje não inteiramente recuperados, só conseguia realizar-se nas mais diversas formações parciais, específico-locais. A problemática inerente a essa situação chamou atenção seguidas vezes, e bem precocemente, provocando uma crítica intencionada de princípios. Nesta expressam-se frequentemente – e essa é a única questão que nos ocupa no momento – concepções nas quais tomavam ideologicamente a pala-

---
[19] MEGA, I/3, p. 296.

vra formas da generidade humana, naquele momento de todo ou quase irrealizáveis, mas que eram mais elevadas do que as que dominam nas respectivas formações locais e concretas. Também nessa tentativa de resposta, são interessantes os fundamentos do método para uma ontologia atual. A natureza como modelo da sociedade, como medida do seu critério de uma localização presumidamente mais nobre da ideologia, sobretudo, tem muito de uma noção religiosa secularizada: Deus criou os seres humanos perfeitos; trata-se de retornar desse mundo cheio de erros (pecaminoso) para aquela perfeição. A noção de uma antiga "idade de ouro" é apenas uma de suas variações. Para a história da concepção ontológica da essência da generidade, dois motivos são importantes. Primeiro, um, ainda hoje não totalmente superado, que entende que a recuperação dos fenômenos sociais tidos como problemáticos é realizada utilizando a natureza como padrão de correção. Nas tendências cada vez mais secularizadas, que em última análise repousam em tais posturas, a natureza aparece como uma espécie de imagem ideal, na qual os desvios fático-problemáticos das sociedades singulares não acontecem, por princípio, em relação a esse ideal. O homem deve por isso seguir os imperativos daí nascidos de maneira mais decidida do que nos preceitos temporários e contraditórios de cada sociedade; estes devem, ao contrário, ser replasmados no espírito daqueles. Vemos aqui, mais uma vez, como, na história das tentativas ideológicas de dominar os conflitos originados no desenvolvimento social, o embate de fato sobre legítimos problemas da generidade é socialmente muito mais eficaz quando não se tem uma crítica objetivamente fundamentada. Uma natureza como medida "eterna" do desenvolvimento social obviamente nem pode existir. Quando, portanto, em seu nome, vêm contrapostas aos princípios reguladores a cada momento dominantes exigências corretas e exequíveis, os conteúdos decisivos podem adquirir uma importância social com efeitos práticos. Pense-se, por exemplo, nas correções não raro executadas no direito positivo, em nome de um direito natural. Temos aqui, portanto, uma ideologia que opera, muitas vezes corretamente – em suas consequências sociais –, que desempenha esse seu papel sobre uma base intelectiva-factual puramente fictícia (portanto com "falsa consciência").

O apelo à natureza ante a sociedade perde, assim, tanto mais em força de argumentação (e certamente de maneira desigual), em efetividade social, quanto mais se impôs socialmente o princípio do recuo das barreiras naturais. Portanto, não é por acaso que a identidade entre natureza e razão, latente desde o início, atuando como unidade imediata, tenha se separado de maneira clara, em contraste com o ser social empírico, justamente na Renascença. Com a utopia de [Thomas] Morus, já aparece a racionalidade de uma construção social como motivo de crítica e modelo, como fundamento social da generidade humana autêntica enquanto meta a realizar e o caminho para sua realização. Já no título, *Utopia*, o não-ser, mas ao mesmo tempo o dever-ser, da racionalidade é posto em primeiro plano. Embora as duas tendências por vezes convirjam em suas exigências sociais, com esse novo lugar central da razão social pura também aparece um motivo social novo nas fundamentações intelectuais. Enquanto a natureza sempre existiu, de modo que a satisfação de suas exigências deveria criar apenas "um ser ainda não existente" no plano da sociedade (lembremos aquela "idade de ouro"), segundo a nova concepção, a razão, como fato novo, apenas hoje alcança um poder espiritual: empregar o dever ser racional em oposição ao ser até aquele momento irracional, para replasmar este último. Na medida em que aqui o futuro é compreendido decididamente como futuro, essa posição expressa o comportamento do ser humano, como sabemos, tornado "casual" em seu ser social, em parte, mas apenas em parte, mais adequadamente do que era possível antes. Mais adequadamente porque o ainda-não-ser do racional e, com isso, também a "casualidade" do ser humano como ser genérico podem vir a ser conhecidos com mais clareza. O limite da adequação mostra a necessidade de estabelecer simultaneamente uma onipotência e impotência da razão. De outro lado, é visível que a "natureza" como modelo para a replasmação pode inserir-se mais facilmente nos fatos reais do respectivo ser social, e realizar pela reforma seus elementos, do que a utopia que só toca o ser na crítica do presente. Portanto, não é nada casual que o novo método do utopismo jamais tenha tido condições de expulsar de todo o velho apelo à "natureza". Mesmo a ideologia radical de Rousseau e seus seguidores jacobinos está próxima das mais antigas tradições, nessa questão metodológica. E o fundamento racional dos pensadores utópicos pôde trazer à luz do dia, com a mera crítica do existente, resultados importantes, mas acabou entrando em becos sem saída teóricos nas sugestões concretizantes de substituir o velho falso pelo novo "correto". Pensemos apenas na crítica arguta e muitas vezes acertada de Fourier à sociedade capitalista, e ao mesmo tempo na sua colocação teórica do objetivo de superar suas determinações absurdo-alienantes mediante a transformação do trabalho em jogo.

Esses comentários rápidos não pretendem minimamente ser uma descrição e uma crítica das orientações que abordamos. Querem apenas indicar com quanta dificuldade o pensamento humano pode conceber, ainda que em termos aproximativamente corretos, até mesmo complexos de problemas elementares do ser social como a própria generidade. As orientações aqui rapidamente esboçadas e criticadas – não importa se se trata do indivíduo como fundamento e fio condutor da generidade ou da "natureza" ou "razão" como seus fundamentos metodológicos determinativos – partiram sem exceção de pressupostos pensados como ontológicos, mas, ao contrário, estranhos ao ser; portanto, tiveram de passar ao largo dos autênticos problemas do ser da generidade como tais; mas contêm, pode-se dizer sempre (certamente em muitos casos), resultados nos quais períodos históricos da generidade humana aparecem espelhados – ainda que com uma terminologia falsa, mas quanto à essência da coisa não de todo incorreta –, na maioria das vezes operam adequadamente. Isso contém em si o conhecimento para nós decisivamente importante de que, no curso do desenvolvimento da humanidade, o problema (encoberto do ponto de vista puramente teórico) da própria generidade jamais desapareceu de todo da ordem do dia da práxis e de suas formas conscientes.

Se, pois, o marxismo coloca essa questão no centro de sua consideração da história, isto é, da essência de sua teoria, ele está em oposição flagrante, quanto à metodologia científica, à maioria de todas as descrições anteriores, mas ao mesmo tempo é, na continuidade do problema objetivamente condicionado pelo ser, o continuador mais coerente de todos os esforços legítimos que tentaram compreender esses complexos de problemas durante a história da humanidade até os nossos dias. E aqui está o motivo – do qual já falamos – de que a superação de todo esforço utópico sempre esteve no centro do trabalho do pensamento de Marx. É apenas um aspecto dessa tendência, que ele se esforce, incansavelmente, para entender cada fenômeno em sua historicidade concreta, que critique às vezes sarcasticamente erros nesse complexo. O outro aspecto, talvez o mais importante dessa tendência, é a visão lúcida e atenta de como tendências de reação prática nascem do ser social. Daí brota o fio condutor da autêntica práxis, isto é, de promover de modo eficaz e perceber oportunamente esse brotar pelo exame correto do ente efetivo.

Não é por acaso que Marx caracteriza a práxis da Comuna de Paris do seguinte modo: a classe trabalhadora "não tem ideais a realizar; precisa apenas pôr em liberdade os elementos da nova sociedade, que já se desenvolveram no seio da sociedade burguesa que está desmoronando"[20]. Essa liberação é um dos pontos centrais da metodologia marxiana. Os utópicos, obedecendo a uma lei da razão, querem colocar no mundo algo melhor do que o existente até então. Marx quer com seu pensamento apenas contribuir para que aquilo que existe como ente no processo de surgimento da humanidade – como sempre –, seja capaz de realizar no ser social o próprio ser autêntico. Naturalmente, isso na realidade não é possível sempre e de qualquer modo. Mas tem de ser precisamente observado e entendido cientificamente, para que, no momento dado, se possibilite, se facilite essa liberação de tendências latentes no ser social. Esse é também o sentido da teoria marxiana da origem da adequada generidade humana: o surgimento daquele nível de desenvolvimento econômico que, como base, possibilita "o reino da liberdade", o fim da pré-história, o começo da história do gênero, jamais poderia se tornar realidade se já não pudesse liberar "apenas" tendências já existentes, por vezes há muito tempo, se primeiro as tivesse de arquitetar e depois "criar". A complicação e – frequentemente usada com reprovação – aparente contradição do marxismo mostra-se aqui em sua legítima clareza ontológica: de um lado, nada no ser social pode tornar-se uma categoria determinante da práxis se não tiver efetivas raízes na economia, e por isso também na generidade de seu período; de outro lado, e ao mesmo tempo, essa determinidade econômica não pode, de modo algum, tornar-se uma determinação linear, univocamente "necessária". A economia como base inevitável não apenas possibilita em suas consequências práticas as decisões alternativas, mas também as torna tendencialmente inevitáveis. Essa duplicidade no processo, e também em sua perspectiva geral, que Marx e Engels já expressaram no *Manifesto Comunista*, é um momento tão importante, mas também muitas vezes malcompreendido da ontologia marxiana do ser social, que, nas considerações seguintes, tentaremos esclarecer o máximo possível.

---

[20] Marx, *Bürgerkrieg in Frankreich*, Leipzig, p. 59-60.

Desenho de Lukács feito pelo escritor Béla Balázs em 7 de julho de 1909. Na legenda escrita à mão, lê-se: "Georg von Lukács escrevendo um artigo sobre [Endre] Ady".

3

Já destacamos repetidamente que, para a compreensão correta do marxismo, a historicidade do ser, como sua característica fundamental, é o ponto de partida ontológico para a correta compreensão de todos os problemas. Essa verdade, já expressa com decisão por Marx no início de sua carreira intelectual, só em nossos dias adquiriu uma fundamentação científica de que se pode dispor e relacionar com o saber completo sobre a realidade, depois de ter-se tornado cada vez mais, na práxis, base de todo domínio bem-sucedido do pensamento sobre qualquer tipo do ser. Essa revolução metodológica tanto no conteúdo quanto na forma, realizada em nosso século, é visível por toda parte, ainda que muito raramente se tirem disso as consequências ontológicas corretas. Nesse sentido, quanto à essência concreta do método de Marx, até mesmo os pronunciamentos a favor do marxismo, que hoje voltaram à ativa, raramente constituem exceções.

O fato fundamental é muito simples e também – falando abstratamente, sobretudo sem tirar consequências – não irá se deparar com objeções sérias: a concepção de que a noção, dominante até algumas décadas atrás, de uma duplicidade entre "coisas" e "processos" (entre estática e dinâmica) se tornou cientificamente insustentável e teria de ser amplamente substituída, em quase toda parte, por cálculos de probabilidade estatística, parece ter-se tornado, hoje, uma banalidade cotidiana trivial. No entanto, essa generalização, certamente, nem de longe significa uma compreensão do que foi dito sobre o próprio ser – de fato, ainda sem consciência teórica – com o predomínio prático desse método. Trata-se, em resumo, daquilo que intelectuais importantes como Planck ou [Bertrand] Russell há muito viram claramente no plano do método, ou seja, que a maioria dos fenômenos que podemos apreender na realidade é constituída de processos irreversíveis no plano ontológico. Já sob domínio do método mais antigo das ciências (que se costuma indicar recorrendo ao nome de Newton), esses fatos adquiriram validade cada vez maior. Por exemplo, embora a astronomia tenha no passado concebido a necessidade e a legalidade do universo e do nosso sistema solar, no que se refere à Terra, a geologia e a paleontologia se desenvolveram como ciências independentes e mostraram que o ser de nosso planeta, assim como a vida que sua existência produziu, são em sua essência processos irreversíveis. Também a genial obra juvenil de astronomia elaborada por Kant, universalmente conhecida por meio das pesquisas de Laplace, mostra que esse modo do ser é também o do conjunto de nosso sistema solar: não é algo que se mantém imutável e persistente, no interior de um ser que se reproduz, mas trata-se de um processo com um início obscuro diante de nós e um fim visível numa perspectiva muito remota, cuja constituição essencial prova exatamente a sua irreversibilidade. E assim por diante. Desde Darwin e seus grandes predecessores no conhecimento da origem e desenvolvimento das formas vivas, tornou-se visível um modo do ser cujo conteúdo essencial constitui concretamente sua processualidade e a irreversibilidade deste. Então, o caminho (aqui não entendido cronologicamente) passou através das ciências sociais, nas quais uma imensidão de pesquisas singulares mostra que momentos importantes desse modo do ser estão sujeitos a formas de desenvolvimento desse tipo, e só partindo delas podem ser apreendidos no plano ontológico etc. Quando, portanto, se fala aqui em estatística, não se pretende dizer nada contra nem a favor de um método científico como tal, embora, naturalmente, a maneira como ele se impôs universalmente não seja qualquer coisa marginal. Tanto mais que há muitos que aplicam tal método, ou confirmam cientificamente sua aplicação, sem serem capazes de imaginar que aqui existe a base do revolucionamento de toda a nossa relação com o ser (inclusive o nosso próprio ser, talvez até em primeiro lugar).

Quando nos voltamos novamente para a vida cotidiana dos homens, podemos ver que aí os fundamentos ontológicos, biologicamente determinados e extremamente difíceis de superar no plano social, consistem no fato de que nos homens (tanto no singular quanto no gênero) o conhecimento dessa sua própria historicidade muito dificilmente poderia ser elaborado. Podemos até dizer que na vida cotidiana, embora para cada homem singular sua própria vida seja obviamente apresentada como processo irreversível, essa noção só se impõe com dificuldade, vencendo muitos preconceitos.

Mesmo uma análise superficial mostra como é difícil ao homem conceber-se como algo que se tornou sujeito e ao mesmo tempo objeto de um processo irreversível. O fundamento ontológico primário dessa dificuldade provavelmente reside no fato de que, na imediatidade da vida cotidiana, sua autorreprodução como essência social em pontos decisivos é encoberta pela reprodução biológica. Isso se relaciona, sobretudo, com a formação inicial da personalidade humana. É sabido que o processo inicial dessa formação dura muito mais do que nos animais. Menos geral é a consciência do fato de que esse tempo de vida inicial prolongado depende em sua essência do devir social do homem e que esse tempo é de caráter social, embora todas as suas manifestações terminem por se expressar biologicamente em sua imediatidade. Social é já sua premissa ontológica: o alto grau de segurança reinante, na média, que possibilita a duração maior do estado de desamparo do recém-nascido. Mas o motivo decisivo surge e é orientado pelas exigências elevadas que conformam qualitativamente a mais primitiva vida social de modo diferente daquele da mais evoluída vida animal. Basta recordar que o domínio da linguagem é uma das coisas que têm de ser "aprendidas" nesse período inicial de evolução do recém-nascido. Portanto, enquanto o jovem animal precisa apenas se apossar, nessa etapa inicial de sua existência, das mais importantes capacidades permanentes de seu gênero, no ser humano em formação a mesma etapa de desenvolvimento é qualitativamente diversa; não apenas mais complicada em conteúdo e forma, mas o pequeno ser humano em formação precisa crescer passando a uma nova e mais elevada maneira do ser e adaptar-se inteiramente a ela. Como o desenvolvimento da memória constitui um elemento desse processo, é fácil entender por que na maioria dos homens ela só começa a funcionar essencialmente depois de concluída a primeira transição; a vida própria consciente, guardada na memória, em geral só começa aqui para os homens. Porém, como só a partir dessa fase se pode falar de uma autêntica formação do caráter humano – na melhor das hipóteses –, é evidente que a maioria das pessoas encara seu próprio caráter como algo dado, fixo, e não algo que se tornou (com seu próprio devir).

Precisamente o fato de que, nas fases iniciais do desenvolvimento humano, o recuo das barreiras naturais se encontra num grau muito inicial reforça na consciência dos homens um tal caráter estático-estável de sua própria constituição. De fato, quando a vida cotidiana é regulada por antigas tradições, costumes etc., a resposta do homem ao "porquê" das reações que lhe são prescritas, ao mundo que o rodeia, deve necessariamente conter, com grande preponderância, um apelo ao passado: o exemplo das experiências acumuladas, tornadas tradicionais, transforma-se necessariamente em fio condutor das decisões entre alternativas atuais, no interior e por meio de cujas realizações o homem em formação (vem a ser educado) para tornar-se um membro efetivo e próprio da sociedade humana.

No entanto, com isso, não está nem de longe esgotado o processo das distorções que a vida e o pensamento cotidianos realizam na verdadeira constituição do ser. Também aqui estamos diante de um caso em que as formas fenomênicas imediatas de nosso ser, como fundamentos naturais do pensamento cotidiano, da práxis cotidiana, colocaram, por muito tempo, obstáculos intransponíveis no caminho da compreensão do ser como ele é realmente, em si. Tivemos de apontar repetidamente em outros contextos para os fatos aqui fundamentais. Trata-se, portanto, de dizer que o mundo externo das objetividades é dado ao homem imediatamente e na imediatidade sob forma insuprimível de coisa. Isso produz não só quanto ao ser natural a aparência óbvia, incontestável, de uma forma de existência fixa. Quer se trate de uma montanha ou uma pedra, uma casa ou um móvel etc., a coisidade, como forma originária da objetividade, parece insuprimível como tal. (Só a física dos corpos sólidos, desenvolvida em nossos dias, questiona a sua gênese como problema científico.) Essa "coisa" pode tanto ser produto da natureza como resultado do trabalho, e, dada a importância enorme que o trabalho (produção ou transformação de "coisas") tem no devir homem do homem, fica muito evidente a analogia: a "coisa" na natureza seria igualmente produto de uma atividade de trabalho criativa, mas de um ser superior (semelhante ao homem). Com isso, no pensamento, todo o passado do gênero humano se transforma: aquilo que originalmente foi, sem dúvida, obra de sua própria ação, aparece sob a forma objetiva de "coisa" como produto desses seres superiores, por eles transmitidas ao gênero humano. Basta lembrar a origem do uso do fogo para fins humanos. Esse indubitável produto da história humana aparece na lenda de Prometeu como ação e presente de tais seres superiores, criados em analogia à imagem humana.

Em função da constituição objetiva da realidade diretamente dada ao homem como meio ambiente, essas falsas reconfigurações ontológicas podem sobreviver por milênios às condições iniciais. Marx fala, por exemplo, sobre tais "coisificações", descrevendo seu próprio tempo, como fetichizações. A constituição ontológica da mercadoria, que na verdade é uma objetividade socioprocessual, aparece, assim, na fetichização:

> A misteriosa forma da mercadoria consiste, pois, simplesmente em reproduzir os caracteres sociais de seu próprio trabalho como caracteres objetivos dos produtos do trabalho, como qualidades naturais dessas coisas, daí também como relação social dos produtores com o trabalho total como uma relação social de objetos, existente fora deles [...] É apenas a relação social dos próprios seres humanos, que aqui assume, para eles, a forma fantasmagórica de uma relação de coisas. Para encontrar uma analogia, temos de nos refugiar nas regiões nebulosas do mundo religioso.[1]

A citação deve aqui mostrar apenas que não se trata, em absoluto, simplesmente de um modo "primitivo" de concepção da realidade, mas de uma postura profundamente enraizada na própria existência humana, que pode dominar o pensamento humano também em sociedades altamente desenvolvidas e bem sociabilizadas, e cuja superação ainda hoje, mesmo depois de muitas ciências em diversos campos provarem a insustentabilidade teórica de tais "coisificações", ainda tem de vencer fortes oposições para não dificultar ainda mais a concepção correta do ser.

Aqui não é lugar para abordar mais detidamente a história e as transformações desse complexo de preconceitos a propósito do ser, que manteve sua posição fundamental apesar de variações importantes. Quisemos apenas mostrar como essa concepção do ser está profundamente enraizada na imediatidade da vida cotidiana – apoiada por sua espontânea evidência (na vivência: uma evidência ontológica) – e como é extremamente difícil superá-la no pensa-

---

[1] *Kapital*, I, p. 38-9. [Ed. bras.: *O capital*, livro I, v. I, São Paulo, Abril Cultural, 1983, p. 71.]

mento. De fato, a história das imagens humanas do mundo mostra que a ideia de um "criador" de "coisas" e "energias", no interior da qual são transformadas, preservadas etc., não deve necessariamente deter-se nas figuras míticas analogizantes antigas, que, ao contrário, podem e devem ocorrer tentativas de apreender o "que" e o "como" do ser do mundo a partir de uma tal representação ontológica imediata. A eliminação crítica do criador personificado, que então ocorre, não necessita incluir espontânea e simultaneamente uma mudança nas concepções da constituição objetiva imediatamente dada da estrutura do próprio ser. A dualidade dada, à primeira vista insuprimível, de "coisas" e "energias", pode dominar a imagem geral do ser formada pelo homem, também sem um "criador" transcendente. Mesmo a substância extensa e pensante de Espinosa* contém elementos desse complexo de representações: assim como o primeiro grande destaque ideológico da criação divina do mundo costuma ser a sua existência eterna e imutável. Com o desenvolvimento da civilização, aparecem, às vezes muito cedo, movimentos nesse sentido, em geral sem atingir a base ontológica fundamental. A história do pensamento antigo, de um lado com seu irresistível impulso para a "coisificação" espiritualista universal do mundo do ser em Platão e seus sucessores, de outro lado com a imagem oposta terrena e imanente do atomismo, oferece eloquentes testemunhos nessa direção. Pois, de um lado, o mundo das ideias como base espiritual criadora do ser terreno não modifica em nada de essencial a estrutura coisificada desse último; a rigidez da coisa, a imaterialidade das energias, permanecem imutáveis, apenas são elevadas a uma esfera sublime e transcendente, que parece emprestar a essas suas qualidades uma consagração redentora.

Com isso, toca-se em outro importante momento da persistência de tais imagens do mundo: o ideológico. Para a maioria das sociedades em épocas que, para os homens singulares e para o gênero humano, só possibilitam, segundo

---

* A forma como Espinosa retoma os modos da substância faz que seu sistema possa ser considerado como o mais rígido teísmo, a ponto de Goethe, contestando a acusação de ateísmo que havia sido feita ao filósofo, chegar a chamá-lo de *"theissimus et christianissimus"*, assim como Hegel, insurgindo-se contra a mesma acusação, falou de "acosmismo" (*Enciclopédia*, § 50). Mas, visto sob a perspectiva de um sistema da causalidade imanente, o espinosismo, ao difundir toda a substância nos modos, é o mais radical panteísmo que a história conhece. A noção de *substância infinita* em sua *Metafísica* é definida como aquilo que produz a si mesma, como *causa sui*. O filósofo parte da exigência de conciliar o materialismo e o espiritualismo e uma concepção unitária da realidade.

expressão de Marx, "realizações limitadas"*, aquelas visões de mundo que emprestam uma consagração transcendente às objetividades de nosso universo são fatores de defesa, da tradição, de formas sociais que correspondem a esses ideais conservadores. Por isso, ideologicamente – nem sempre segundo suas intenções originais –, tais filosofias agem como mediadores históricos entre o mito antigo em dissolução e o novo monoteísmo do cristianismo. Com tudo isso, queremos apenas indicar um eficaz momento ideológico. Decisivo para nossas considerações é apenas que todas essas sutilezas transcendentes do pensamento não conseguem, nem tentam seriamente, remover o fundamento da coisidade. No "paraíso" do cristianismo desenvolvido, a coisidade adquire não apenas sua maneira de expressão mais aparente, mas objetivamente mais coerente: uma permanência "eleática"** sentimentalmente consolidada do ser perfeito diante de qualquer mudança possível.

De outro lado, a tendência de libertar-se de qualquer transcendência, preservando a dualidade entre coisa e energia, orienta-se na direção do atomismo. A tendência de fundo – que, nessa óptica, no plano meramente ontológico é conservadora – de tais orientações filosófico-naturais generalizantes vem à luz pelo menos na convergência última de orientações filosóficas que nas intenções, ao contrário, são absolutamente divergentes, como acontece com os eleatas e com os continuadores da iniciativa heraclitiana. Quanto aos primeiros, a situação é relativamente simples. O fato de que a seta que voa repouse nos lapsos de tempo minimalizados é apenas uma consequência lógica da base ontológica "coisificada" de um modo de pensar que tenta desacreditar filosoficamente o movimento e a mudança do mundo objetivo considerado como aparência.

---

* A esse respeito é esclarecedora a seguinte passagem dos *Grundrisse* (1857-1858) de Marx: "Na economia burguesa – e na época de produção que lhe corresponde –, a emancipação completa da interioridade humana aparece como um completo esvaziamento, a objetivação universal como estranhamento total e a derrubada de todos os fins unilaterais como sacrifício do fim-em-si humano a um fim inteiramente externo. Daí o mundo infantil da Antiguidade aparecer como superior. E ele realmente o é em todos os casos em que procuramos por figuras e formas acabadas e limites definidos. É a *satisfação a partir de um ponto de vista limitado* [grifo da R. T.]; enquanto o mundo moderno não nos dá satisfações; ou, onde ele parece satisfeito consigo mesmo, é vulgar". *Foundations of the Critique of Political Economy* (trad. Martin Nicolaus, Londres, Penguin Classics, 1973, v. II), p. 488.

** Os filósofos pré-socráticos denominados de *eleatas* apresentam uma tendência monista, vale dizer, a afirmação da unidade do que existe.

Entretanto, na polaridade intelectual oposta, vale dizer na declaração dos discípulos de Heráclito, segundo a qual não se pode entrar nem uma só vez no mesmo rio, mostra quão pouco a prioridade ontológica do processo em si, que permanece abstrata (e por isso isolada), está em condições de propor uma alternativa que supere verdadeiramente, isto é, realmente no plano ontológico, a "coisidade" estática. Isso só seria possível se o momento de ultrapassagem, aqui só aparente, para além da estática da coisidade, fosse uma verdadeira elevação, se por isso também fosse capaz de mostrar que a coisidade mesma precisa superar-se, de modo objetivo-ontológico, numa processualidade. Mas aqui ainda não é possível falar disso. O rio como objetividade processual, em que os elementos que parecem coisas se tornam componentes do processo global (da objetividade proclamada como autêntica), ainda está totalmente ausente aqui. Com efeito, nunca podemos tocar, no mesmo rio, mais do que uma vez a mesma gota-d'água (pensada como coisa), e esse paradoxo – aparente – também se mostra no ato irrepetível. Porém, isso não incide minimamente no caráter sintético, criador de formas objetivas, da processualidade.

A única tentativa realmente paradoxal, verdadeiramente intencionada para a legítima processualidade, é vista em Epicuro, no complexo de problemas da declinação do átomo da linha reta. Essa fundamentação ontológica do seu sistema, que em última análise teve tão pouca influência quanto a sua ética como sucedâneo de uma doutrina social, se tornou influente depois da derrocada definitiva da moral da pólis, só é mencionada aqui porque – de modo interessante, mas não casual – exatamente essa tentativa de Epicuro sugeriu as primeiras formulações da ontologia marxiana, em sua "Dissertação". A nós não interessa primariamente a questão de se a interpretação do jovem Marx, em geral distante, nos seus princípios, da maioria das antigas interpretações, hoje é considerada historicamente correta. Parece-nos apenas digno de ser constatado que já aqui começa a manifestar-se a ontologia inteiramente nova de Marx*. Em contextos

---

* "A ausência de estudos monográficos por parte de Lukács sobre a obra marxiana resulta que, em vários momentos, o filósofo húngaro tenda a atribuir ao Marx da tese doutoral certas determinações que apenas irão aparecer a partir dos *Manuscritos econômico-filosóficos de 1844*. Em verdade, na tese doutoral, Marx, orientado ainda pela filosofia da autoconsciência, busca em Epicuro não só a autodeterminação do átomo, mas a contradição entre o átomo e seu conceito. Assim "em sua tese doutoral, *Diferenças entre a filosofia da natureza de Demócrito e Epicuro*, Marx faz uma leitura original da filosofia epicurista, na qual destaca a

anteriores, já apontamos para a aguda crítica da logicização hegeliana de problemas sócio-ontológicos, na qual o distanciamento metodológico do jovem Marx em relação a Hegel aparece muito antes do que geralmente se supõe. A "Dissertação" não oferece nesse complexo de questões nenhuma crítica direta à interpretação hegeliana de Epicuro, porque ela não dizia absolutamente nada, exatamente para as questões de interesse central para o jovem Marx. Mas, combatendo as interpretações claramente falsas desde Cícero até Bayle, Marx revela, aqui, que o ponto de partida de Epicuro, do qual segue a declinação do átomo da linha reta, tem caráter ontológico. Ele diz, interpretando Epicuro:

> Os átomos são corpos puramente autônomos, ou, acima de tudo, são corpos, considerados numa autonomia absoluta, como os corpos celestes. Por isso também se movem, como estes, não em linhas retas, mas oblíquas. O *movimento da queda é o movimento da não autonomia*.[2]

Segundo essa concepção, o átomo já não é um abstrato "elemento originário" do mundo material, cujas formas objetivas mostram-se nele apenas reduzidas ao mais geral e desprovido de conteúdo (portanto, como coisidade abstrata em geral), mas um "elemento"; ao mesmo tempo, porém, como um ente concreto efetivo, no qual todas as qualidades do mundo material têm de funcionar de maneira eficaz como únicas realmente existentes. Esse modo do ser do átomo, distante da concepção habitual, tem como consequência direta a necessidade de nele já estarem contidas as determinações ontológicas essenciais do mundo material, vale dizer, segundo a concepção de Epicuro, aquelas do mundo real em seu todo. Nessa interpretação de Epicuro está presente em germe o pensamento fundamental de Marx dos *Manuscritos econômico-filosóficos*, pelo qual ele prossegue, superando dialeticamente o velho materialismo. Isto é, que a efetiva forma originária da matéria tem de ser uma objetividade concreta e concreta-

---

afirmação de Epicuro da autoconsciência como princípio da liberdade que se instaura desde o reino da natureza. A intenção original de Marx era fazer um estudo da filosofia pós-aristotélica, do qual a tese doutoral seria apenas um início, projeto justificado pelo fato de que as escolas helenísticas constituiriam 'momentos da autoconsciência', e que, no seu conjunto, o epicurismo, o estoicismo e o ceticismo integrariam 'a estrutura completa da autoconsciência'". A. S. C. B. Albinati, "Gênese, função e crítica dos valores morais nos textos de 1841 a 1847", em *Ensaios Ad Hominem 1* (São Paulo/Ijuí, Estudos e Edições Ad Hominem/Editora Unijuí, 2001), t. IV, p. 103.

[2] MEGA, I/1, Erster Halbband, p. 28.

mente desenvolvida. Nessa tese, sobre a qual já falamos e ainda falaremos várias vezes, o jovem Marx não apenas vai ontologicamente além do antigo materialismo (abstrato). Ela contém ao mesmo tempo, ainda que não diretamente expressa aqui, uma recusa da "coisa-em-si" de Kant e do princípio hegeliano da estrutura do ser com o ser abstrato, privado de qualidades.

O jovem Marx vê com toda a clareza a universalidade do atomismo de Epicuro. E assume a tarefa de não apenas esclarecer a gênese e o funcionamento da matéria no sentido mais estrito, mas de descrevê-los como princípio fundador abrangente de todo o ser, que nele culmina na ética. Isto significa conceber todo o ser como processo, que, consequentemente, se impõe, determinante, em diversas esferas do ser, que, apesar de uma unicidade última, pode ser de tipos diferentes. Não há dúvida de que nesse raciocínio – não importa se consideramos a interpretação marxiana de Epicuro como explicação correta, ou como sua própria concepção – todo ser aparecerá como algo concretamente processual. O próprio Marx explica isso também de maneira muito determinada, com o comentário prévio de que se trata de "um momento de grande importância, até aqui totalmente ignorado". Imediatamente depois disso ele comenta a respeito do problema principal:

> A declinação do átomo da linha reta não é uma determinação especial, que aparece casualmente na física de Epicuro. A lei que ela expressa perpassa muito antes toda a filosofia epicurista, de modo que, como se entende por si, a determinidade de sua manifestação depende da esfera em que for aplicada.[3]

Essas nossas explicações pretenderam mostrar apenas como aparece cedo em Marx essa concepção ontológica geral, não importando se é sustentável como interpretação de Epicuro. Essa questão é de importância secundária para nós, já porque, no desenvolvimento científico geral, também Marx – e muito mais Epicuro – não podia estar objetivamente em condições de lhe dar uma fundamentação incontestável. O efeito filosófico geral de Epicuro teve de desembocar no materialismo de estilo antigo (Gassendi). O próprio Marx, naturalmente, foi bem além deste último. Podemos até dizer – como já tentamos mostrar antes, e tentaremos mostrar repetidamente – que não há nenhuma determinação importante do ser que não seja um processo, desde o

---
[3] Ibidem, p. 29.

próprio ser imediato até seus mais elevados problemas categoriais, que não apareça em seus textos de maneira univocamente clara e profunda. Nisso reside sua grandeza de pensamento, que antecipava de maneira genial desenvolvimentos futuros. Como já mostramos, alguns anos depois ele chamou atenção para o fato de que a historicidade constitui a característica fundamental de todo ser. Mas sem saber, naquele tempo, que só a ciência futura demonstraria que os processos irreversíveis (isto é, históricos) são a forma de movimento, a essência de todo ser. (Porém sem tirar disso as consequências filosóficas correspondentes e, na maioria dos casos, sem lhe dar maior atenção.) O próprio Marx, aqui, antecipou filosoficamente o desenvolvimento futuro. Ele também protestava fortemente, com frequência, quando contemporâneos seus tiravam falsas consequências ontológicas da imagem do mundo fornecida pela ciência. (Lembremos a crítica à afirmação de Bruno Bauer de que se devia conceber o ser humano como "átomo" da sociedade e do Estado.) Trata-se, nesses casos e em última análise, sempre de uma refutação filosófica de posições ontológicas falsas.

Voltando ao domínio geral do ser no plano do pensamento, veremos que sequer a oposição ao mundo como criação de um poder transcendente, vitoriosa na Renascença, foi capaz de ir radicalmente para além da noção de coisa como fundamento do ser da imagem do mundo. Com isso – também do ponto de vista de uma ontologia verdadeira – não se deve de modo algum subestimar a importância dessa fase de desenvolvimento na história universal.

A realidade como modo do ser autônomo que se reproduz a si mesma uniformemente na escala da infinitude é um poderoso avanço em relação à Idade Média. Emerge aqui claramente a autolegalidade unitária do universo como ruptura com a Terra como seu centro, portanto, como cenário dos acontecimentos cósmicos decisivos da teologia (Juízo Final, Paraíso e Inferno, e, antes disso, a distinção do mundo supralunar do sublunar etc.). Isso significa a proclamação científica de um universo unitário e unitariamente autorregulado, em que a Terra, com todos os seus acontecimentos humanos, especialmente os postulados do ponto de vista religioso e da história da filosofia, só pode ser concebida como um ponto infinitamente pequeno. Só depois dessa concepção geral a infinitude de espaço e tempo pôde ser concebida em sua verdadeira constituição e ser aplicada também para conhecimento de fenômenos finitos.

O desenvolvimento da matemática como órgão do conhecimento das leis pôde impor-se principalmente sobre tal base. Só com o grande incremento dos conhecimentos matemáticos, que se desenvolveram simultânea e reciprocamente com essa nova concepção da natureza, a ciência e a filosofia conseguiram dar a essa nova imagem de mundo uma expressão que fosse ao menos aproximadamente adequada. Ao mesmo tempo, surge assim no pensamento do mundo uma forma de pensamento desantropomorfizante qualitativamente superior, mais verdadeira, em relação à que se tinha anteriormente. Na expressão matemática dos fenômenos da realidade parecia ter sido encontrado o meio de apreendê-los, tanto no pensamento como no seu ser, de modo tal que as fontes de erro antropomorfizantes-analogizantes de seu conhecimento pudessem desaparecer ou ao menos ser minimizadas. Mas costuma-se esquecer, com frequência, que as tendências antropomorfizantes também são tão fortes no domínio intelectual da realidade dessacralizada que – apoiadas pelas experiências da práxis e por necessidades ideológicas – também podem introduzir-se no método do domínio matemático da realidade. Essa realidade mesma é – corretamente entendida – totalmente indiferente a intensificações ou reduções quantitativas no interior de um processo unitário. A práxis humana, em contrapartida, ainda que apoiada, em todos os cálculos, na matemática, exatamente nesse sentido (o qualitativo) é extremamente sensível: para toda práxis, de acordo com a sua constituição objetiva, passa a ser realmente levado sempre e apenas em consideração um espaço determinado da infinitude do matematizável; o conhecimento diferenciado daquilo que quantitativamente está acima ou abaixo de tal espaço é, na prática, totalmente indiferente para este. Nos complexos de movimento do tipo astronômico, por exemplo, oscilações dos processos em lapsos de tempo de muitos milhões de anos são indiferentes para toda a práxis, portanto, tais processos aparecem para a práxis, e na práxis, como constantes em si, em última análise, estáticos. E como a grande ideia-guia, ideológica, do período se originou da necessidade de "grandes leis férreas e eternas", era óbvio que tanto a ciência quanto a filosofia colocassem em primeiro plano esse lado real prático dos fenômenos do mundo. O *deus sive natura*, que surgiu como visão de mundo, foi a mais monumental e fascinante resposta ideológica às representações medievo-feudais do cosmos. No momento em que, a partir desse ponto, se desenvolveu no século XVIII uma ampla ideologia de combate da nova classe dirigente, ela afastou todo elemento processual e toda gênese histórica de sua autojustificação ideológica. Assim, para si mesma e seus adversários, ela não aparece como resultado histórico, mas como base fixa e polaridade oposta da história.

> Veem-no não como um resultado histórico, porque o consideravam um indivíduo conforme à natureza – dentro da representação que tinham da natureza humana –, que não se originou historicamente, mas foi posto como tal pela natureza. Esta ilusão tem sido partilhada por todas as novas épocas até o presente.[4]

Tratando da generidade, já indicamos que essa posição ideológica no curso da luta de classes triunfante universalmente, na linha principal da economia, teve de experimentar, especialmente quanto à concepção do ser, muitas atenuações, cuja fonte principal era o compromisso com a Igreja e a religião, cujo instrumento intelectual era a nova teoria do conhecimento. Mas, como o objetivo último desse compromisso era assegurar o prosseguimento livre das pesquisas concretas sem intromissões, seus efeitos do ponto de vista do conteúdo se mostram mais nas características ontológicas das pesquisas, a cada vez atingidas, do que nelas mesmas. De tudo isso, torna-se claro que também essa variante da concepção da cientificidade não trouxe diretamente nada de essencial, em definitivo, para nosso problema. Ao contrário, nas doutrinas científicas influenciadas por tais teorias do conhecimento, fixaram-se cada vez mais os elementos anti-históricos no ser. Quando, por exemplo, na segunda metade do século XIX surgiram novas teorias da história (Dilthey, Rickert etc.), elas mostraram, de um lado, uma acentuada concepção antiprocessual da natureza e da ciência natural. A história parece-lhes expressão do individual, do "irrepetível" etc., portanto, uma forma cultural cuja essência consiste precisamente na oposição às leis universais baseadas numa constituição anti-histórica da natureza e da ciência natural. Embora o predomínio da doutrina científica, no desenvolvimento fundado sobre teorias do conhecimento, geralmente tenha evitado imiscuir-se em complexos de problemas ontológicos concretos, sempre levantados pela pesquisa em ciências naturais, sua luta contra o ser-em-si cognoscível dos modos do ser

---

[4] *Rohentwurf*, p. 5-6. [Ed. bras.: "Introdução à crítica da economia política", em *Manuscritos econômico-filosóficos e outros textos escolhidos*, São Paulo, Abril Cultural, 1974, p. 109-10.]

objetivos na natureza exerce influência não desprezível sobre o conceito de realidade dos próprios cientistas. Não é por acaso que muitos intelectuais respeitados do século XIX começaram a duvidar do ser real do átomo. Mas, com isso, sua influência reificante sobre o conjunto das imagens da natureza não deixa necessariamente de operar. Porém, na medida em que a natureza como um todo – sem inovação teórica essencial no conjunto da estrutura metodológica – deixa de ser concebida como ser materialmente dado, mas em primeiro lugar como produto intelectual das respectivas metodologias científicas, nenhuma visão geral pôde operar como filosofia capaz de influenciar e guiar a pesquisa singular, como pensamento determinante e generalizante do todo. A cientificidade "pura" das pesquisas singulares perdeu cada vez mais seu contato fortemente presente com a filosofia. O positivismo e o neopositivismo que passaram a dominar na pesquisa reduziam cada vez mais seus traços filosoficamente generalizantes, para funcionar como um compêndio puramente prático, meramente eficiente, das pesquisas singulares, como uma metodologia inteiramente subordinada a elas.

Essa separação decisiva entre filosofia e ciência particular resultou em um espaço quase ilimitado para esta última, aparentemente só limitado por postulados de "exatidão". Essa "liberdade", porém, é simplesmente o outro lado de seu sempre mais amplo colocar-se ao serviço da produção material e de sua organização racional para o mercado. Essa situação resulta em uma unidade peculiar, peculiarmente intrincada de total liberdade metodológica nas questões particulares a ser diretamente pesquisadas, e de uma ligação bastante estrita com sua efetividade, considerada do ponto de vista do mercado. Ainda não é o momento de contemplar mais de perto todas as consequências dessa constelação social atual acerca do desenvolvimento das ciências particulares, em sua inter-relação com a filosofia. Voltaremos mais adiante a determinados aspectos de princípio desse desenvolvimento, que se tornaram importantíssimos para uma ontologia geral. Agora, para nós, o momento mais importante dessa orientação de desenvolvimento é que a práxis científica já há muito tempo se concretizou numa extraordinária multiplicidade e variedade de modos de investigação, isto é, que o desenvolvimento desigual conseguiu fazer-se valer aqui de maneira muito mais explicitada do que antigamente. Para nosso problema atual, isso significa que aquelas tendências fáticas concretas da realidade objetiva que conduzem à apreensão, pelo pensamento, da processualidade irreversível de todo ser, já foram muitas vezes usadas de fato nas pesquisas singulares, e reconhecidas como resultados singulares, embora, com frequência, pareçam estar numa relação de contradição metodológica insolúvel com a posição geral, filosófica, das ciências. Já apontamos para esse fato em raciocínios anteriores. Agora, é preciso ainda constatar que, ao tornar-se concreta e de fato possível – por meio das grandes descobertas de Planck e seus sucessores – a análise do átomo como um processo dinâmico e irreversível, já existiam vários campos do saber em que a nova orientação pôde atingir múltiplos resultados de pesquisa, os quais, frequentemente, eram muito significativos.

Infelizmente, é preciso dizer que, apesar de tudo, esse triunfo não foi teoricamente tão unívoco quanto poderia ter sido, objetivamente, depois dos resultados atuais da pesquisa científica. Não é lugar, aqui, para indicar e comentar criticamente as causas; o autor também não se julga competente para isso. Apenas, para indicar o caminho de tal consideração crítica muito necessária, é preciso dizer que a orientação há muito tempo dominante na interpretação da nova mudança já perseguia pistas falsas quando pretendeu introduzir na imagem de mundo da física motivos subjetivistas, e mesmo "indeterministas". A objetividade do mundo físico, totalmente independente do sujeito, nada tem a ver com a questão polêmica de terem suas relações, no sentido clássico, caráter causal ou, no novo sentido, caráter estatístico. Planck enfatiza repetidamente a necessidade de aceitar-se um "mundo real", "que leve uma existência autônoma, independente do ser humano". E, nesse contexto, designa, por exemplo, a constante como "um novo misterioso mensageiro do mundo real"[5]. Nesse sentido, quanto à objetividade do ser, ele não admite, pois, reconhecer categorias novas de nenhum tipo para a objetividade da natureza. Naturalmente, com isso a nova etapa da pesquisa [científica] apresenta uma diferença em relação aos hábitos intelectuais do período precedente. Planck liga ainda no sentido "clássico" a causalidade com a possibilidade de previsões seguras, e acrescenta, apontando para a situação contemporânea: "Em nem um único caso é possível prever com precisão um acontecimento físico", e coloca essa situação como nitidamente

---

[5] Planck, *Wege zur physikalischen Erkenntnis*, Leipzig, 1944, p. 180, 186.

contrária à exatidão de determinações puramente matemáticas (como exemplo, aponta a raiz quadrada de 2)[6]. Aqui se vê claramente como o desenvolvimento das ciências oferece a possibilidade de avançar intelectualmente para além de determinados nexos categoriais, sem por isso ter de renunciar à objetividade do ser cientificamente tratado. O conhecimento que, no lugar da causalidade que funciona com absoluta necessidade, coloca processos operantes apenas em termos tendencialmente eficazes, não precisa em absoluto atenuar, ou mesmo renunciar à objetividade do ser no plano teórico; pois a previsibilidade exata dos eventos processuais singulares pode (mas não precisa) servir de critério do conhecimento, porém em nenhuma circunstância tem algo a ver com a objetividade do ser que deve ser apreendido. (Planck tem toda a clareza quanto a isso, lembremos de suas frases sobre previsões do tempo.)

Também nessa questão não é aqui o lugar para uma discussão concreta sobre se, e em que medida, o reconhecimento geral dos processos irreversíveis se impôs nas ciências naturais. Certamente, é o caso em amplos setores. Como aqui nos interessa o conteúdo real efetivo e não opiniões e convicções subjetivas, ainda que de importantes intelectuais, já podemos considerar o domínio crescente do método estatístico em oposição ao causal "clássico" como um sintoma de que o caráter simplesmente tendencial dos processos irreversíveis está pelo menos em vias de predominar. Isso porque, ontologicamente, o método estatístico repousa exatamente no fato de que, na realidade objetiva, universalidade e singularidade são determinações inseparavelmente coordenadas pela objetividade em geral, de modo que, em processos reais, ambas têm de valer. Sua proporção fornece o grau de probabilidade, mas mesmo a mínima ocorrência de desvio revela a validade da estrutura fundamental acima aludida. Igualmente evidente é que o resultado das tendências internas a tal processo, que se impõe como probabilidade, revela em seu conjunto aquela tendencialidade por meio da qual o caráter processual irreversível se distingue ontologicamente das séries causais unitárias-simples. Acreditamos estar autorizados, no que se refere à forma de expressão estatística dos nexos processuais, a considerar como de fato decisiva para caracterizar o ser processual essa "própria coisa", e não sua explicação epistemológica, que eventualmente dela se desvia.

---

[6] Ibidem, p. 225-6.

Na natureza orgânica, a situação parece muito mais óbvia. Ninguém duvidará que o modo ontológico das formações específicas desse tipo do ser seja o processo irreversível do surgimento dos organismos até sua dissolução. Além de tais limites do processo vital não pode existir organismo singular; seus componentes pertencem ainda, ou novamente, ao mundo da natureza inorgânica. O fato de que a visão anti-histórica "reificante" e "antiprocessual" até Cuvier tenha tolhido as espécies desse processo atribuindo-lhes uma definitiva permanência ontológica "criada", uma autorreprodução estável que se reproduz mecanicamente, hoje não passa de um episódio da história da ciência, que a ninguém mais ocorre tomar como explicação dos fenômenos. Desde Darwin e seus precursores, o processo irreversível de surgir e passar das espécies é um dos fatos de que ninguém mais duvida.

À primeira vista, a situação no terreno do ser social parece mais complicada. Embora as teorias da historicidade no século XIX tenham surgido exatamente em oposição polêmica com a legalidade natural que era presumida como repetindo-se eternamente, ainda vigoram complexos de representações da "coisidade", da "eternidade" e até da reversibilidade do processo sócio-histórico nas tentativas de determinação do ser social. Pelas experiências da vida cotidiana, e devido a necessidades ideológicas, tais representações parecem ao ser humano como fundadas na práxis. Nem é necessário mencionar o conceito cristão de redenção (bem-aventurança no paraíso), no qual há uma fixação definitiva de resultados processuais, portanto, de uma tentativa puramente ideológica de apresentar determinados postulados de uma fase do desenvolvimento da personalidade humana (social) como algo existente, assim como o ser autêntico e definitivo. Parecem ter mais realidade aquelas vivências da vida cotidiana nas quais – embora apenas no nível mais inferior e imediato da coisidade – tais reversibilidades afiguram-se confirmadas pela experiência. Escolhendo um exemplo bem simples: para receber corretamente um convidado, afasto uma cadeira de seu lugar habitual; quando o convidado se for, eu a ponho de volta. Aqui se desenrolou, na verdade, uma reversão do processo, embora em um nível bem elementar da vida cotidiana. Onde esse processo se torna um pouco mais complicado, por força das circunstâncias, a aparência dessa reversibilidade necessariamente se revoga a si mesma. Aparentemente, em cada reparação (como afiar uma faca que já não funciona direito) também se desfaz o processo irreversível do desgaste. No entanto, essa aparência relaciona-se com momentos singulares de um processo em si irreversível; nesse caso, uma faca ficará irreparavelmente gasta em um período de tempo mais longo. As reparações singulares podem prolongar esse processo, mas não o podem anular. (Nem falo aqui do desgaste moral, que do ponto de vista social é, no mínimo, igualmente importante.) Se essa retardação prática imediata da irreversibilidade do processo permanece operante por longo ou breve tempo, não importa para o nosso problema central, nem mesmo se esses processos parciais, que aparentemente testemunham a reversibilidade, tiverem, se mais bem examinados, realmente um caráter reversível. Se a duração da vida de um ser vivo primitivo exige apenas algumas horas ou se nos corpos celestes esse tempo é de bilhões de anos, trata-se de uma questão que pode se tornar, e, na realidade se torna, de grande importância prática. O problema da irreversibilidade, no plano ontológico, porém, não é atingido pela duração breve ou longa dos diversos processos singulares.

Enganos desse tipo seriam totalmente insignificantes se as visões que eles derivam do ser não tivessem nenhum papel no desenvolvimento ideológico no interior do ser social. Contudo, exatamente aqui, no interior do processo de desenvolvimento da sociedade, eles recebem, tanto ideológica quanto prática e politicamente, uma importância que não se deve subestimar. Isso sem falar na frequência com que movimentos de inovação reivindicam no plano ideológico o retorno de uma situação antiga (basta lembrar os jacobinos), a bandeira da restauração, isto é, do regresso a um estado anterior à transformação revolucionária recente, foi um momento importante na história do século passado. Mas, e quanto a seu conteúdo social real? As situações mais simples, mecanicamente mais parecidas com coisas, puderam ser desfeitas pelo menos parcialmente com uma decisão, podia-se, por exemplo, devolver a muitos proprietários rurais aristocratas suas antigas propriedades. Mas com isso, mesmo com o restabelecimento de algumas leis sócio-históricas superadas, pôde-se refazer, realmente, a situação social de antes de 1789, com seus homens? Pôde-se tornar reversível o processo social desde então em curso? Balzac mostra como na classe mais interessada na restauração, na própria alta nobreza dos proprietários rurais, a restauração já se tornara impossível do ponto de vista humano. Quem realmente queria manter o antigo modo de vida tornava-se, em sua própria sociedade, um herói da comédia do tipo

Dom Quixote. A própria classe, porém, adaptou-se também humanamente à nova sociedade capitalista, e com isso reconheceu, faticamente, a irreversibilidade do processo revolucionário. "Mas então vocês aqui são doidos?", diz em seu romance *Le cabinet des antiques** a duquesa de Maufrigneuse a alguns velhos nobres que entraram num desses becos sem saída. "Queridos, não existe mais nobreza, resta apenas a aristocracia [...]. Vocês serão bem mais nobres do que são agora, se tiverem dinheiro."[7]

Naturalmente, omitiríamos completamente o caráter dessa irreversibilidade se a concebêssemos simplesmente como processualidade geral, socialmente necessária, em si totalmente indiferente a valores. Os "jacobinos" de 1848 foram, em medida não desconsiderável, caricaturas de um ser outrora real, como os velhos nobres ironizados no romance de Balzac. A irreversibilidade dos processos, portanto, nada tem a ver com ideologias como a da "inexorabilidade do progresso", nem com aquelas que, para ocultar as necessárias consequências do processo, falam de um "fim da história", da história como ciclo etc., com um retorno mais ou menos abertamente admitido para o passado. A sociedade, como já vimos acontecer na natureza orgânica, desenvolve as possibilidades internas, imanentes de um modo do ser, tornando-as ser real. Se daí surge um beco sem saída (pensemos nas chamadas sociedades animais, como a das abelhas) ou desenvolvimento superior objetivamente efetivo, isso é decidido pelas orientações, tendências, determinações propriamente ontológicas etc. presentes no estágio da transição permanente. É verdade que só no ser social as reações humanas com vistas a uma transição de desenvolvimento podem se sintetizar em um "fator subjetivo" das revoluções, mas isso não ocorre obrigatoriamente em todos os casos. Por isso, os processos irreversíveis não passam de tendências, mesmo nos estágios mais elevados, e as determinadas possibilidades de desenvolvimento podem estimulá-los ou inibi-los, por vezes até excluí-los, mas jamais produzi-los forçosamente de maneira mecânica.

Com isso, a velha concepção de uma necessidade absoluta é contestada na prática. Falando de modo bem geral, isso é totalmente correto. Uma ne-

---

* Em francês no original.
[7] H. de Balzac, *Œuvres Complètes*, t. VII, Les Provemerant à Paris, Le cabinet des antiques, Paris, 1869, p. 128.

cessidade absoluta não existe de forma alguma. Ontologicamente, ela está sempre ligada a determinadas premissas. Quando estas existem sob uma força operativa suficiente, há não poucos casos em que esses processos determinados como "se..., então" funcionam sem exceção e incondicionalmente. Mas nossas considerações até aqui efetuadas levam-nos a não considerar esse "se" – pelo menos não nos casos típicos, realmente entrelaçados com a realidade circundante – em sua "coisidade" isolada, mas também tornar ativa no "se" uma multiplicidade móvel. Em tais casos, a causa que desencadeia concretamente um processo, o respectivo "se" concreto, é ele mesmo um processo que sintetiza diversos componentes de efeitos diferentes, no qual, por isso, naturalmente, aquele caráter tendencial que conhecemos como base ontológica da legalidade estatística se torna determinação dominante. Mas quando, na realidade, um processo de causação, antes determinado no plano ideal com uma absolutidade causal, revela-se uma tendência de probabilidade estatística, então o caráter dos nexos dinâmicos modificou-se radicalmente na sua respectiva concretude, mas, de nenhum modo, naquela objetividade que o processo assume no interior da realidade em seu conjunto. Tanto mais que, em muitos e importantíssimos casos – por exemplo, precisamente na astronomia –, o desvio realmente perceptível do processo (estatisticamente reconhecível) da tendencialidade irreversível do processo precedente medido em termos causais "clássicos" é tão mínimo que a diferença para a práxis humana dificilmente ou mesmo nunca entra em questão. Se o sistema solar como processo irreversível se desvia perceptivelmente de sua forma de repetição absoluta em milhões de anos, pode ser decisivo para o conhecimento da sua constituição específica ontológica, e em certas circunstâncias até produzir revoluções. Para a práxis humana concreta, no entanto, pode ser totalmente irrelevante. Probabilidades estatísticas bem elevadas podem e são tratadas na práxis humana como necessidades no velho sentido, e essas distorções em muitos casos não têm nenhuma consequência para toda práxis concreta.

Ainda voltaremos a falar do complexo de questões filosóficas e teóricas, que na práxis em um alto grau de probabilidade, derivam do "caráter se..., então" da necessidade. Aqui, interessa esclarecer e concretizar mais o que já foi apresentado e contemplar um pouco mais de perto, e mais detidamente, os fundamentos ontológicos objetivos do predomínio real dos processos irreversíveis, sob um novo aspecto. Constatar que o "se" ontológico nas "conexões se..., então", que nos parecem necessárias e, na realidade, são apenas tendências de alta probabilidade, exibe um caráter processual, indica uma constituição importantíssima do próprio ser, cuja validação no pensamento humano – devido ao caráter da vida cotidiana que provoca reificações de coisas e de pensamentos – esteve e deve continuar bastante encoberto, teoricamente, em muitas ideologias bastante difundidas. Podemos observar aqui um desenvolvimento semelhante em muitos sentidos, como na paulatina afirmação da processualidade do próprio ser que é estaticamente pensado. As teorias gerais resistem com grande tenacidade, ao passo que, em pesquisas singulares, o correto se impõe de forma cada vez mais diversificada, ainda que frequentemente com fundamentações falsas. Assim, no caso atual, há grande diferença com o procedente: a constituição dos fenômenos singulares tem, na natureza orgânica, uma totalidade (complexidade) tão evidente, que também o pensamento mais germinal não pôde ignorá-la de todo. Compreensivelmente, como resultado disso, tais complexos, cujo "finalismo" parecia imediatamente evidente, puderam ser ordenados tanto mais facilmente, como produtos de pores conscientes de sujeitos criadores transcendentes, em um mundo teleologicamente "criado". Na sequência, bastaria "apenas" eliminar teoricamente o criador para chegar a um mundo de interações ativas e passivas entre complexos. Por mais importante que isso possa ser mediatamente, na práxis humana concreta desempenha um papel insignificante ou nulo. Ainda com maior evidência sempre apareceu tal concepção aplicada ao ser social. Todavia, já a antiga e famosa fábula de Menênio Agripa mostra com que facilidade essa visão, se acolhida na sua imediatidade, pode converter-se em uma ideologia arbitrária e reacionária. Nas ideologias das classes dominantes das sociedades que precederam a capitalista e naquelas que, como a monarquia absolutista, a prepararam, existiu uma concepção básica, universalmente difundida, de que essência e as formas de cada sociedade existente, se não eram de origem diretamente divina, pelo menos repousavam em iluminações inspiradas "do alto", por heróis que se tornaram seus fundadores e criadores. Observações ou constatações da complexa constituição da sociedade foram subordinadas, por isso, a raciocínios transcendente-teleológicos que derivavam de tal concepção. Assim, a constatação da complexidade do ser social como estrutura ontológica pode facilmente colocar-se a serviço de esforços ideológicos de base transcendente, política e socialmente reacionários. Basta lembrar as chamadas teorias orgânicas do Estado do romantismo, que pretendiam rejeitar *a limine* qualquer mudança que de longe parecesse uma descontinuidade ou lembrasse uma revolução, repelindo-a como contrária à essência do ser social – ao seu caráter "orgânico".

Os exemplos poderiam ser ilimitadamente multiplicados. Mas pelos poucos que aqui citamos já se vê claramente com que facilidade mesmo a observação de modo geral correta do ser pode passar direta e exclusivamente do caráter complexo primário de grupos de fenômenos biológicos e sociais para o ideológico retrógrado, e que até a constatação perde qualquer validade ontológica, podendo ser introduzida em qualquer sistema totalmente diferente de explicação do mundo. É claro, por exemplo, que, em relação à teoria "orgânica" do Estado recém-mencionada, até o materialismo mecânico, considerado filosoficamente, pode estar certo. Mas isso deve designar apenas uma possibilidade, frequente embora extrema. Por certo, há também várias tentativas intelectuais de apreender corretamente a ideia da complexidade, que nada têm a ver com tais distorções ideológicas, e que muitas vezes nunca foram além da constatação da faticidade, e só indiretamente estimularam as tendências de uma doutrina universal de desenvolvimento. Lembremos, por exemplo, as tentativas de uma anatomia comparada do século XVIII, em que se enfatizou, às vezes com grande energia, o caráter ontológico de tais relações. Assim, por exemplo, diz Goethe:

> Não se afirmará que um touro receba chifres para chifrar, mas examinaremos *como* ele pôde adquirir chifres para chifrar. [...] O animal é constituído de circunstância em circunstância; daí sua perfeição interna e sua automoderação em relação ao exterior.[8]

Comentaremos apenas, como exemplo, que aqui o desenvolvimento do organismo como complexo em interação com outros complexos naturais já forma a base ontológica de todo o contexto. A oposição aos postulados gerais de fundamentação e resultados da necessidade mecânica baseada na doutri-

---

[8] Goethe, "Erster Entwurf einer allgemeinen Einleitung in die vergleichende Anatomie, ausgehend von der Osteologie (1795)" [Primeiro esboço de uma introdução geral à anatomia comparada, partindo da osteologia (1795)], em *Zur Morphologie*, v. I, fascículo 2.

na atomística, porém, não será aqui mencionada – nem mesmo polemicamente. Tais pesquisas e seus resultados desdobram-se por longos períodos de tempo ao lado daqueles ideologicamente dominantes da teleologia fundada na transcendência, e as doutrinas atomísticas que a combatiam. Portanto – com exceções raras como Goethe – tiveram pouca influência na formação das visões de mundo. Também onde emergem – mesmo em formulações de grande valor – ficam isoladas em relação aos princípios estruturais gerais dos grandes sistemas; pensemos na genial observação e constatação de Kant quanto ao "finalismo sem escopo" do organismo em relação com a rigorosa imagem de mundo newtoniana da *Crítica da razão pura*.

Para exercer, pois, do modo mais geral, universal, um efeito sobre as concepções do ser dos homens, a prioridade ontológica dos complexos operantes deveria se impor, em relação a sua elementaridade coisal, também no reconhecimento da natureza inorgânica. Isso efetivamente ocorreu na pesquisa atômica moderna, independentemente de como tais entrelaçamentos são interpretados e avaliados – como casos singulares ou de modo generalizado – nas pesquisas singulares. O significado dos resultados e métodos da pesquisa atômica, que marcou época, consiste, pensamos nós, exatamente no fato de que ela foi e é capaz de constatar cientificamente a prioridade ontológica do complexo dinâmico em relação aos próprios "elementos" nos mais diversos fenômenos do ser material do mundo inorgânico, e de demonstrar isso concretamente numa medida extensa e intensamente crescente. Teoria e práxis mostram que isso só foi possível pela concepção do próprio ser como processo irreversível.

Isso que durante muitos milênios pareceu a base inabalável do pensamento do ser da natureza, e por isso também do pensar correto, à luz de tal revolução no conhecimento, termina por aparecer como estado específico da matéria, sob as específicas condições da evolução de nosso sistema solar, e, nele, de nosso planeta. Apenas esses conhecimentos possibilitaram conceber também a natureza inorgânica como processo essencialmente irreversível, que, porém, se realiza concretamente na forma de complexos processuais que se influenciam mais ou menos reciprocamente. Só na medida em que também na natureza inorgânica se impôs, como base de conhecimento do ser, a coexistência insuperável da prioridade ontológica de complexos concretos e dos processos irreversíveis que os constituem, justifica-se falar de uma ontologia unitária de todo ser.

A novidade radical dessa situação mostra suas consequências imediatamente na metodologia geral. As diferentes esferas do ser puderam ser concebidas, em consequência do reconhecimento – concernente à sua validade geral – desses novos princípios, ao mesmo tempo como um ser em última análise unitariamente constituído e ontologicamente diferenciado em vários níveis qualitativamente diferentes entre si. Isso porque, enquanto se conceber tais esferas – apesar de todas as suas intrincadas inter-relações – apenas como existindo lado a lado em um ser-outro qualitativo, não se poderá entender corretamente nem sua unidade nem sua diversidade. Só o reconhecimento da prioridade dos complexos em relação aos chamados elementos pode oferecer a chave para compreender as inter-relações – há muito conhecidas isoladamente; só a prioridade ontológica de processos irreversíveis permite conceber sua diversidade como um processo unitário, naturalmente também irreversível, processo de surgimento de um no outro. Aquilo que em uma estática "coisal" parecia inexplicável, no processo histórico, em última análise unitário, não obstante todas as diferenças e contrastes singulares, adquire por fim a única possível unificação, para formular ontologicamente essa unidade da diversidade: a gênese de todo modo do ser originado do grande processo irreversível da história universal, do mundo como história. O desenvolvimento do saber humano chegou, assim, a apreender no grande pensamento da juventude de Marx, a história como princípio fundamental de todo ser, no "de onde?" de sua gênese, no "o quê" e "como" de seu ser presente, e nas tendências de seu desenvolvimento ulterior, ou seja, em suas perspectivas.

Esse princípio fundador central do método marxiano até agora não conseguiu tornar-se um método coerente de todas as ciências. Nem no interior do próprio marxismo. Aqui, como veremos a seguir a propósito de problemas singulares, a herança hegeliana, por sua vez também não totalmente superada, desempenha um papel não desprezível. Hegel foi o único filósofo antes de Marx no qual – especialmente na *Fenomenologia*, em que Engels vê, com razão, "um paralelo da embriologia e paleontologia do espírito"[9] – os novos problemas da compreensão de mundo, principalmente a significação primária da processualidade histórica, da complexidade das

---

[9] Engels, *Ludwig Feuerbach...*, Viena/Berlim, 1927, p. 20.

formas da concretude, se expressaram com clareza. Mesmo se numa forma idealista muitas vezes exagerada, em que sempre se repete a tentativa de tornar as categorias lógicas da história da filosofia, igualmente transmitidas na prática, fundamentos espirituais da nova visão de mundo. Marx que, correspondendo às circunstâncias da época de sua juventude, partiu das considerações metodológicas de Hegel vigentes à época já em seus primeiros escritos, critica, como vimos, a predominância do momento lógico e, corretamente, vê nisso uma violação intelectual, niveladora, estática, do ser. Mais tarde, em suas importantes obras filosóficas da juventude, ele se opõe sempre mais energicamente às recém-descobertas categorias ontológicas às abstrações lógicas de Hegel. Apontamos para essas objeções de princípio, e repetidamente voltaremos às mais importantes delas na sequência. No entanto, ao lado de toda a crítica, de todas as reservas, Marx vê em Hegel o mais importante precursor de sua visão filosófica de mundo. Especialmente porque este

> compreende a essência do *trabalho* e concebe o homem objetivo, verdadeiro, porque homem efetivo, como o resultado de seu *próprio trabalho*. O comportamento *efetivo*, *ativo* do homem para consigo mesmo na condição do ser genérico, ou acionamento de seu [ser genérico] enquanto um ser genérico efetivo, isto é, na condição do ser humano, somente é possível porque ele efetivamente põe para fora (*herausschafft*) todas as suas *forças genéricas* – o que é possível mediante a ação conjunta dos homens, somente enquanto resultado da história [...].[10]

Só assim os conhecimentos econômicos de Marx, cujos inícios se deram na economia clássica inglesa e nas obras dos grandes utópicos, adquirem aquela base filosófica que tornou possível apreender o desenvolvimento econômico como fundamento ontológico da gênese e da autêntica autoefetivação do homem como ser genérico.

Como revolucionário teórico e líder de massas, Marx criava com isso o fundamento filosófico de uma política ao mesmo tempo cotidianamente prática e ativa do ponto de vista da história mundial. É totalmente falso, e corresponde apenas aos interesses de um praticismo burocrático-tático, desprovido de ideias, contrapor o jovem Marx "filósofo" ao posterior, maduro,

---

[10] MEGA, I/3, p. 256. [Ed. bras.: Karl Marx, *Manuscritos econômico-filosóficos*, São Paulo, Boitempo, 2004, p. 123.]

"econômico". Em Marx, a continuidade da colocação de problemas e da metodologia, jamais foi sequer minimamente interrompida. Ao contrário, a possibilidade metodológica da correta fundamentação econômica de cada fenômeno social, de cada desenvolvimento social, é impensável sem essas conquistas ontológicas do jovem Marx. Só mais tarde ele considerará a divulgação em massa dos resultados desse trabalho básico como sua tarefa principal: realizar na prática a criação e promoção permanente de um movimento revolucionário de trabalhadores que adquira força e maturidade, esse devir homem do homem, essa efetivação de sua generidade própria, não mais, em nenhum sentido, muda ou falseada; naturalmente também com base em lutas diárias concretas e atuais de tipo econômico e político. Por isso, surge em Marx, depois do *Manifesto Comunista*, uma maneira, nesse sentido, essencialmente nova de apresentar as coisas. Os resultados objetivos do desenvolvimento da fase juvenil formam naturalmente também agora o fundamento teórico. Mas são concretamente apresentados de maneira tal que a fundamentação ontológica geral só se expressa, descritivamente, com grande parcimônia. A supremacia original ontologicamente fundada do econômico na práxis social dos homens, naturalmente aparece como base necessária de sua atuação social, e com isso como base última de todas as atividades humanas, mesmo sem minuciosas argumentações de ordem ontológica. Se compararmos as primeiras versões das obras de Marx com as que depois foram definitivamente trabalhadas para publicação, veremos, nitidamente, essa redução na forma de expressão, que, apesar disso, não contradiz as fundamentações originais, mais extensas. A publicação do seu chamado "esboço" (*Rohentwurf*) mostra essa diferença em comparação com seus livros posteriores sobre a mesma temática. Por isso, para a compreensão filosófica correta da doutrina marxiana, é uma omissão dos tempos de Stalin, difícil de compensar, o fato de que os trabalhos preparatórios e as redações originais de O *capital* até hoje só existam em publicações raras e fragmentadas. O *Rohentwurf* nos dá um quadro do que Marx eliminou de seus primeiros escritos, nas versões definitivas.

O desenvolvimento do movimento dos trabalhadores, sua difusão entre as massas mais amplas, é, de início, uma plena confirmação da justeza dessa mudança na maneira de apresentar as coisas. A brilhante solução de suas dificuldades se expressa no fato de que os escritos de Marx desse período atingiram uma divulgação e influência entre as massas que, podemos dizer tranquilamente, jamais foram igualadas por obras de tal nível científico. Só mesmo esse desenvolvimento, seus efeitos sobre os homens por ele atingidos, colocou em primeiro plano, em cada época, problemas bem diferentes. Os movimentos de massa são continuamente constrangidos a confrontar ideologicamente o seu ambiente, em parte devido a opiniões divergentes no interior do próprio movimento, prescindindo do fato de que tais dúvidas, polêmicas etc. sejam provenientes da direita ou da esquerda, em parte devido a controvérsias políticas, científicas, até de visão de mundo, com importantes correntes do mundo burguês. Mas isso significa que, para o desenvolvimento do marxismo como filosofia, como orientação teórica para a práxis, e por isso também como ideologia, ocorre hoje uma mudança mais ampla na maneira de apresentação; toda polêmica orientada para dentro ou para fora é necessariamente também mais ou menos codeterminada pelo ponto de vista, método etc. do adversário. E a essa determinação externa acresce-se ainda a daquele a quem cabe a tarefa de persuadir novamente ou persuadir de algo novo nas discussões. É claro que todos esses motivos – ainda que não da mesma maneira, mas sempre, sem exceção, socialmente determinados – não apenas concentraram o conteúdo de toda polêmica em questões bem determinadas do presente (que se afastaram cada vez mais dos tempos do surgimento do marxismo), mas também seus métodos, seus temas imediatos etc. destacaram-se fortemente da temática e do método originais do marxismo. Mas nesse movimento permanece vivo por muito tempo um momento importante, decisivamente determinado. Marx, em suas principais obras posteriores, é levado a expor a crítica da sociedade de classes e a apresentar as perspectivas de seu combate e transformação socialistas, de tal forma que nelas se expressaram tanto o realismo de uma política cientificamente construída sobre o conhecimento econômico, quanto a grande perspectiva socialista da história universal do devir homem do homem estranhado de si mesmo na sociedade de classes, com um *pathos* realista e apaixonante. O tipo de exploração no capitalismo do século XIX cuidou para que o efeito do método e da perspectiva não conhecesse nenhum abrandamento nas formas das controvérsias intelectuais acima descritas.

Há de fato uma diferença bastante grande que o próprio Marx, partindo de grandes questões filosóficas de princípio, tenha chegado à exata elaboração científica das lutas cotidianas (com suas perspectivas histórico-mundiais), enquanto, para a imensa maioria dos adeptos de sua teoria, precisamente esses fatos e suas relações – essas últimas tornadas compreensíveis – tenham se convertido imediatamente em determinantes. E as grandes questões da gênese e perspectiva histórico-mundial, das posições de luta daí nascidas, puderam formar apenas um pano de fundo (eventual) elaborado *a posteriori*, para esses conhecimentos que fundamentavam a práxis. Com esse fundamento modificado, era natural que principalmente conflitos cotidianos dos mais diversos tipos se tornassem objeto de discussões em que as consequências práticas dos fundamentos do marxismo eram confirmadas como evidentes por seus adeptos, sendo igualmente compreensível que fossem negadas como evidentes por seus adversários. Na medida em que tais controvérsias atingiam também as questões relativas às visões de mundo, um retorno aos princípios originalmente elaborados por Marx não pareceu necessário em todos os casos, em absoluto. Por exemplo, à contestação da existência material objetiva dos fenômenos naturais, os velhos argumentos dos debates sobre o materialismo pareciam suficientes; diante da revolta contra a prioridade da economia na existência e no desenvolvimento social, pareciam suficientes as provas "sociológicas" etc.

Esse gradual deslocamento de temática e método só teve significativa importância para a compreensão do marxismo quando seus fundamentos sociais começaram a ter uma influência decisiva sobre toda a práxis do movimento dos trabalhadores. Esse movimento tornou-se uma potência social real, pelo menos nos países economicamente mais desenvolvidos, em um tempo em que a revolução socialista começava a assumir, para amplas massas e para importantes líderes, o caráter de um distante, não atual, "objetivo final". Essa mudança ideológica não foi produzida pelo fato de a luta por reformas encontrar-se no centro da práxis concreta. O próprio Marx seguia constantemente as importantes reformas (lutas pela redução do tempo de trabalho etc.) com interesse apaixonado; mas considerava-as um avanço concreto, um passo simultâneo e inseparável no caminho da revolução plena. Quando esse último traço unificante nos movimentos concretos começou a empalidecer, até desaparecer totalmente nos estratos amplos e influentes, surgiu, apoiado nos deslocamentos teóricos recém-descritos, o rebaixamento do marxismo à fundamentação ideológica do realismo da *Realpolitik* de influentes partidos reformistas. Não é tarefa nossa descrever aqui esse movimento, que teve em Bernstein seu primeiro e mais importante teórico, e a separação, hoje total, em relação ao marxismo nos chamados partidos socialistas. Devemos apenas constatar que, nesse processo político-social, a ontologia original de Marx praticamente desapareceu da consciência dos participantes, tanto defensores quanto adversários.

Ninguém negará as tentativas de deter esse desenvolvimento, de reconduzi-lo ao caminho do marxismo, nem especialmente os esforços de Engels, perspicazes e ao mesmo tempo diplomaticamente compreensivos e obstinados, por vezes heroicos, em obras sistemáticas e históricas, assim como em cartas no tempo em que Marx estava vivo e, também, sobretudo após a morte deste. Todavia, é uma questão que só o futuro poderá esclarecer definitivamente: em que medida ele, nas questões metodológicas decisivas, se apossou com total coerência da transformação ontológica da imagem de mundo realizada por Marx, e em que medida se contentou em colocar Hegel "materialisticamente de pé". Em seus escritos teóricos, nos quais não nos deteremos mais minuciosamente, pois isso iria além dos objetivos deste argumento, podemos encontrar – falando de modo geral – as duas tendências: exposições em parte teóricas e históricas, na linha da ontologia marxiana, em parte aquelas que, na recepção da validade atual da dialética hegeliana, vão muito além do que Marx julgava teoricamente permitido. Naturalmente, não se contesta de todo o alto nível e a relativa justificativa histórica, também presentes nesta parte das exposições de Engels. Em um tempo no qual os marxistas tinham de rejeitar a intromissão do neokantismo, do positivismo etc. na construção de sua imagem de mundo, e só conseguiram isso de modo muito parcial, aparece, como contribuição ideológica contra tais tendências, esse Hegel "posto de pé", em vários aspectos positivamente encarado, como aliado na rejeição do idealismo e do mecanicismo, e não – como em Marx – criticado radicalmente. O desenvolvimento teórico no movimento dos trabalhadores, que produziu a capitulação da social-democracia na primeira guerra imperialista, intensifica duplamente os contrastes no interior do marxismo: de um lado, também o consequente aburguesamento teórico do marxismo atinge uma culminância temporária, de outro, o bolchevismo conduzido por Lenin renova, principalmente na prática, mas também em muitos aspectos teóricos importantes, as tendências históricas fundamentais e gerais do marxismo, sobretudo como concretização e atualização das tendências para um autêntico devir humano do homem. Por isso, os anos 1920 também mostram esboços de uma continuidade da formação teórica dessas iniciativas (Gramsci etc.). Com o predomínio exclusivo da deformação tática burocrática do marxismo por meio de Stalin, tais esforços e seus resultados terminam precocemente.

Foi preciso fazermos esse excurso para mostrar que a tarefa atual dos marxistas só pode ser a de trazer de volta à vida o método autêntico, a ontologia autêntica de Marx, principalmente para, com sua ajuda, não apenas possibilitar cientificamente uma análise histórica fiel do desenvolvimento social desde a morte de Marx – o que até hoje ainda não foi bem feito e nem completamente – como também para compreender e apresentar o ser em seu conjunto, no sentido de Marx, como processo histórico (irreversível) em seus fundamentos. Esse é o único caminho teoricamente viável para apresentar intelectualmente, sem qualquer transcendência, sem qualquer utopia, o processo do devir homem do homem, a contituição da espécie humana. Só assim essa teoria pode readquirir aquele *pathos* prático, sempre terreno-imanente, que havia no próprio Marx e que mais tarde – com exceção, em parte, do interlúdio leniniano – se perdeu largamente, tanto na teoria como na prática. Nossas considerações até agora só tiveram esse objetivo. Todavia, apenas o conhecimento e o reconhecimento de que a concepção "coisificada" do ser começou a ser substituída pela prioridade ontológica do ser dos complexos, e a simples explicação causal dos processos dinâmicos substituída pelo conhecimento de sua irreversibilidade tendencial, nos deixa em condições de reconhecer e descrever os problemas categoriais do ser, sobretudo do ser social, em termos marxistas autênticos. Isso, decerto, pressupõe, primeiro, uma crítica cuidadosa de toda ideologia burguesa atualmente influente, que chegou ao auge no capitalismo, com as tendências neopositivistas de uma assim chamada "desideologização" de nossos conhecimentos sobre o mundo, para apresentar o sistema atual da ordem socioeconomicamente manipulada como perfeição "última" do humanamente possível, e assim atingir uma concepção do "fim da história", que hoje faticamente já se encontra no estágio inicial de autodissolução. Em segundo lugar, todo esforço nesse sentido pressupõe uma crítica de princípio das "inovações e aquisições" do período stalinista na interpretação do marxismo. Isso será impossível se não virmos, claramente, que a prioridade da tática, introduzida por Stalin, na práxis social extermina os princípios fundamentais do marxismo e coloca em seu lugar ponderações momentâneas. Se, pois, o método marxiano deve atingir novamente sua posição e função original, todo esse seu processo de deformação – aqui, naturalmente, só descrito em estilo telegráfico – tem de ser criticamente combatido e, até onde for possível, posto fora de circulação.

Aqui podemos falar apenas de algumas questões centrais, em especial aquelas que tocam de maneira importante – não importa se, e em que medida, direta ou indiretamente – a especificidade dos problemas categoriais no método marxiano. Se, como aqui, se fala de importantes questões de princípios, parece inevitável examinar, sobretudo, a herança hegeliana no interior do marxismo, pois os elementos do método hegeliano que não foram totalmente elaborados e criticamente purificados desviaram, em pontos importantes, a imagem de mundo do marxismo de sua concepção marxiana original. Quero apontar em particular para a famosa negação da negação. No próprio Marx, ela praticamente nem aparece. A única menção importante a esse momento do método hegeliano está em O *capital*, nos comentários de encerramento da análise da "acumulação primitiva". Lá, Marx dá explicações precisas, puramente econômicas, sobre como o desenvolvimento econômico do capitalismo levou à expropriação da "propriedade privada individual, baseada no próprio trabalho", e como a perspectiva da "expropriação dos expropriadores" não prevê, de modo algum, uma restauração da propriedade privada, mas "a propriedade individual com base na conquista da era capitalista". Marx menciona aqui esse segundo processo como "negação da negação". Porém, a introdução dessa categoria hegeliana nada tem a ver, objetivamente, com a argumentação essencialmente econômica de Marx[11]. Poderíamos dizer que ela é algo estilisticamente decorativo. Aqui vale, muito provavelmente, o comentário de Marx no prefácio da 2ª edição dessa obra afirmando que seu método dialético é o "oposto direto" do hegeliano, e que "coqueteou", "aqui e ali, no capítulo sobre a teoria do valor com modo de expressão que lhe era peculiar"[12]. A postura de Engels quanto a essa questão é essencialmente

---

[11] Marx, *Kapital*, I, p. 728-9.
[12] Ibidem, p. XVII-XVIII.

diferente. Quando defende a posição de Marx acima apresentada, contra o ataque de Dühring, deixa claro, antes de tudo, assim como nós, que Marx provou sua tese de maneira concreta, histórico-econômica, somente depois de concluída a demonstração científica surge a referência a Hegel, acima citada, criticada por Dühring[13]. No entanto, Engels não para por aí. Ele considera a negação da negação "um procedimento muito simples, realizado diariamente por toda parte", e ilustra esse pensamento em seguida nos diversos exemplos da natureza, sociedade e ideologia. Nos seus trabalhos preparatórios sobre a dialética da natureza, há todo um capítulo dedicado à característica geral do método dialético. E também aí ele aborda igualmente a negação da negação como um dos três princípios fundamentais[14]. Assim, surge-nos, evidentemente, a pergunta: com que direito?

Se essa pergunta é feita com relação à dialética do ser elaborada por Marx, nossa resposta será: com direito nenhum. Se, ao contrário, a pergunta assume esta forma: "que papel ela desempenha na estrutura do sistema hegeliano, do método dialético hegeliano?", então a resposta será: um papel muito importante. Sabidamente, foi Hegel o primeiro a advertir tanto para a complexidade dos fenômenos quanto para a processualidade de sua essência, suas relações, e as colocou no centro da estrutura metodológica de toda filosofia. No entanto, fez isso – e apontamos para esse lado do seu filosofar exatamente em relação àquela áspera crítica feita por Marx já nos inícios de sua atividade – em tentativas heroicas e insolúveis de tornar compreensíveis as categorias da lógica como simultaneamente ontológicas e lógicas em seu automovimento partindo do simples ser não objetivo, desprovido de predicados, até o sistema perfeito do mundo como um todo nesse seu processo. A insolubilidade aparece logo de início. O ser, ponto de partida de Hegel, de um lado, deve ser essa forma mais geral e, por outro, teria a função de desenvolver todas as suas determinações concretas partindo da dialética, desta "não datidade". Portanto, para realizar a função de tal ponto de partida lógico-ontológico privado de pressupostos, o ser deveria ser ao mesmo tempo algo além do mero ser-pensado, mas também algo ainda privado de determinações (inde-

---

[13] MEGA, *Anti-Dühring*, p. 133-8.
[14] Ibidem, p. 500 e ss.

terminadamente pensado). Aqui, porém – antes que tenha início o trabalho de dedução de Hegel –, necessariamente surge a indagação: pode o ser ainda ser existente como ser em geral, se ele deve permanecer como ser real, e, todavia, é concebido privado de determinações objetivas? Marx respondeu a essa pergunta muito cedo, num sentido radicalmente negativo. Mas ele fala – de nenhum modo impensada ou casualmente – sobre a objetividade, não simplesmente sobre o ser, isto é, diz que o ser, no qual vê o ponto de partida, contém todas as determinações de seu ser; estas não são gradativamente "desenvolvidas" partindo de seu conceito abstrato, mas pertencem, *a limine*, ao ser do próprio ser. Por isso, Marx pode dizer, resumindo: "Um ser não objetivo é um *não-ser*"[15], isto é, um ser privado de determinações não é ser. Naturalmente, isso não exclui o fato de que o pensamento nas operações lógicas possa abstrair as determinações do ser, e pôr o *conceito* de um ser privado de determinações. Por isso, em certas circunstâncias, existe a possibilidade de surgirem operações de pensamento razoáveis, cujos resultados podem até contribuir para o esclarecimento do próprio ser. Só uma coisa é impossível: do conceito logicamente esvaziado do ser, desenvolver um ser real mediante uma reversão ideal do processo de abstração acima mencionado.

É exatamente este, porém, o programa de Hegel na primeira parte de sua *Lógica*. Precisamente para isso a negação serve-lhe como instrumento. Negação é, em seu sentido real, uma operação lógica, do pensamento puro. Podemos e devemos negar em nosso pensamento uma afirmação falsa (2 + 2 = 5); podemos e devemos fazer isso também quando se atribui a algo não existente (eventualmente: impossível) um ser (há dragões de sete cabeças). Mas, com isso, permanecemos inteiramente no interior do território do pensamento. Também a constatação de Espinosa, seguidamente citada por Hegel e muitos outros: *Omnis determinatio est negatio*, é, segundo as intenções originais, ao mesmo tempo lógica e ontológica. Espinosa diz:

> Sendo que a figura é uma negação e não afirma nada, explica-se que toda a matéria, considerada em si, não pode ter figura e que a figura só tem lugar em corpos finitos e limitados. Porque quem imagina uma figura diz com isso, apenas, que imagina um objeto determinado e o modo como ele está determinado. Por

---

[15] MEGA, I/3, p. 161.

isso, essa determinação não pertence ao ser do objeto, mas é, muito antes, o seu não-ser. Como, de acordo com isso, a figura é apenas uma limitação, e a limitação apenas uma negação, aquela, como já se disse, só pode ser uma negação.[16]

Dessa forma, mais decididamente do que Hegel, também Espinosa torna o pensamento atributo da substância. Mas, como Espinosa concebe a substância existente (ser como o universo) como além de qualquer concretude e qualquer processo, não aparecem nele aquelas contradições da filosofia hegeliana – de modo geral mais ampla. Se o universo de Espinosa constitui a totalidade real de todo o existente concreto, podemos perguntar se essa totalidade como tal ainda possuirá as determinações concretas do ser (figura) dos existentes singulares. Com esse pressuposto ontológico, a figura (a forma do ser da singularidade) pode ser de algum modo concebida como negação. Deve-se negar também qualquer figura a uma logicização da totalidade (ainda que, talvez, jamais possamos reconhecê-la concretamente), mas a negação como momento determinante da figura de todo o finito expressa a relação de cada ser singular com o ser-outro dos outros existentes, de uma forma que não tem de se tornar, em nenhum aspecto, problemática no interior do pensar. Espinosa também formula sua tese em relação à operação lógica da determinação, sem tirar daí – conforme a essência de seu sistema – consequências lógicas ou ontológicas mais amplas. Provavelmente, também não é por acaso que a famosa e influente determinação não tenha recebido sua formulação teórica nas explicações sistemáticas, mas em uma das cartas de esclarecimento. Para Espinosa, essa relação, porém, era evidente. O efeito da proposição é, pois, na moldura da lógica, a correta formulação dialética da determinação dos objetos pelo pensamento. Assim, Marx a utiliza ao delimitar, no pensamento, consumo produtivo da produção e consumo verdadeiros[17], indicando sua alteridade no interior do conceito totalmente generalizado de produção e consumo. Na lógica hegeliana, trata-se de um problema inteiramente diferente. Não é a particularidade de determinados existentes que (mesmo tendo a substância como fundamento) deve ser determinada, mas do ser privado de determinações (portanto, não existente, apenas abstratamente obtido pelo pensamento) devem ser desen-

---

[16] Espinosa, *Werke*, II, Leipzig, 1907, p. 176.
[17] *Rohentwurf* p. 12.

volvidas, de modo processual e ontológico, todas as determinações ontológicas do ser no processo real de seu automovimento. A visão inovadora e revolucionária do mundo de Hegel, a tentativa de transformar coisidade em processualidade, depara-se assim com uma tarefa insolúvel. Não que o problema de reconhecer e descrever a processualidade das coisas seja insolúvel; Marx mostrou exatamente a sua possibilidade de solução, e até mesmo como única solução correta. Insolúvel é apenas desenvolver de forma imanente, a partir do ser privado de determinações, possível apenas como produto do pensar, aquelas determinações que são determinações e categorias do ser efetivo. Na busca de um caminho – lógica e ontologicamente – convincente, Hegel se deparou com o conceito da negação da negação. Tratava-se de descobrir no próprio ser o momento da negação como determinação ontológica. Tentamos, em contrapartida, mostrar que a negação como determinação do pensamento tem todo sentido e nada mais do que isso.

Em um sentido determinado, puramente prático, o ser social, especialmente na vida cotidiana, é repleto de fatos, processos, relações etc., nos quais a negação é usada em termos muito mais amplos, ainda que de fato absolutamente impróprios. Cada momento da práxis é precedido por uma decisão alternativa, cuja preparação se desenrola de modo tal que o homem que atua é obrigado a extrair, pela análise de cada situação em que se encontra, uma "pergunta" que determine sua futura ação, para a qual, por sua vez, tenta dar uma "resposta". A constituição da vida cotidiana e a linguagem que a torna consciente têm como consequência que essa "resposta" geralmente também se expressa tanto como confirmação quanto como negação da pergunta. Esse modo de conceber e expressar, na massa de decisões aparentemente infinita, heterogênea ao extremo, parece cristalizar-se, com frequência, numa dualidade de "sim" e "não", como se ela fosse capaz de formar uma base para ampliação ontológica da dualidade lógica de determinação e negação, de "positividade" e "negatividade".

No entanto, isso é mera aparência. Determinação e negação lógicas nada têm a ver diretamente com a transformação da realidade pela práxis dos homens, embora – e exatamente por isso – pertençam a seus pressupostos decisivos e indispensáveis. Se uma pedra deve ser polida ou apenas utilizada para determinado fim do jeito como está, isso exige um certo conhecimento de sua verdadeira constituição-em-si. O trabalho mais primordial seria impossível sem conhecimento (determinação e negação): a pedra é dura, a pedra não é macia, não é flexível etc. A mesma coisa acontece com o próprio processo do trabalho, no qual o conhecimento dos meios, dos procedimentos etc. com que se poderia polir a pedra é igualmente indispensável. Do ponto de vista da relação entre a preparação cognitiva e a realização prática, não há nem ontológica nem logicamente uma diferença de princípio entre as reflexões – com certeza muito elementares – dos primeiros homens em processo de humanização no início da atividade laborativa e o mais refinado *team work* de uma grande fábrica moderna, por mais insuperáveis que possam parecer os contrastes concretos entre ambos. Por isso, já expressamos anteriormente essa espécie de negação – indispensável para a práxis, mas diferente dela em sua essência – em termos abstratos generalizados.

O "sim" e o "não" da práxis geral, porém, têm constituição diferente. Eles são sempre confrontados com uma constituição concreta do ser – seja natureza ou sociedade, ou em uma relação mútua de ambas. Apoiando-se segundo essa ou aquela fase de desenvolvimento, em um conhecimento mais ou menos adequado do ser, surge aqui a questão: como nos portamos em relação ao ser-propriamente-assim justamente desse ser? E esse comportamento prático com o ser, como objeto respectivo da práxis concreta, segundo mostramos extensamente ao analisar o trabalho, liga-se de modo inseparável ao ato de valorar. Isso pode ser constatado por toda parte na vida cotidiana, se observada sem preconceitos, e – sem perder inteiramente a relação com essa base em todas as mudanças importantes, formais ou de conteúdo – desenvolve-se até chegar às mais elevadas formas de práxis humana. Aqui, só podemos tocar esse complexo de problemas da forma mais geral. A diferença decisiva em relação aos casos vistos anteriormente é que aqui se trata apenas de preparar a relação entre afirmação (da correta) e negação (da falsa), especialmente afirmar ou negar como um dado ser-propriamente-assim deve ser constituído, aos olhos de quem tomar as respectivas decisões alternativas, num futuro próximo ou distante: quando um pai tem de decidir se pune ou não seu filho, quando um partido discute se no Estado se deve manter, modificar ou eliminar essa ou aquela instituição (eventualmente qualquer forma de Estado), mostra a postura decisiva com a realidade, sobretudo no fato de que o "sim" ou o "não" não se relacionam decisivamente com a constituição geral do ser, com sua objetividade no sentido geral, mas com o dever-ser ou não dever-ser (com todas as fases intermediárias) de cada ser-propriamente-assim concreto – o qual será criado pela práxis. Pressupõe-se aí, é óbvio, que, de um lado, esse ser-propriamente-assim exista de alguma forma como ser, e, de outro, como o ser humano deve portar-se em relação a isso, tendo sempre em vista o caráter existente. Daí resulta, ainda, que não se decide se algo declarado existente realmente seja um existente (nosso exemplo: há ou não há dragões de sete cabeças), mas decidimos sobre a postura do ser humano em sua práxis como algo propriamente-assim-existente, cujo ser, não sujeito a dúvidas, representa a pressuposição ontológica de cada decisão alternativa normal sobre se deve ou não ser assim. Falando de modo geral, isso significa: quando a práxis se orienta para a eliminação de algo que não deve ser, nesse pôr confirma-se exatamente o ser do objeto em questão. Um republicano não nega o ser da monarquia, mas seu dever-ser; sem um reconhecimento de seu ser (da monarquia), todo o seu comportamento prático seria absurdo. Também não é decisivo se tais atos (ou os meios para sua realização) são reais, desde que o ato de negação possua uma realidade social. Magia e utopia pretendem pôr objetividades não realmente existentes; mas seu comportamento geral deve possuir uma realidade social – correspondente às respectivas condições. No entanto, como nessas decisões práticas trata-se de formas fenomênicas do ser concretamente determinadas, visto que a respectiva decisão só pode ser, a cada vez, apenas um momento de um processo concreto da práxis, "afirmar" e "negar" nunca aparecem em suas formas propriamente lógicas, abstratas, simplificadas, mas como momentos concretos de um processo concreto multilateral. A escala da "negação", portanto, vai da mais simples repulsa, talvez silenciosa, passando por uma tolerância indiferente, até o desejo da total aniquilação do ser-propriamente-assim em questão. E cada tomada de posição dessas nunca é, na abstração logicamente depurada, aquilo que é, mas corresponde a seu papel como momento do processo em seu conjunto. Se a reduzirmos a uma afirmação ou a uma negação abstratas, falsearemos justo sua constituição concretamente existente. Pois não devemos esquecer: os termos "afirmar" e "negar", que nos contextos realmente lógicos corporificam o ser real dos respectivos enunciados são, nesse terreno, expressões linguísticas, por vezes apenas emocionais, que em determinadas circunstâncias podem revelar alguma coisa, até importante, da base cognitiva da decisão em questão, mas que, no sentido que nos interessa aqui, do necessário caráter inequívoco no plano lógico, são simplesmente insignificantes, até reversíveis. Quando digo: "Não quero roubar", é o mesmo que quando afirmo: "Quero obedecer às leis em vigência". A forma linguística (conceitual) da negação não tem, portanto, ligação com o ato da decisão alternativa, nem no plano lógico, nem no plano ontológico. Cada decisão alternativa pode, sem modificação essencial de seu conteúdo, ser expressa em forma afirmativa ou negativa. Portanto, por mais que na imediatidade da vida cotidiana as entonações emocionais do "sim" ou do "não" costumem ser bem características, o sentido prático de um enunciado não está ligado à sua forma de expressão afirmativa ou negativa. Com isso, o par opositivo, afirmação e negação, se torna aqui, por uma determinação contraditória real, uma metáfora de atitudes muitas vezes apenas emocionais. Correspondentemente, enquanto o "sim" e o "não" lógicos devem ter uma univocidade de sentido altamente exata, surge aqui em todos os casos uma grande escala, não desprezível, de nuances emocionais, que vão, na afirmação, da tolerância ao entusiasmo, e, na negação, do aborrecimento que muitas vezes chega à indiferença e mesmo ao desejo de aniquilação. Mas isso não é apenas uma imprecisão da expressão verbal na vida cotidiana. Ao contrário, na maioria dos casos, as nuances de tal "metáfora" decidem se e como se tomará cada decisão alternativa da práxis.

Hegel não percebeu absolutamente essa característica do fenômeno. Quando, por exemplo, em *Princípios da filosofia do direito*, apresenta o castigo como concretização da negação da negação, parte da "nulidade" do ato criminoso. "A nulidade é ter suprimido o direito como direito". Por isso, "o ato do criminoso [...] não é algo primeiro, positivo, ao qual sobrevém o castigo como negação, mas algo negativo, de modo que o castigo é apenas negação da negação"[18]. Mas nada no ato, especialmente como em Hegel, é contrastado com o caráter absoluto do direito e do Estado, uma forma determinada, embora essencialmente fraca, de negação no sentido estritamente jurídico. Na realidade social, porém, a ação contrária ao direito não é a forma real, geral, de infringir a lei. Marx caracteriza, por exemplo, a postura do burguês com relação à própria lei de sua sociedade da seguinte forma: "O burguês comporta-se com as instituições de seu regime como o judeu com a lei; ele a contorna, sempre

---

[18] Hegel, *Rechtsphilosophie*, § 97. Complemento. [Ed. bras.: *Princípios da filosofia do direito*, 2. ed., São Paulo, Martins Fontes, 2003.]

que isso é possível, em todos os casos singulares, mas quer que todos os demais a cumpram"[19]. Isso é afirmação ou negação das leis vigentes? Ainda que certamente corresponda à média do ser social no capitalismo. Da constatação da nulidade, via de regra, nasce na práxis um desrespeito indiferente; as reações necessárias, descritas por Hegel, não aconteceram. (Mesmo no terreno do direito: *mínima non curat praetor**.) Portanto, se o castigo pode realmente ser explicado como reação ao crime, ele permanece obscuro mesmo depois da dedução hegeliana da negação da negação.

Segundo a natureza da coisa, isso se mostra de modo ainda mais explícito na própria *Lógica*, em que exatamente a negação da negação deve ser aquele meio milagroso lógico-ontológico com cujo auxílio se extrairia, magicamente, de um ser privado de determinação, que, portanto, nem é verdadeiramente um ser (no próprio Hegel: ser/nada), o ser legítimo totalmente desenvolvido em sua determinação (em Hegel, a realidade). Se aceitarmos a concepção permanentemente logicizante do ser, idealista, de Hegel, isso é uma concepção de sistema até mesmo fascinante. Entretanto, como consequência da própria coisa, suas demonstrações concretas não podem ter força alguma de persuasão. Assim, como etapa importante no caminho dessa dedução, declara-se que "O algo é a *primeira negação da negação*", mas, para mostrar que aqui não se trata simplesmente da *Omnis determinatio est negatio*, e sim, de avançar efetivamente para além dela no processo real, que se trata da negação da negação, Hegel é obrigado, ao tentar uma derivação do algo ainda muito abstrato, de pouco conteúdo, acrescentar, como provas, formas do ser mais concretas, que, por esse caminho, foram "desenvolvidas posteriormente":

> Existência, vida, pensamento etc., destinam-se essencialmente ao (eu) *existente*, *vivo*, *pensante* etc. Essa determinação é da maior importância, para não se deter na existência, vida, pensamento etc., nem na divindade (em lugar de Deus), como universalidades.[20]

Portanto, para explicar como, do ainda não existente como abstração, se desenvolvem dialeticamente determinados modos do ser, o próprio pro-

---

[19] MEGA, I/5, p. 162.
* Termo jurídico cujo sentido é "princípio da insignificância".
[20] Hegel, *Werke*, v. 3, Berlim, 1841, p. 114.

cesso é apresentado como "prova" de si mesmo, embora ainda não tenha sido deduzido:

> A negativa da negativa é, enquanto *algo*, apenas o início do sujeito – o ser-em-si só enquanto absolutamente indeterminado. Determina-se desde logo como existente por si e, assim, na continuidade até que apenas no conceito chegue a possuir a intensidade concreta do sujeito. Como fundamento de todas essas determinações está a unidade negativa consigo mesma. Mas, em relação a isso, deve-se diferenciar bem a negação como a *primeira*, como negação *em geral*, da segunda, a negação da negação, que é a negatividade concreta, *absoluta*, assim como a primeira é, ao contrário, apenas a negatividade *abstrata*.[21]

Aqui é claramente visível a duplicidade da filosofia hegeliana. A sua genialidade consistiu em tentar conceber o mundo da objetividade como um processo, no qual as formas mais elevadas (devido à irreversibilidade desse processo) se desenvolvem necessariamente a partir dele, e não estão dadas de antemão. Mas, na medida em que ele concebe o processo dessa gênese, segundo sua essência, como uma derivação lógica do concreto a partir do abstrato, é obrigado a ignorar as categorias efetivas de desenvolvimento do ser processual, virar o desenvolvimento de cabeça para baixo e conceber a derivação lógica do concreto – que sempre surge *post festum* – a partir do abstrato como o próprio processo. Hegel ignora, com isso, que, mesmo logicamente, o abstrato só pode ser desenvolvido a partir do concreto, e não ao contrário, como acontece nele. É compreensível que – tornando Espinosa "dialético" – ele tenha incorrido na negação da negação como motor do processo. Mas é igualmente compreensível que esse método tenha fracassado, no todo e nas partes.

Mais difícil de entender é que Engels, em geral tão lúcido, tão devotado à realidade, não tenha exercido aqui nenhuma crítica aniquiladora a Hegel quanto aos princípios, mas tenha se contentado em "colocar de pé", de maneira materialista, a construção idealista da negação da negação, isto é, comprovando "que a negação da negação nos dois reinos do mundo orgânico *realmente acontece*". O grão de cevada serve para tal exemplo: "Se um desses grãos de cevada encontra condições normais, caindo em solo favorável, sob

---

[21] Idem.

influência do calor e da umidade, acontece uma mudança, e ele germina; o grão como tal se desfaz, é negado, em seu lugar aparece a planta que dele nasce, negação do grão"[22]. O que Engels descreve aqui é um processo evolutivo normal no âmbito do ser orgânico, quando podem suceder variadas trocas de forma de objetos de diversas maneiras, como momentos de seu processo reprodutivo, em geral gradualmente, e em casos singulares como mudança rápida de forma. Mas onde se encontra uma negação (especialmente a negação da negação) neste ser? Se fizermos uma concessão, para além do possível, à transferência da negação lógica para processo de transformação do ser, mesmo assim, quando muito, a morte, como fim de qualquer processo de reprodução no organismo, pode ser concebida como negação da vida, pois aí todo o seu complexo cessa de funcionar, e com isso, simultaneamente, todos os seus componentes materiais tornam-se meras substâncias etc. da natureza inorgânica. Não há fundamento racional pelo qual essa troca de formas do processo normal de reprodução (como o murchar e o cair das folhas no outono, novo crescimento na primavera) seja concebida como negação e negação da negação de alguma coisa. Além disso, esse esquema binário apenas se confirma no processo de reprodução em ocorrências bem determinadas de um tal caso. O nascimento dos mamíferos não mostra nada de semelhante, nem mesmo analogicamente. E quando, para ilustrar essa "lei geral", Engels se refere às borboletas, é forçado a acrescentar:

> Que nas outras plantas e animais o fenômeno não se resolve com essa simplicidade, que eles, antes de morrer, produzem sementes, ovos ou filhotes não só uma vez mas várias, não nos interessa aqui ainda; só devemos comprovar que a negação da negação *realmente acontece* nos dois reinos do mundo orgânico.[23]

Com isso, porém, destrói-se e refuta-se precisamente a suposta estrutura de legalidade da negação da negação. Na hipótese de uma mudança da forma geral no processo de reprodução, seu número pode ser considerado indiferente; mas não quando com isso se deve realizar a negação da negação. Porém, quando consideramos o processo real de reprodução das borboletas, não há um ovo que primeiro nega e depois é negado no curso do nascimento

---

[22] MEGA, *Anti-Dühring*, p. 139.
[23] Idem.

de novas borboletas, mas da série: ovo – larva – crisálida – borboleta, portanto, não se trata de uma negação da negação, e sim de uma negação da negação da negação. A aplicação do esquema hegeliano à natureza transforma-se, pelos fatos, em uma caricatura de si mesmo. E essa hipótese se torna tão mais superficial quanto mais o processo se torna facilmente compreensível com base no par categorial coordenador, continuidade e descontinuidade, sobre o qual falaremos pormenorizadamente mais adiante.

A situação dos outros exemplos não é muito melhor. Não é preciso ser perito na metodologia da matemática para refutar que –a seja a negação de +a. Peguemos as aplicações frequentes, metodologicamente tão importantes e fecundas, da negatividade, como os sistemas das coordenadas. O + é tão pouco uma afirmação quanto o – uma negação. Poderíamos, sem modificar em nada a essência do procedimento e dos resultados, inverter simplesmente os sinais + e –, porque nada têm em si de um conteúdo "positivo" ou "negativo", o que naturalmente em nada modifica sua utilidade como signos de relações. Mais ainda: para Engels, a realização da negação da negação é a multiplicação de –a por –a, o que resulta em $+a^2$, e com isso, supostamente, na negação da negação. O exemplo é perfeitamente correto do ponto de vista matemático, mas não contém nenhuma sombra de prova de qualquer questão ontológica; de fato, por que exatamente na multiplicação e não na adição a "negação" deve exprimir que –a seja a negação de +a? A multiplicação, além disso, mostra uma analogia aparentemente útil só de modo puramente formal, e exclusivamente daí adquire seu lugar privilegiado.

O problema na aplicação desse esquema em todos os domínios e processos do ser não escapou nem ao próprio Engels. Ele diz, quase com autoironia, nos comentários finais sobre esses complexos de problemas, que não refere nada a respeito do respectivo "processo de desenvolvimento *particular*" apresentado sempre como exemplo: "Se digo, a respeito de todos esses processos, que são negação da negação, é porque os reúno todos sob essa única lei de movimento, e por isso ignoro as particularidades de cada processo singular especial"[24]. Essa correta limitação crítica, porém, aponta exatamente para a fraqueza metodológica de toda a construção. Quando, de fato,

---

[24] Ibidem, p. 144.

se obtém uma abstração a partir da generalização de processos reais, o particular pode ficar fora da consideração em certas exposições gerais. Mas a memória de tal particularidade, porém, nunca transforma esta última em absurdidade grotesca. A afirmação geral do *Manifesto Comunista*, de que "a história de toda a sociedade até aqui, é a história das lutas de classes", é uma abstração obtida do processo real, no legítimo sentido da generalização. Mas os autores desde o começo limitaram sua validade a determinada fase do processo, indicando, com isso, que o futuro (o comunismo) poderia trazer uma invalidação dessa generalização. E o próprio Engels, em l890, aludindo ao fato de que essa generalização também tem um começo real na história efetiva da espécie humana, delimitou ainda mais precisamente, no plano ontológico, o âmbito de validade dessa abstração. Quando, pois, partindo dessa generalização, é dito que a rebelião de Espártaco, a de Thomas Münzer, a acumulação primitiva do capital, o movimento dos destruidores de máquinas (luddistas) e a Comuna de Paris foram lutas de classes, não temos de nos deter sempre em seus traços particulares, mas estes, quando apresentados por alguma razão, não trazem à luz nenhum aspecto absurdo de tal generalização. É exatamente isso, porém, que Engels receia em seus comentários acima citados. Que o desenvolvimento da cevada também seja um processo de negação da negação, tanto quanto o cálculo integral, é um pensamento que basta enunciá-lo para mostrar seus lados absurdos. Não é o caso das generalizações, que realmente foram obtidas do próprio ser. A luta de classes é uma dessas abstrações "razoáveis", como Marx costumava dizer. Quando reúno a rebelião de Espártaco e a acumulação primitiva sob o conceito geral de luta de classes, tenho de ignorar as muitas particularidades concretas, mas os dois processos possuem exatamente aquelas determinações ontológicas específicas que justificam essa generalização. Se faço isso com o grão de cevada e o cálculo integral, também segundo Engels, surge um absurdo evidente. Não se diga: trata-se no caso de negação da negação de uma forma mais elevada e geral de legalidade. Também isso não está correto. Pois, sem sequer tocar o terreno do absurdo, posso afirmar: a geologia mostra a irreversibilidade dos processos naturais tão nitidamente quanto a história da França mostra a irreversibilidade dos processos históricos. Aqui também, os momentos particulares concretos dos dois grupos de fenômenos nada têm a ver entre si; a própria irreversibilidade do processo, porém, forma, aqui como lá, a base real das respectivas particularidades. Mas, como Engels percebe acertadamente, isso não é possível na aplicação da "lei" da negação da negação ao grão de cevada e ao cálculo integral, sem cair no território do absurdo, porque essa "lei geral" não foi obtida dos desenvolvimentos do próprio ser, mas "de fora", de domínios totalmente diferentes, e é arbitrariamente aplicada a qualquer ser que se queira.

Vê-se aqui como é importante uma crítica ontológica de construções ideais lógicas, gnosiológicas, metodológicas etc. Hegel evitou tal crítica, porque logicizou de modo geral os problemas do ser, por razões de fundamentação e arredondamento da construção de seu sistema. E como Engels, em sua crítica a Hegel, não foi realmente até as raízes nesse ponto, como Marx já no início de sua atividade o fizera, não apenas omitiu a necessária crítica da logicização das relações do ser, mas até realizou a tentativa, necessariamente vã, de tornar a construção hegeliana plausível por meio de exemplos trazidos da natureza, da sociedade e da filosofia. Do ponto de vista histórico, é compreensível que uma concepção filosófica de todas as relações de desenvolvimento em um período em que o movimento operário da época de Marx se defrontava com um empirismo e ecletismo obtusos e sem alma no terreno burguês, a doutrina da negação da negação pudesse ser fascinante para muitos, como síntese da história do mundo, e até filosófico-universal, da inevitabilidade das soluções socialistas dos problemas. Hoje não nos parece mais necessário entrar detidamente nas fontes concretas do erro de Engels. É significativo que a confrontação histórica do movimento operário revolucionário com a verdadeira revolução tenha apagado qualquer fascínio desse tipo em adversários e amigos. É característico, por exemplo, que Lenin, quando a irrupção da primeira guerra imperialista lhe deu possibilidade de estudar a *Lógica* de Hegel no seu exílio suíço, escrevesse um esboço dos momentos essenciais da dialética. Nele, ao contrário da centralidade que assume a negação da negação nas grandes obras de Engels, não aparece como uma das três determinações principais da dialética, mas apenas no ponto 14, que diz: "O aparente retorno ao antigo (negação da negação)"[25]. Lenin refere-se, pois, obviamente apenas ao trecho de Marx que apresentamos e silencia inteiramente quanto às exposições do *Anti-Dühring*, que ele já conhecia muito bem. Com isso, a

---

[25] Lenin, *Aus dem philosophischen Nachlass*, Viena/Berlim, 1932, p. 145.

importância desse "elemento" fica limitada à particularidade concreta de desenvolvimento apresentada por Marx. Não há menção a uma aceitação da generalização filosófica. Isso também mostra, como se confirma no futuro desenvolvimento do marxismo, que essa interpretação não crítica da dialética hegeliana perdeu em boa parte sua influência nos dias que correm. O fato de nos ocuparmos detidamente com ela, e não com outras, justifica-se porque uma apresentação concreta das categorias na dialética marxiana, em sua essência ontológica, exigiu teoricamente uma crítica com base nas questões fundamentais da dialética hegeliana e sua influência no marxismo. O esclarecimento aproximativo das questões até aqui tratadas é que fornece a base para examinarmos um pouco mais precisamente o que há de novo nos problemas categoriais da ontologia de Marx. Como ponto de partida, temos de utilizar suas constatações ontológicas básicas, aqui já várias vezes apresentadas. Especialmente, que o ser só pode ser abordado como ser se for objetivamente determinado em todos os sentidos. Um ser privado de determinações é apenas produto do pensamento: uma abstração de todas as determinações, cuja totalidade somente faz do ser um ser. Para controle prático e ideal de determinado ser existente, pode ser útil, e por vezes, em casos concretos, é até inevitável, prescindir de certas determinações do ser. Mas, em tais operações abstrativantes, nunca se deve esquecer que meramente por meio delas o próprio ser não pode sofrer nenhum tipo de transformação enquanto ser. Se, por acaso, julgando as consequências da guerra, eu ignorar, abstratamente, idade, sexo etc. das vítimas da guerra para obter uma visão da sua totalidade, não terei guardado no plano ontológico nenhuma determinação concreta. Se em determinados experimentos é possível, e até necessário, excluir tecnicamente também determinações ontológicas (queda livre no vácuo), essa exclusão abstrativante se verifica naturalmente no plano ontológico, e a ciência em questão pode reintroduzi-la como determinação ontológica concreta. Mas isso não atinge de modo algum o problema aqui levantado; um ser privado de determinações reais jamais é existente, é mera construção do pensamento. E, como ocorre com Hegel, ignorar essas relações fundamentais leva às maiores confusões.

Outra constatação de Marx, estreitamente ligada a isso, e que já abordamos várias vezes, é que as categorias são formas do ser, determinações da existência. Vê-se aqui novamente o contraste radical com qualquer gnosiologia idealista, segundo a qual as categorias são produtos de nosso pensar sobre a constituição do ser, especialmente suas determinações concretas. Imediatamente elas são isso na medida em que são reproduções, em pensamento, daquilo que é existente e operante no processo de movimento do ser em si, isto é, como momento do próprio ser. A importância dessa inversão da relação entre categoria e ser, de modo geral, atinge, como veremos a seguir, toda a nossa relação prática com nosso ambiente (no sentido mais amplo), pois, como veremos detalhadamente mais adiante no tratamento do trabalho, todo pôr teleológico pressupõe o conhecimento de determinado existente (categorialmente determinado). Daqui brota, pois, a questão: se essas determinações são realmente apenas produtos de nosso conhecimento "aplicadas" ao respectivo ser, ou se já existem no próprio ser, objetivamente por inteiro e o processo de pensamento apenas as reproduz da maneira mais semelhante possível. É importante ter uma clara visão dessa questão, porque, nas diversas formas da práxis e no pensamento a elas correspondentes, necessariamente se reconhecem e se aplicam modos de proceder cujo fundamento são exigências específicas das condições de exequibilidade em tal contexto, e não são as determinações existentes em si (ou, em determinadas circunstâncias, estas são mais ou menos amplamente modificadas). Tendo como base a mera gnosiologia, e especialmente a metodologia de um domínio específico, é difícil distinguir esses procedimentos técnicos das determinações existentes em si. Apenas uma crítica ontológica consegue revelar aqui a real constituição do ser. As consequências muito amplas que tais atos produzem sobre as relações entre as ciências particulares e a filosofia só poderão ser adequadamente avaliadas no final dessas considerações.

O terceiro momento essencial que devemos abordar aqui tem sido igualmente destacado de diferentes maneiras nas análises que até aqui realizamos. Isto é, que paulatinamente chegamos a conceber o mundo, não dualisticamente na forma de "coisas" (bem como formas de pensamento coisificadas) e energias "imateriais", mas como complexos, cujas inter-relações internas bem como a dialética de movimento desencadearam processos irreversíveis (portanto, históricos).

Se nos voltarmos agora para as consequências ontológicas resultantes dessa constituição própria do ser, depararemos de imediato com problemas categoriais essencialmente novos; mais precisamente: com novas relações das categorias entre si. As relações do mundo são dadas em si, mas com especial nitidez na práxis, de maneira tão evidente, que o problema da coordenação ou subordinação das categorias, do pôr grupos interligados e de sistemas inteiros que deles eventualmente resultem, aparece como inevitável. Quanto mais diretamente determinadas relações categoriais se ligam com a própria práxis, tanto mais fortemente age sua dialética específica em tais tentativas de sistematização; pensemos nas chamadas categorias modais, que, podemos dizer, sempre foram tratadas assim. Como, porém, em tais casos até aqui se tratou de modo predominante de sínteses de determinações do pensamento, também esses resumos abstrativantes muitas vezes não fornecem uma imagem adequada da real constituição categorial do ser.

Uma vez que, apesar de todos os preconceitos lógico-idealistas inabaláveis, Hegel foi o único pensador que se esforçou por conceber o problema do ser como processo, emergem em seu pensamento, necessariamente, por vezes, relações categoriais em que, apesar de sua maneira de pensar predominantemente lógica, se expressam indícios de relações ontológicas reais. Já nos ocupamos antes com sua tentativa, desde logo condenada ao fracasso, de desenvolver por meios lógicos as determinações do ser privado de determinações, mas ao mesmo tempo fazê-lo no plano ontológico. Não importa, porém, com que meios ilegítimos Hegel chegou com isso, a um ser com determinações concretas. Não importa que mais tarde ele chame essa "fase" de essência do ser; em última análise, ele se refere a um ser caracterizado por determinações. Também é objetivamente pouco relevante que nessa fase a categoria seja denominada determinação reflexiva; segundo a essência da questão, trata-se aqui de categorias e suas relações entre si, e com o ser, do qual elas, em última análise, são e continuam sendo determinações. Com isso, Hegel se diferencia de maneira decisiva do idealismo subjetivo de Kant. Do fato de que as categorias aparecem como tais ao pensador, não se segue "que por isso elas só devem ser consideradas como pertencentes a nós (como subjetivas)". Em suas reflexões introdutórias, vê-se que isso contém, contudo, apenas um idealismo objetivo, não uma superação real do idealismo. Polemizando contra o subjetivismo, ele diz: "uma coisa é certa, as categorias não estão contidas na intuição imediata"[26]. Isso porque, caso as categorias sejam realmente formas do ser e deter-

---
[26] Hegel, *Enzyklopädie*, § 42, complemento 3.

minações da existência, o seu ser-propriamente-assim tem de se fazer valer na mais primordial reação ao ambiente, na inter-relação das próprias coisas, e sobretudo na práxis mais inicial. Naturalmente, com isso não se nega que o seu tornar-se consciente, o seu tornar-se posto na práxis e na teoria seja um passo importante além da mera imediatidade. No entanto, nenhum ser vivo poderia realizar seu processo de reprodução sem reagir de maneira real a essas determinações ontológicas, relativamente adequada à realidade. Já esclarecemos essa necessidade ao tratarmos da legalidade. Quando, pois, Molière mostra que o seu *Bourgeois Gentilhomme* falou a vida toda em prosa sem ter consciência disso, essa réplica cômica concebe mais adequadamente a essência das categorias do que Hegel conseguiu, embora a prosa seja apenas um modo de reproduzir o ser, não um modo do próprio ser.

Apesar de todas essas limitações, Hegel vê aqui, ampla e claramente, uma constituição decisiva das categorias, isto é, que as categorias podem ocorrer como formas do ser de complexos processuais, e não esporadicamente e, por assim dizer, apoiadas em si mesmas, mas apenas de maneira reciprocamente determinada pela própria coisa, como formas interligadas, inseparavelmente coordenadas, que expressam a complexidade de sua fundação ontológica. Com isso, essa passagem, em muitos aspectos ainda obscura e inconsciente, da coisidade isolada para o caráter complexo do ser desencadeia frequentemente uma percepção nítida da processualidade desses complexos. Isso, expresso teoricamente, que as categorias assim surgidas também como categorias não corporificam um ser imutável, mas – propriamente como categorias –, com as transformações dos processos ontológicos, sofrem transformações essenciais propriamente no plano da categorialidade. Para ficarmos em um dos casos que o próprio Hegel abordou, e seguir sua descrição, tomemos a forma como categoria. Ela aparece como momento da diferenciação ontológica da própria essência. Ela se concretiza na sequência em determinação bilateral, coordenada, de todo existente como par categorial: forma-matéria. Trata-se aí de uma determinação recíproca inseparável e insuperável de todos os complexos processuais: "*A matéria* precisa, por isso, ser *formada*, e a forma deve *materializar-se*, deve se dar na matéria a identidade consigo, ou a sua subsistência"[27]. Não se

---
[27] Hegel, *Werke*, v. 4, cit., p. 81.

consegue conceber com profundidade suficiente essa copertença, segundo Hegel: Isso "que aparece como *atividade da forma* também é, igualmente, *o movimento peculiar da* própria *matéria*"[28]. O processo de desenvolvimento ocorre, mas o próprio complexo permanece, embora não no mesmo estágio da determinação do ser; surge, muito antes, a correlação mais ampla e elevada de forma e conteúdo, em que a última apenas pode surgir como renovação da correlação antiga, a de forma e matéria; agora, a forma se defronta apenas correlativamente com esse complexo[29]. E com isso permanecemos por enquanto no reino da natureza. Hegel nem aborda, aqui, a peculiaridade das formas (no trabalho, na práxis) como consciente e teleologicamente posta, embora o que acaba de chamar correlação de forma e conteúdo se defronte correlativamente, como novo conteúdo, igualmente com essa forma posta e que põe, e não apenas no trabalho e na práxis cotidiana, mas até as mais altas manifestações de vida da humanidade (pensamento, arte, ética etc.). Nesse caso, porém, o desenvolvimento das premissas hegelianas preexiste nelas mesmas, metodologicamente, no mais essencial.

Da mesma forma, aqui Hegel consegue determinar o significado da correlação categorial do todo e suas partes. E a complexidade do ser emerge tão plasticamente como no caso anterior. Hegel parte da reciprocidade de condicionar e ser condicionado, e resume assim o lado categorial de cada complexo processual: "Na medida em que os dois lados da relação são postos como reciprocamente condicionantes, cada um é uma autonomia imediata em si mesma, mas sua autonomia é igualmente mediada ou posta pela outra"[30]. Com isso desaparece da teoria das categorias qualquer referência a uma "coisidade" em si unitária e homogênea. A unidade aqui surgida de cada todo é "a unidade como uma *multiplicidade diversa*". O fato de que, nisso, alguma coisa é parte, nasce do modo como esses momentos de uma multiplicidade heterogênea se relacionam entre si[31]. Nisso, implicitamente, embora apenas de longe, com fortes abstrações logicísticas, alude-se à máxima relatividade dos complexos em relação à sua existência autônoma, ao seu desmembramento em

---

[28] Ibidem, p. 83.
[29] Ibidem, p. 85-6.
[30] Ibidem, p. 160.
[31] Ibidem, p. 161.

novos complexos. E o momento que funciona como parte pode relacionar-se como todo com outros complexos, pode acontecer a introdução de um todo como parte na inter-relação de um complexo mais abrangente etc. Que tudo isso, ainda que não consequentemente levado até o fim, é de alguma forma pensado, revela-se no fato de que Hegel já vê, com clareza, a mudança de formas e construção quanto à correlação todo-parte, na passagem de uma espécie do ser em outra. Assim, ele destaca que, consideradas as "partes" de um organismo como todo, elas se portam de maneira totalmente diferente entre si como parte e todo no mundo inorgânico, pois essas partes "só são o que são em sua unidade, e de modo algum se portam com indiferença com relação umas às outras". Aqui, Hegel vê até a diferença qualitativa entre a forma do ser se pôr e a relação de conhecimento daí adquirida, ao notar que a mera relação parcial surge apenas para os que elaboram cientificamente esse modo do ser, e aí, então, necessariamente. Hegel até reconhece, aqui, que, como domínio do ser social (ele fala de "mundo espiritual"), tem de surgir no interior dessa relação categorial outra modificação qualitativa interna[32].

Essa lucidez de Hegel não é meramente casual, pois o desenvolvimento interno do ser em formas estruturais da objetividade cada vez mais complexas e de valores mais elevados, em última análise sempre pertence também à ideia diretriz de seu edifício sistemático dinâmico-histórico, da mesma maneira que a logicização permanente, raras vezes ausente, de fatos ontológicos, que, como vimos e ainda haveremos de ver, em diversas ocasiões conduz sua grande concepção original a becos sem saída filosóficos.

Isso é mais claro em seu tratamento de um par categorial tão importante para a sua concepção de mundo como continuidade e descontinuidade. Quando se contempla a história universal (no sentido mais amplo da expressão) como manifestação mais adequada, no plano ontológico, de unidade e síntese daqueles processos universais nos quais podemos reconhecer como ser, na medida do possível, presente e passado, continuidade e descontinuidade são, sem dúvida, em sua copertença dialética e contradição simultânea, aquelas categorias que caracterizam de maneira mais direta e esclarecedora a constituição desse processo.

---

[32] Hegel, *Enzyklopädie*, § 135, complemento.

Como os complexos cujas inter-relações se anunciam em seu processar irreversível são em si, como já sabemos, composições heterogêneas, é natural que também seja impossível que esses processos mostrem uma igualdade homogênea. Um dos momentos mais decisivos em que se expressa essa interação dos componentes, processos parciais etc. heterogêneos, é aquilo que geralmente chamamos de descontinuidade. Mas com isso jamais se pode eliminar completamente o momento da continuidade; as duas categorias relacionam-se reciprocamente de uma maneira sempre relativa: não há nenhum *continuum* sem momentos de descontinuidade e nenhum momento de descontinuidade interrompe a continuidade de maneira absoluta e total. Também os processos concernentes ao gênero transcorrem, por isso, normalmente, em formas predominantemente contínuas; do processo de acasalamento das borboletas, por exemplo, surgem borboletas. Só nessa medida se trata de um desenvolvimento do gênero, que como totalidade tem de ser, em última análise, uma continuidade. Mas como também esse processo, normalmente, segue um caminho que passa por ovo, lagarta e crisálida, no mesmo sentido aparece uma nítida descontinuidade, pois as corporificações dessas etapas muito diferentes entre si também são partes constituintes da autorreprodução do gênero, da mesma maneira como aquelas diferentes etapas no caminho da realização têm de substituir de modo contínuo uma à outra. Apresentamos novamente esse exemplo porque, como vimos, ele também teve certa importância na tentativa hegeliana de comprovar a negação da negação como fato natural.

Em sua *Lógica*, Hegel, como vimos, passou quase completamente ao largo desse fato fundamental dos processos irreversíveis, para esclarecer, por fim, sob formas lógicas os fatos que apesar disso lhe eram bem conhecidos. Mas trata-se de demonstrar essa copertença inseparável de momentos contraditórios no curso do próprio processo. Hegel limita-se, entrementes, a examinar a copertença contraditória dessas determinações apenas em relação à quantidade. Essa análise pode descrever corretamente a constelação em suas determinações abstratas e fundamentais: "Cada um desses dois momentos contém em si também o outro, e, com isso, *não existe* nem uma grandeza meramente contínua nem apenas discreta"[33]. Hegel comenta essa

---

[33] Ibidem, § 100, complemento.

oposição como nova forma fenomênica da oposição copertencente entre atração e repulsão, e também a aplica nas antinomias da constituição infinita de espaço e tempo (aqui numa justa polêmica contra o idealismo subjetivo de Kant), mas em suas considerações falta qualquer indicação acerca da existência universal do contraste de continuidade-descontinuidade em todo processo real, tanto na sua totalidade quanto em suas partes, independentemente do fato de que estas nunca são modos simples de aparecimento da quantidade, não importa quão grande seja o papel dessa determinação em sua objetividade. Com isso, Hegel – e todos os que o seguirem aqui – é forçado a substituir a oposição elementar e generalizada de continuidade e descontinuidade por construções requintadas.

Essa redução do campo de pesquisa reconduz em Hegel ao problema do desenvolvimento do ser da assim chamada indeterminação à riqueza de determinações. Como nele o ser só se torna realmente ser pela introdução da quantidade, parece natural examinar melhor essas categorias centrais do ser como processo de complexos. Também parece justificado analisar o copertencimento contraditório de continuidade e descontinuidade no âmbito de uma categoria tão importante quanto a quantidade. Todavia, esses fatos verdadeiros se deformam, se tornam unilaterais, quando se concebe que tal tendência apenas tem existência nesse nível. Lembremos a afirmação já citada de Hegel de que categorias não podem ser em absoluto meros produtos do pensamento no sentido idealista subjetivo (como em Kant), mas se ligam inseparavelmente às objetivas formas da objetividade, porém, no estágio da sensação (isso, em Hegel, significa no estágio do ser meramente qualitativo, expresso fora da "terminologia", na vida cotidiana dos seres pensantes), não podem ainda aparecer em sua verdadeira determinação categorial.

Aqui, torna-se bem visível a contraposição Marx-Hegel como ruptura radical de Marx com os movimentos logicistas de Hegel em direção a uma nova ontologia. Nos *Manuscritos econômico-filosóficos*, exatamente ali onde Marx descreve o ser como objetividade, portanto, existindo inseparável e simultaneamente com suas próprias determinações, ele também fala detalhadamente na relação de seres pensantes com essa constituição do ser. Diz Marx:

> Que o homem é um ser *corpóreo*, dotado de forças naturais, vivo, efetivo, objetivo, sensível significa que ele tem *objetos efetivos*, *sensíveis* como objeto de seu ser, de sua manifestação de vida (*Lebensäusserung*), ou que ele pode somente

manifestar (*äussern*) sua vida em objetos sensíveis efetivos (*wirkliche sinnliche Gegenstände*). É idêntico: *ser* (*sein*) objetivo, natural, sensível e ao mesmo tempo ter fora de si objeto, natureza, sentido, ou ser objeto mesmo, natureza, sentido para um terceiro.[34]

Isso significa que as determinações categoriais dos processos irreversíveis, entre eles naturalmente também a continuidade e a descontinuidade, eram de fato havia muito tempo efetivos nos homens, desenvolvendo e provocando formas ontológicas, antes que o pensamento fosse sequer capaz de intuir seu caráter de categoria. Quando o homem sente fome ou não mais, ou ainda não a sente, mostra-se nele, como complexo processual, a unidade contraditória de continuidade e descontinuidade. E essa "sensação" é desfigurada em seu ser quando encarada como meramente "subjetiva" por abstrações gnosiológicas muito amplas. Se o homem não fosse o tempo todo circundado, no mundo externo, por complexos de objetividade processuais, numa interação prática, somente com os quais ele pode ser capaz de saciar sua fome, jamais poderiam surgir filósofos idealistas que negam nesse contexto a eficácia da constituição categorial; a espécie humana há muito teria se extinguido, antes que pudessem aparecer tais pensadores. A condição insuperável dos diversos modos de objetividade (portanto, também das categorias) é que se tornassem eficazes muito antes que pudesse surgir a mais modesta de suas generalizações do pensamento. A concepção lógico-idealista de Hegel do papel do tornar consciente das categorias ignora essa sua pré-história efetiva, isto é, que a inter-relação objetiva e permanente, sempre dinâmico-processual dos complexos existentes, tem de alcançar uma forma qualquer de consciência, assim que um dos complexos processuais realizar sua reprodução, não importa com qual forma de consciência, ainda que seja uma forma inferior. E como as categorias são momentos objetivos, existentes, dessas inter-relações, é inevitável que também isso influencie de qualquer forma – por mais elementar que seja – a consciência dos complexos processuais, na medida em que chega a se expressar em suas reações ao ambiente. Se quisermos entender de maneira ontologicamente correta essa relação, tais referências retroativas são inevitáveis não só nos primórdios do gênero humano, mas também no reino animal. Tratando da inseparabilidade

---

[34] MEGA, I/3, p. 160-1. [Ed. bras.: *Manuscritos econômico-filosóficos*, cit., p. 127.]

objetiva, existente, de exemplares singulares do gênero, apontamos o exemplo de um animal como a vaca. Esta, também devido a contextos conscientes muito mais primitivos, nem ao menos "pode" possuir a mais leve intuição desse contexto categorial como algo consciente. Mas saciar a fome, encontrar e devorar o alimento, seria inexequível objetivamente, segundo o ser, sem possuir alguma segurança prática sobre o fato de que os talos de grama singulares pertençam ao gênero grama, objetos comprovadamente comestíveis.

Esses fatos, e muitos outros semelhantes, são conhecidos e há muito. Que muitas vezes sejam simplesmente excluídos, pelo termo "instinto", da consideração da categorialidade objetiva, existente, ou por vezes tenham sido estilizados numa "infalibilidade" mitológica, pouco importa. Mas tão logo, já no mundo do ser orgânico, isso não seja inteiramente entregue à mera casualidade, com ajuda da qual o processo de reprodução pode se realizar devido a objetividades que existem fora da criatura que se reproduz, a constelação ilustrada no exemplo da vaca que pasta tem de se tornar sempre e repetidamente realidade efetiva. Naturalmente isso é um tornar ativo das categorias no interior do círculo ontológico de uma reprodução determinada apenas biologicamente. Trata-se, pois, também aqui de um processo natural, pois, é claro que os diversos complexos também na natureza inorgânica agem uns sobre os outros segundo sua constituição objetiva, só que disso não pode nascer nada nem de longe semelhante a uma consciência. O elemento "consciente", "subjetivo", na natureza orgânica, é por seu lado apenas natural, mas determinado pelas leis biológicas das reproduções dos organismos. (É evidente que aí estão contidas de maneira insuprimível as determinações inorgânicas.) As interações, determinadas pelos processos reprodutivos desse tipo, entre diversos modos de objetividade produzem, às vezes, até determinados desenvolvimentos do momento subjetivo. Desde Darwin, sabemos que papel desempenha nos processos reprodutivos dos gêneros a capacidade de adaptação aqui manifesta. E a chamada "dança" das abelhas na busca de flores adequadas à produção do mel mostra que mesmo nesse nível ontológico até os primeiros inícios da cooperação no interior de um gênero se tornam possíveis pelos mesmos momentos do processo de reprodução em sua interação com o mundo que os rodeia. Na verdade, esse exemplo mostra exatamente as fronteiras do desenvolvimento determinadas pelo ser orgânico: esse grau relativamente elevado da reação "subjetiva" comprova-se na continuidade histórica como sendo um beco sem saída, incapaz de uma evolução posterior.

A possibilidade de um autêntico desenvolvimento aparece, como sabemos, somente em e devido aos pores teleológicos já conscientes, que trazem consigo (em parte) o trabalho e suas fases iniciais... Ao longo do capítulo sobre o trabalho, falaremos amplamente sobre os problemas que surgem em tal contexto. A partir dali será visível como uma consciência da eficácia das categorias nasce do novo processo de reprodução – social – da espécie humana e, como processo, alcança etapas sempre mais elevadas. Aqui, precisamos apenas indicar resumidamente essa "pré-história" da consciência das categorias, com o que, de um lado, já nesses comentários prévios resumidos, abstratos, é preciso indicar que, sem tal "pré-história", jamais um animal poderia ter evoluído e se tornado homem, e, de outro, indicar que é claro que também essa vida cotidiana do homem, que assim surge, e que se baseia no trabalho, não foi capaz de abordar, na sua imediatidade, convenientemente a descoberta dos problemas categoriais. As precondições sociais para isso foram, porém, transferidas – em germe – do processo de trabalho para o ser, depois ultrapassam em grande parte a constituição do mero trabalho. Também não é tarefa nossa descrever aqui tudo isso. Devemos apenas, diante das considerações de Hegel, considerações idealistas e também gnosiologicamente aniquiladoras do processo histórico em sua gênese [da consciência das categorias], acenar aos princípios mais gerais de tal gênese.

Com isso, aparentemente, nos afastamos de nosso ponto de partida concreto, a relação categorial continuidade e descontinuidade, mas só aparentemente. Deve, pois, ficar claro para todos que, se essas fossem meras determinações da quantidade e não do processo total do ser, a irreversibilidade dos processos naturais dificilmente seria possível. Porém, é fato que, embora obviamente também na natureza inorgânica – pelo menos tendencialmente –, de um lado vigoram modos muito semelhantes de composição da matéria e, de outro, leis de movimento gerais altamente semelhantes etc.; mesmo assim, os maiores complexos que – em dimensões cósmicas – estão muito próximos entre si (planetas de nosso sistema solar), revelaram tendências evolutivas extraordinariamente diferentes. Vimos que Hegel – ontologicamente de modo muito incorreto – concebe estas últimas como formas que antecedem a vida orgânica. Sua categoria "organismo geológico" não expressa uma relação do ser real, mas permanece uma analogia formalista e vazia em termos lógicos. O fato de que na Terra, da natureza inorgânica pôde se desenvolver uma natureza orgânica, e desta um ser social, não diz nada acerca da evolução real que existe, por exemplo, na Lua, em Marte, Vênus etc. Os processos irreversíveis que se desenrolam por toda parte obviamente enveredaram por caminhos diversos, que, naturalmente, do ponto de vista concreto só por pesquisas concretas (como na geologia etc.) podem ser esclarecidos. Mas a possibilidade – altamente provável – de uma diferença qualitativa desses processos em outros corpos celestes já indica que, nas inter-relações de complexos heterogêneos, os processos têm de transcorrer de modo diferente, isto é, que as formas concretas, sua sequência concreta etc., em que costuma expressar-se a dialética da continuidade e descontinuidade, também recebem caráter diferente. Os resultados da geologia sobre a Terra mostram com clareza a dialética de continuidade e descontinuidade já na natureza inorgânica, e os poucos dados que temos sobre os corpos celestes próximos a nós parecem distanciar-se mais ou menos decididamente desses processos, embora em detalhes, mas por enquanto não há o menor motivo para presumirmos que a alternância de continuidade e descontinuidade nos complexos processuais irreversíveis estivesse excluída aqui por princípio. E só é óbvio que, quando os processos de reprodução na natureza inorgânica transcorrem em formas reais tão diferentes, os processos de adaptação dos organismos têm de provocar ulterior intensificação da dialética de continuidade e descontinuidade. A justificativa para considerar essa situação como fundamental para o processo de cada ser parece, pois, indubitável.

O que até aqui apresentamos nos reconduz ao nosso problema fundamental do papel de guia crítico da ontologia em todas as questões categoriais: ao fato de que essência e inter-relação das categorias só podem ser corretamente concebidas partindo de fundamentos ontológicos. A famosíssima questão, amplamente popularizada pelo marxismo, da relação de qualidade e quantidade, mostra isso da maneira mais contundente. No próprio Hegel, essa relação serve para fazer "brotar" do ser "puro", originariamente privado de determinações, suas determinações reais, e com isso torná-lo um ser efetivo no sentido próprio. As explicações de Hegel mostram, entrementes, de maneira duplicada, a falsidade de suas pressuposições programáticas. De um lado, torna-se visível que tais "enriquecimentos" de um tal ser (vazio) por meio de determinações concretas só são explicáveis por uma analogia lógico-gnosiológica do ser que já contenha determinações. Portanto, de modo objetivo, a explicação prova exatamente o contrário daquilo que deveria provar para o Hegel sistemático. Quando, por exemplo, para Hegel o ser se "concretiza" em alguma coisa, é evidente que isso – propriamente como ser, não como algo dele derivado em pensamento – já pressupõe o ser determinado: é a forma fenomênica de um ser que já contém determinações, e jamais poderia – ontologicamente – tornar-se real como uma autoconcretização do ser privado de determinações em um mundo existente. De outro lado, propriamente as explicações de Hegel, de que qualidade e quantidade jamais podem aparecer separadas – ontologicamente – como categorias, para só na medida de sua unidade se constituírem no ser determinado. Isso porque, antes de tudo, nenhuma categoria ontológica qualitativa pode funcionar realmente como determinação do ser sem já conter em si, ainda que não expressas, determinações quantitativas. Quer contemplemos o algo na relação com outro (e o algo só pode ser um algo como existente entre muitos outros existentes), quer encaremos o seu ser como ser-outro, como ser-para-outro etc., sempre chegaremos, mesmo nas mais primitivas formas do ser, a uma pluralidade como modo de existência, e o ser-para-si como modo de objetividade em sua relação consigo mesma, ainda no tratamento da qualidade, é designado por Hegel como "Um", portanto, como uma determinação também quantitativa[35].

Isso mostra, pois, que Hegel, mesmo aqui, não conseguiu executar coerentemente sua linha de pensamento. E se a quantidade não é concebida em suas formas de pensamento altamente desenvolvidas como algo já matematicamente compreensível, mas como de fato figura no ser originário, como *quantum*, essa inseparabilidade ontológica, de quantidade e qualidade, se mostra de maneira evidente por toda parte. Também se vê logo que Hegel precisa inverter, em sua derivação lógico-gnosiológica, pseudo-ontológica, das determinações do ser, a sequência efetiva das categorias: no plano ontológico, é dado que nenhum objeto pode ser existente se o seu ser não se corporifica também como um determinado *quantum*, até em modos diversos (grandeza,

---
[35] Hegel, *Werke*, v. 3, cit., p. 179.

peso, etc.). Só a análise de pensamento, só a abstração intelectual a isso inseparavelmente ligada, produz, no curso do desenvolvimento social (trabalho etc.), sua forma abstratamente generalizada como conceito de quantidade. O desenvolvimento da possibilidade de tal generalização intelectual significa naturalmente um enorme avanço no controle prático e intelectual do ser, no processo que Marx designa como metabolismo da sociedade com a natureza. O desenvolvimento do trabalho, da divisão de trabalho etc., portanto da civilização, teria sido impossível sem esse passo.

No entanto, exatamente por isso, é preciso reconhecer, ontologicamente, que a insuperável, originária e também "quantitativa" determinação de cada objeto existente tem de aparecer como a categoria do *quantum* concreto-objetivo, e não como a quantidade generalizada, obtida por via intelectual-abstrativa. Já vimos que o ser de um algo seria ontologicamente impossível sem o ser de um outro. Este e outros fatos elementares de cada ser têm, por isso, como consequência necessária, que uma inter-relação na forma do ser dos objetos, segundo o ser objetivo, seria impossível sem uma simultânea operatividade desse momento (o *quantum*). Ninguém pode duvidar de que, tanto na natureza inorgânica quanto na orgânica, a constituição do *quantum*, que determina a objetividade, é tão indispensável para toda a inter-relação real de objetos existentes quanto seus momentos qualitativos, que estes têm de se tornar operantes no ser por toda parte, simultaneamente, inseparáveis uns dos outros. Um *quantum* concreto e as qualidades concreto-reais de um objeto são, pois – ao contrário da sistematização logicista de Hegel –, determinações reflexivas igualmente originárias, que se apresentam de modo coordenado quanto forma e conteúdo, todo e partes etc. Essa constituição e inter-relação originária dos pares categoriais já se revela, portanto, nos processos puramente objetivos, que transcorrem sem qualquer consciência, na natureza inorgânica, onde o *quantum* das respectivas "coisas" e "forças" etc. codetermina irrevogavelmente o ser--propriamente-assim de processo e resultado. Como nesse sentido, nos processos da autorreprodução dos organismos, tem de acontecer uma posterior intensificação do papel ontológico determinante do *quantum* concreto-real – não pode existir planta ou animal em que esse *quantum* codetermine decisivamente a autorreprodução –, essa relação categorial, assim como demonstramos antes para a generidade, também mostra seus traços como momento constituinte da consciência que emerge como epifenômeno biológico. Anteriormente apresentamos como exemplo uma vaca que pasta. Se a sua reação à mosca que a importuna é bem diferente do que seria diante da ameaça de um lobo, seria ridículo afirmar que o respectivo *quantum* não tem nenhum papel na objetividade do "fator perturbador". Essa constelação aparece intensificada nos primórdios da civilização humana. O homem é capaz de controlar na prática, amplamente e com precisão, realidades quantitativas, sem ter de possuir sequer sinal de seu caráter quantitativo. Todo pastor distinguirá com exatidão entre si não apenas bezerro e boi em sua quantidade, mas também avaliará corretamente uma relação quantitativa como grandeza, completude do rebanho, e do conhecimento exato da constituição qualitativa de cada animal (naturalmente incluindo aí o *quantum*), saberá qual exemplar eventualmente deve ser considerado perdido, ainda que esteja longe de calcular o número de seu rebanho e subtrair da soma total os exemplares ausentes. E é característico que mesmo na atualidade, em um período de grande desenvolvimento da matemática, amplamente aplicada, tais reações sejam mais frequentes, na vida cotidiana, do que tendemos a imaginar.

Naturalmente, um pensador definitivamente orientado para o realismo como Hegel não podia ignorar inteiramente esse complexo de situações. Seu sistema de pensamento logicizante, porém, torna impossível, para ele, conceber de maneira real e coerente esse caráter qualitativamente concretizante do *quantum*, como categoria. Só na categoria da medida realiza-se sua dedução logicista do ser determinado, e aqui "reúnem-se, abstratamente expressas, qualidade e quantidade"[36]. Assim, a medida torna-se "determinação em si", "*verdade concreta do ser*"[37]. Em suas deduções logicistas, porém, emergiam ininterruptamente constatações de que esse caráter do ser (incluída naturalmente a datidade inseparável de quantidade e qualidade) já existia no *quantum* e é um caráter insuprimível. Quando Hegel diz, por exemplo: "Mas todo existente tem uma grandeza, para ser aquilo que é, e, aliás, para existir", é um sofisma, exigido pelo sistema logicista, atribuir essa função unica-

---

[36] Ibidem, p. 381.
[37] Ibidem, p. 384.

mente à medida e reconhecer o *quantum*, nesse contexto, apenas como "grandeza indiferente, determinação externa"[38].

A "unificação" hegeliana de quantidade e qualidade na medida, portanto, a presumida dedução do ser determinado do indeterminado, torna-se assim mera pseudo-operação logicista, mera ficção. Quando Hegel inicia sua "Lógica da essência" é que começa a falar do ser no sentido realmente existente, e por isso a invenção genial do agrupamento categorial das determinações reflexivas vale também para aquele domínio do ser – importantíssimo – que Hegel encarava apenas como caminho para o ser. Quantidade e qualidade são, por conseguinte, também categorias de complexos processuais, como forma e conteúdo, como parte e todo etc. Em todos esses casos, as determinações mais gerais do ser se deixam apresentar como momentos dessas totalidades dos complexos processuais: como determinações, nunca atuam separadamente, sempre como relações recíprocas das determinações mais gerais desses complexos processuais, que sem tais inter-relações inseparáveis dos pares categoriais jamais teriam podido adquirir determinações concretas de objetividade. Nesse sentido, Hegel, tratando de forma e conteúdo, fala acertadamente sobre tais relações:

> Em si, existe aqui a relação absoluta do conteúdo e da forma, isto é, o tornar-se delas umas nas outras, *de modo que o conteúdo* nada é senão *a transformação da forma* em conteúdo, e a *forma* nada é senão a *transformação do conteúdo* em forma.[39]

Se considerarmos sem preconceitos a relação real de quantidade e qualidade em termos ontológicos, temos de chegar a esse resultado, ou outro muito parecido. Pois, como essas determinações reflexivas determinam relações muito gerais, mas bem diferentes entre si, dos complexos processuais, elas também devem ser, entre si, igualmente múltiplas e diferentes. Isso se manifesta, de maneira evidente, em suas transformações, que necessariamente ocorrem quando figuram em diferentes tipos do ser. Indicamos apenas a observação de Hegel, de que a relação do todo com as partes, e vice-versa, na natureza orgânica já tem outra constituição do que na inorgânica; ou que, da relação recíproca espontânea de forma e conteúdo no ser social,

---
[38] Ibidem, p. 390.
[39] Hegel, *Enzyklopädie*, § 133.

nasce um formar conscientemente, posto que se impõe no metabolismo da sociedade com a natureza e influi de maneira determinante em formas mais elevadas da sociabilidade sobre a maioria dos processos do ser social.

Algo semelhante surge no ser social com o par categorial qualidade e quantidade. Já Hegel fala de uma "linha nodal das relações de medida" e por meio do marxismo essa "transformação da quantidade em qualidade" até se tornou de conhecimento geral. Se agora também somos forçados a encarar de modo crítico essa relação, não pensamos em repetir nossa crítica da "negação da negação". Pois dessa vez trata-se, com efeito, de relações autênticas do ser, trata-se apenas de determinar com mais precisão sua constituição ontológica. Quando Engels diz que o estado de agregação da água sob pressão atmosférica normal passa de líquida para sólida a zero grau centígrado, na verdade usou um exemplo real dessa inter-relação de quantidade e qualidade. Do ponto de vista ontológico emerge apenas a pergunta, se aqui (e em constelações semelhantes) se trata realmente de uma única autêntica efetivação dessa transformação ou se quantidade e qualidade também se transformam uma na outra ininterruptamente, como na exposição de forma e conteúdo de Hegel, acima apresentada. Pensamos que se trata do último caso, que nos casos não considerados de 17°C ou 27°C também ocorre tal transformação, como no exemplo famoso acima citado. Do ponto de vista do ser natural, a água, o frio, a pressão atmosférica etc. pertencem à natureza, essas formas de transformação também são do mesmo gênero. Não queremos, aqui, utilizar a expressão de valores iguais, pois os processos naturais são em sua essência estranhos ao valor, e do seu ponto de vista ontológico é totalmente indiferente quantas e quais consequências cada uma dessas maneiras de transformação pode ter concretamente. Bem diversa é a situação no ser social. No metabolismo da sociedade com a natureza (dessa vez tomada no sentido mais amplo), existem na imensa maioria dos casos limites superiores e inferiores de constituição da matéria, no interior dos quais um ato desse processo pode ser em geral exequível, bem como um ótimo e um péssimo da constituição da matéria na execução prática dos pores teleológicos. Se os seres humanos destacam com ênfase especial esses pontos nodais nesse metabolismo, tocam fundamentos autenticamente ontológicos de sua própria práxis, sem eliminar, com isso, a continuidade da conversão entre quantidade e qualidade na natureza, sem com isso modificar sequer seu ser-em-si natural. Apenas indicam em que casos aparecem pontos nodais socialmente importantes. É compreensível que no curso do desenvolvimento social, também na objetividade puramente social, que, é claro, não pode ser representada como "natural em si", separada da práxis social, apareçam problemas do ser que, para a práxis, em dadas circunstâncias, efetuam modificações fundamentais. Pensemos na tese de Marx corretamente defendida por Engels contra Dühring, de que nem toda a soma de valor pode funcionar como capital, mas que para isso é indispensável um *quantum* mínimo[40]. Que tal *quantum* de valor não seja um ponto-limite definitivamente fixado, como o esfriamento da água, mas seja submetido a permanentes transformações históricas, não contradiz a justeza ontológica objetiva da constatação de Marx, muito antes a concretiza, porque nisso, assim como nos problemas do "metabolismo com a natureza", se tratam de problemas ontológicos do ser social, que, mesmo quando sua matéria pertence à natureza, não podem nem devem ser simplesmente identificados com os casos da ontologia da natureza. Vê-se isso muito claramente no último exemplo apresentado por Engels nessa polêmica. Ele cita uma máxima estratégica de Napoleão I, segundo a qual dois mamelucos eram incondicionalmente superiores a três franceses. Segue uma lista de comparações numéricas entre os dois grupos, que conclui: "1.000 franceses sempre derrotaram 1.500 mamelucos"[41]*. De um lado, está claro que em todas as comparações numéricas citadas, como também nas não citadas, se expressam relações militares de quantidade e qualidade. O último caso assume para Engels uma significação específica, polêmica e importante nesse ponto, porque nessa relação de cifras se apresenta um momento crítico, isto é, porque a disciplina da cavalaria francesa pode ser na prática concretizada como superioridade militar em relação aos mamelucos. Cada elo dessa corrente, porém, expressa, em si, no ser natural, uma relação qualitativa entre duas quantidades que consis-

---

[40] *Anti-Dühring*, MEGA, p. 128-9.

[41] Ibidem, p. 123.

* "Para terminar, invocaremos ainda um testemunho em favor da conversão da quantidade em qualidade, e esse testemunho será Napoleão, que descreve como se segue o combate da cavalaria francesa – mal montada, mas disciplinada –, que com os mamelucos, incontestavelmente, a melhor cavalaria de seu tempo para o combate individual, mas indisciplinados: 'Dois mamelucos eram, em absoluto, superiores a três franceses; cem mamelucos e cem franceses se equivaliam; trezentos franceses superavam comumente trezentos mamelucos, mil franceses derrotavam sempre mil e quinhentos mamelucos", em Friedrich Engels, *Anti-Dühring* (Buenos Aires, Claridad, 1972), p. 139-40.

tem em elementos heterogêneos. Só no último segue – no sentido puramente social – uma conversão socialmente relevante: a possibilidade prática da concretização em um caso único da concepção estratégica de Napoleão em sua campanha oriental. Mas esse fato continua sendo correto, ainda que se trate de um metabolismo com a natureza, e não de processos sociais puros. O conhecimento dos nexos pode prosseguir, assim, de modo que já não se presuma nenhum ponto fixo de conversão, mas que nos acostumemos a reagir a esse processo como a um processo. Lembremos as mudanças patológicas da temperatura humana, que já hoje tratamos como processos – até com diferentes gradações individuais. Hoje, um "limite da febre" como "ponto de conversão" quantitativamente determinado, já passaria por ingenuidade.

A definição e a limitação aqui realizadas de duas situações ontológicas por vezes estreitamente ligadas não é mera trivialidade. Realizar tal operação com coerência não é indiferente nem mesmo para o destino das concepções filosóficas marxianas. Se, pois, compreende-se por dialética da natureza um sistema unitário em si homogêneo, da contraditória constelação ontológica do desenvolvimento da natureza e da sociedade, da mesma forma que acontecia predominantemente na "ortodoxia" marxista depois de Engels, surge necessariamente um protesto justo contra tal homogeneização mecânica das categorias ontológicas, da legalidade etc. na natureza e na sociedade, que tem como resultado, na maioria dos casos, um retorno gnosiológico ao dualismo burguês. Também hoje se percebem, em Sartre, sinais claros desse engano. Somente quando a ontologia do marxismo for capaz de praticar coerentemente a historicidade como fundamento de qualquer conhecimento do ser no sentido do profético programa de Marx, só quando, reconhecendo determinados princípios últimos comprováveis e unitários de todo ser, passam a ser compreendidas corretamente as diferenças por vezes profundas entre as esferas ontológicas particulares e a "dialética da natureza", já não mais se apresenta como uma equalização uniformizante de natureza e sociedade, que muitas vezes deforma o ser de ambas de várias maneiras, mas como pré-história em termos categoriais do ser social. Quando corretamente elaborada e aplicada, a dialética de continuidade e descontinuidade, de unidade última e antítese concreta, adquire seu predomínio na ontologia em um sentido autêntico – porque histórico – que também leve em conta os processos de desenvolvimento em sua desigualdade. Só com isso a verdade dialética, o ser como processo irreversível (portanto: histórico) de complexos processuais, pode conquistar na teoria marxiana o posto que lhe é devido, objetivamente, como resultado da natureza da coisa mesma.

Nossas considerações, não apenas estas de caráter introdutório geral, mas toda nossa tentativa, jamais podem pretender reconduzir sistematicamente a seus fundamentos ontológicos todos os problemas da teoria das categorias que se apresentaram na história do pensamento humano. Nossa única intenção é esclarecer em alguns casos, fundamentais do ponto de vista dos princípios, a prioridade do ser, atingida e praticada por Marx, no surgir e agir, no modo de ser e interagir, na autoconservação e nas mudanças das categorias, para abrir o caminho de uma verdadeira teoria categorial em que as categorias realmente figurem como "formas de ser, determinações de existência". Quer dizer, isso acontece com a firme confiança de que o desenvolvimento sócio-histórico atual que conduz ao presente colocou na ordem do dia esse questionamento como um problema a ser atualmente resolvido, e que por isso – assim espera o autor – se encontrará, por esforços coletivos, também sua solução teoricamente mais abrangente e que melhor corresponda à realidade.

Portanto, aqui se poderiam e se podem apenas levantar algumas questões de importância central e, nestas, a finalidade principal é o efeito exemplar da tentativa da crítica. Desse ponto de vista também, evitando abordar problemas singulares, devemos tratar muito resumidamente a questão das categorias modais. O fato é que o número daquelas mudanças de funções das categorias, que ocorrem em cada transição para uma nova maneira do ser é muito maior do que estamos habituados a imaginar. Já indicamos alguns exemplos de tais mudanças categoriais e, quando for necessário, voltaremos a fazê-lo nas considerações a seguir, mas sem nenhuma ilusão de esgotar esse problema. Só para ilustrar essa situação, apresento aqui uma afirmação de Marx. Na medida em que, na seção introdutória de O *capital*, analisa uma categoria econômica tão importante quanto o valor de troca, ele chega a uma verificação correta: "O valor de troca pode ser, aliás, apenas o *modo de expressão*, 'forma fenomênica' de um conteúdo distinguível dele"[42]. É evidente que, para todo ser natural, a forma fenomênica só pode se originar da identidade da objetividade que a desencadeia. Em que medida essa constatação de Marx vale também para

---

[42] Marx, *Kapital*, I, p. 3.

outras objetividades sociais, exigiria, já por si, amplas análises particulares que é impossível realizar aqui. Portanto, só mencionamos o caso para ao menos indicar o campo hoje dificilmente ignorável das novas formas categoriais, suas transformações e princípios de transformação no ser social. Se, concluindo esse raciocínio sobre a verdadeira constituição das categorias singulares que nos foram transmitidas pela história da filosofia, passarmos para o grupo das chamadas categorias modais, fazemo-lo principalmente porque estas, mais estreitamente ainda do que a maioria das outras na práxis humana, são submetidas por inter-relações com essas modificações, ainda mais importantes. Naturalmente, trata-se aqui também de um processo geral, que só a peculiaridade do ser social, e também esta somente no curso de seu próprio desenvolvimento, pode vir a se realizar de modo mais claro. No entanto, determinadas modificações são aqui possivelmente ainda mais evidentes. A relação com a práxis humana aqui age com energia. Enquanto, por exemplo, quantidade e qualidade em Kant foram tratadas de modo totalmente separado e, como vimos, também em Hegel ocorre a tentativa – fracassada – de apresentá-las como tendo surgido separadamente e só em um segundo momento apresenta-as se relacionando entre si de maneira inseparável, as categorias modais sempre aparecem na prática como um grupo inseparavelmente ligado, como um complexo.

Está contido aí, muitas vezes de maneira pouco consciente, considerar sua estreita ligação com a práxis social. Isso naturalmente se relaciona apenas com o conhecimento, com a caracterização, com a avaliação dessas categorias, portanto, com sua reprodução intelectual, e não com a constituição das categorias mesmas, no processo de surgimento de novas formas do ser. Mas, antes de passar para análises particulares, é preciso aludir brevemente à diferença entre a concepção ontológica e a da lógico-gnosiológica de seu ser, já em seu agrupamento hierárquico. Ao passo que, em toda consideração ontológica, precisamente nesse caso, o ser deve constituir o centro fundante e medida geral de toda diferenciação, para a gnosiologia e para a lógica, ao revés, é forçosamente a necessidade o centro determinante de tudo. Em Kant, essa subordinação hierárquica é um princípio tão decisivamente determinante que o ser nesse contexto categorial só pode ser introduzido como uma existência especificada no mundo dos fenômenos. O ser mesmo (o ser-em-si) foi concebido gnosiologicamente por Kant como incognoscível por princípio. Por isso, o papel central da necessidade já aparece ali de forma um tanto atenuada. É evidente, e não necessita de discussão detalhada, que em toda visão de mundo religiosamente determinada, a necessidade tem de desempenhar um papel multilateral privilegiado, como essência e modo de manifestação do divino transcendente. (Por vezes, eventualmente já em Homero, aparece o "destino" abstrato-necessário, que nem os deuses modificam, como forma ainda mais elevada, transcendente e sublime, até suprarracional da necessidade.) Sem analisar aqui detidamente esse complexo, podemos dizer que essa posição central da necessidade em sistemas religiosamente determinados ou apenas codeterminados se liga estreitamente às tendências conservadoras da economia e da superestrutura nas sociedades pré-capitalistas. Enquanto a tradição na economia e na superestrutura tiver um papel condutor, sua exemplaridade precisa ser ideologicamente fundada para a práxis atual por meio de algum tipo de necessidade. Portanto, não é de surpreender que, nas grandes filosofias modernas, que foram chamadas a consagrar no plano da concepção de mundo da nascente cientificidade, o desenvolvimento, o progresso como conceitos de valor decisivos, ideológicos, surgidos da nova economia, e de colocar a necessidade no centro – que aparece especialmente na natureza – como poder despersonalizado que domina o mundo – para substituir assim a determinação divina do mundo por essa autodeterminação por meio da necessidade. Portanto, não é casual que, na mais monumental e duradoura corporificação dessas tendências, a filosofia espinosiana do *Deus sive natura* construído no *more geometrico* (de maneira desantropomorfizante), a necessidade adquira um papel central, que decide categorialmente tudo. Já no *Breve tratado* se fala sobre as leis de Deus, sobre a corporificação última da necessidade de modo tal que "as leis de Deus não são de tal natureza que se possam violar"[43]. Na grande *Ética*, essa concepção assume uma culminância explícita. A "natureza das coisas" é assim determinada: "*Na natureza das coisas não existe nada casual, mas tudo é determinado devido à necessidade da natureza divina, para existir e agir de certa maneira*"[44]. Assim, razão, sabedoria etc. da parte do sujeito adequado à autêntica realidade liga-se inseparavelmente com a visão dessa necessidade: tal sujeito é "consciente de si mesmo, de Deus e das coisas segundo uma certa necessidade eterna"[45].

---

[43] Espinosa, *Werke*, I, cit., p. 101.
[44] Ibidem, p. 27. *Ética*.
[45] Ibidem, p. 275.

Se vemos, no sistema de Hegel, a tentativa de tornar dinâmico-histórico esse lado de Espinosa certamente não esgotamos sua essência, mas certamente tocamos um de seus aspectos metodológicos e de conteúdo essenciais. Isso porque toda a estrutura lógica do sistema hegeliano é conduzida essencialmente pelo esforço de conferir à realidade já não concebida como estático-"eterna", mas como histórico-dinâmica, a mesma necessidade absoluta e inabalável que estava contida no *Deus sive natura* de Espinosa. Já na dedução lógica do ser pudemos ver que das muitas etapas decisivas surgiriam contradições insolúveis. Contradições muito semelhantes aparecem quando a lógica da essência, em muitos aspectos tão fecunda no plano ontológico, prossegue em direção ao absoluto. No programa de sua introdução, Hegel determina a função ontológica de sua lógica no seguinte sentido:

> A Lógica deve, pois, ser concebida como sistema da razão pura, como reino do puro pensamento. *Esse reino é a verdade, como existe em e para si, sem envoltório. Por isso podemos dizer que esse conteúdo é a representação de Deus, tal como Ele é em seu ser eterno antes da criação da natureza e de um espírito finito.*[46]

Para executar totalmente esse projeto, a realidade não pode ter em Hegel nem uma unitariedade ontológica, como em Espinosa, nem pode tornar-se um processo efetivo – ontológico – como mais tarde em Marx, mas precisa introduzir-se nessa hierarquia lógica como realidade formal, real e absoluta. Depois da análise lógica dos tipos inferiores, Hegel determina assim a sua terceira e mais elevada fase dominada pela necessidade: "Essa realidade, *que é ela mesma necessária como tal*, na medida em que contém a necessidade como seu *ser-em-si*, é uma *realidade absoluta* – realidade que não pode mais ser outra, pois o seu *ser-em-si* não é a possibilidade, mas a necessidade mesma"[47]. No curso do desenvolvimento do capitalismo, a necessidade perde esse *pathos* metafísico-transcendente, mas, especialmente no método filosófico das ciências naturais, preserva seu lugar central no complexo das categorias modais, apesar de todos os novos problemas que surgem e se acentuam. A problemática que gradativamente se desenvolve se expressa nas conclusões muito divergentes que se tiram filosoficamente dessa concepção da na-

---

[46] Hegel, *Werke*, v. 3, cit., p. 33.
[47] Ibidem, v. 4, p. 206.

tureza. Assim, para a chamada Escola de Marburgo (Cohen, Natorp), ela ainda permanece o fio condutor de todo conhecimento científico, enquanto em Windelband-Rickert a metodologia da História repousa precisamente no fato de que para ela essa importância constitutiva da necessidade é negada. A crescente eliminação do próprio ser da imagem de mundo da teoria da ciência positivista pretende remover do pensamento todas essas contradições como formulações falsas da questão, mas como, com isso, também se elimina a relação com o próprio ser, só pode surgir um caos subjetivista, uma arbitrariedade subjetivista em toda a doutrina das categorias. (Não podemos nos deter aqui nas novas contradições irracionalistas que daí surgiram.)

Sob tais circunstâncias, na necessária luta cotidiana contra a presença do idealismo filosófico, certamente poder-se-á encontrar, mesmo em Marx, em comentários isolados muito gerais, ecos de concepções contemporâneas. Nas análises concretas das descrições decisivas – manifestas ou tácitas – que passam para os problemas categoriais, desaparece inteiramente essa fetichização da necessidade. Mas ela permanece por muito tempo, no círculo mais amplo de seus seguidores. Lembremos, por exemplo, que Lassalle sempre fala de uma "lei férrea do salário", em que já se manifesta verbalmente a velha posição central da necessidade. Mas quando Marx, que sempre encarou essa determinação com desdenhosa ironia, começa a falar concretamente no mais-trabalho, este é concebido como o resultado processual de componentes estreitamente ligados, mas heterogêneos em si, no interior de um complexo social. Marx demonstra aqui que a legalidade interna da economia capitalista só consegue determinar os limites superior e inferior do mais-trabalho (para capitalistas e trabalhadores respectivamente como compradores e vendedores dessa mercadoria). A respectiva grandeza concreta é estabelecida, a cada vez, histórica e concretamente, pela luta, pela violência social. Assim, e só assim, pode nascer da legalidade do desenvolvimento econômico a luta de classes como campo necessário dos resultados ontológicos concretos[48]. Por razões sócio-ontológicas muito parecidas, a teoria, por longo tempo dominante, da "pauperização" mostra-se uma abstrata construção fetichizante que contradiz a teoria social de Marx. Engels, já antes do predomínio teórico da

---

[48] Marx, *Kapital*, I, p. 196.

"pauperização", na *Crítica do Programa de Erfurt*, protestou contra tal generalização (mais uma vez: necessidade ou realidade como categoria central!) e, assim como Marx, apelou para a força real das organizações de trabalhadores que operavam em sentido contrário[49].

Percebe-se de tudo isso que Marx e aqueles que realmente o seguiram no plano teórico também aqui romperam com a velha teoria categorial (neste caso com o velho conceito da necessidade), que sua teoria estava orientada para os processos irreversíveis e compreensíveis apenas por aproximação na inter-relação de complexos. Mas também revela que a correta práxis socialista só pode ser possível com base em tal postura teórica. Destacamos especialmente a análise do mais-trabalho ou da pauperização porque estes – exatamente por sua importância teórica central – influenciaram decisivamente a práxis. Quem pensar que na economia capitalista o mais-trabalho no velho sentido é determinado como "necessário", não entenderá que apenas a partir de sua constituição real se pode derivar teoricamente e concretizar de maneira prática a possibilidade da luta de classes pela sua limitação, sua redução etc. O reconhecimento de que o ser (também o social, este até de modo bem explícito) é um processo irreversível de relações mútuas de complexos eles mesmo processuais, expressa não apenas – segundo o estágio atual de nosso conhecimento da verdadeira constituição do ser – tudo isso da maneira mais adequada, mas também, exatamente por isso, obtém a mais eficaz postura teórica com uma práxis correta, ao mesmo tempo elástica e fundada sobre princípios. Quem seguir atentamente o desenvolvimento ideológico dos movimentos de trabalhadores influenciados pela teoria de Marx, certamente verá que os desvios oportunistas em relação ao marxismo retornam predominantemente para a velha concepção mecânico-absolutizante do desenvolvimento econômico-social necessário, enquanto os sectários em geral isolam artificialmente o fator subjetivo-prático de suas bases ontológicas (*Fischer sobre O. Bauer*). Assim, surge ou uma posição teórica que tem de limitar, até inibir, toda práxis universal social efetivamente operante, ou uma posição que subjetivamente a isola de sua única base ontológica legítima, da totalidade dinâmica do processo econômico-social no seu conjunto.

---

[49] Marx-Engels, *Kritiken der...*, Berlim, 1928, Elementarbücher des Kommunismus, v. 12, p. 59.

A necessidade generalizada de maneira fetichista, tornada mecânica pela atribuição de universalidade, condiciona amplamente também os erros ontológicos na concepção do acaso. A absolutização da necessidade conduz, se pensada radicalmente até o fim, a uma negação da possibilidade objetiva, ontológica, da existência do acaso. Segundo o que descrevemos até aqui, não é surpreendente que essa postura absoluta e negativa em relação ao ser do acaso tenha recebido também em Espinosa sua mais decisiva formulação. Ele diz, na Tese 29 da *Ética*: "na natureza das coisas não existe nada casual, mas tudo é determinado devido à necessidade da natureza divina, a existir de determinada maneira e assim agir". Isso significa, como Espinosa diz na "demonstração" da tese, que "não existe nada por acaso"[50]. Com outras ponderações, seu contemporâneo Hobbes chega a uma negação parecida em última análise do acaso. Em *De corpore*, ele diz, ao tratar da relação entre possibilidade e realidade: "Chamamos efeito necessário aquele que não podemos de modo algum impedir; por isso, tudo o que ocorre, que aparece, é necessariamente produzido"[51]. Hobbes toca aqui, de maneira bastante consequente, um aspecto ontológico que exerceu grande influência especialmente sobre as teorias da necessidade predominantemente fundadas nas ciências naturais: aquilo que aconteceu, uma vez acontecido (como sempre!), só pode ser algo imutável. Isso é sem dúvida a constatação correta, na imediatidade de um aspecto essencial de todo ser. Do destino homérico até a predestinação de Calvino, ela desempenha, nas imagens de mundo religiosas, interpretada de maneira transcendente-teleológica, um papel importante. Aqui acontece uma troca insuperável para todo ser humano, que é a inalterabilidade prático-real daquilo que aconteceu, uma vez que tenha acontecido, portanto, de todo o passado, que, pela admissão ontológica da necessidade no lugar da realidade, adquire também uma consagração transcendente. Levam para isso as considerações também de filosofias naturais materialistas, segundo as quais o atual ser-aí e ser-assim de todos os existentes "necessariamente" tem de ser derivado das antigas constituições do ser. A isso também chega Hegel, quando no prólogo da sua *Filosofia do direito* diz, referindo-se

---

[50] Espinosa, *Werke*, I, cit., p. 27.
[51] Hobbes, *Grundzüge der Philosophie*, primeira parte: "Lehre vom Körper", Leipzig, 1915, p. 127.

a Platão: "*O que é racional é real; e o que é real é racional*"[52]. Não é preciso comentar que aqui o racional só se distingue formal-terminologicamente da necessidade, não importando como é concebida. Hegel aponta apenas terminologicamente para a origem humano-intelectual dessa constatação pretensamente ontológica. No essencial, surge com isso – também em filósofos materialistas da natureza – um fatalismo mecânico, que, se pensado até o fim de forma consequente, se relaciona tanto com o ser-assim das mais claras exteriorizações da vida do cotidiano, quanto com as mais elevadas realidades e acontecimentos na natureza e sociedade.

Antes de entrarmos na necessária correção de tais concepções do ponto de vista do ser processual, corretamente concebido, falaremos brevemente sobre o aspecto gnosiológico dessa concepção, que não deixa de ter importância positiva para o domínio teórico-prático do ser. Tanto Espinosa quanto Hobbes acentuam o momento do caráter subjetivo das afirmações dos homens, a respeito da possibilidade de conceber ou não de modo casual um fenômeno. Com isso, certamente, cada uma dessas posturas é rejeitada a *limine*, mas – querendo ou não – com essa avaliação se toca num importante momento de avanço no processo do conhecimento do ser. Do ponto de vista do desenvolvimento espiritual da espécie humana em seu curso sócio-histórico, é fato continuamente recorrente que determinado fenômeno seja julgado casual devido ao desconhecimento das forças que o movem, e, apenas em fases posteriores e mais elevadas do domínio social do ser podem se enxergar a origem de tais determinações desconhecidas na fase anterior. Para dizer a verdade, essa aparente convergência entre os dois tipos de ontologia é, de fato, só aparente. Pois, na descoberta da constituição não casual de tais fenômenos, o julgamento imediatamente falso pode ser concebido tanto como desconhecimento da validade universal da necessidade absoluta quanto como passo para o conhecimento correto do ser enquanto processo. Essa oposição de princípios não pode revogar o fato de existirem certamente casos em que as duas tendências se cruzem inconscientemente.

Se tentarmos abordar a necessidade e a casualidade no âmbito do ser real, também precisamos agora partir de nossa visão fundamental: o ser consiste

---

[52] Hegel, *Rechtsphilosophie*, Phil. Bibl., v. 124, p. 14.

de inter-relações infinitas de complexos processuais, de constituição interna heterogênea, que tanto no detalhe quanto nas totalidades – relativas – produzem processos concretos irreversíveis. Como demonstramos repetidamente, esses processos constituintes dos complexos só podem ser compreensíveis em sua efetiva mobilidade, e por isso o resultado pode ser apenas uma probabilidade estatística – maior ou menor, segundo as circunstâncias. Para a práxis humana – incluindo ciência e técnica –, resulta assim que a alta probabilidade de um curso processual qualquer deve ser tratada como necessária, sem provocar erros práticos, pois os desvios da norma esperada ou estabelecida não são decisivos para a práxis. Mas com isso apenas se circunscreveu abstratamente a consequência última do desenvolvimento do conhecimento, principalmente dos processos naturais. A práxis da espécie humana tanto no metabolismo com a natureza quanto no próprio desenvolvimento social (aqui, especialmente: graças à obra de Marx) também concretizou a concepção da própria necessidade, colocando-a em condições de fundar teoricamente, de maneira fecunda, uma tal práxis.

Com isso, pensamos no seguinte: o avanço para um conhecimento mais preciso do ser mostra sempre que, também ali onde os resultados de um processo se realizam sem exceção, parecendo, portanto, necessários no velho sentido, nunca se trata de algo que funcione sem pressuposições muito determinadas no plano ontológico, mas, ao contrário, sempre é realizado por determinados resultados concretos de determinadas circunstâncias ontológicas. Em resumo: tudo o que costumamos chamar necessidade é, na sua essência, a forma mais generalizada de cada um desses cursos processuais concretos; portanto, ontologicamente uma necessidade "se... então". Pensemos em um exemplo tão extremo quanto o passar de cada organismo uma vez existente, que reproduz a si mesmo e à sua espécie. O fato é que, quando um organismo surge como reprodutor de si mesmo e de sua espécie, com esse processo está objetivamente posto também um determinado fim desse ser. Surgimento, crescimento e desenvolvimento, bem como fim do processo são elos de todo processo "se... então", no qual apenas a vida orgânica está em condições de se realizar sozinha, tornando-se um ser singular. Essa relação necessária, porém, não se limita ao processo ontológico dos organismos. Os defensores da necessidade *sans phrase* costumam, nesses casos, esquecer que as maiores e mais inovadoras descobertas no território do ser natural foram obtidas com a ajuda de experiências. Mas o que é – considerada do ponto de vista do ser – a experiência? O isolamento artificial ontológico de tais momentos "se... então" em relação aos outros inumeráveis momentos, que costumam acompanhar essa "necessidade" no complexo total real do ser. Galileu estudou a "queda livre" no vácuo para poder expressar de maneira pura, por meio de exclusões desse gênero, o componente "se" que tem predomínio nessa determinação. Esse caso puro também da necessidade "se... então", porém, existe apenas na experiência – teleologicamente posta e que a isola. No próprio ser, essa relação "se... então" é apenas um componente de um complexo também concretamente determinado, ainda que muito frequentemente desempenhe um papel dominante nesse complexo.

Talvez seja supérfluo acrescentar que as chamadas "necessidades fundadas nas ciências naturais" têm na economia marxiana um caráter "se, então" acentuadamente enfático. Menciono apenas a tendência de queda da taxa média de lucro, cujo fundamento social ontológico (o seu "se") Marx derivou daquela fase de desenvolvimento capitalista que torna possível e efetiva uma transferência do capital em direção ao lucro mais alto[53]. O que chama ainda mais a atenção é que, como conclusão da análise das leis necessárias mais gerais do capitalismo, ele introduz a descrição grandiosa da "acumulação primitiva", para aqui determinar com clareza decisiva a pressuposição teórica de cada uma de suas legalidades, conforme sua essência, como "necessidades se... então". Ele resume assim o resultado da acumulação primitiva:

> A coerção muda das relações econômicas sela a dominação do capitalista sobre o trabalhador. Violência direta, extraeconômica, será sempre aplicada, mas só por exceção. Para o curso normal das coisas, o trabalhador pode ficar entregue às "leis naturais da produção", isto é, sua dependência do capital, que nasce das próprias condições de produção, garantida e eternizada por elas.[54]

Isso é um momento essencial da assim chamada acumulação primitiva. E ele repete mais uma vez essa afirmação, num resumo lapidar, polemizando com ironia, consciente e claramente, contra a concepção geral mecânica da necessidade: "*Tantae molis erat* parir as '*eternas leis da natureza*' do modo

---

[53] Marx, *Kapital*, III, I, p. 175.
[54] *Kapital*, I, p. 703.

de produção capitalista"[55]. Marx encara aqui, pois, todo o sistema de leis econômicas como um complexo de "necessidades se... então tornadas históricas". Outra coisa seria não compreender o processo histórico que o capitalismo – em nosso sentido – produziu como necessário, sem ser a partir do processo irreversível do ser social. Quando décadas depois Lenin fala do caminho prussiano e americano do desenvolvimento agrário no capitalismo, de suas consequências para seu desenvolvimento, continua concretizando essa "concepção se... então" de sua necessidade. Nesta, o "se" aparece como uma sociedade na qual, devido à sua constituição específica (casual), não se exigiu objetivamente nenhuma "acumulação primitiva" como gênese; naquela, mostra-se uma forma de gênese que não precisou mudar a estrutura feudal da economia agrícola para produzir um capitalismo altamente desenvolvido. Os "acasos" históricos como fundamentos das diferenças nessas duas formas do "se... então" determinam amplamente os desvios de desenvolvimento da sociedade capitalista nos EUA e na Alemanha-Prússia, embora em ambas tenham surgido as formas mais desenvolvidas dessa economia.

No entanto, com tudo isso, só se descreveu, dentro da concretização ontológica da necessidade, um dos tipos de sua coordenação ontológica com a casualidade: inter-relação das determinações no interior de um complexo processual, que parecem normalmente estar ligadas com a tendência dominante do processo, mas que, em relação ao seu ser, não podem nunca perder a sua natureza heterogênea nem ao menos enfraquecê-la. Por isso – exatamente em sua heterogeneidade – elas podem tornar-se componentes daquela resultante que se origina do processo total de cada complexo. Assim, de grande parte das relações em si casuais de momentos ontológicos ligados entre si, cada componente é introduzido nos processos irreversíveis de cada complexo processual. Essa interação incorpora a casualidade "pura" de seus componentes na resultante, na medida em que dessa interação brota um processo unitário irreversível – no resultado. Sua irreversibilidade, porém, não é determinada em última análise, de forma episódica, pela intensidade com que as casualidades nascidas de sua heterogeneidade mútua atuam em seus componentes.

---

[55] Ibidem, p. 725.

Isso é uma característica ontológica geral da maioria dos processos irreversíveis. Mas, sem uma análise detalhada, é evidente que essa tendência, com as oposições, tensões etc. dela originados, extensa e intensamente, se torna tanto mais forte quanto mais complicada a estrutura de cada ser no qual ela atua. Não é exagero constatar que no ser social essa intensificação se torna tão decisiva que tendemos a ignorar os traços comuns – muito gerais – em todos os sentidos. As inovações metodológicas na física moderna são tão importantes filosoficamente porque só com sua ajuda a continuidade existente das categorias gerais parece mais convincente do que na antiga concepção dos processos naturais, especialmente na natureza inorgânica. Se daí se seguiu uma contraposição rigidamente excludente das duas maneiras do ser, que exclui qualquer traço comum, ou uma aplicação ontologicamente inadmissível da estrutura das legalidades inorgânicas ao ser social, nada muda na insensatez filosófico-metodológica dessa situação. O fato de que, no afastamento dos "adeptos" de Marx de seu método, a segunda variante desempenhou um papel mais importante do que a primeira, também não muda o fato de que ambas devem ser criticamente rejeitadas.

Com isso, no entanto, ainda não se esgotaram as inter-relações ontológicas de tendências, forças, constelações etc. que estávamos habituados a designar como necessárias e casuais. Na inter-relação de complexos processuais – muitas vezes bastante diferentes – entre si, o surgimento de uma unidade processual, tendencial, duradoura, que opera por contradições não é o único caso existente. Também podem, frequentemente – e de maneira mais intensa com o desenvolvimento de formas do ser mais complexas –, produzir cruzamentos nos quais a operatividade de tendências em cada um dos componentes participantes, considerado por si o resultado final, possui um fundamento causal fechado (portanto, podendo até ser considerado necessário no velho sentido), cujo encontro, porém, tem como fundamento uma casualidade insuperável. Pensemos no exemplo tantas vezes citado de que uma pedra caia na cabeça do pedestre, do telhado da casa pela qual está passando. Ninguém negará que a queda da pedra é "necessária" do ponto de vista físico; que o pedestre estivesse mesmo passando por ali, também pode ser considerado "necessário" (por exemplo, indo para o seu local de trabalho). Mas o resultado, o cruzamento concreto de duas "necessidades", pode ser apenas algo casual. Acontecimentos desse tipo são constatados a toda hora na natureza. Mas não há dúvida de que sua frequência aumenta necessariamente com o surgimento de formas mais complicadas do ser. O mero fato de que justamente as formas mais essenciais de movimento de um tipo complexo do ser se contrapõem heterogeneamente aos mais simples, já produz um grande espaço para nexos desse tipo. Isso é visível na inter-relação da natureza orgânica e inorgânica, em que as mais importantes leis internas da reprodução da primeira costumam estar em uma relação amplamente casual com a segunda. A começar pelo simples fato de que uma planta receba sol demais, de menos ou suficiente, para poder se reproduzir em conformidade com seu gênero. Esse espaço das casualidades inevitáveis, no plano ontológico, se amplia até a permanência ou o desaparecimento dos exemplares animais em suas circunstâncias de vida normais, até a aniquilação ou o renascimento de raças no mundo animal.

No ser social, essa constelação assume uma intensificação qualitativa. Já sua base primária, aquilo que Marx chama metabolismo da sociedade com a natureza, produz forçosamente tal intensificação. Sua base está em grande parte no momento mais essencial da adaptação humana (ativa) ao ambiente, no pôr teleológico que fundamenta o trabalho. Como aqui, tanto no próprio processo de trabalho (incluindo constituição e uso das ferramentas) como no produto do trabalho e no seu uso, emerge incessantemente essa constelação, surge desde o começo uma reação teleológica a tais casualidades. Já a distinção avaliativa não eliminável da práxis cotidiana e sua linguagem, de acasos favoráveis e desfavoráveis, mostra nitidamente essa nova situação. A objetividade da natureza inorgânica não conhece nada disso; no processo de reprodução dos organismos, essa distinção aparece objetivamente, mas só objetivamente. Sua conscientização subjetiva no ser social, porém, se torna uma parte constituinte importante do próprio ser social, porque se torna um momento dinâmico dos pores teleológicos. Os acasos são observados, analisados, tipificados etc., para aproveitar os favoráveis, e evitar tanto quanto possível os desfavoráveis. Basta pensar nas mais diferentes prescrições de relacionamento, nas regulamentações do próprio processo de trabalho, para perceber a importância da prevenção contra os acasos desfavoráveis. E, na avaliação da própria atividade laborativa, é bem visível o grande papel desempenhado pela habilidade em se aproveitar dos acasos favoráveis. Tomemos como exemplo apenas, nos estágios iniciais da cultura do trabalho, o piloto de um barco a vela. Em suas viagens aparecem, pode-se dizer quase regularmente, calmaria e ventos nas mais diversas e inesperadas direções, tempestades etc. O aproveitamento correto desses fenômenos ou sua prevenção é um critério importante para avaliar o domínio que o piloto realmente tem de sua profissão. Entretanto, seria um erro grave pensar que tais constelações caracterizam apenas os primórdios do ser social. Ao contrário. Quanto mais desenvolvido e socializado o trabalho, tanto mais importante se torna o aproveitamento bem-sucedido de tais momentos. É impossível negar, por exemplo, que o motivo acima aludido tenha no tráfego crescente de carros um papel incomparavelmente maior do que no transporte antigo, dos veículos puxados a cavalo. E, quanto mais perfeitos se tornam os aviões, tanto maior o papel desse momento para eles e assim por diante. Deixando de lado o detalhamento supérfluo e indo diretamente para um problema principal, pode-se dizer que o processo que Marx caracteriza como recuo das barreiras naturais, como um dos momentos centrais do desenvolvimento humano, acarreta precisamente o desdobramento universal desses momentos casuais no âmbito de toda a conduta de vida do homem.

Em *A ideologia alemã*, Marx trata da diferença ontológica essencial entre a vida dos seres humanos nas sociedades pré-capitalistas e no capitalismo, e mostra que mudança ontológica importantíssima se verifica na questão decisiva para toda conduta de vida de cada um: "Surge uma diferença na vida de cada indivíduo, na medida em que for pessoal e subsumida a qualquer ramo do trabalho e das condições que dele fazem parte". E, num olhar histórico retrospectivo, acrescenta:

> Isso ainda está encoberto no estamento (e mais ainda na tribo), por exemplo, um nobre é sempre um nobre, um plebeu é sempre um plebeu, independente de suas demais relações, uma qualidade inseparável de sua individualidade.

E conclui essa retrospectiva constatando:

> A diferença entre o indivíduo pessoal e o indivíduo da classe, a casualidade das condições de vida para o indivíduo, só aparece quando surge a classe, que é, ela mesma, produto da burguesia. Apenas a concorrência e a luta dos indivíduos entre si produz e desenvolve essa casualidade como tal.[56]

---

[56] MEGA, I/5, p. 65-6.

Como, em outros contextos, já abordamos a importância dessa situação casual na conduta de vida de todo ser humano para o desenvolvimento de sua individualidade, aqui podemos simplesmente nos remeter para essas considerações. O fato de que Marx, nas considerações que citamos, indique que a tendência, assim surgida, de libertação do homem no capitalismo é uma iliberdade fática, na medida em que ainda está subsumida a poderes reificados, não reduz de modo algum a importância dessa constatação do ponto de vista histórico. Não é preciso destacar em especial que, segundo a concepção marxiana da história, a verdadeira transição para o "reino da liberdade" só se torna possível partindo da base capitalista, mediada pela revolução social e pelo socialismo. O fato de que o fundamento de toda existência sócio-humana se torne casual deve representar, pois, um avanço objetivo nessa direção em comparação com sociedades anteriores, que estavam vinculadas à natureza.

Acreditamos que, para as questões principais da concepção marxiana da história, nunca é demais valorizar a importância da questão referente às constelações de desenvolvimento orientadas para eliminação da necessidade mecânica, do papel multiplamente positivo das casualidades em toda existência individual no interior das tendências dominantes. Sem dúvida, aqui existe uma daquelas tendências de desenvolvimento social, no plano ontológico, que possibilitam uma autêntica generidade humana, na medida em que vai muito além de qualquer "mutismo" natural do gênero, de qualquer "realização limitada" de formações primordiais. O tornar-se casual da base social da existência humana é no capitalismo, apesar de toda a negatividade e problematicidade inicial, um pressuposto indispensável desse caminho de desenvolvimento. E nada esclarece melhor a grandiosa unicidade do desenvolvimento intelectual de Marx que verificar como esse complexo de problemas já em seu primeiro trabalho teórico (a dissertação sobre Epicuro) teve um papel central. Naturalmente, não no sentido direto. Com certeza, não é verdade que Marx tenha simplesmente introjetado em Epicuro a primeira síntese intelectual de sua imagem de mundo, não ainda adequadamente desenvolvida, nem interior nem exteriormente, e nem mesmo à maneira de sua futura autointerpretação, como diz em uma carta a Lassalle: "que se encontrava *em si* nos escritos de Epicuro, mas não numa sistemática consciente"⁵⁷*. Ainda que se possa enxergar nessa carta um método geral de interpretação de pensadores anteriores, tal relação de Marx com Epicuro não pode ser considerada a mais decisiva. Mas pode-se indagar, justificadamente, o que teve Epicuro de tão atraente para o jovem Marx, e tão fecundo para uma análise detalhada? Com a mera palavra de ordem "materialismo" não podemos nem ao menos nos aproximar corretamente dessa questão, muito menos esgotá-la. Isso porque partes centrais desse trabalho estão dedicadas justamente à dura polêmica contra o outro grande materialista da história da filosofia grega, Demócrito. Embora para o jovem Marx instruído em Hegel, amigo de hegelianos radicais, a simpatia espiritual com o materialismo pareça ter sido natural, para a postura filosófica que então já atingira é também natural que Epicuro o atraísse precisamente porque, embora sendo ele próprio materialista, formava uma figura contrastante com Demócrito. (O próprio Hegel não notou esse contraste, pelo menos não o considerou filosoficamente relevante.)

O que é então o ponto filosoficamente essencial nesse contraste? À primeira vista, a declinação do átomo da linha reta. Isso, porém, seria apenas uma divergência da doutrina da natureza. O jovem Marx, porém, já vê nisso praticamente uma contraposição filosófica geral. Isso é muito importante, pois aqui Marx não defronta um Epicuro idealista – que jamais existiu – com o Demócrito materialista. Ele contrasta, muito antes, já na doutrina atômica, então relacionada com todo o ser, o materialismo desenvolvido de Epicuro

---

⁵⁷ *Briefwechsel zwischen Lassalle und Marx*, Berlim, 1922, p. 123.

* Trata-se de carta escrita por Marx a Lassale em Londres a 31 de maio de 1858. Ao contrário do que afirma Lukács, nessa carta, mesmo com algumas reservas, Marx elogia o trabalho feito por Lassalle sobre o pensamento de Heráclito, em que, servindo-se de seus fragmentos, conseguiu reconstruir "o sistema a partir de relíquias dispersas". Nessa medida, Marx compara tal empreitada com sua tese doutoral, afirmando que "fez um trabalho análogo sobre um filósofo muito mais fácil, Epicuro, isto é, a exposição do sistema na sua totalidade partindo dos fragmentos; um sistema, a propósito do qual eu de resto – como para Heráclito – estou convicto de *que se encontrava nos escritos de Epicuro apenas em si, mas não em uma sistemática consciente*" (em Karl Marx & Friedrich Engels, *Opere*, XL [Roma, Editori Riuniti, 1973], p. 588). Constata-se, portanto, que a questão em jogo nessa carta de Marx é o caráter sistemático do pensamento de Epicuro e não a de uma "autointerpretação" por parte de Marx a respeito da presença em-si na referida dissertação, de suas teses formuladas posteriormente.

com o materialismo de Demócrito, segundo o seu julgamento, primitivo, não dialético, não humano. Sem pretender esgotar sequer de longe a questão, destacaremos dois motivos centrais para nossa consideração. O primeiro é a diferenciação dos tipos do ser em contraste com a unicidade mecânica, categorial, de todo ser. Sobre isso, diz Marx:

> A declinação do átomo da linha reta não é uma determinação especial, casual na física epicureia. A lei que ela expressa perpassa antes toda a filosofia de Epicuro, de modo que mais tarde se entende por si que a determinação de sua manifestação depende da esfera em que é aplicada.[58]

A declinação do átomo como processo material real da natureza conduz, pois, ontologicamente, a uma existência humana, na qual a ataraxia pode por sua vez ser concretizável no plano ontológico como forma de vida ética.

Do ponto de vista ontológico, o pressuposto de tal caminho da natureza para a vida humana é a rejeição da necessidade. Marx constata: "Portanto, isso é historicamente certo na seguinte medida: *Demócrito* aplica a *necessidade*, *Epicuro* o *acaso*; e cada um rejeita a visão oposta com uma irritação polêmica". E destaca que Epicuro rejeita até o juízo disjuntivo, só para não admitir nenhuma necessidade[59]. Ainda antes dessas considerações, Marx mostra o ponto filosófico central na luta de Epicuro contra o domínio da necessidade. Ele cita, concordando, estes trechos de Epicuro:

> A *necessidade*, que alguns apresentam como onipotente, *não* é, mas algumas coisas são *casuais*, outras dependem de nosso *arbítrio*. A necessidade não pode ser persuadida, o acaso, ao contrário, é instável. Seria melhor seguir o mito sobre os deuses a ser servo, o εἱμαρμένη dos físicos. Pois aquele admite esperança de misericórdia por causa da honra dos deuses, mas este é a necessidade implacável. Mas é o *acaso* que deve ser aceito, e *não Deus* como crê a massa. É uma desventura viver na necessidade, mas viver na necessidade não é uma necessidade. Por toda parte, estão abertos caminhos para a liberdade, muitos, breves e fáceis. Por isso, agradeçamos a Deus pelo fato de que ninguém possa ser mantido à força na vida. É permitido domar a própria necessidade.[60]

---

[58] MEGA, I/1, Erster Halbband, p. 29.
[59] Ibidem, p. 22.
[60] Ibidem, p. 21-2.

Os trechos aqui apresentados devem caracterizar, sobretudo, o início filosófico do pensamento marxiano. A questão, em que medida a interpretação de Epicuro – da qual apenas destacamos os momentos importantes para nós – é correta do ponto de vista da história da filosofia, é coisa que não podemos e não queremos tocar, muito menos discutir. Para nós, importam apenas os motivos que levaram o jovem Marx a escolher para seu primeiro escrito filosófico, que, como sua carta a Lassalle mostra, nunca rejeitou inteiramente, falar sobre a oposição entre Epicuro e Demócrito, a oposição de sua concepção de materialismo e aquela então corrente. No rápido desenvolvimento de sua juventude, Marx certamente deixou para trás muita coisa desse texto. Mas se lhe foi possível criticar, como nenhum de seus contemporâneos ou sucessores, a necessidade logicista que desfigurava a dialética hegeliana, essa crítica não repousa, em última análise, nessa rejeição radical da necessidade mecânico-universal, não importa se ela era fundamentada de modo filosófico-natural ou logicista. As fundamentações econômicas bem posteriores do ser social brotam em linha reta dessa oposição entre Epicuro e Demócrito.

Já as considerações que até aqui fizemos revelam como a concepção das categorias modais é direta e fortemente ligada à práxis humano-social. No delineamento das categorias como necessidade e acaso, pudemos observar essa determinação com bastante precisão, o que tem como resultado, em todos os casos concretos, que não apenas essas categorias atuam objetivamente no seu ser-propriamente-assim sobre a práxis, de maneira direta, mas, ao mesmo tempo – e provavelmente com maior intensidade –, também influenciam amplamente os pressupostos e postulados da respectiva práxis, partindo de suas condições de desenvolvimento. Por fim, pudemos ver nitidamente em Epicuro que suas visões filosófico-naturais sobre necessidade e casualidade derivavam, amplamente, da constituição natural que poderia estimular ou inibir o comportamento social da ataraxia. Se quisermos aqui interpretar corretamente essa situação do ponto de vista ontológico, teremos como resultado – paradoxal do ponto de vista lógico-gnosiológico, mas muito evidente no plano ontológico – que o modo de manifestação e de atuação das categorias modais no ser social influenciou mais fortemente o seu modo de conhecer a natureza do que o seu ser na natureza influenciou suas formas sociais de atuação. O desenvolvimento de Marx depois da dissertação é amplamente determinado por isso – é o que chamamos de caminho do idealismo para o materialismo – e para ele se tornava cada vez mais claro que o caminho da natureza inorgânica para a orgânica e desta para o ser social (junto com o desenvolvimento deste) era um processo sempre decisivamente histórico. Só observando mais precisamente a mudança histórica das categorias nas diferentes espécies do ser é possível conceber e caracterizar cada categoria na sua autêntica constituição.

Essa breve digressão foi indispensável porque a ampla diferença da estrutura categorial interna e externa nas esferas particulares do ser se apresenta muito mais plena de consequências quando se trata das relações de possibilidade do que nos tipos de modalidade até aqui examinados. Essa diferença também se refere às distinções das relações ontológicas fundantes, que a cada vez passam a vigorar. Trata-se, especialmente, de como a relação de ser-para-si e ser-para-outro dos objetos age nas relações de materialidade em questão. Mostramos, anteriormente, que o mais legítimo modo de manifestação da casualidade no ser reside no fato de que os complexos processuais que entram numa relação real entre si são relativamente independentes das relações "normais" do ser-para-um-outro em seu respectivo ser. Quando, por exemplo, contemplamos o caso proverbial da pedra que cai na cabeça de uma pessoa, vemos que a verdadeira eficácia da casualidade reside exatamente nessa relativa ausência de qualquer relação. (Dizemos "relativa", de maneira proposital, para não mistificar o contexto com uma "unicidade" construída. No ser social surgem inevitavelmente, com frequência, pores teleológicos próprios, e seus preparativos, para estreitar ainda mais o espaço de tais casualidades. O fato de existir o espaço indica nitidamente sua repetibilidade. Pensemos, por exemplo, nas regras de trânsito.) E vemos, mais uma vez, que as categorias – na medida em que não são essencialmente modificadas devido a uma mudança do ser – existem e atuam simultaneamente segundo o ser. Nesse caso, toda casualidade pressupõe as relações de possibilidade. Isso não deixou de influenciar a compreensão antiga das categorias, mas muitas vezes como distorção de sua constituição autêntica. Assim, por exemplo, na chamada concepção "megárica" da possibilidade, que foi determinada pela concepção eleática da relação de realidade e necessidade[61], e ainda em Espinosa,

---

[61] Nicolai Hartmann, *Möglichkeit und Wirklichkeit*, Berlim, 1938, p. 181 e ss.

em que possibilidade e casualidade são concebidas da mesma maneira, como algo meramente subjetivo. Nele, trata-se de algo que não parece nem necessário nem impossível, "e por isso chamamo-lo casual ou possível"[62]. Uma concepção não distorcida por nenhum fetichismo precisa constatar, em contrapartida, que cada casualidade tem de ser possível; mas com isso não se afirma de forma alguma que toda a possibilidade seja casual. É impossível, porém, que isso possa ser derivado logicamente do mero ser-para-si dos objetos (dos complexos processuais), mas é uma consequência ontológica de como, a cada vez, o seu ser-para-outro concreto atua.

Em relação à possibilidade – já na natureza inorgânica – aparece essa ligação dupla, no plano ontológico, em ser-para-si e ser-para-outro de uma maneira insuperável. Já Hegel, embora nas tentativas de fazer desembocar realidade e necessidade na (necessária) ideação muitas vezes expresse de maneira lógico-abstrata as espécies de possibilidade, chega, na análise da existência (do ser das coisas), a uma concepção muito singular, e muito realista, da propriedade como característica dessas coisas. Ele diz:

> Uma coisa tem a propriedade de realizar isso ou aquilo no outro e de se manifestar de maneira própria em sua relação. Prova essa propriedade somente sob a condição de que a outra coisa tenha uma constituição correspondente, mas, ao mesmo tempo, ela lhe é *própria*, e sua base idêntica a si mesma – essa dualidade refletida chama-se, por isso, *propriedade*.[63]

Aqui se percebe com clareza uma ruptura decisiva do sentido de realidade nunca totalmente reprimível em Hegel. Os momentos que determinam o respectivo ser-propriamente-assim de um complexo (coisa), isto é, as determinações fundantes do seu ser-para-si, são as suas reações a esse último – condicionadas pelo próprio ser, mas provocadas por um ser estranho –, portanto, seu próprio modo de ser no ser-para-outro ontologicamente insuperável. E exatamente essa insuperável duplicidade mostra que essas propriedades de um existente são apenas suas legítimas possibilidades. Hegel descreve essa situação (sem tirar consequências disso) de uma maneira bem geral, que vale igualmente para todo tipo do ser. Mas precisamente aqui se mostram os

---

[62] Espinosa, *Werke*, I, (*Ética*), cit., p. 31.
[63] Hegel, *Werke*, v. 4, cit., p. 125.

limites de tal consideração lógica ou gnosiológica de generalizar. Tal consideração deve pressupor – manifesta ou tacitamente – que esses componentes ontológicos do ser-para-si, que determinam a possibilidade, não sofrem nenhuma modificação fundamental com a mudança dos tipos do ser. Porém, isso não é assim na natureza orgânica. Como aqui o ser-para-si de cada exemplar do gênero é a autorreprodução permanente e permanentemente mutável do próprio organismo, surge no ser-para-si a isso relacionado, com ele em permanente inter-relação que concentra em si as reações de possibilidade, uma mudança de funcionamento qualitativamente importante, que tem como resultado que o seu ser-para-outro também seja submetido a uma mudança qualitativa. Tal funcionamento age – não importa se é orgânico em si ou não orgânico, ou em suas inter-relações – como ambiente sobre os organismos que se reproduzem, e com isso determina de maneira bem nova suas reações a ele; suas propriedades, portanto, a estrutura dinâmica do seu próprio ser-para-si. Que as influências do ambiente sobre os organismos sejam favoráveis ou desfavoráveis para sua autorreprodução, em termos isolados, ainda não provocaria nenhuma mudança qualitativa. Também na natureza inorgânica os processos irreversíveis de complexos totais podem provocar mudanças na constituição objetiva das "coisas". Mas estas ocorrem de tal maneira que as reações dependem de modo claramente casual de suas "propriedades" fixas, e assim tornam-se componentes, momentos, do processo. Uma pedra não tem, pois, ambiente no sentido em que o tem um organismo; pois suas reações são totalmente indiferentes ao complexo de possibilidades do que seja favorável ou desfavorável.

Sem podermos entrar aqui em questões de detalhe – coisa para a qual o autor destas linhas nem tem competência –, mesmo assim, falando de maneira bem geral, podemos falar (com Nicolai Hartmann) que se trata de modos de reação respectivamente estáveis e instáveis, e que só no segundo caso estamos autorizados a falar de inter-relações permanentes em relação a um ambiente. Sem nos determos mais na multiplicidade interna e externa desse contraste, não nos parece supérfluo indicar que o mero contraste de estável e instável não expressa de maneira adequada as diferenças aqui nascidas. Instabilidade é um momento muito importante no sistema reativo dos organismos, mas não pode expressar exatamente suas relações, designadas como adaptação ao ambiente, se não for o momento de uma estabilidade dinamicamente relativa dos processos reprodutivos dos organismos, isto é, um campo (concreto) de manobra para diversas possibilidades reativas, necessariamente agregado a essa estabilidade específica. Em outras palavras: como caráter dinâmico variável das propriedades no interior de campos de manobra determinados – igualmente submetidos a variações. As múltiplas variantes tanto na reprodução ontogenética como filogenética dos organismos, a possibilidade de passar, bem como de surgir, de tipos mais ou menos novos de reprodução, as diferenciações no interior dos processos reprodutivos dos gêneros, o surgimento de variantes anormais no interior dos gêneros, até de gêneros totalmente novos etc. etc., mostram que, com a dinamização das propriedades no âmbito dos gêneros e de seus exemplares que se reproduzem eles próprios no interior de adaptações ao ambiente, o espaço real das possibilidades no interior da natureza orgânica não se amplia apenas de maneira anômala em relação à inorgânica, mas também se distingue dela em grande parte qualitativamente.

Antes de nos determos no salto qualitativo ainda mais decisivo no surgimento do ser social, já podemos indicar como é diferente – do ponto de vista da possibilidade – sua relação com a natureza inorgânica e a orgânica. Na primeira, como logo veremos, pode se tratar, como base da relação, apenas do conhecimento e utilização das leis de movimento existentes. Conforme haveremos de ver, podem surgir aí combinações que não acontecem na própria natureza inorgânica, cuja base, porém, são e continuam sendo os complexos das relações dinâmicas que atuam na própria natureza. A situação é muito diferente nas relações recíprocas do ser social com a natureza orgânica. Estas podem ser adaptadas às necessidades da existência do ser social; este último pode trazer um ambiente totalmente novo para aquela e com isso realizar modificações importantes na sua adaptação ao ambiente; basta lembrar das plantas úteis e dos animais domésticos. A diferença nos modos de reagir dos dois tipos do ser da natureza em relação ao ser social e ao seu desenvolvimento é outra prova do que resumidamente indicamos como diferença dos dois tipos do ser [orgânico e inorgânico] no complexo de questões da possibilidade.

A constituição qualitativamente nova da categoria da possibilidade no ser social origina-se dos pressupostos e consequências no plano ontológico dos pores teleológicos, que, começando com o trabalho, no curso do desenvolvimento determinam, no interior dessa constituição, todo o modo do ser. Especialmente, toda a consideração ontológica tem de partir do fato de que só aqui, e devido ao pôr teleológico, surge o par opositivo sujeito/objeto tão decisivo para o ser social, em todos os sentidos, que adquire uma importância sempre maior e mais diferenciada no ser social. Como categoria importante da práxis social, a possibilidade mostra uma diferenciação precisa nesse sentido, que sofre reforço quantitativo e qualitativo crescente com a socialização cada vez mais decisiva da sociedade. Em toda natureza, todo surgimento, toda realização etc. da necessidade é um ato único. Possibilidade subjetiva e possibilidade objetiva distinguem-se, ontologicamente, somente na práxis social, só aqui adquirem modos do ser inseparáveis entre si, mas na sua essência, de tipos diferentes. Todo pôr teleológico é uma escolha, conscientemente efetuada pelo sujeito da práxis, entre duas (ou mais) possibilidades e a consequente realização prática, assim determinada, da possibilidade escolhida. A polarização do ato em momentos subjetivos e objetivos já está contida nessa situação fundamental de toda práxis humana. Na medida em que, tanto na questão do pôr de finalidades quanto na da realização, o sujeito está colocado diante de uma escolha, e escolhe, na própria ação têm de se distinguir precisamente, em termos ontológicos, os momentos da subjetividade e da objetividade – por mais que estejam inseparavelmente ligados.

Portanto, para poder colocar corretamente o problema da possibilidade no ser social, é necessário partir dessa dualidade de funções do subjetivo e do objetivo, que se separa na imediatidade, mas só na imediatidade, para o que não se encontram analogias diretas no ser natural. Na história da evolução, naturalmente existem no mundo animal momentos de vida que, em suas consequências práticas, já parecem tocar a fronteira de um trabalho incipiente. Mas como estes, tanto em evidentes "becos sem saída" no mundo do ser orgânico ("trabalho" e "divisão de trabalho" nas abelhas etc.) como em momentos vitais singulares em animais superiores (como macacos, que usam galhos para se defender), jamais superam as fronteiras de adaptações – biologicamente determinadas – às circunstâncias, podemos aqui prescindir deles.

Se dirigimos nossa atenção, sobretudo, ao aspecto objetivo desse complexo no ser social, vemos que o trabalho (tomado aqui como fundamento, e caso-modelo dos pores teleológicos em geral) em seus efeitos na natureza é forçado a reconhecer seus contextos, forças que a movem etc., mas apenas reconhecer e aproveitá-las, nunca transformá-las. Isso, dito assim de modo tão geral, soa como algo natural, mas, ontologicamente observado com mais atenção, vê-se que o trabalho necessita de uma concretização essencial que se liga muito estreitamente com o problema da possibilidade. Também aqui apelamos para estados relativamente primitivos, porque estes frequentemente permitem que os fundamentos ontológicos apareçam com mais nitidez do que nos estados mais desenvolvidos e complexos. Se uma ciência natural desenvolvida e avançada está hoje na base da técnica laborativa, nasce a aparência sugestiva de que a simples pesquisa científica das relações naturais possibilitasse esses aproveitamentos técnicos, sem a teleologia do trabalho. Mas essa ponderação ignora conexões ontológicas importantes, teórica e praticamente muito influentes. Para podermos examinar o conteúdo ontológico efetivo desse complexo de questões, examinaremos a situação das fases primitivas iniciais. Pensemos no emprego da roda, que começa no Neolítico. É evidente, sem maior comprovação, que nenhuma roda poderia girar continuamente, promovendo o movimento sem atrito de um veículo etc., e assegurar tudo isso, se a existência, o seu funcionamento, não repousassem em relações naturais realmente operantes. Essa evidência, porém, necessita de mais complementação: em lugar algum na natureza inorgânica e orgânica até aqui conhecida existe sequer um objeto semelhante à roda, muito menos aquela combinação que possibilitaria o surgimento de um veículo. Portanto, estamos diante de uma contradição: existe algo móvel nas leis naturais, correspondente, mas que, na própria natureza, não acontece nada igual, nem de maneira alusiva, em germe, nem poderá acontecer, até onde podemos ver atualmente. Portanto, os homens do Neolítico – sem poderem ter qualquer clareza quanto aos fundamentos teóricos de sua práxis – introduziram na vida algo que funcionava segundo as leis da natureza, que era muito mais do que a mera descoberta e aproveitamento de uma possibilidade do movimento no ser natural.

Naturalmente, a roda se move conforme as leis da física. Mas não possui, em seu ser, determinado pelas leis naturais, nenhuma analogia real com algo natural. Se lançarmos sobre esse fenômeno também um olhar ontológico, temos de deduzir que na natureza existem possibilidades de modos de movimento que em seu âmbito nunca e em parte alguma se tornaram existentes. Portanto, há na natureza possibilidades reais (capazes em si de realização) às quais é negado o tornar-se real no interior do ser natural que conhecemos.

Isso mostra, sobretudo, que todas as teorias da possibilidade as quais, como a megárica por nós mencionada, veem no tornar-se real o critério de sua realidade também como possibilidade, não correspondem à constituição do ser natural. Não existe nisso – para nossa concepção rigorosamente ontológica – nenhuma contradição. Se na possibilidade está contida a reação de cada ser-para-si ao seu próprio ser-para-outro, historicamente determinada pela respectiva constituição ontológica do seu ambiente, se, pois, a possibilidade real repousa sobre essa relação duplicada, não estamos diante de nenhum paradoxo ao presumir que no ser-para-si dos complexos naturais podem existir múltiplas possibilidades que, devido às circunstâncias ontológicas concretas, jamais chegam a uma atualização, precisamente porque aqueles processos grandes, irreversíveis que determinam o caráter de cada totalidade natural relativa não produziram aquele ser-para-outro que provoca e determina essas reações concretas. Apenas o pôr teleológico social é que pode introduzir no ser propriamente essas circunstâncias ontológicas.

Nossas considerações seriam altamente discutíveis se se tratasse aqui apenas de um caso isolado, mas, de um lado, já a descoberta e aplicação da roda não é um fenômeno isolado, caracterizando muitas culturas da Idade da Pedra que se desenvolveram independentemente umas das outras. De outro lado, destacamos, da grande série de fenômenos semelhantes, apenas um, particularmente característico, em que a total não existência na natureza é visível ao primeiro olhar. No entanto, é claro que as consequências ontológicas em relação à operatividade concreta das possibilidades também permanecem imutáveis e válidas quando o fenômeno fundamental acontece de alguma forma na própria natureza, mas só devido a pores teleológicos se torna capaz de exercer efeitos no trabalho, efeitos esses que, de sua parte, não evidenciam mais nenhum tipo de analogia com os próprios processos naturais imediatos. Pensemos, por exemplo, no uso também muito precoce do fogo para fins humanos (cozinhar, aquecer etc.), ao passo que na natureza ele só aparece, por si, como força destrutiva. O fogão, o forno etc., na sua constituição que suscita efeitos novos, de resto não disponíveis (a possibilidade do fogo), não se distinguem, portanto, em princípio, daquela da roda. E se pensarmos que muitos resultados do trabalho mostram tais momentos operantes (lembremos o uso de armas, remos, velas etc.), vemos aí uma marca geral do trabalho, do metabolismo da sociedade com a natureza: vale dizer, não significa que, por meio desse processo, objetos e processos naturais simplesmente dados sejam utilizados para seus fins, mas, ao contrário, devido a esses processos se liberam sempre novas possibilidades que, de outro modo, a partir da natureza imediatamente dada a nós, não se desenvolveriam como ser. Em relação à tecnologia científica avançada, poucos certamente discutiriam essa questão. Mas não foi sem intenção que escolhemos apenas exemplos bastante elementares. Ninguém nega o enorme progresso que nasce necessariamente de uma técnica cientificamente orientada.

Mas chegamos bem mais perto da essência efetiva das categorias e sua operatividade se – como já fizemos antes em alguns casos, por exemplo, no caso da generidade e seu próprio papel na vida pré-social – tivermos clareza a respeito de que as categorias como determinações do ser podem se tornar operantes no ser, muito antes de serem reconhecidas teoricamente, sobretudo na práxis social; e que sua constituição pode influenciar profundamente essa práxis, trazendo à tona, na prática, relações que de outro modo nos seriam desconhecidas. Assim, esperamos que de nossos exemplos tenha ficado claro que a emergência prática de possibilidades naturais em-si novas, mesmo sem a investigação científica de sua verdadeira constituição, suas verdadeiras causas etc., é de todo possível na prática. Por enquanto, as experiências da práxis cotidiana, da prática laborativa que vai se acumulando – com o que, naturalmente, conforme haveremos de ver, também nos homens que a executam é possível que se despertem, que se tornem conscientes, que se formem novas formas do seu próprio ser-para-outro –, como a história da práxis social claramente demonstra, são suficientes por um certo tempo. As descobertas de novas possibilidades na natureza podem, pois, concretizar nesse sentido, ainda antes de sua teorização, resultados práticos de relativa precisão.

Naturalmente, a apreensão prática adequada dos respectivos nexos naturais concretos é o pressuposto indispensável de todo êxito. Mas o fato de que já a práxis social primordial tenha alcançado nisso um estágio relativamente elevado mostra a segurança com que, no processo de trabalho, era preciso distinguir entre as possibilidades de intervir sobre a natureza inorgânica e a orgânica. Essa relação é demonstrada com toda nitidez pelo surgimento, aperfeiçoamento e emprego de plantas cultivadas e animais domésticos. Colher plantas e caçar animais exigem apenas observações exatas do que existe na natureza. Agricultura e criação de gado, em contrapartida, exigem que a práxis humana seja capaz de criar novos ambientes para as plantas e animais necessários, e, com isso, criar neles novas possibilidades de reação. A utilização de possibilidades conhecidas e a descoberta de novas possibilidades, sua *avaliação* tendencialmente precisa a serviço dos fins postos segundo a teleologia do trabalho, também se mostram em estágios relativamente iniciais. O fato de que aqueles animais domésticos criados total ou principalmente para nutrição humana tenham recebido um ambiente no qual suas antigas possibilidades biológicas de autoproteção *deveriam* ser extintas paulatinamente, enquanto naqueles animais que deviam ser usados como "auxiliares" da práxis humana (cavalos, cães) se desenvolveram possibilidades totalmente novas, é uma prova evidente de uma diferenciação relativamente exata também em estágios relativamente iniciais. Certo é apenas que – no que concerne à importância geral da categoria da possibilidade – se trata aqui de um modo de pôr fundado de maneira semelhante àquele que se desenvolve na natureza inorgânica, embora, ou exatamente porque, todos os conteúdos, todos os pressupostos e consequências dos pores teleológicos concretos mostrem uma total diferenciação.

Não foi sem intenção que o campo das possibilidades que aqui se dão objetivamente tenha sido delineado antes que o das subjetivas. É claro, pois, que justamente no ser social, propriamente porque nele emerge antes de tudo o sujeito como existente, como desencadeador de processos irreversíveis, nunca se destacará o bastante a prioridade ontológica do fator objetivo. Toda concepção de história, que atribui unilateralmente essa prioridade do sujeito, termina na rede das contradições de um irracionalismo transcendente. Isso porque, de um sujeito que, isolado, depende unicamente de si mesmo, não se pode derivar nenhuma postura consciente, ativa, prática, com relação à realidade, sem ajuda transcendente. Isso também se vê em todas as ideologias dos tempos idos (e bem depois disso também). Por isso, a teoria do conhecimento que surgiu no início das grandes transformações científicas e técnicas dos novos tempos precisou aceitar como "dados" todos os modos existentes de domínio da realidade, e, quando muito, indagar (principalmente Kant: aparência imanente) como elas são possíveis? Mas isso não pode nem sequer aproximar-se de alguma explicação adequada, especialmente da gênese das constelações ontológicas que aqui surgiram. Naturalmente, também para a consideração *ontológica* permanece um hiato. Isso porque a transformação da adaptação passiva (biológica) em um ambiente respectivamente dado, em uma ativa (social) é e continua sendo um salto para cujo transcurso fático ainda hoje nos falta a base imediata dos fatos; sabemos apenas que – sem prejudicar seu caráter de salto – ele exigiu, concretamente, um período muito longo de transição. Os documentos fáticos mais primitivos que nos foram transmitidos sobre o trabalho originam-se de fases de desenvolvimento que há muito haviam deixado esse salto para trás. E todos os indícios comprováveis no mundo animal ainda estão tão distantes do salto que nem deles podemos tirar conclusões a respeito de como ele se deu concretamente. Portanto, podemos apenas tirar nossas conclusões da mera contraposição das esferas do ser orgânico natural e do social, sabendo bem que são, de um lado, separadas qualitativamente pelo salto que conhecemos e, de outro, continuamente ligadas por seus períodos de concretização faticamente morosos e ricos em transições.

Nas determinações realizadas por Marx, por nós já citadas, do pôr teleológico do trabalho, lemos:

> No fim do processo de trabalho surge um resultado, que no começo já existia *na representação do trabalhador*, portanto, *idealmente*. Não que ele só *efetive* uma mudança de forma do natural, ele *realiza* no natural ao mesmo tempo *a sua finalidade*, que ele *conhece*, que determina seu modo de agir como lei, e ao qual tem de submeter sua vontade.[64]

Do ponto de vista do sujeito, segue daí que, exatamente por querer concretizar sua própria finalidade, ele só poderá dominar as condições reais de sua concretização quando for capaz de divisá-las, na medida do possível, em sua constituição objetiva, que independem de suas representações. Portanto, precisamente porque o momento subjetivo da práxis se realiza no pôr consciente de finalidades, a atividade fundante de sua práxis precisa consistir sobretudo do conhecimento o mais adequado possível da realidade objetiva. Daí desenvolve-se com o tempo a ciência que consolida a práxis e, com isso, a capacidade do homem de desenvolver, em si, também uma visão e conhecimento desantropomorfizantes do ser, que estão numa relação de estrita oposição à subjetividade imediata. Em si, é uma consequência do surgimento da relação sujeito-objeto no processo de trabalho, motivo por que também só a sua sociabilidade em parte já desenvolvida pode ser capaz de uma visão desantro-

---
[64] *Kapital*, I, p. 140.

pomorfizante do ser. Na mera determinação do ser biológica do organismo, esse tipo de distanciamento da própria imediatidade ou da alheia é impossível. Mas é preciso acrescentar aqui uma limitação – o que já conhecemos do ponto de vista metodológico: como a estrutura categorial do ser é algo objetivamente existente, ontologicamente efetivo, as reações dos organismos constrangidos à adaptação devem possuir uma determinada correção objetiva, concreta, ainda que limitada para não executar a adaptação ao ambiente em uma direção que ameace o organismo. Isso, então, relaciona-se, como mostramos na abordagem da generidade, de certa forma também com o mundo animal. Com a adaptação ativa por meio do trabalho, essa tendência de vida adquire uma nova intensificação – qualitativamente bem superior. A ampliação, o aprofundamento, a generalização (elementar-cotidiana) das experiências do trabalho podem, como vimos, levar até mesmo à descoberta e avaliação de nexos ontológicos altamente complicadas (a roda etc.), mas não podem chegar a uma imagem do mundo na qual o campo futuro de atividade do ser humano, que deverá se realizar no pôr teleológico, conheça de modo antecipado um retrato que correspondesse objetivamente ao seu ser. Apenas quando a preparação intelectual dos pores teleológicos progrediu a ponto de que neles a visão desantropomorfizante tenha predominado (geometria, matemática etc.) surge de maneira realmente operante a categoria oposta da possibilidade: a impossibilidade. Somente agora a expressão "A soma dos ângulos de um triângulo não pode ser maior ou menor do que l80°" pode resultar em algo unívoca e indubitavelmente correto, racional e realmente eficaz na realidade.

É importante constatar a objetividade de tais enunciados e, assim, o campo de manobra real de sua objetividade. Isso porque as doutrinas lógico-gnosiológicas das categorias trabalham em toda a linha com tais acoplamentos entre um enunciado e sua negação, que muitas vezes costumam obscurecer as verdadeiras situações (como em Kant: ser/não ser, necessidade/causalidade). Vimos que a causalidade não é uma categoria negativa em relação à necessidade, mas uma concretização que a complementa no contexto dos complexos processuais. Menos ainda, não ser é, como negação, uma verdadeira categoria do ser. Em Kant, que por razões gnosiológicas não toma como fundamento o próprio ser, mas sua diferenciação concretizante, a existência, o não ser como negação da existência, tem um sentido pelo menos utilizável no plano lógico. As tentativas presumivelmente ontológicas de nossos dias, de tornar o nada, como negação do próprio ser, uma categoria real, não têm relações efetivas com a realidade: o nada como negação do ser é e permanece uma palavra vazia. Por isso, é importante examinar mais de perto o âmbito de vigência da "impossibilidade" que nasce nesse ponto. Como categoria das ciências, como a geometria ou a matemática, ela tem pleno sentido. E é claro que toda operação tecnológica no processo de trabalho, cuja execução espiritual conduza também apenas a esse tipo de impossibilidade, de saída tem de ser excluída do âmbito do que pode ser efetivado. Naturalmente, o problema da impossibilidade na esfera do ser social não aparece apenas teórico-abstratamente justificada, mas na preparação de todo pôr teleológico como questão sobre sua exequibilidade ou de sua negação. Também aqui ela preserva sua validade ontológica, apenas com a ressalva – muito importante – de que fica limitada sempre a um respectivo pôr concreto. Mas isso tem como resultado uma relatividade histórico-social insuperável. Como vimos, na práxis social em geral, especialmente no âmbito do trabalho, podem-se realizar possibilidades até então desconhecidas ou até negadas, de forma aparentemente justificada. Vimos que isso depende da descoberta de tipos do ser-para-outro, até então desconhecidos ou não dados na natureza, de todo ser-para-si. Um pôr teleológico pode, pois, com plena razão, em determinada fase do desenvolvimento social, passar por impossível (isto é, totalmente inexequível), sem estar por isso excluído, pois, em circunstâncias histórico-sociais alteradas, poderá ser realizado, em geral de maneira concreta totalmente diferente. Nesses casos trata-se, porém, do ponto de vista categorial, sobretudo de possibilidades novas e não apenas da negação da impossibilidade antes constatada (pensemos, por exemplo, no desejo – mítico – de poder voar na Antiguidade, e na moderna aviação). Esse complexo de problemas torna-se ainda mais complicado porque a impossibilidade não é de modo algum sempre tecnológica, ela pode relacionar-se à rentabilidade, ou até mesmo à sua difusão; nesses casos, vê-se com particular clareza como a questão da possibilidade ou impossibilidade de um determinado tipo de pores teleológicos depende de condições histórico-sociais muito concretas[65].

---

[65] Marx referiu-se bem concretamente a uma diferença desse tipo entre produção de guerra e produção civil. *Rohentwurf*, p. 29.

Só mediante a elucidação desse campo econômico-social de aplicação da possibilidade no ser social estamos em condição de também considerar mais de perto o lado puramente subjetivo desse complexo, pela efetivação da possibilidade no ser humano tornado sujeito. Resumindo, pode-se dizer que tudo que foi até aqui apresentado é, ao mesmo tempo, uma descrição do inelutável crescimento qualitativo e quantitativo das possibilidades, nas quais a mobilidade interna do ser social se manifesta, com o que se expressa claramente a sua diferença em relação aos tipos do ser precedentes. Entretanto, com isso, chegamos à mudança essencial na condição de vida e modo de operar do ser humano, na concretização daquele salto qualitativo no ser, que repousa, em termos ontológicos, principalmente na adaptação ativa mediante o trabalho. E não devemos esquecer um só instante que o ser humano pôde tornar-se sujeito desse processo exatamente por meio dessa adaptação ativa, enquanto os seres e objetos existentes de estágios anteriores eram quando muito capazes de expressar em sua existência, sob formas diversas de passividade, os resultados de um aumento do campo de possibilidades. Portanto, mesmo quando vigora a ideia falsa, segundo pudemos ver, o campo de possibilidades ainda não representa em si objetivamente um processo de crescimento, a existência humana apenas pode ser caracterizada por um aumento no peso dos fatores da possibilidade. Mas nossas considerações mostraram, ao contrário, que essa esfera ontológica objetivamente teve e tem de provocar um enorme e inelutável crescimento e diferenciação qualitativa de tais campos de possibilidade, para poder simplesmente reproduzir de forma contínua sua própria maneira de ser. (Falamos aqui, e também falaremos mais adiante, em particular daquele ser social que ocorreu sobretudo na Europa. Porém, é claro que, em comparação com a existência na natureza orgânica, essa característica diferencial do modo do ser precedente caracteriza também as chamadas culturas estagnadas.)

O tornar-se sujeito do homem por meio de seus pores teleológicos no trabalho produz também aqui necessariamente aquela modificação qualitativa, que, enquanto nos tipos do ser naturais apenas se podia falar de forma (ser formado devido a processos ontológicos), agora a categoria da forma é remodelada em uma atividade, em formas de objetividades. Já para o trabalho mais primitivo, essa mudança categorial é uma coisa óbvia. Relacionada com o problema da possibilidade, essa situação mostra que no objeto não apenas aparecem possibilidades, não apenas são descobertas e aplicadas no ser, mas que o sujeito – forçado pela sua atividade – termina por formar dentro de si novas possibilidades, processo no qual inevitavelmente é induzido a reprimir, ou modificar, velhas possibilidades. Que, então, o ser humano – e propriamente enquanto ser humano – não é algo fixamente dado, univocamente determinado a reagir sobre circunstâncias externas, mas, em larga medida produto de sua própria atividade, ele exerce sobre suas possibilidades uma ação qualitativamente transformadora do mesmo modo que transformou o desenvolvimento do ser e o ser determinado da forma também em um processo ativo de formação. Naturalmente, essa mudança categorial também tem sua história. Seu início é constituído pelo surgimento espontâneo de novas possibilidades devido à ampliação dos campos de experiência, devido às novas experiências neles espontaneamente reunidas, acumuladas, ordenadas etc. a respeito das possibilidades, e aos modos de reação a elas, em que irrompe a ampliação indispensável do âmbito subjetivo de possibilidades dos sujeitos. Talvez seja supérfluo acrescentar que, devido à ampliação qualitativa do campo de atividades humanas (a agricultura, pecuária etc. em comparação com o período de coleta), devido ao desenvolvimento extensivo e intensivo da divisão de trabalho, devido à diferenciação dos problemas internos das sociedades (surgimento de classes), e às atividades que por consequência aumentam quantitativamente e que se diferenciam fortemente etc., esse âmbito de possibilidades se amplia de forma constante e necessária, tanto quantitativa como qualitativamente, em cada membro singular da sociedade e na totalidade de sua cooperação.

Mas esse crescimento provoca, de início espontaneamente, depois com consciência social maior ou menor (sempre relativa), novas formas de reações, e aumenta, ininterruptamente, a amplitude desses modos de reação, que em parte conduzem ao aparecimento de novos âmbitos de possibilidade para os seres humanos, e em parte seguem como anexos a âmbitos de possibilidades já existentes ou em surgimento. O que Marx chama de recuo das barreiras naturais no desenvolvimento social, aparece, nesse contexto, também como momento de aceleração, objetivamente provocado, desse processo. Pois as formas sociais ainda "naturais" também têm tendências de excluir de antemão o aparecimento de determinados modos de reação na conduta de vida dos homens que nelas vivem, ou pelo menos dificultar seu desenvolvimento. A socialização da sociedade, que assim descrevemos segundo Marx, dizendo que a posição do ser humano singular se torna cada vez mais casual, isto é, não é mais limitada nem regulada por casta, posição etc., mais ou menos no momento do nascimento, sem dúvida acelera esse processo, ao passo que os ordenamentos, ainda em grande parte determinados por condições "naturais", podem ter grande influência inibidora sobre essas tendências. O desenvolvimento geral na direção do crescimento dos âmbitos de possibilidades, portanto, não é casual, e é menos causal ainda que sua maior aceleração tenha início com o capitalismo, e com ele adquira um desenvolvimento maior. Por conseguinte, é indubitável que o caráter casual da relação do ser humano singular com sua posição nas totalidades sociais se torna um fator importante de aceleração desse processo, que, é óbvio, nunca transcorre de modo linear e sem contradições. Basta indicar o fato de como o atual capitalismo manipulado opera fortemente, com sua influência "regulamentada" do mercado de consumo e de serviços, com suas mídias de massa, no sentido de limitar as possibilidades de decisões genuinamente pessoais (propriamente com a ajuda da aparência propagandística em seu desenvolvimento máximo). As revoltas contra isso, que se multiplicam sem parar, por enquanto têm um caráter espontâneo-imediato em sua maioria, mostram que esses efeitos restritivos começam a ser sentidos em massa, como outrora os costumes rígidos, tradições, preconceitos feudais etc. Mas o desenvolvimento determinado pelo crescimento das forças produtivas transforma a ampliação dos âmbitos de possibilidades em um movimento em última análise irresistível, apesar de todas as contradições e impedimentos. Os sintomas de crise da atualidade também mostram como Marx julgou corretamente essa tendência de desenvolvimento, quando, ao constatar as consequências importantes do *status* "casual" na relação do homem singular com a sociedade, destacou, energicamente, a liberdade meramente aparente no capitalismo.

Com a constatação do crescimento irresistível dos âmbitos de possibilidades nas decisões das ações dos homens, apesar de toda a contradição, examinamos, porém, apenas um lado do aspecto socialmente novo da categoria da possibilidade. Esta ainda podia ser concebida como uma variação ontológica de acordo com seu modo geral do ser, na medida em que só aparece quando um determinado ser-para-si entra numa relação ontológica, com momentos até então inoperantes de seu ser-para-outro. Pensamos ter demonstrado que o processo por nós descrito se distingue qualitativamente de processos aparentemente paralelos que têm lugar na natureza (também na natureza orgânica). Essa divergência adquire no curso do desenvolvimento social momentos operantes inteiramente novos que, como acreditamos, não permitem mais ignorar a distinção qualitativa. Ela nasce da mais importante e imediata consequência do surgimento da correlação sujeito/objeto no ser social. Esta impõe a todos os processos que ocorrem no ser social um momento de superação da imediatidade, [isto é,] do indireto, que sempre estão ausentes nos processos meramente naturais. Mesmo que o homem descubra novas possibilidades na natureza – voltemos a pensar na roda – as forças naturais aqui reunidas em nova combinação atuam tão diretamente quanto em todos os outros casos. Mas se, no período da coleta, mulheres e crianças apanham frutos e os levam para o consumo de todos, na mera separação temporal entre "produção" e consumo já está contido esse momento indireto, essa ruptura com a espontaneidade natural. Houve uma decisão teleológica, de levar os frutos para casa, que praticamente exclui a possibilidade espontânea de comê-los na hora, e leva os participantes a reprimir essa possibilidade sem dúvida existente e operante no plano natural.

Aqui apareceu, porém, apenas um modo extremamente primitivo de manifestação da nova situação. Mas, de todos os fatos do desenvolvimento cultural, percebe-se que essa negatividade é apenas um caso particular na massa das positividades, nas quais o homem não reprime simplesmente uma possibilidade, mas, ao contrário, a desenvolve conscientemente. Chegamos, com isso, a uma situação essencialmente nova: no homem, como ser existente, não há possibilidades simplesmente determinadas, que, segundo as circunstâncias que a vida lhe traz, se realizam ou permanecem latentes; sua conduta de vida é, sobretudo, constituída, como ser processual, de modo tal que ele próprio, segundo os caminhos de desenvolvimento de sua sociedade, se esforça ou por fazer valer plenamente também suas próprias possibilidades subjetivas ou, então, reprimi-las, ou, eventualmente, também modificá-las essencialmente. Isso não é um processo meramente pessoal, e sim profundamente social, que muito cedo deixa de atuar nas pessoas singulares ou em suas relações diretas, tomando-se, porém, algumas medidas sociais para conduzir esse desenvolvimento na direção socialmente desejada. Não podemos, aqui, examinar mais detidamente os modos muito diversos em que se realizam essas tendências. Por isso, resumimos, neste contexto, tais tendências sociais sob a palavra de ordem educação, sabendo bem que sua verdadeira abrangência é mais ampla do que a educação no sentido estrito, e mais ainda do que o foi em seus primórdios. Mas ela desempenha um papel condutor. De fato, toda educação orienta-se para formar no educando possibilidades bem determinadas, que em dadas circunstâncias parecem socialmente importantes, e reprimir, ou modificar, aquelas que parecem prejudiciais para essa situação. A educação das crianças bem pequenas para que caminhem de forma ereta, para falar, para atuar no interior da assim chamada ordem, para evitar contatos perigosos etc. etc., no fundo nada mais é do que a tentativa de formar aquelas possibilidades (e reprimir as não correspondentes) que pareçam socialmente úteis e vantajosas para a vida daquele que um dia será um adulto.

Essa concepção do problema, ainda bem geral, já revela a novidade radical nessa constelação categorial: as possibilidades não são simplesmente dadas (não importa se operantes ou latentes), mas elaboradas com uma consciência mais ou menos correta: tenta-se reprimi-las, eventualmente, para formar um ser humano útil e proveitoso para a sociedade. Que se trata de um problema social central é demonstrado já pelas influências que daí surgem sobre o crescimento biológico dos homens. Em si, certamente não é problema biológico, o momento em que o recém-nascido pode ser considerado um exemplar integral de seu gênero. Enquanto jovens animais estão em condições de desenvolver em si, em tempo relativamente curto, as possibilidades essenciais de seu gênero, a duração do processo correspondente no ser humano já nos primórdios é incomparavelmente mais longa. A relativa segurança na condução de vida dos homens comparada à dos animais forma a base material primária, e as tarefas incomparavelmente mais complicadas já na fase inicial (por exemplo, domínio da linguagem) são a causa motriz direta. E é notável, embora não surpreendente, que, com o desenvolvimento da civilização, o tempo aplicado para esse fim tenha de se tornar cada vez mais longo, precisamente devido ao aumento das tarefas a serem dominadas. E esse crescimento do tempo, o aumento das exigências, deve se difundir constantemente nesse desenvolvimento: escrever, ler e calcular passaram de privilégio de uma pequena minoria a um bem comum, porque as possibilidades de reação por elas despertadas se tornaram indispensáveis para camadas cada vez mais amplas da população. Esses fatos são em si conhecidos de todos. Apenas tiveram de ser mencionados para não esquecermos que os âmbitos de possibilidades assim criados se tornaram indispensáveis para a autorreprodução das pessoas em uma sociedade sociabilizada (e evidentemente também para a autorreprodução desta última).

A discussão efetiva desses temas vai muito além dos limites de uma introdução, necessariamente geral, pois pertence a uma análise concreto-sistemática da constituição ontológica das atividades humanas, da práxis cotidiana até o nível máximo da ética. Mas, para poder divisar a importância social dessa mudança de função das categorias modais no ser social, devemos abordar, ao menos em seus contornos mais gerais, sua relação com o desenvolvimento da personalidade humana, ainda que muito por alto. Já mencionamos de forma alusiva, em momento anterior, a questão da personalidade como resultado do desenvolvimento da sociabilidade, como concretização do ser no exemplar singular do gênero nessa fase. Lá, indicamos que tanto a ampliação qualitativa e quantitativa das atividades humanas quanto o aumento de sua heterogeneidade devido à divisão social de trabalho tornam sempre mais necessário, para o ser humano singular – que vive de forma cada vez mais social – no interesse de sua própria reprodução, que não apenas domine adequadamente as reações tão multifacetadas à realidade, mas que, além disso, produza uma determinada unidade de reações – que ordene suas atividades também subjetivamente. Denominamos a unidade interna, que aparece dessa maneira, de diversas formas nas mais diferentes pessoas, de fundamento ontológico daquilo que costumamos designar de personalidade do ser humano. Nossas atuais considerações tornam mais concreta essa constatação, essa afirmação apenas na medida em que se trata, primariamente, do que aqui chamamos de ampliação do âmbito de possibilidades no reagir dos homens à realidade. Pois, compreensivelmente, é quase impossível, do ponto de vista objetivo, que se possa estar preparado com formas de reação prontas e fixas para decisões alternativas futuras, portanto, em princípio não concretamente previsíveis. Tal ocorre, por exemplo, na burocratização, mas, em grande número de casos, conduz a decisões objetivamente falsas, falhas e nocivas. Uma preparação autêntica de vida, portanto, não é outra coisa senão a ampliação e o aprofundamento do próprio âmbito de possibilidades em tais tipos de reação. A multidimensionalidade, a elasticidade, a coerência diante dos fatos, a elaboração de princípios para modos de reagir de acordo com o gênero humano etc., podem ser construídas apenas por essa via. Certamente não é por acaso que a personalidade dos homens é mais corretamente avaliada com base no modo como – previsível e também concretamente – reagirão a uma exigência complicada e inesperada. O desenvolvimento da personalidade pressupõe assim, como uma base indispensável, a ampliação do âmbito de possibilidades que descrevemos acima.

É evidente que, falando da personalidade em tais contextos, isso só possa ser feito de maneira exclusivamente social e no plano ontológico, portanto, nunca com isenção de valor. Só pudemos falar, aqui, das premissas categoriais socialmente condicionadas do desenvolvimento da personalidade, e não daquele conteúdo específico que faz de uma pessoa uma personalidade importante, atraente etc., e de outro, ao contrário, uma personalidade insubsistente. Essa diferença tem de ser levada em conta por toda parte quando se fala de desenvolvimento, progresso e coisas desse tipo. As ideologias de desenvolvimento burguesas sofrem quase sem exceção desse defeito: ou identificam simplesmente a evolução do curso sócio-histórico com o alto desenvolvimento interno do homem, ou separam um do outro de maneira mecânica. Nos dois casos, surgem necessariamente distorções quando se trata de reproduzir, em pensamento, do ser social e do ser dos seres humanos singulares. Sem dúvida, uma datilógrafa média dos dias de hoje dispõe de um maior campo de possibilidades do que Antígona ou Andrômaca, e mesmo assim, em momento algum se duvida que, quanto ao desenvolvimento da personalidade, quanto ao desenvolvimento da efetiva generidade humana, a primeira não tem, e estas últimas tiveram, um papel muito positivo e importante. O desenvolvimento real da personalidade humana, que só poderá ser abordada em uma análise teórico-histórica específica das atividades humanas em sua totalidade, em sua relação permanente com o desenvolvimento do gênero humano e com o modo de realização de suas fases, está, como todos os processos históricos, em uma relação de desigualdade com sua própria base sócio-histórica. Precisamente porque o marxismo coloca o caráter histórico do ser mais decididamente no centro de seu método e da aplicação concreta deste do que qualquer outra teoria, ele é capaz de avistar, no desenvolvimento desigual, a forma típica dos processos histórico-sociais.

A desigualdade não é uma anomalia que surge por exceção no desenvolvimento que funciona normalmente "segundo as leis" (no sentido da gnosiologia habitual), mas pertence às características essenciais de todo decurso processual. Adeptos que nada compreendem, bem como adversários incapazes de pensar, costumam atribuir à teoria marxiana uma força ilimitada e dominante do econômico, cujo traço fundamental seria uma necessidade inequívoca e unidirecional, isto é, uma contraparte, uma variante ou "desenvolvimento superior" da concepção sublime-estática da necessidade em Espinosa. Eles esquecem que já o *Manifesto Comunista* resume a essência do desenvolvimento até aquele momento, os resultados da luta de classes, como uma alternativa, como luta "que a cada vez terminava com uma transformação revolucionária de toda a sociedade, ou com o fracasso comum das classes em luta"[66]. Na famosa introdução aos *Grundrisse*, são abordadas as possibilidades de desenvolvimento econômico, e por isso político-sociais, de conquistas, e as conclusões teóricas culminam no esboço de três caminhos diversos[67]. Em uma carta à redação do *Otjetschestwennije Sapiski*, Marx aborda a perspectiva do desenvolvimento capitalista na Rússia. Seu crítico transforma a sua exposição histórica da acumulação primitiva em uma lei absolutamente necessária. Marx protesta teoricamente contra essa interpretação. Escreve que seu crítico

> tem necessidade de transformar meu esboço histórico do surgimento do capitalismo na Europa ocidental em uma teoria histórico-filosófica do caminho geral do desenvolvimento, ao qual todos os povos estariam fatalmente submetidos, não importa quais as circunstâncias históricas em que se encontrem [...]. Mas peço que ele me perdoe. (Isso significa ao mesmo tempo honrar-me e insultar-me excessivamente.)

E prossegue apresentando o exemplo da expropriação dos camponeses na antiga Roma, onde os camponeses desapropriados não se transformaram em proletariado, mas numa "plebe ociosa", e acrescenta a conclusão metodológica: "Portanto, fatos de uma analogia contundente que, porém, transcorrem em um ambiente histórico diferente, e por isso conduzem a resultados totalmente diferentes"[68]. Os exemplos dos escritos de Marx poderiam ser multiplicados à vontade.

A nós interessa aqui essa consequência necessária do quadro real de Marx como contribuição para caracterizar a atuação das categorias. Se, como até

---

[66] MEGA, I/6, p. 526.
[67] Marx, *Rohentwurf*, p. 18-9.
[68] Marx-Engels, *Ausgewählte Briefe*, Moscou/Leningrado, 1934, p. 291-2.

aqui com Marx, concebemos e tratamos as categorias não como princípios de formação lógicos ou gnosiológicos no interior do conhecimento, mas como determinações do próprio ser, já iluminamos alguns aspectos importantes do seu ser e atuar. Concebidas sob o ponto de vista gnosiológico e, sobretudo, lógico, as categorias podem apresentar-se e exercer sua influência independentes uma da outra, no entanto, começamos a demonstrar que o ser como complexo processual produz sempre as categorias de maneira plural e dotadas de uma constituição heterogênea. É apenas o caso mais simples dessa coordenação dinâmica o que vimos, isto é, que determinadas categorias, em geral, podem apresentar-se somente em relação recíproca e atuação conjunta (por exemplo, forma/matéria). Mas, precisamente aqui, no vínculo recíproco mais simples, mais estreito e mais insuperável, torna-se clara a heterogeneidade ontológica objetiva das categorias umas em relação às outras. A falsidade de princípio da homogeneização lógica tem tanta dificuldade de desaparecer de nosso pensamento em torno das categorias porque nossa atividade prática, principalmente o trabalho, pressupõe um processo homogeneizante espontâneo das categorias – embora apenas relacionado com o respectivo pôr concreto de fins. Falando de maneira bem geral, porém, o trabalho também é um tipo de modelo para todo pôr teleológico (alternativo) no domínio das atividades humanas, mesmo as mais complicadas. Todavia, isso é correto de modo bem geral. Quanto mais os próprios homens se tornam também objeto de atividades humanas, tanto menos válida é essa generalidade, tanto mais importante nela se torna o momento de uma relativização no processo, a esse propósito; a homogeneização assume o caráter de uma mera aproximação geral. Os problemas categoriais que assim surgem constituem momentos importantes da caracterização adequada da atividade humana. Seu campo de realização estende-se do trabalho, da vida cotidiana, até as formas mais elevadas de atividade, na ética.

É impossível tratar aqui de tais questões, mesmo em termos esquemáticos. O que importa é o complexo problemático de como efetuar uma homogeneização que, em última análise, permaneça válida nos pores teleológicos, mas sem homogeneizar de maneira niveladora todos os seus elementos, de modo tal que se mantenha absolutamente a heterogeneidade de determinados elementos. Isso já se vê na divisão de trabalho, em que a tendência para a homogeneização absoluta (trabalho escravo) coloca barreiras insuperáveis aos pores teleológicos na direção de uma melhoria. O trabalho das máquinas, em contrapartida, produz, embora em nível muito mais alto, tendências de tipos bem diferentes de homogeneização, mas, como estas se relacionam na maioria das vezes com o processo de trabalho dotado de uma elasticidade totalmente diferente, podem produzir até um aumento de sua produtividade. Esse caso deve servir apenas de exemplo a respeito da correção da advertência de Marx, citada anteriormente, de que mesmo analogias precisas, que se produzem em ambientes sócio-históricos diferentes, podem conduzir a resultados totalmente diferentes. Na atualidade, em vastos círculos se tornou atitude mental, como princípio de orientação da práxis, de um lado, a analogização burocrática, de outro, a manipuladora – e o fato de que tais tendências por vezes trabalham, extrapolando até a cibernética, com os mais modernos meios técnicos, não reduz em nada esse afastamento da realidade –, julgamos teórica e praticamente de igual importância colocar mais uma vez em primeiro plano aquela advertência metodológica.

Esse modo de operar de complexos processuais irreversíveis, como base ontológica de todas as categorias e de suas relações categoriais recíprocas no processo vital, naturalmente, também atua ali onde esses processos, ao se sintetizarem em unidades maiores, em totalidades, atuam uns sobre os outros. Evidentemente, isso é um modo da síntese prática que até determinado grau costuma manifestar-se em todos os graus do ser, mas que no ser social sofre uma intensificação qualitativa. Isso porque nesse ponto se realiza uma adaptação ativa ao ambiente, não sendo apenas a quantidade dos complexos atuantes com relativa independência que sofre uma extraordinária intensificação, mas também suas sínteses e a sua colaboração em sínteses de tipo cada vez mais elevado, até que gradualmente comecem a se constituir, para sua totalidade (para todo gênero humano), formas processuais concretamente operantes.

Com isso, gradativamente, se põe em formação uma totalidade inteiramente nova, a do gênero humano com seu ambiente, em última análise, autocriado. Só quando essa plenitude concreta for realizada pelos homens será realizada a categoria da totalidade no ser social. Mas, já muito antes, em tempos em que nem mesmo as mais gerais de suas determinações podiam ser intuídas, vemos com que força e profundidade essa forma de totalidade se distingue de todas as formas de síntese precedentes de processos irreversíveis de complexos singulares ou combinados. Para começar com um fato tornado indubitável agora, nosso planeta é certamente uma totalidade – na verdade relativa –, que, embora seja influenciada permanentemente pelas ações externas, dentre as quais o seu meio ambiente, passou em seu todo por uma história do desenvolvimento próprio, enquanto totalidade das forças existentes em seu domínio, as quais atuam conjunta e contrariamente umas em relação às outras. Nesse sentido, a totalidade do gênero humano, movido irreversivelmente e em desenvolvimento, parece pertencer, como totalidade, junto com o seu mundo, ao mesmo contexto categorial e possuir, como substância desse ser, uma história própria, da mesma forma que seu fundamento material, o planeta Terra.

Só quando consideramos esse copertencimento categorial geral – última – simultaneamente com as distinções e os contrastes qualitativos da constituição ontológica concreta dos dois processos irreversíveis, as determinações ontológicas específicas do ser social serão esclarecidas corretamente. Já no interior do ser natural do mundo orgânico vê-se uma nítida distinção qualitativa em relação ao inorgânico. Os complexos singulares ligados entre si no processo unitário (que são de sua parte igualmente sínteses de complexos processuais) formam uma totalidade concreta faticamente ligada ao ser em seu conjunto, que costumamos designar com o conceito Terra (como reprodução, por meio do pensamento, de um complexo total que funciona, de fato, como unidade). Portanto, as unidades ontológicas operantes que aqui surgem – apesar de todas as limitações que obstaculizam nesse nível do ser a cognoscibilidade de tais categorias – não têm apenas um ser-em-si, mas também um ser-para-si distinto. No ser orgânico, uma tal determinação categorial parece então muito mais problemática. Todo gênero do ser vivo é um gênero de maneira ontologicamente mais explícita do que pode se dar no ser inorgânico. As diferenças relativas nos processos ontogenéticos e filogenéticos no interior do desenvolvimento do gênero mostram que a relação ontológica entre gênero e exemplar singular é de constituição mais complicada, e – se essa expressão me for permitida – mais íntima, mais interior, do que no nível do ser precedente. Em contrapartida, a totalidade real, ontológica, dos gêneros, de acordo com o ser, que constituem como modo do ser a totalidade da natureza orgânica, como homogeneizações ontológicas, portanto, como totalidades não apenas em si, mas simultaneamente para si, é muito mais problemática do que poderia ocorrer na natureza inorgânica. O pensamento científico pode constatar que, nos desenvolvimentos concretamente tão diferentes dos gêneros, atuam processos muito semelhantes (e que na semelhança dos processos irreversíveis, tocam a aproximação da identidade). Mas, no plano ontológico, isso só aparece nos gêneros concretos, não como ser-para-si de seu ser total real.

O surgimento do ser social, o devir homem do homem, se entrelaça aqui de maneira necessária em termos ontológicos. Mas, desde logo de maneira tal que o devir homem, a adaptação ativa (conforme o trabalho) ao ambiente oculta em si uma tendência à autossuperação além da determinidade biológica, um destacar-se sucessivo, ainda que nunca inteiramente completável.

A libertação inicial da determinação biológica, insuperável em sua totalidade, também da vida humana conduz às consequências, no plano ontológico, de que as pequenas sociedades surgidas de forma manifesta em diversos pontos não produzem nenhuma multiplicação dos gêneros em suas determinações ontológicas últimas. O gênero humano é em si unitário, mas contém, ao mesmo tempo, a tendência de se realizar faticamente nessa unicidade. As extraordinárias diferenças nos pontos de partida, nos modos de desenvolvimento, produzem diferenciações nitidamente visíveis e constatáveis, mas estas são, em última análise, fundadas no trabalho nascente e em seus resultados, portanto, são de tipo social, e, por isso, não podem mais levar a diferenciações biológicas de gênero. O fato de que clima, modo e condições de vida etc. produzam também determinadas diferenças biológicas, ou as conservem (por exemplo, cor da pele), não muda nada de decisivo na tendência principal do processo, no qual se constitui o gênero humano. Pois, enquanto preservação, extinção, mudança de uma espécie animal, são processos biológicos no interior do desenvolvimento ontológico em cada espécie, as sociedades particulares, maiores ou menores (e também os grupos sociais), cuja totalidade forma objetivamente o gênero humano, não são definitivamente demarcadas entre si, em última análise, do ponto de vista social. Se há uma fusão entre si constantemente como os normandos e os saxões na Inglaterra, ou permanecem lado a lado como nações (nacionalidades), como os escoceses, os galeses etc. na Inglaterra. É um problema do desenvolvimento social que mal toca o momento do desenvolvimento geral (recuo das barreiras naturais) e, via de regra, pode ser referido a tendências concretas no desenvolvimento econômico-social dos grupos humanos em questão.

Assim, o processo de integração dos seres humanos que vivem em sociedades separadas, da tribo à nação, da nação à humanidade, se desenrola na sociedade como modificação das categorias sociais, econômicas (o recuo das barreiras naturais é igualmente um processo social). O processo social como adaptação ativa do ser humano ao seu ambiente, como transformação desse ambiente em uma base ontológica que sirva às necessidades sociais, tem como consequência que as unidades sociais concretas que atuam respectivamente (totalidades relativas) não possuam, de antemão, uma constituição tão definitivamente fixa que se pudesse comparar à das espécies animais, mas são submetidas, em sua estrutura interna, em suas relações mútuas, a mudanças ininterruptas. As forças transformadoras preponderantes possuem sempre características e tendências de desenvolvimento da respectiva economia, portanto, da generidade comum. Engels mostrou corretamente que uma articulação tão inicial, tão importante e universalmente difundida das sociedades como a que repousa no contraste entre escravos e homens livres, pressupõe precisamente a produtividade do trabalho, com a qual o homem é capaz de produzir mais do que exige a sua própria reprodução[69].

Esses desenvolvimentos são de tipos muito diferentes. O marxismo ocupou-se essencialmente com a teoria do surgimento, da pré-história e história do capitalismo. Os fundadores do marxismo sabiam com toda a clareza que essa linha de desenvolvimento não é, de fato, a única na história da humanidade; neles, os princípios da chamada produção asiática são elaborados em seus traços essenciais, ainda que em forma de esboço e alusivamente. Só a vulgarização stalinista do marxismo substituiu essa aproximação ao conhecimento pela decretação de um "feudalismo" chinês que nunca existiu. O baixo nível das teorias oficiais que se dizem marxistas também se revela no fato de que, apesar de todas as fortes oposições táticas contra "Moscou", também a "teoria" chinesa aceitou como base esse "feudalismo" inexistente. É claro que toda tentativa de dominar teoricamente os problemas do "Terceiro Mundo" tem de acabar em fraseologia abstrata enquanto as diferenças dos desenvolvimentos da África, Ásia, América do Sul etc. não forem remetidas de maneira marxista à sua base econômica real, analisadas de maneira marxista em

---

[69] Engels, *Ursprung der Familie...*, Moscou/Leningrado, 1934, p. 39 e 155-6.

suas autênticas linhas de desenvolvimento. Como o marxismo atual ainda não avançou nem ao menos até uma análise correta da etapa capitalista europeia e norte-americana da atualidade, isto só pode ser colocado aqui como exigência teórica para um renascimento do marxismo. Não se pode aqui entrar nos problemas enquanto tais; estes terão de ser objeto de pesquisas científicas concretas.

Apesar de todas essas barreiras colocadas diante de nossa visão real na atualidade desse círculo de problemas, é possível, ainda assim, observar os traços comuns mais gerais possíveis de tais desenvolvimentos, em seu verdadeiro ser. Como mostramos repetidamente, Marx determinou o momento mais ontologicamente decisivo da forma do ser surgida com a sociedade quando ele, ao definir o trabalho como sua base prática real, disse que a generidade só nessa prática cessa de ser meramente muda (isto é, puramente natural). O cessar desse mutismo, porém, não é (como tampouco não é o surgimento do trabalho, dos pores teleológicos com suas decisões alternativas) um resultado acabado do ser social que surge como salto qualitativo; é, muito antes, apenas o ponto de partida de um lento e contraditório processo de desenvolvimento que em nosso presente se tornou mais visível do que outrora, mas que ainda está muito longe de ter realizado aquelas suas possibilidades imanentes, cuja existência como fatores de desenvolvimento já expressou e realizou claramente no percurso até aqui. Se examinarmos esse processo de devir-homem no surgimento de uma generidade-não-mais-muda na totalidade de seu percurso até aqui realizado, vemos que o "período genérico" que substitui o do mutismo se manifesta como uma dupla determinação contraditória.

De um lado, cada uma de suas manifestações, dos mais simples utensílios e as formas de regulamentação da sociabilidade nascente, até as mais altas formas de atividade humana aparentemente agora destacadas da realidade, capacidade de pensar e sentir desde o ambiente até o interior enquanto tal, orientadas para o domínio do ambiente, sempre orientadas para a realização ativa da adaptação humana; isto é, todos os atos trazem, de maneira insubstituível, as marcas de seu *hic et nunc* social, todos possuem, pois, uma unicidade espaço-temporal, histórica. De outro lado, de modo inseparável com o que precede, todas as formas de expressão assim desenvolvidas da generidade humana não mais muda têm uma tendência igualmente insuperável para a unicidade última, para correspondências espontaneamente originadas do ser social, que possibilitam não apenas uma compreensão geral dessas "linguagens" entre si no plano ontológico, e também – onde as circunstâncias sócio-históricas o exigirem e produzirem – podem realizar na práxis social sua influência recíproca até chegar à sua fusão.

Com o objetivo de dizer algo concreto, embora bastante geral, sobre essa "linguagem" da generidade humana nascente, note-se sobretudo que tal linguagem se exprime no processo e nos resultados do próprio trabalho. Evidentemente, por toda parte veem-se os traços característicos da unicidade da respectiva gênese concreta, mas chama atenção a precocidade com que teve início a troca dos produtos de trabalho (incluindo ferramentas). Se contemplarmos esse fato à luz do círculo de problemas aqui tratado, vemos, do ponto de vista ontológico, que seria impossível uma relação de troca se os produtos do trabalho não possuíssem uma utilidade prática concretizável para grupos sociais diferentes entre si, se – em última análise – não possuíssem nesse sentido uma "linguagem" comum. A generalização no uso de novas conquistas, que surgiu precocemente (pensemos na existência comum e ampla de pedra, bronze e ferro como matérias-primas do trabalho, na difusão do dinheiro como instrumento de um sistema de trocas generalizado, na quantidade relativamente pequena de materiais que figuravam como dinheiro etc.), as grandes diferenças, sem dúvida existentes, entre diversos grupos, territórios etc. em seu respectivo desenvolvimento econômico jamais podem superar inteiramente essas tendências de uma "linguagem comum" nos fundamentos últimos da economia. Naturalmente as diferenças, até mesmo os contrastes, entre realizações concretas individuais nunca devem ser esquecidas, mas o fato básico, de que no metabolismo entre sociedade e natureza as possibilidades ótimas sempre têm uma tendência a se impor a longo prazo, resulta da essência do trabalho, fundada nos poros teleológicos. E dessa tendência resulta que no desenvolvimento econômico (inclusive na divisão de trabalho etc.), nesse sentido, apesar de todas as diferenças e até contrastes, tal "linguagem" comum da generidade--não-mais-muda se impôs como tendência.

Essa tendência ontológica fundamental se manifesta, quando possível, mais nitidamente na linguagem no sentido estrito. É de conhecimento geral que seu surgimento está ligado com as mais primitivas necessidades do trabalho e da divisão de trabalho. Assim como é conhecido o fato também evidente da multiplicidade aparentemente incomensurável da própria linguagem e de suas diferenças qualitativas recíprocas desde o conteúdo das palavras até a estrutura gramatical. Mas não devemos negligenciar um momento (na prática, universalmente preservado de modo geral): todas essas diferenças possuem uma unicidade comprovada na práxis: são, sem exceção, transportáveis, isto é, traduzíveis. Diante da multiplicidade quantitativa e qualitativa, externa e interna das línguas, encontra-se, complementarmente, o momento de sua traduzibilidade, que implica, porém, no interior das múltiplas diferenças, momentos essenciais de um conteúdo, em última análise, comum. No centro desses momentos encontra-se que todas as palavras foram postas para expressar a generidade dos objetos; só as nuanças da sintaxe, da combinação vocabular etc. podem conduzir essa generidade universal, comum a todas as línguas, à especificidade, e eventualmente à singularidade. Essa universalidade fundamental, que por isso mesmo também é uma base para grandes diferenças imediatas, se expressa em todas as línguas, também no fato de que sua estrutura interna sempre expressa uma determinada tipologia geral da vida humana que repousa e se diferencia a partir do trabalho: o sujeito e suas ações, sua diferenciação espaço-temporal, a relação de sujeito e objeto, do sujeito com outros sujeitos etc., formam os fundamentos de toda estrutura linguística, se considerarmos a língua como importante fator do ser social. Que essas estruturas recebam, nas diversas línguas, modos de expressão concretos diferentes, é um momento importante de sua respectiva constituição específica, de sua história, mas nada muda nessas constatações. (Que, por exemplo, determinadas relações em uma língua sejam formadas como preposições, e em outra como sufixos, pode ser muito importante do ponto de vista da linguística, mas permanece irrelevante para os pontos em comum aqui constatados.) Assim surgem as línguas fortemente diversas, qualitativamente diferenciadas, cuja diversidade desempenhou – e ainda desempenha – um papel importante no desenvolvimento humano, cuja diferenciação possivelmente jamais irá suprimir esse desenvolvimento humano, mas que, do ponto de vista aqui decisivo do desenvolvimento universal do gênero, figuram como momentos na unidade objetiva desse processo irreversível. Que também a atual multiplicidade de línguas já seja resultado de um demorado processo de integração, de línguas locais, dialetos etc. paulatinamente sintetizados em línguas nacionais, reforça ainda mais a realidade do processo que esboçamos. A língua, como meio indispensável da comunicação só socialmente possível, da ação conjunta e do convívio no cotidiano do ser social, é, exatamente nessa unicidade última, um sinal da unicidade igualmente última do novo processo do gênero não mais mudo.

De modo tão marcante como o trabalho e a linguagem, a ciência, que brota do processo laborativo e é paulatinamente constituída em uma independência aparentemente plena, mostra esse tipo de unicidade processual. Para compreender corretamente a ciência na sua gênese ontológica, devemos partir daquele momento do pôr teleológico no trabalho segundo o qual este só pode ser realizado, de acordo com Marx, se o seu resultado desejado, o fim posto, já existe pronto na cabeça do ser humano, antes do ato de pôr. (Que experiências de trabalho por vezes possam impor uma modificação durante o processo de concretização, nada muda na validade geral dessa situação.) Também se entende, por si, que esse "planejamento" mental que antecede o trabalho tenha sido no início apenas coleta e aplicação de experiências, assim como que – no curso do aperfeiçoamento do processo laborativo – esse pensar que precede ao próprio pôr, essa elaboração mental de pôr fins e meios de realização, teve de se generalizar e, com o desenvolvimento da divisão do trabalho, também teve que se autonomizar.

A separação econômico-social do trabalho intelectual do trabalho físico é um dos fatos mais importantes do desenvolvimento do gênero humano. Se levarmos inicialmente em conta apenas o lado desse processo que se ligava – em última análise – com o metabolismo da sociedade com a natureza, o surgimento da matemática e da geometria desempenha aí um papel decisivo. Aqui destacamos apenas aqueles momentos que se ligam diretamente à nossa questão atual, o desenvolvimento da generidade humana. No plano dos princípios, surge aqui uma das maiores mudanças na consciência humana: a formação da capacidade de pensar, de libertar-se conscientemente dos limites dos próprios comportamentos biológicos imediatos (portanto, psicológicos) em relação ao ser, formando em si um comportamento desantropomorfizador para com a realidade. O domínio do meio ambiente humano pelo trabalho só pôde se desenvolver por esse caminho, e com isso ampliar-se até um conhecimento cada vez mais adequado de todo o ambiente. Mas também em tal processo, que se desenrola – imediatamente – no sujeito, o desenvolvimento social revela uma unicidade semelhante dos caminhos de desenvolvimento àquelas de todos os domínios apenas práticos imediatamente. Naturalmente, também o desenvolvimento científico é muito diferenciado de acordo com as formações etc.; naturalmente, sempre acontece que enganos possam se conservar até por séculos a fio (por exemplo, a astrologia), mas aquilo que constatamos como "traduzibilidade" no âmbito da vida cotidiana, em relação à língua, também aqui ocorre, até de modo mais intenso. A universalidade da "linguagem" matemática, da geométrica, mostra até uma homogeneidade ainda mais ampla, uma convergência ainda mais ampla tanto no conhecimento das relações corretas quanto na refutação das falsas. Que também nesses domínios predomine uma diferenciação muito ampla, uma irregularidade dos caminhos de desenvolvimento concretos, nada muda de essencial na unicidade das tendências fundamentais.

E mesmo nos domínios que parecem muito fortemente dominados pela "casualidade" histórica, por "impulsos" individuais, e também naqueles das linhas de orientação institucionais e pessoais das atividades humanas, se mostra imediatamente uma multiplicidade que parece quase incomensurável de suas formas e conteúdos. Mas se os encararmos mais de perto – relacionados com os problemas ontológicos concretos daquelas sociedades, daqueles contextos histórico-econômicos em que operam concretamente – veremos que também aqui existe aquela convergência última já observada em outros domínios. Quer tomemos formas de Estado, camadas de classes, mandamentos ou proibições morais, virtudes ou pecados etc., por toda parte emergem traços essenciais típicos, generalizados, que podem ser designados como "traduzíveis" no sentido aqui usado do termo. Muito frequentemente, essa "traduzibilidade" é tão evidente que, de modo preciso nesse domínio em aparência tão subjetivamente condicionado, se verificam que perduram por séculos modos de comportamento sentidos como exemplares. (Pensemos em Sócrates, em Jesus de Nazaré etc.) Precisamente aqui, os motivos dessa "traduzibilidade" são mais evidentes. Pois, quer os homens que agem tenham consciência disso ou não, em todo comportamento humano está contida uma orientação para a generidade. (O que, naturalmente, pode ocorrer também em termos negativos, em relação à generidade predominante nesse momento.) E na orientação para isso pode estar contido, muito frequentemente – de forma imediata individual ou coletiva –, esse retorno a compromissos antigos há muito desaparecidos e em geral reinterpretados de maneira conveniente. Neste momento não pode ser tarefa nossa analisar e expor detalhadamente esse complexo. Importava apenas reconhecer que a unicidade última do desenvolvimento do gênero também aqui não se detém, mas se mostra até em formas muito marcantes.

Se até este ponto tornamos visível essa tendência geral e permanente no desenvolvimento da generidade humana, temos de excluir de antemão um preconceito amplamente difundido: de que existe um progresso unitário, direto e linear. Em vários momentos, apontamos continuamente para a diferenciação sócio-histórica, e também para a unicidade histórica ontológica de todas essas manifestações, mas essa delimitação poderia ser rejeitada por falta de fundamentação se não retornássemos aqui aos fundamentos ontológicos desse fenômeno. Trata-se aqui do curso exclusivamente causal de todo acontecimento histórico, que em sua totalidade não conhece nada de teleológico. O ser social distingue-se qualitativamente dos dois modos do ser naturais que o antecederam, porque nele cada impulso que nasce dos homens tem como fundamento do ser um pôr teleológico. Isso naturalmente é um momento indispensável para compreender o ser social em sua especificidade. Mas não será corretamente entendido se ao mesmo tempo não for considerado que o pôr teleológico é capaz de modificar amplamente processos causais postos em andamento com o pôr prático de fins e meios, mas jamais de modificar ontologicamente o seu caráter causal. Existem apenas processos causais, e simplesmente não existem processos teleológicos. Na medida em que o processo posto em curso teleologicamente permanece, mesmo assim, causal, sua determinação precisa por meio do pôr jamais vai além de uma aproximação; ele sempre contém também momentos que vão além do pôr – positiva ou negativamente –, que se desviaram dele em relação à orientação, ao conteúdo etc. Mas como também esses processos irreversíveis ocorrem como processos sociais, eles próprios, suas influências sobre os homens etc. são socialmente determinadas, principalmente economicamente. Isso tem como resultado, por exemplo, que tais pores contêm na esfera de trabalho, modo de trabalhar, divisão de trabalho etc. tendências gerais na direção de aumento da produção, cuja força, orientação etc. naturalmente depende muito da respectiva estrutura econômica, seu estágio de desenvolvimento etc. Mais divergentes, mais irregulares, se tornam também, é óbvio, os efeitos sobre modos de comportamento dos homens, quanto mais afastados estiverem do imediatamente econômico. Isso tem como consequência – para resumir concentradamente todo o complexo de problemas – que aquela unicidade das tendências gerais de desenvolvimento da generidade de que se falava se mostrará extraordinariamente desigual. O marxismo autêntico, que rejeita de todo a crença vulgar no progresso, nunca deixou de destacar com energia esse lado do desenvolvimento geral e, com isso, de colocar sob a luz realista a desigualdade brutal até o momento, do caráter progressivo – em última análise – nunca negado do desenvolvimento genérico. Engels descreve, por exemplo, a dissolução da antiga sociedade tribal (objetivamente: um dos mais importantes progressos) da seguinte maneira:

> São os interesses mais baixos – cobiça grosseira, desejo brutal de prazer, avareza suja, roubo egoísta do bem comum – que inauguram a nova e civilizada sociedade de classes; são os meios mais infames – roubo, estupro, astúcia, traição – que solapam a antiga sociedade gentil em que não havia classes, e a derrubam.[70]

Marx descreve de maneira semelhante a acumulação primitiva, que é igualmente um ponto de mudança progressivo. Apenas esses extremos do desenvolvimento desigual, mas que promovem tendencialmente as bases sociais do progresso, produzem o fundamento e o cenário próprios do ser para que os homens façam eles próprios a sua história, e que, em última análise, tenham sido, sejam e especialmente possam tornar-se os autocriadores de sua própria generidade. Esse fenômeno importantíssimo na história do gênero humano permanecerá incompreensível enquanto não o contemplarmos à luz da ação conjunta de séries causais econômico-sociais – que em sua totalidade possuem orientações básicas, mas não fins em suas realizações – e das reações humanas por elas provocadas, que só devido a esses processos podem ocorrer, mas, sendo resultados involuntários, são considerados objetos de novas decisões alternativas. Pensemos aqui também no complexo da personalidade humana. Mostramos como esta emerge do desenvolvimento social objetivo, cuja crescente complexidade coloca os homens diante de decisões alternativas sempre mais variadas e heterogêneas entre si, e com isso forma nelas um campo de possibilidades que todo homem singular é capaz de dominar apenas pela formação da própria unidade interna dinâmica de seu ser como personalidade. Essa determinação econômico-social sempre crescente

---
[70] Ibidem, p. 86-7.

destaca, de um lado, esse desenvolvimento da personalidade como tendência dominante, e, de outro – considerada imediatamente –, ela não é senão uma destruição daqueles vínculos naturais originários que se tornaram, cada vez mais, inibidores do desenvolvimento da produção. Portanto, o ponto de partida imediato da origem e desenvolvimento da personalidade humana repousa nesse recuo das barreiras naturais que, como pudemos ver antes, transforma a relação da pessoa singular com a sociedade como campo de sua existência e atividade em algo fundamentalmente casual, na medida em que as categorias de classe mais ou menos "naturais" (da casta até o estamento) perdem economicamente sua base de existência social, e confrontam a pessoa singular casualmente produzida imediatamente com a sociedade. A classe, no sentido verdadeiro, estrito, já é produto dessa socialização da sociedade, portanto, neste sentido, é qualitativamente distinta de diferenciações anteriores, socialmente contrapostas: ela não substitui a confrontação da personalidade humana casualmente formada com o conjunto da sociedade, por meio de mandamentos e proibições – nascidos de um vínculo social ainda "natural" –, mas pode conferir precisamente às reações da pessoa singular casualmente criada na sociedade impulsos para sua intensificação omnilateral. Portanto, é o processo de desenvolvimento social em seu conjunto que produz tais formas singulares subjetivas e objetivas em si heterogêneas, mas indispensáveis para o funcionamento de tal formação. Objetivamente, a pessoa singular se torna assim portadora do progresso social, mas de uma maneira tal que nem na totalidade das respectivas formações, nem nos complexos e processos singulares que o constituem, poderia emergir sequer a sombra de uma intencionalidade, de uma teleologia geral.

Naturalmente, os seres humanos singulares e os órgãos autocriados de sua atividade (Estado, partidos etc.) reagem a cada movimento desse processo com pores teleológicos destinados a estimulá-lo ou inibi-lo, impedi-lo ou modificá-lo; na maioria dos casos, porém, com aqueles que simplesmente expressam sua adequação à respectiva formação, o desejo de se reproduzir livremente em seu interior. Mas, como sabemos que todo pôr teleológico só consegue colocar em marcha séries causais, todos esses pores teleológicos das pessoa singulares desembocam de alguma forma na totalidade do processo, pelo qual cada formação se reproduz e se desenvolve como totalidade. O modo como esses efeitos deixam de ocorrer depende, pois, da ação conjunta dos dois componentes. O protesto de uma pessoa singular, ainda que expresso em pores teleológicos efetivos, via de regra será faticamente ineficaz. A história das revoluções, porém, nos ensina que o aparecimento desse protesto em massa pode converter-se em fator subjetivo numa situação revolucionária, levando à vitória de uma modificação social. Pois – também essa questão só pode ser aqui considerada em seus contornos mais gerais –, precisamente nas transformações revolucionárias, nas transições explosivamente concentradas de uma formação a outra, expressa-se a relação entre o fator subjetivo e o objetivo do desenvolvimento social de maneira extremamente plástica. Lenin diz: "Para que irrompa uma revolução, não basta, de hábito, que 'as camadas inferiores não tenham mais vontade', mas é necessário ainda que as 'camadas superiores não tenham mais capacidade' de continuar levando tudo na maneira antiga"[71]. Aí, é notável a diferenciação da atividade humana em "poder" e "querer". Para as pessoas que, por razões de classe, desejam que uma formação continue funcionando tal qual ela é, basta que a sociedade existente seja capaz de realizar decisões alternativas que possam simplesmente estimular a sua reprodução ou pelo menos pareçam estimulá-la. Naturalmente isso não é uma obviedade "eterna". As situações de crise manifestam-se objetivamente nas crescentes dificuldades objetivas de realizar pores teleológicos desse tipo. Mas também não se pode absolutizar uma tal tendência objetiva importantíssima. O próprio Lenin previne contra isso: "Não existe situação absolutamente sem saída"[72], diz em um discurso no II Congresso do Komintern. Porém, como tendência, tal estreitamento catastrófico do campo de possibilidades da classe nesse momento dominante é um elemento da maior importância: sinal de que o fator objetivo de uma transformação revolucionária começou a operar; começa a instalar-se a situação revolucionária objetiva. Marx e seus importantes seguidores, porém, mostram com o exemplo de muitas situações revolucionárias que só a simultânea ativação do fator subjetivo que expressa um querer pode realmente conduzir a revolução a uma vitória. Esse entrelaçamento mútuo dos fatores puramente subjetivos e de fatores que, a partir dos atos do sujeito, se sintetizam em objetividade social, produz o verdadeiro sentido da fundamental tese geral de Marx de que

---

[71] Lenin, *Werke*, v. XVIII, Viena/Berlim, 1929, p. 319.
[72] Lenin, *Werke*, v. XXV, cit., p. 420.

os homens fazem eles mesmos a sua história (a história do gênero humano), mas jamais em condições por eles mesmos escolhidas.

Hoje, quando o problema do estranhamento, ainda que em seus traços mais gerais, não por acaso está no centro do interesse teórico, é conveniente que se ressalte uma decisiva peculiaridade como modo específico do gênero humano. Como mais adiante haverá um capítulo inteiro dedicado a essa questão, podemos nos limitar, aqui, aos elementos mais gerais. Trata-se, sobretudo, de movimentos ontológicos que nem mesmo podem existir em formas do ser mais antigas. Sem falar do ser inorgânico, é evidente que, no orgânico, nenhum estranhamento pode aflorar. Apesar de todas as diferenças existentes entre reprodução ontogenética e filogenética, para o exemplar singular é exatamente o mutismo de sua generidade que exclui ontologicamente a possibilidade de um estranhamento. A superação desse mutismo no ser social, constatada por Marx, pode se realizar nas fases mais iniciais sem ser constrangida pelo ser social a impor seu próprio processo de reprodução com os meios da violência social. Apresentamos acima a descrição de Engels dessa transição inevitável. Não se trata agora apenas do desencadear, ali descrito, de todas as possibilidades antissociais socialmente surgidas nos homens (é um inevitável e importante fenômeno que acompanha o processo de socialização), mas, em última análise, de um desenvolvimento social que leva para além do estreito vínculo natural das fases mais iniciais, rompendo assim suas barreiras naturais, socializando o domínio sobre a natureza, isto é, concretizando o ser social em seu sentido originário e próprio, e é forçado a revelar imediatamente sua profunda contradição interna, aquela do novo surgimento da generidade-não-mais-muda.

O desenvolvimento da generidade-não-mais-muda cinde o próprio processo de desenvolvimento: seu lado objetivo só pode se realizar por meio de uma violentação do lado subjetivo; o crescimento do trabalho além da mera possibilidade de reprodução (mais-trabalho no sentido mais amplo do termo) desenvolve no nível social a necessidade de arrancar dos verdadeiros produtores os frutos desse mais-trabalho (e por isso também as condições sociais de sua produção), forçando-os assim a um modo de trabalho em que se tornam posse de uma minoria não trabalhadora. Com isso, em toda a subsequente pré-história do gênero humano, a relação do singular com o gênero entrou num estado de contradição insuperável, em que uma relação direta e geral do singular com o gênero (por isso também com sua própria generidade) se tornou impossível. Com a situação social que assim surgiu, caso pertença aos que se apossam do mais-trabalho, o singular é forçado a confirmar essa generidade objetivamente tão contraditória como sendo algo natural; ou, se pertencer aos expropriados, é forçado a rejeitá-la como generidade, devido a essa contradição. (Os dois comportamentos assumem, nas mais diversas fases do desenvolvimento, as mais diversas formas de expressão ideológicas, e só no capitalismo se torna possível uma formulação aproximadamente adequada do problema.) Isso não impede, porém, que a contradição objetiva, insuperável e aparentemente insolúvel nessa relação fundamental do homem com sua generidade-não-mais-muda – mas, na contradição, falsamente articulada – assuma o caráter do estranhamento do ser humano com relação a si mesmo. O estranhamento surgiu objetivamente entre a generidade da sociedade como tal e os membros a ela pertencentes. Desse modo, é tão inevitável que se manifesta também imediatamente como estranhamento do ser humano em relação a si mesmo (estranhamento dos indivíduos com sua própria generidade).

Durante muito tempo foi costume (por vezes ainda hoje aparece na forma de preconceito) perceber e reconhecer o estranhamento de forma exclusiva nas pessoas não privilegiadas no sentido negativo. Não é o que pensa Marx, para quem a generidade foi sempre o critério central no julgamento e avaliação de todo fenômeno social. No texto de juventude *A sagrada família*, lê-se:

> A classe possuidora e a classe dos proletários apresentam o mesmo autoestranhamento humano. Mas a primeira sente-se bem e confirmada neste autoestranhamento, conhece esse estranhamento como *sua própria potência*, e possui nele a *aparência* de uma existência humana. A segunda sente-se aniquilada no estranhamento, vê nela sua impotência e a realidade de uma existência desumana.[73]

É importante que Marx, nos dois casos, considere o estranhamento uma distorção da existência humana. E se ele faz uma distinção clara entre "*aparência* de uma existência humana" e "existência desumana", é claro que com isso a raiz social comum dos dois fenômenos em si e em suas consequências

---

[73] MEGA, I/3, p. 206.

práticas e ideológicas diametralmente opostas, profundamente contraditórias, não é negada, mas energicamente colocada em primeiro plano. De fato, o estranhamento é ontologicamente importante precisamente porque, como fenômeno sócio-histórico, não mostra apenas essa contradição destacada por Marx nas reações de seus beneficiários e de suas vítimas, mas também possui nas mais diversas formações, como consequência dos diversos modos de posse e uso do mais-trabalho, formas fenomênicas muito diferenciadas, tanto subjetivas quanto objetivas, da práxis político-social até a ideologia. E, ainda que o fundamento objetivo do estranhamento seja necessariamente a objetividade social, se temos de avaliá-lo, sobretudo como um fenômeno social objetivo, jamais se pode eliminar, em sua determinação ontológica, a diferenciação pessoal, tanto aquela que se traduz na práxis imediata quanto aquela ideológica, em que assume diferenças individuais, se possível, ainda mais acentuadas.

A nota pessoal não é apenas uma característica inelimínavel do estranhamento, mas, na diferenciação que daí brota, indica determinações objetivas importantes do próprio fenômeno social. Embora seja, no fundo, óbvia a permanência do estranhamento como fenômeno social, e que, por isso mesmo, em última análise ele só possa ser superado por vias sociais, para a condução da vida de uma pessoa assume sempre o lugar de um problema central quanto à realização ou ao fracasso do desenvolvimento pleno da personalidade, quanto à superação ou à persistência do estranhamento na própria existência individual. A multiplicidade dos problemas que aqui surgem só pode ser aludida nesse texto em termos gerais. Pensemos no caso, não raro também no movimento revolucionário dos trabalhadores, de que um bom combatente, disposto ao sacrifício, percebe o estranhamento no trabalho e luta de modo coerente, mas, em relação à sua mulher, não lhe ocorre nunca sequer liberá-la de seus grilhões etc. A superação social definitiva do estranhamento, precisamente por isso, só pode se realizar nos atos da vida dos indivíduos, em seu cotidiano. Mas isso em nada muda o caráter primário da sociabilidade; apenas mostra como são complexamente entrelaçados também aqui, propriamente aqui, os momentos do estranhamento que atuam no plano da pessoa singular e no plano da sociedade. Precisamente na medida em que despertam na superfície imediata a aparência de movimentos – relativamente – independentes, estão, no plano ontológico, inseparavelmente ligados à respectiva situação do desenvolvimento social.

Essa unidade inseparável dos componentes sociais e individuais do estranhamento em seu funcionamento independente, muitas vezes contraditório, é apropriada, por isso mesmo, a tornar visível um novo aspecto na peculiaridade no desenvolvimento da generidade humana. De um lado, a cadeia causal produz, no desenvolvimento econômico-social objetivo, o estranhamento como momento inevitável de sua própria realização. A generidade muda significa, pois, a unidade biológica totalmente indissolúvel e precisamente por isso impossível de se tornar consciente entre o gênero e o exemplar em cada ser singular biológico. Não importa o que faça, este expressa espontaneamente a própria generidade, cujo caráter indissolúvel é continuamente produzido também no desenvolvimento ontogenético e filogenético – apesar das modificações – como uma unidade inseparável. A adaptação ativa ao ambiente produz forçosamente uma consciência do próprio fazer, que só nas fases menos desenvolvidas ainda não produz (ou produz muito debilmente) separações, diferenças, até oposição entre exemplar e gênero. Isso porque a adaptação ativa ao ambiente, no trabalho, não pode ser realizada sem formação da consciência – também na pessoa singular – sobre o significado para ele desse processo e de seus resultados. Simultaneamente, esse mesmo processo estabelece nexos objetivos como realidades, nas quais vem a ser expressa a nova forma da generidade, como resultado das atividades de tipo coletivo em seus pressupostos e consequências. Talvez, para apresentar essa dupla situação como inevitável, devêssemos nos referir a um exemplo anterior. Se mesmo no período da coleta, entre a coleta de frutas e seu consumo se introduz uma etapa intermediária temporal real (o transporte para casa), já se estabelece essa unidade e a sua contradição. Com o transporte, essa atividade se torna pela primeira vez social (uma ação a serviço do gênero) e, ao mesmo tempo, uma atividade pessoal, que – para poder ser concretizada – exige dos seus executores determinadas ações conscientes. Seria uma ideia puramente teleológico-religiosa, pensar que a generidade assim surgida, não mais muda, tem de despertar em seus membros singulares, automaticamente, aqueles pensamentos, sentimentos, decisões da vontade dirigidos exatamente para cumprir tais exigências como necessidades pessoais próprias. Como vimos, isso só é possível em fases bem iniciais, ainda profundamente "naturais", quando entre os membros ainda existe uma ampla igualdade de necessidades e suas satisfações, quando, pois, a generidade-não-mais-muda ainda se impõe de forma amplamente "natural".

Como já mostramos, Marx e Engels demonstraram a inevitável dissolução desse tipo de sociabilidade. Também mostraram que o aumento das forças produtivas é sua causa última. Já indicamos que a escravidão, como primeira forma de desigualdade, fundada no terreno socioeconômico e imposta entre os membros da sociedade, tem sua base no fato de que o escravo está em condições de produzir mais do que é necessário para sua própria reprodução, e que por isso seu possuidor está socialmente na condição de dispor desse mais-trabalho para satisfazer suas próprias necessidades pessoais. Com isso, o estranhamento entra na vida. Para o escravo – considerado *instrumentum vocale* pelos romanos –, sem mais, de maneira que se evidencia por si; para o possuidor de escravos, as exigências necessárias do ser social também nele mesmo destroem as relações autênticas com a própria generidade. E assim transcorre toda a história das sociedades de classe ("pré-história do gênero humano", diz Marx). O desenvolvimento das forças produtivas faz aparecer, geralmente em crises longas e difíceis, a problemática de tais formações e, principalmente na Europa, fez surgir de seus processos críticos de dissolução novas formações econômico-sociais mais desenvolvidas, em que o problema do estranhamento dos homens com relação à sua própria generidade é continuadamente produzido, e reproduzido, em níveis socioeconômicos mais altos.

Polemizando contra Proudhon, Marx diz que toda a história é "apenas uma constante transformação da natureza humana"[74]. Seu motor primeiro é, naturalmente, a própria adaptação ativa e seu instrumento é o trabalho, bem como o pôr teleológico que dele emerge. É evidente que com isso se torna realidade um ritmo crescente de transformações, também do próprio homem. (Lembro o caso anteriormente tratado do desenvolvimento do seu âmbito de possibilidades.) Mas, por isso, jamais podemos esquecer que tanto os pressupostos quanto as consequências de todos os pores teleológicos – independentemente do fato de que no ato do pôr dominem motivos do homem singular ou da generidade – são de caráter causal. Isso significa, no que diz respeito aos seus efeitos retroativos sobre a constituição do homem, que o âmbito das possibilidades humanas, que assim se forma e se realiza, é no fundo determinado pelas exigências práticas da adaptação ativa ao ambiente necessária a cada vez, e, correspondendo a

---

[74] Marx, *Elend der Philosophie*, cit., p. 133.

isso, revela uma direção de desenvolvimento no qual o controle crescente do ambiente, o crescente domínio dos princípios sociais sobre os meramente naturais se torna claramente visível[75]. Nessa medida, também se pode falar sócio-ontologicamente de tendências de progresso nas quais os traços específicos do ser social se tornam cada vez mais dominantes nele mesmo, no curso desse processo.

No entanto, esse progresso jamais deve – como ocorreu, em geral, por longo tempo – ser concebido apenas como avanço do homem. Também aqui é necessário ter sempre presente que as principais forças que operam espontaneamente são de caráter causal, e assim possuem em sua universalidade uma orientação que, em sua linha geral, eleva as forças produtivas, promove a sociabilidade etc., mas são em si totalmente indiferentes a todos os valores sociais, a todos os valores humanos. Assim, desenvolvem, de um lado, as forças humanas para uma ação cada vez mais objetiva em suas próprias condições de reprodução; de outro, desenvolvem ao mesmo tempo opressão, crueldade, logro etc., muitas vezes com intensidade crescente. A sociedade primordial não conseguiu lidar nem com os inícios dessa liberação de possibilidades de atividades causais indiscriminadas. Foi necessário criar instituições para guiá-la, por meio da coação, para trilhos dados objetivamente pelo desenvolvimento. A necessidade social de tais instituições, porém, se tornou amplamente inevitável a partir de necessidades ainda mais fundamentais. Na medida em que o desenvolvimento da produtividade do trabalho realiza um mais-trabalho e seu uso por outros seres humanos não envolvidos na sua produção, os interesses vitais imediatos em todas as sociedades se tornam antagonicamente contraditórios, e por isso reguláveis apenas pelo emprego de violência. A necessidade do agir social atinge com isso a sua primeira forma, até hoje ainda operante: ela é – do ponto de vista dos membros singulares da sociedade –, como diz Marx, um modo de agir "sob pena de perecer". Se nisso constamos um fato básico do ser social, se, portanto, reconhecemos a violência como momento indispensável em toda sociedade razoavelmente desenvolvida, é importante considerar também esse problema como momento

---

[75] Sobretudo, naturalmente, em formações que não desembocam em caminhos socioeconômicos sem saída, apesar de, também nesses determinados momentos, nunca faltar totalmente uma dinâmica de desenvolvimento.

ontológico da sociabilidade, e não distorcê-lo por nenhuma tomada de posição valorativa de cunho idealista – em direção positiva ou negativa.

É uma postura largamente difundida colocar-se contra a violência em geral, esquecendo-se de que nenhum passo teria sido possível, desde que saímos da esfera biológica animal, nenhuma socialização, nenhuma integração do gênero humano etc. etc., sem violência. Mas, de outro lado, não devemos ver na violência, mesmo em suas formas mais brutais, uma simples herança do estado pré-humano, algo que poderia ser "humanamente" superado de maneira moral abstrata. É preciso termos sempre consciência de que – como anteriormente mencionamos em outros contextos – nenhuma forma prática do ser social, portanto nenhum momento de sua autorreprodução (seja economia, superestrutura, como Estado, direito etc.), poderia surgir sem violência, nem servir à reprodução humana. A "linguagem" do gênero, que substitui historicamente o seu mutismo, não pode dispensar, em absoluto, as mais diversas formas de violência, de coerção etc. A história do gênero mostra que o mutismo pré-humano, a constituição do ser pré-humano, insuperavelmente espontânea, de funcionamento puramente biológico, estava e está hoje em condições de se articular conscientemente apenas desse modo, antagônico, carregado de violência. O abandono do estado de mudez, quando a consciência cessa de ser mero epifenômeno biológico, é igualmente um processo causal que pode possuir, em sua irreversibilidade, uma direção geral, mas nenhum alvo, por isso nenhum planejamento, nenhuma orientação finalista. O modo como sua espontaneidade causal – num nível ontológico totalmente novo – atua ontogenética ou filogeneticamente sobre as novas relações entre o exemplar singular e o gênero, determina as forças operantes no autodesenvolvimento da humanidade.

Naturalmente, mais uma vez, aqui não temos condições sequer de esboçar esse desenvolvimento mesmo em seus traços principais. Teremos de nos limitar a alguns dos mais relevantes complexos de problemas singulares. Principalmente, devemos constatar que o gênero constitui relações inteiramente novas com o exemplar singular. O fim do mutismo é idêntico, como processo, ao fim de movimentos ligados por uma dinâmica espontânea. Já nos primórdios do ser social, o gênero recebe uma forma que o exemplar deve dominar, portanto, independente, nitidamente diferente dele, mas que o defronta como realidade objetiva (segunda natureza). Essa concretização ontológica do gênero tem amplas consequências para a sua relação com o exemplar. Primeiramente, ela só pode encarnar-se em formas singulares concretas dadas em cada caso, não como sua unidade. Na realidade da práxis, para cada singular, aquela sociedade na qual ele vive no momento se identifica com o próprio gênero. Os outros homens que vivem em outras sociedades, pela sua práxis nem pertencem ou pertencem de maneira altamente problemática ao mesmo gênero (conceito grego de bárbaro etc.). Apenas a integração real das pequenas tribos primordiais em nações etc. amplia o círculo daquilo que a pessoa singular é forçada a reconhecer em sua práxis social como pertencente ao gênero humano. Essa integração, ditada pela economia, já conduziu – com o mercado mundial – à unidade do gênero humano no plano prático abstrato, constatando-se que esse reconhecimento – especialmente no terreno das atividades sociais reais – ainda aparece de modos altamente problemáticos do ponto de vista da generidade.

Essas contradições, apenas superáveis por um desenvolvimento social material na realidade efetiva do gênero, aumentam ainda mais pelo fato de que o seu ser concreto, cuja importância para a vida de todo exemplar singular do gênero, na respectiva sociedade concreta, é extremamente decisiva, torna-se, devido à produção e apropriação do mais-trabalho, insuperavelmente contraditório também no interior desses limites. Para os que se apropriam do mais-trabalho, seu estranhamento, que assim se realiza em relação à autêntica generidade humana, é a base "natural" de sua conduta de vida; para os seus produtores, ao contrário – que em geral formam a maioria –, é o confisco mais ou menos amplo de sua humanidade, de sua real pertença ao gênero humano. Com isso, a contradição das formas do gênero concretamente existentes adquire uma ampliação e um aprofundamento também no plano interior: não apenas oculta para seu ser singular sua própria essência, pela qual pode pretender ser sua a respectiva corporificação imediata de toda generidade, mas também essa constituição aparece, contemplada do interior, como insoluvelmente contraditória.

Mesmo assim, se no ser social, no ser objetivo, se pode falar da generidade, essa sua corporificação se dá principalmente nesse processo real de reprodução e crescimento da atividade econômica do ser humano. Essa economia adquire as corporificações singulares, desenvolve e transforma-as, até nossos dias, em unidade objetiva do gênero humano no processo material de reprodução, ligado à unidade, de toda a humanidade. Por isso, sua prioridade é não apenas geral e puramente ontológica, mas também concretamente relacionada com os homens no complexo dinâmico das forças que realmente determinam o desenvolvimento humano. Marx comentou isso muito cedo e com grande exatidão ao afirmar que a história é "O *livro aberto das forças essenciais humanas*, a *psicologia* humana sensivelmente existente, que até aqui não foi concebida em sua relação com a *essência* do ser humano, mas sempre apenas numa relação de utilidade exterior"[76].

Sobre o desenvolvimento da generidade no ser social só se pode falar inequivocamente sobre essa base, pois suas formas fundamentais, suas tendências de desenvolvimento fundamentais, só aqui podem se tornar existentes com eficácia objetivamente unívoca. Todavia, quanto mais, com Marx, se reconhece e se sublinha esse papel dominante da economia no desenvolvimento, tanto mais claramente se verá que também o estranhamento do homem que aqui tratamos deve se expressar da maneira mais clara e concreta nessa esfera da vida. Uma apresentação não deformada das tendências que aqui se tornaram eficazes não mostra apenas seu surgimento do processo de reprodução cada vez mais perfeito do homem e da humanidade, mas também, ao mesmo tempo, o expõe em sua contraditoriedade processual; esse desenvolvimento não criou um modo de estranhamento unitário e de uma só vez, mas, ao contrário, destruiu, ininterruptamente, suas formas particulares, pelo respectivo desdobramento de sua contraditoriedade interna. Entretanto, no curso da história até aqui, tal desenvolvimento só pôde modificar, remover ou destruir as maneiras particulares de estranhamento de modo que em seu lugar aparecesse outra forma desse fenômeno – mais elevado no sentido econômico-social, mais sociabilizado –, para mais tarde ser sucedido por outro ainda mais altamente desenvolvido produtor de um novo estranhamento.

A prioridade da reprodução econômica, aqui aludida com base em Marx, porém, jamais pode ser concebida como domínio de um automatismo[77]. Como o desenvolvimento econômico que move socialmente as mudanças filogenéticas do gênero humano se torna atuante como processo conjunto, apesar de todas as suas contradições intrínsecas, como fato social unitário em sua irreversibilidade, mas, segundo sua gênese, pode ser apenas uma síntese econômica

---

[76] MEGA, I/3, p. 121.
[77] Muitos mal-entendidos e recusas do ensinamento de Marx baseiam-se no fato de que se atribui a ele tal automatismo, de forma a poder desmenti-lo facilmente.

de muitos pores teleológicos singulares, que – em última análise – são realizados pelos indivíduos, cada ato social que apoia essa linha principal deve defender em relação a esses pores singulares a generidade cada vez alcançada. Mais precisamente: tem a função de dirigi-los na direção predominante da generidade. Sem entrar também aqui nas diferenciações, pode-se mesmo assim dizer que todos os momentos fixos e fluidos da superestrutura e da ideologia têm aqui a base de sua eficácia social e, partindo daqui, se esforçam por estimular a convergência consciente e prática da pessoa singular e gênero. Por isso, Marx levantou o problema da ideologia não em termos gnosiologicamente abstratos, mas em termos sócio-ontologicamente concretos, na medida em que, para ele, na determinação da ideologia, não é o dilema da correção ou da falsidade que forma a base genética, mas sua função: conscientizar os conflitos que a economia desencadeia na vida social e combatê-los. De um lado, partindo dos costumes, das tradições etc. até o Estado e o direito; de outro lado, até o âmbito da moral (no mais amplo sentido), da visão de mundo, trata-se sempre de transformar as contradições surgidas no plano econômico em relação à generidade a cada vez existente em motivos da práxis social. Com o caráter contraditório já descrito de cada fase da generidade, porém, esses atos de conscientização devem transcorrer, para o combate dos conflitos, no interior de uma ampla escala de confrontos: seu domínio pode estender-se do apoio incondicional da generidade daquele momento até sua rejeição também incondicional. Praticamente também é certo que a generidade não poderia se manter sem tal apoio no vir-a-ser social dos conflitos pessoais singulares, seu progresso não seria possível sem tais negações. É característico desse desenvolvimento que o momento da negação desempenha nele um papel dominante para o avanço. Contra Proudhon, que de maneira eclética destaca os lados chamados bons e ruins das sociedades com preponderância dos primeiros, Marx diz: "O lado ruim é aquele que dá vida ao movimento, cuja história é feita de tal forma que acarreta a luta"[78].

O caminho objetivo para a realização social da generidade-não-mais-muda realiza, pois, processualmente, ao mesmo tempo a remoção de suas formas dominantes em cada momento. O que Marx chama de recuo das barreiras naturais realiza-se também na causalidade imanente desse processo, de manei-

---

[78] Marx, *Elend der Philosophie*, Dietz, Stuttgart, 1919, p. 105; MEW 4, p. 131 e ss.

ra sempre crescente. Anteriormente, em outros contextos, indicamos como mesmo em terrenos da vida humana em que a fundamentação biológica jamais pode ser de todo superada (alimentação, sexualidade), esses terrenos são cada vez mais intensa e profundamente repassados por motivos sociais. Na medida em que o ser humano se torna individualidade, na medida em que as casualidades (sociais) de sua vida, como nascimento, origem etc., que determinaram sua posição na sociedade, esvanecem-se objetivamente e são subjetivamente superadas, a vitória dessa transformação se mantém em todos os campos da vida, não apenas em sua reprodução econômica imediata, em que essa tendência desde o começo se mostra dominante e transformadora dos outros campos. O mutismo biológico cessa de modo tendencialmente generalizado, mas é substituído na imediatidade do ser social por uma "linguagem" que, embora social, é ao mesmo tempo estranhada e estranhante. Marx constata essa contradição ao caracterizar esse período como pré-história do gênero humano.

Por que mera pré-história? É claro que todo o complexo da adaptação ativa (tomado no mais amplo sentido) realiza objetos nos produtos do trabalho, e modos de comportamento no processo de sua execução, que representam uma nova forma do ser diante das duas formas naturais. Se o ser social fosse uma simples intensificação, complexificação do ser natural, poderíamos considerar concluído por princípio o desenvolvimento da generidade que aqui se forma. Os fatos fundantes, o modo de ser das atividades por eles provocadas, criam, porém, uma situação inteiramente nova para o problema do gênero no ser social. Enquanto o gênero, de acordo com suas bases ontológicas, pode ser apenas mudo (até mesmo desprovido de voz), como na natureza, pode se realizar em uma imanência espontânea do ser que se desenvolve espontaneamente, na medida em que as circunstâncias o permitam: melhor dito, não importa em que fase esteja o seu ser-em-si, o seu ser-precisamente-assim indiscutivelmente imanente, que em nenhum sentido aponta para além desse ser-em-si. Isso é demonstrado tanto pela geologia quanto pelo surgimento dos gêneros na natureza orgânica[79]. Só no ser social, em seu desenvolvimento

---

[79] Quando as pesquisas incipientes tornarem possível uma representação do desenvolvimento lunar, muito provavelmente mostrarão um processo irreversível diferente daquele da nossa geologia sobre a Terra. Este "ser-em-si", todavia, em nenhum lugar apontará para além de si mesmo, e mostrará um "ser-em-si" tão não problemático do processo irreversível, como a geologia mostrou para a Terra.

objetivamente também incessante, aparece uma profunda problemática interna no próprio ser. Ela se expressa mais marcantemente no fato de que o desenvolvimento filogenético se mostra contraditório, interna e ontogeneticamente, no processo causado por ele mesmo, na medida em que, com objetiva persistência, estranha os exemplares da espécie em relação à generidade e só consegue substituir cada forma concreta de estranhamento por outra, igualmente estranhada. Deve-se enfatizar, no sentido do que até aqui foi apresentado, que no fenômeno do estranhamento se trata sobretudo de algo ontológico. De maneira primária, ele pertence ao próprio ser social, tanto em sua constituição objetiva quanto em seus efeitos sobre os exemplares singulares do gênero. O fato de que ele muitas vezes se manifeste sob formas ideológicas, nada muda nesse seu caráter fundamental, pois a ideologia no ser social é a forma geral para a conscientização e combate dos conflitos que surgem no plano econômico-social. Por isso não é, em absoluto, um engano ver na forma dupla das reações ideológicas ao estranhamento um sinal de que o conflito manifesto neste aponta, na respectiva generidade mesma e nos seus efeitos, sobre o ser de seus exemplares singulares, para uma duplicidade nas bases objetivas de todo o complexo de problemas. Já apontamos para os componentes mais difundidos e na prática expressos no ser social imediato desse complexo: a respectiva fase da generidade sempre se impõe nos exemplares singulares do gênero em termos econômicos imediatos, assim como na superestrutura e na ideologia tem uma vasta gama de expressões que vai desde a coerção direta e indireta até tendências puramente ideológicas de persuasão, de convencimento. O conteúdo desse complexo, a finalidade de seu pôr tão diferente, é, porém, sempre determinado pela respectiva posição do desenvolvimento social, portanto, pela generidade que a envolve. Tal complexo, portanto, no momento em que defende essa generidade, deve tentar impor também o estranhamento posto com ela própria como única maneira do ser possível. Ele será tão mais crítico, reformista ou até revolucionariamente dirigido contra o estranhamento quanto mais domine, mais ou menos conscientemente, os pressupostos ontológicos de uma fase de desenvolvimento que venha substituí-lo. Também aqui deve predominar o motivo de que essa generidade seja apoiada como progresso necessário, sem consideração (em geral, sem conhecimento) do novo estranhamento, que com isso dominará a vida social. Imediatamente, portanto, tendo em conta apenas as formas amadurecidas na ação real das atividades sociais de toda sorte, pode-se dizer que nem os meios de ação da superestrutura nem as formas de consciência da ideologia conseguem irromper do círculo da transformação histórica dos estranhamentos. Portanto, em toda a sua contraditoriedade muitas vezes altamente crítica, eles devem confirmar a aparência de que a cadeia dos estranhamentos que se alternam seja uma forma ontologicamente inevitável, que o ser seja de modo definitivo existente da forma – adequadamente expressa da sociabilidade – da generidade no ser social do mesmo modo em que era o seu mutismo na natureza.

Isso, porém, é só uma aparência. Surgem sempre, de novo, tomadas de posição com relação à própria generidade do homem que tentam romper – pelo menos ideologicamente – esse círculo mágico e buscar uma concepção da generidade em que ela possa se manifestar socialmente como efetiva realização concreta também da vida singular, em que a superação da "mudez" consiga deixar para trás sua contraditoriedade espontaneamente própria, aparentemente insuperável. É característico de todo o desenvolvimento humano em sua permanência que essas vozes se façam ouvir desde cedo, que assumam no curso da história também as mais diversas formas e, ignorando sua aparente inexequibilidade prática, assim como sua refutabilidade intelectual, aparentemente fácil de se realizar, jamais puderam ser eliminadas socialmente. O contraste com as ideologias antes descritas é forte ao extremo: nessas críticas, exigências etc. aparece uma generidade que se opõe àquela até aqui descrita – que necessariamente produzia e defendia os estranhamentos – porque sua questão central é exatamente a superação do próprio estranhamento, a concepção e exigência de uma generidade na qual as tendências filogenéticas e ontogenéticas podem receber uma constituição convergente.

Mesmo assim, seria falso instaurar entre as duas tendências uma oposição radical excludente. Também aqui, compreensivelmente, não estamos em condições de tratar, ainda que de modo esquemático, esse complexo em seu desdobramento histórico, com suas tão diversas variantes históricas. Mas também a mais reduzida descrição não pode ignorar o fato de que, assim como a socialização da sociabilidade produz formas totalmente novas de estranhamento (e de seu combate imediato), ela pode se tornar, ao mesmo tempo, base de diferenças importantes também nesse campo. Já mostramos, em outros contextos, que, nos estranhamentos em fases primitivas, a primitividade deste último costuma manifestar-se naqueles complexos de noções em que os homens conceberam os produtos de sua própria atividade como "presentes" de forças transcendentes (Prometeu e o fogo). Isso fundamenta todo o estranhamento predominantemente religioso – Feuerbach criticou particularmente este.

A própria existência como tal, o próprio destino etc., adquire assim um modo do ser estranhado por meio dessa transcendência. O automovimento do homem por decisões alternativas que ele próprio executou é degradado a mera aparência, na medida em que elas só são reconhecidas como eficazes naqueles casos em que em sua essência última não passam de execuções disciplinadas por mandamentos ou proibições transcendentes. Nessa medida, Feuerbach (e antes dele o Iluminismo) tem muita razão ao ver, em geral, em toda posição transcendente de atividades humanas uma forma de manifestação fundamental do estranhamento. Este, de certa forma por si mesmo, insere-se na defesa ideológica conservadora do *status quo* do respectivo mundo humano estranhado. Pois a tendência dominante da sociabilidade, que ainda está muito profundamente tolhida pela "natureza", é sua pretensão, de maneira geral, de ter uma origem "divina", ou pelo menos mítica e heroica. Quando surgem dúvidas, elas são refutadas apelando-se a uma tal origem, válida ainda nos dias de hoje. (Para mencionarmos um produto no quadro dessa fase bem desenvolvida, lembremos a solução das dúvidas éticas no *Bhagavad Gita*.)

A pólis heleno-romana traz motivos decisivamente novos para essa controvérsia. De um lado, o tolhimento natural da base vital permanece intocado em grande parte, mas a cidadania da pólis, especialmente em suas etapas heroico-democráticas, que cria um campo da ação rica de valor e exemplar, aparentemente consegue empurrar para o fundo bases vitais estranhadas – insuprimíveis devido à economia escravagista predominante. Uma vida segundo as leis de tal generidade desperta não apenas ilusões acerca da possibilidade de superar o estranhamento, mas também tais *modos de comportamento* pessoais e suas fundamentações ideológicas conscientes, em que as relações do homem com sua própria generidade se tornam visíveis, que – ainda que a longo prazo inexequíveis no respectivo presente – não tocam a base econômica do próprio estranhamento, no entanto, contêm intenções orientadas para comportamentos humanos em cujas importantes determinações se exprime uma generidade não mais estranhada. Pensemos nos trezentos espartanos nas Termópilas, em Cincinato, na morte de Sócrates – já no tempo da crise etc. Tal postura com relação às bases sociais da própria existência social pode levar por vezes até a uma consideração – histórico-relativa – bem inteligente das bases objetivas do estranhamento então vigentes. Em O *capital*, Marx cita ideias de Aristóteles, do poeta Antipatro, que esperam, de uma forma de produção superior (a máquina), o fim da escravidão. E é muito característico de sua posição quanto a essa questão, que ele não critique ironicamente o seu utopismo, mas o daqueles economistas do período capitalista que ignoram, em cega parcialidade, o papel da máquina no aumento da exploração em seu próprio presente. Portanto, aos olhos dele, tal utopismo ingênuo está mais próximo da verdade social última do que a apologética em uma fase mais elevada do desenvolvimento econômico[80].

Mas Marx está bem distante de supervalorizar a importância social de antecipações intelectuais e emocionais, transformadas em atividade, das necessidades reais do desenvolvimento. Ele as designou uma vez, resumidamente, como conclusões pouco inteligentes, e não deixa de designar toda manifestação de contentamento na ideologia do mundo moderno como "vulgar"[81].

Essa posição dupla de Marx em relação à questão que agora abordamos mostra que ele nunca rejeitou como pouco importantes aquelas críticas do estranhamento que vão além de suas respectivas formas atuais e miram uma forma superior de generidade (e, com isso, de sociabilidade), apesar de sua inexequibilidade prática, mas como momentos do desenvolvimento ideológico real do homem, como ponto de partida de uma superação mais profunda do estranhamento. Vê-se isso nitidamente na avaliação do desenvolvimento da religião cristã. É sabido que de modo geral ele a rejeitava ainda mais determinadamente do que os mais radicais iluministas, mas isso não contradiz o verdadeiro sentido de nossa afirmação. Quem quer que tenha lido o Novo Testamento sabe que Jesus de Nazaré, em algumas questões decisivas, vai muito além de uma mera visão socialmente imanente que critica apenas o estranhamento dominante em dado momento. Quando aconselha o jovem rico, que cumpre conscientemente todos os mandamentos do mundo de então, mas

---

[80] Marx, *Kapital*, I, p. 373.
[81] Marx, *Rohentwurf*, p. 387-8.

permanece muito insatisfeito com sua própria vida, a dividir entre os pobres sua fortuna, aponta – embora também de modo apenas ético-individual – claramente para uma generidade de tipo qualitativamente superior. Naturalmente, tais investidas não conseguiram impedir que o cristianismo acabasse sendo o apoio ideológico do futuro Império Romano, depois da formação feudal, e também da capitalista. Mas essa tendência dominante que o cristianismo partilha com toda religião não pode nos impedir de perceber os momentos novos em seu desenvolvimento geral. A crise da economia escravagista, a dissolução da pólis com sua ética da cidadania, levavam já na fase então dada do desenvolvimento social objetivo, a uma primeira forma de individualidade. Isso teve como consequência, nas amplas massas, uma adaptação simples ao socialmente dado, mas no ideal estoico-epicurista dos sábios levou à ataraxia, ao preceito de uma conduta de vida que, em meio a uma sociedade totalmente estranhada, desprezando as circunstâncias, buscava realizar a relação autêntica entre indivíduo e gênero. Não sem algum exagero, omitindo mediações, poderíamos talvez dizer: em Jesus de Nazaré esse ideal de vida aristocrático de uma sabedoria sublime torna-se exigência democrática cotidiana. Um tipo de exigência, todavia, que de saída nunca poderia alcançar uma realização geral. Não devemos esquecer, porém, que já os movimentos heréticos do começo da Idade Média se orientavam amplamente para esse ideal. Os hussitas radicais e Thomas Münzer formam com essas tradições motivos revolucionários e seus seguidores, a partir desses ideais, sentiam-se chamados a eliminar revolucionariamente a sociabilidade estranhada e criar uma outra, hostil a qualquer estranhamento. Naturalmente, na prática também isso foi em vão. Uma orientação para a práxis, não importa de que tipo, que salta utopicamente por cima da situação atual das coisas, só pode fracassar diante da realidade. No entanto, não é difícil ver que essas tendências, após mudanças historicamente correspondentes, tiveram, ainda nos seguidores radicais de Cromwell e no jacobinismo de esquerda, um papel não insignificante, assim como um efeito duradouro em determinadas irradiações ideológicas.

A ineficácia prática de tais posições justifica a áspera crítica política de Marx contra todo utopismo. Faz parte da natureza do ser social que toda mudança de sua superestrutura pressuponha uma transformação correspondente das bases econômicas, capaz de fundar o novo. Tanto mais quanto mais importante for essa mudança. Não é em vão que Marx diz, ao determinar as possibilidades de um "reino da liberdade", que "ele só pode florescer tendo aquele reino da necessidade (da economia, G. L.*) como sua base"[82]. Portanto, toda ideologia – por mais decisivamente que seu conteúdo esteja orientado em muitos aspectos para uma generidade autêntica – tem de permanecer ideologia sem efeito real prático se não puder acertar contas com as possibilidades existentes da economia, se não crescer intelectualmente além das tendências de desenvolvimento desta última. Mas isso não quer dizer que a ideologia teria de ficar totalmente sem influência nesse processo. Há pouco citamos tendências práticas reais que, como tais, estavam condenadas ao fracasso social pelos motivos há pouco apontados, mas mesmo assim, como ideologias, se tornaram forças que estimularam com autêntico espírito revolucionário o fator subjetivo. O anseio da humanidade por uma vida já não dominada pelo estranhamento, portanto, por uma generidade que não traz à vida nenhum estranhamento, que atribui ao indivíduo humano tarefas que podem conduzir a uma vida – também pessoal – capaz de trazer substanciosa e real satisfação, permanece inarredável do pensamento e da emoção dos seres humanos. E como esses complexos de pensamento e sentimento não puderam se externar e se desenvolver nas manifestações práticas de vida e nas atividades humanas, pelos motivos dados, os seres humanos procuraram e encontraram um espaço de exteriorização no campo da ideologia pura, isto é, da que não se torna efetivamente ativa no plano prático-social imediato. Hegel, no seu tempo, tentou caracterizar esse mundo das ideologias como espírito objetivo e absoluto. Prescindindo do fato de que para ele, em última análise, estranhamento e objetividade coincidiam, que, portanto, a superação do estranhamento teria de significar a reabsorção do mundo até aqui "alienado" ao espírito no sujeito-objeto idênticos (essa essência, portanto, uma utopia logicizante), Hegel erra quando insere a religião no espírito absoluto. Na religião – em determinadas afirmações de Jesus de Nazaré, em determinados tipos de seus seguidores como Mestre Eckhart, Francisco de Assis –, tal tendência também atua, mas, de modo geral, a religião cumpre tarefas práticas extremamente semelhantes às do direito ou do Estado, e de fato os movimentos de conservação e justificação da respectiva sociabilidade existente (generidade), e os movimentos heréticos – apesar de

---

* Iniciais de György Lukács, presentes no manuscrito, indicando um acréscimo seu à citação de Marx.
[82] Marx, *Kapital*, III, II, p. 355.

todas as diferenças ora reveladas – inserem-se na série de tentativas de modificá-la em termos prático reais.

Em contrapartida, em toda parte onde houve um razoável avanço, o desenvolvimento social desenvolveu ideologias convocadas a atuar de modo puramente ideológico, sem haver nem mesmo a possibilidade de um aparato de coerção (a possibilidade e a exigência da coerção caracterizam o espírito objetivo de Hegel). É claro que com isso se faz referência às grandes filosofias e importantes obras poéticas. Aqui, evidentemente, também não será possível desenvolver essa questão. Ela pertence ao complexo de problemas do desenvolvimento concreto das atividades humanas. Apenas para nos aproximarmos com maior concreticidade do problema que aqui estamos discutindo, lembremos que a cultura europeia inventou um gênero próprio de poesia e no curso de milênios a produziu sempre renovadamente, e sua essência consistia em: apresentar a inexequibilidade prática atual da generidade autêntica não mais estranhada, precisamente como algo não exequível na prática, mas ao mesmo tempo como tarefa superior, exequível para a vida humana corretamente conduzida. Referimo-nos à forma literária da tragédia. Sua indestrutibilidade no desenvolvimento da história é um fato. Mas vale lembrar que seus grandes autores desde o começo compreenderam muito bem deu mandato social. Lembremos Sófocles, cuja Antígona, exatamente em seu fim necessariamente trágico, é representante dessa tendência; e o autor a defronta com sua irmã Ismênia, para mostrar como o tipo trágico se destaca por princípios e qualidades em todas as questões daqueles que, na máxima sinceridade aprovam a generidade prática então existente. A unidade inseparável da ação correta e de alto significado para o gênero humano e da necessária derrocada pessoal assume em Shakespeare uma formulação poeticamente precisa. O seu Hamlet, depois de ter uma visão do espaço de ação que lhe é prescrito em sua vida futura, diz: "O tempo saiu dos trilhos; vergonha e desgosto que eu tenha vindo ao mundo para endireitá-lo!". Seria sair muito do nosso quadro se tentássemos descrever como esse sentimento domina a tragédia de várias formas, milênios a fio, como o grande problema social aqui levantado influenciou profundamente não apenas a poesia, mas toda a arte, de Cervantes a Tolstoi, de Rembrandt a Beethoven etc. etc., como atuou exatamente na visão de mundo dos pensadores socialmente mais importantes, enriquecendo-os. Quero apontar aqui apenas a importância que teve, para o próprio Marx, a leitura sempre repetida dos trágicos gregos e de Shakespeare e, para Lenin, a de Puchkin e Tolstoi.

Para concluir, observemos apenas que a amplamente conhecida e bem-sucedida polêmica de Marx contra todo o utopismo tem seu fundamento no fato de que o comunismo só é concretizável como saída social do mundo social estranhado e estranhante, que o fim da pré-história humana só é concretizável sobre bases econômicas adequadas. Nossas indicações querem apenas apontar, de maneira complementar, que o fator subjetivo dessa imensa transformação na história da humanidade tampouco tem caráter utópico. Ninguém negará que os momentos ideológicos aqui aludidos até agora só moveram minorias na vida prática da sociedade. Ouso afirmar, porém, que a força de irradiação humana de todo esse complexo ideológico sempre foi muito maior do que desejou reconhecer a "erudição sociológica". E os grandes tempos revolucionários mostram sempre uma difusão rapidíssima de sentimentos assim orientados, nas massas humanas, que se tornaram fator subjetivo da transformação. Tais saltos são fatos históricos. Da mesma forma podem desaparecer costumes universalmente difundidos (canibalismo) e conhecimentos privilegiados e privilegiantes podem se transformar em propriedade social universalizada (escrever e ler). Portanto, não há nenhum utopismo em prever que, numa transformação socialista da sociedade capitalista, numa efetiva passagem do socialismo autenticamente realizado para o comunismo, esses motivos ideológicos antiquíssimos, que no desenvolvimento até aqui ocorrido que estão presentes de algum modo tanto nas ideologias "superiores" quanto nas "inferiores", esse anseio humano por uma generidade autêntica sejam chamados a desempenhar um papel decisivo na formação ideológica do fator subjetivo.

Com tudo isso, embora esses comentários tenham ficado mais longos do que o planejado originalmente, só se visualizou o horizonte mais geral dos problemas de tal ontologia, mas esperamos que isso seja o suficiente para que pelo menos os contornos mais abstratos desse método velho-novo ou novo-velho tenham sido percebidos, tornando-se passíveis de discussão razoável. Esta introdução também não pretendeu mais que isso. Se, como conclusão, pretendêssemos resumir brevemente a quintessência real desses raciocínios, deveríamos começar repetindo aquilo que Marx afirmou sobre a constituição ontológica das categorias.

Sobretudo: "Categorias são formas do ser, determinações da existência", e, como tais, não podem ter uma gênese real originária. Ser, aos olhos de Marx, é ao mesmo tempo ser-objetivo, e a objetividade é a forma primordial concreta e real de cada ser, consequentemente de todo nexo categorial, que nós, após transportá-lo para o pensamento usamos exprimir como sua generalidade e expressar como sua universalidade [*Allgemeinheit*], como a universalidade de seu ser-determinado. Mas, logo de início, há o perigo de um mal-entendido, de conceber essa universalidade como um acréscimo do pensamento ao ser, uma reconfiguração do ser pela consciência pensante. A profundidade de grande alcance da concepção marxiana das categorias repousa, entretanto, exatamente no fato de que a universalidade não é nada mais nada menos que, em primeiro lugar, uma determinação do ser, exatamente como a singularidade [*Einzelheit*], e só porque ela, tanto quanto a singularidade, existe e opera no ser mesmo como determinação da objetividade, pode tornar-se – reproduzida pela consciência – um momento fecundo do pensamento. Assim Marx colocou esse problema, e assim, seguindo-o, tento compreender sua aplicação consequente tanto na vida cotidiana como na ciência, enquanto patrimônio comum da práxis humana.

Mas o que são, vistas de modo mais concreto, essas objetividades? Mencionando seu caráter existente primário e insuperável, aparentemente dizemos apenas algo negativo a respeito delas: não são produtos do pensamento, seu ser independe de se e como são pensadas ou não são pensadas. A consciência é o produto de determinado modo de ser do ser social e tem funções extremamente importantes a cumprir nele. Todavia a parte predominante do ser, aquilo que chamamos natureza, move-se, funciona etc. de maneira totalmente independente de que se dê ou não uma consciência que perceba essas determinações, relações, processos etc. e que delas tire conclusões. Por isso, se partirmos coerentemente do próprio ser, essa determinação também não tem implicações negativas. A aparência de uma negatividade surge somente da confrontação entre ser e consciência (e, de fato, do ponto de vista da consciência), que por sua vez nada é senão um importante componente movente de um modo do ser determinado, particular. Do fato de que no ser social, devido à função dos pores teleológicos do homem que determinam suas objetividades específicas, a consciência tenha um papel tão importante, não se segue, em absoluto, que objetividades, processos etc., tanto da natureza orgânica quanto da inorgânica, bem como do ser social, tenham alguma relação ontológica de dependência com a consciência. Que o trabalho – e tudo o que dele surge como consciência humana, atividade social (exatamente no interesse de sua atividade bem-sucedida) – estimule um conhecimento o mais adequado possível da objetividade natural, é um fato básico do ser social. No entanto, todas as modificações, frequentemente essenciais, realizadas na natureza por tal atividade social, nada podem mudar no fato ontológico básico, na independência ontológica das objetividades e dos processos naturais em relação ao seu ser-pensado. Todo pensamento que projeta na natureza as relações categoriais que só podem surgir no ser social como autodeterminações, comete, no sentido ontológico, um falseamento do ser, produz um mito (que também só pode ter "pátria" espiritual no ser social), não um conhecimento objetivo da natureza. O mesmo acontece, *mutatis mutandis*, com o ser social enquanto ser.

Todavia, uma contraposição rígida entre natureza e sociedade surge, como vimos, somente quando a questão da consciência e seu papel no respectivo ser forma o ponto central do interesse, quando propriamente o conhecimento do ser social em sua particularidade constitui o ponto de partida exclusivo e a correspondente finalidade do interesse. Devido à importância ontológica dessa questão, os conhecimentos corretos que dela emergem podem, com efeito, iluminar de forma verdadeira determinados aspectos, determinadas facetas da relação da sociedade com a natureza. Nunca a relação em sua totalidade movente, apenas certos aspectos significativos. Se quisermos nos aproximar de fato dessa compreensão do ser mediante o pensamento, precisamos retornar a outra observação de Marx, estreitamente ligada a esta última. Também esta foi por nós citada em outro contexto: ela diz, em essência, que o conjunto do ser total, tanto da natureza como da sociedade, deve ser concebido como um processo histórico, que a historicidade assim instituída constitui a essência de todo ser. Na época de Marx – especialmente quando foi formulada na obra de juventude *A ideologia alemã* –, tal observação não pôde receber uma sustentação científica convincente. Marx e Engels saudaram as descobertas de Darwin como uma confirmação complementar importante dessa concepção de fundo, e Engels, quando enfrentava os problemas da "dialética da natureza", tentou aproveitar as primeiras contribuições do conhecimento natural, que apontavam nessa direção, com o intuito de aprimorar essa imagem de mundo. Nossas explicações, até aqui, já mostraram que se trata objetivamente, em primeira linha, da superação da mais tenaz aparência em nosso mundo, a da "coisidade" dos objetos como forma originária determinante de sua objetividade. Em sua práxis científica concreta, Marx sempre combateu esse complexo de representações a propósito do ser, sempre mostrou como muito do que estamos habituados a conceber como "coisal", se corretamente apreendido mostra-se como processo. Em nosso conhecimento da natureza, esse modo de ver irrompeu definitivamente quando Planck e os seguidores de sua doutrina foram capazes de compreender de maneira indubitável a "fortaleza" "baluarte" teórica da "coisidade", o átomo, como processo. À luz dessa mudança, vemos que, embora durante muito tempo não tenha sido reconhecido por todos, a maioria daquilo que se concebe cientificamente no terreno das ciências da natureza não tem mais como base o "caráter de coisa" dos objetos, postos em movimento por "forças" polarmente diversas, mas que, ao contrário, em toda parte onde começamos a apreender a natureza de maneira intelectualmente adequada está o fenômeno fundamental: processos irreversíveis de complexos processuais. Do interior do átomo, essa forma de objetividade e ao mesmo tempo de movimento chega até a astronomia: complexos cujos "componentes" são em geral também complexos, formam na verdade aquela objetividade que Marx mencionava em seu tempo. E o que são processos irreversíveis senão cursos da história, sem levar em conta que sua irreversibilidade é compreendida e – em determinadas circunstâncias – até parcialmente influenciada por uma consciência, porém, sem com isso superar a irreversibilidade universal. Nesse sentido, podemos dizer que as últimas etapas da ampliação e aprofundamento do conhecimento do mundo confirmaram a constatação do jovem Marx acerca da universalidade cósmica da historicidade (vale dizer: irreversibilidade dos processos).

Essa universalidade [*Universalität*], agora justificada, da concepção marxiana do mundo traz consigo um deslocamento importantíssimo da ênfase na relação entre sociedade e natureza. Na descrição de Engels e mais ainda naquelas que se seguiram, parecia tratar-se da existência, sobretudo, de um método dialético unitário que poderia ser aplicado com a mesma justeza na natureza e na sociedade. Segundo a autêntica concepção de Marx, trata-se, em contrapartida, de um processo – em última análise, mas só em última análise – histórico unitário, que se mostra já na natureza inorgânica como processo irreversível da transformação, de complexos maiores (como sistemas solares e "unidades" maiores ainda), passando pelo desenvolvimento histórico de cada planeta até os átomos processuais e seus componentes, em que não existem fronteiras constatáveis para "cima" ou para "baixo". Devido àqueles acasos favoráveis que possibilitaram a vida orgânica na terra, surgiu uma nova forma do ser, cujas condições iniciais já começamos a intuir e cuja história, desde Darwin, tornou-se cada vez mais conhecida. Uma série de acasos de outro tipo possibilitou o desenvolvimento do ser social a partir da natureza orgânica. Quando, pois, com Marx, tentamos entender a história de nosso próprio modo do ser social como processo irreversível, tudo o que costumamos chamar de dialética da natureza aparece como sua pré-história. A dupla ênfase da casualidade na transição de uma forma do ser a outra quer, sobretudo, indicar que nesse processo de desenvolvimento histórico, nessas transições, não se pode falar em "forças" teleológicas, assim como tampouco se pode fazer delas no interior dos processos singulares irreversíveis de cada forma do ser determinada. Pré-história significa, portanto, apenas (esse "apenas" abrange uma multiplicidade imensa de determinações reais) que uma forma do ser mais complicada só pode se desenvolver de uma mais simples, tendo esta última como fundamento. Todavia, as determinações das esferas do ser precedentes jamais perdem inteiramente seu significado de codeterminante. Os processos de desenvolvimento mostram em geral a tendência a uma subordinação das determinações ontológicas derivadas do modo de ser precedente a uma ordem cujo princípio diretor é a autorreprodução da forma do ser nova, mais complexa. Marx fala com razão de uma tendência de recuo das barreiras naturais no ser social; já falamos sobre a medida e sobre a impossibilidade de esse recuo impor-se completamente. Por exemplo, ninguém negará que a sociedade capitalista repousa em modos do ser social mais puros do que a feudal, que, portanto, o momento biológico na sociedade pode ser reduzido por meio do desenvolvimento, ainda que jamais seja totalmente eliminado.

A concepção correta desse desenvolvimento histórico das formas singulares do ser, uma a partir da outra, de suas interações dinâmicas reais nos respectivos processos de produção, de cada tipo do ser, poderia, assim, esclarecer de muitas formas, em termos genéticos, também as mudanças qualitativas. Pensemos, por exemplo – para tomar a esfera da natureza orgânica –, em como os efeitos diretos de processos físico-químicos determinam o processo de reprodução das plantas, enquanto nas fases mais desenvolvidas do mundo animal estas têm de sofrer uma transformação biológica para se tornarem forças dinâmicas reais do novo processo de reprodução. Visão, audição, olfato etc. são pressupostos reais indispensáveis do processo de reprodução de organismos de tipo mais complexo. Por isso, eles também formam uma base ontológica para a adaptação ativa da sociedade e seus membros. Entretanto, o fato de terem de funcionar por meio de pores teleológicos conscientemente realizados desempenha um papel que produz modificações qualitativas importantes. No tocante a isso, é digno de nota como, apesar da irrevogabilidade dos fundamentos biológicos dessas formas de transformação, sua conversão para o social (recuo das barreiras naturais) produz tendencialmente, de um lado, um aumento de sua eficácia e, de outro, empurra para segundo plano seus momentos meramente biológicos. Engels diz acertadamente: "A águia vê muito mais longe do que o homem, mas o olho do homem vê nas coisas muito mais do que o da águia" etc.[83]

Talvez se veja mais nitidamente ainda essa transformação, essa troca de funções, no fato conhecido de que a mais elevada forma biológica da audição (ouvido absoluto) nada tem a ver com o talento humano para a arte específica da audição, que é a música. Sua existência não diz nada acerca do talento musical do seu possuidor; por outro lado, há músicos importantes sem ouvido absoluto. Se é verdade que possuí-lo poderia ser uma ajuda importante, isso não diminui minimamente o significado teórico do fato de que ele é dispensável por princípio. O talento musical continua sendo uma capacidade social, como a paisagem ou o modo característico de expressão de uma pessoa etc. são e permanecem categorias sociais, não mais biológicas.

Questões ontológicas desse tipo podem ser levantadas e até suficientemente respondidas sem o exame científico sobre se os elementos da formação mais simples do ser que assim se introduzem na forma do ser mais complexa sofrem nessa transação reestruturações internas ou apenas se submetem a uma troca de função, como elementos do novo contexto. A sua existência no novo contexto ontológico produz em ambos os casos o mesmo quadro. Entretanto, não é inessencial, do ponto de vista da consideração ontológica, qual das duas possibilidades se realiza em cada caso. Pois sua constatação poderia lançar uma luz concreta sobre qual modificação ontológica o ser mais simples, fundante, pre-

---

[83] *Anti-Dühring*, MEGA, p. 697.

cisa sofrer quando se torna um elemento estruturante indispensável, embora subordinado, de um novo e mais complicado complexo ontológico. Os próprios fatos aparecem tão frequentemente e de modo tão evidente nos processos históricos concretos que seu destino geral também pode ser claramente visto sem uma elucidação precisa e detalhada de todos os momentos. Para dar um exemplo relativamente simples, pensemos na criação de animais domésticos, cujo início remonta à Idade da Pedra, e cujo caminho puramente biológico em grande parte ainda não foi pesquisado. "Eles não sabem, mas fazem", disse Marx certa vez sobre a atividade social dos homens. Também nesse caso, os homens não o sabiam, no sentido de uma cientificidade autêntica, mas mesmo assim concretizaram praticamente em sua atividade o autêntico princípio de tal transformação: modificaram e reordenaram radicalmente as condições de vida dos animais conforme seus objetivos sociais, preferiram o acasalamento daqueles exemplares que se adequaram aos novos fins de maneira relativamente rápida e radical etc. Assim surgiram as novas espécies, muito diferentes das "originais". Eram ademais amplamente diferenciadas, correspondendo aos objetivos sociais que nasciam das necessidades sociais: do cavalo de corrida inglês ao cavalo de tração, do cão de caça até o cão de companhia ocorrem escalas ricas e bastante graduadas. É difícil duvidar que os tipos assim surgidos sejam desvios no sentido biológico: o motor concreto da diferenciação foi, porém, a mudança do ambiente, das condições de vida, um motivo tão corretamente extraído do ser que Darwin conseguiu desenvolver, a partir daí, o método para pesquisa científica da origem das espécies.

Aqui se mostra, em um caso único significativo, aquela dinâmica real do ser histórico, que produz as mudanças reais por meio das interações entre as espécies ontológicas [*Seinarten*] reunidas em um modo do ser [*Seinweise*]. O conhecimento dos processos totais poderia ser tirado somente da síntese de tais pesquisas singulares, que fossem capazes de revelar em sua essência ativa as forças motrizes efetivas. Nesse sentido, não obstante o grande desenvolvimento das ciências naturais, obtivemos ainda muito pouco quanto à real pré-história do ser social, a pré-história do gênero humano. Os dados singulares existem em abundância, mas seu eventual isolamento ou universalização acríticos muitas vezes os tornam sem valor para esse conhecimento. O mundo manipulado do capitalismo atual, incapaz de compreender seu próprio rotundo fracasso mesmo ali onde ele aparece com toda a evidência (Vietnã), importa-se ainda menos com as consequências de uma aventura espiritual manipulada, quando se insere inteiramente nos esquemas "revolucionário-científicos" (muitas vezes pseudocientíficos) da manipulação moderna. Típica é a sugestão, expressa também por altas "autoridades", de adaptar os homens às necessidades da técnica atual, com a ajuda da manipulação genética. Depois de Hitler, é a segunda tentativa de reformar com o uso da força os homens "biologicamente" segundo um estado social desejado. A "biologia" de Hitler obviamente nada tinha em comum com a biologia autêntica. A manipulação genética pode ter atingido certos resultados científicos singulares. Mas, quando se pretende dirigir dessa maneira a adaptação da biologia humana a situações sociais criadas por sua espécie, de um lado se ignora que, na realidade, se trata da adaptação do ser humano inteiro, e é altamente duvidoso que a manipulação parcial, abstratamente inventada, seja realmente capaz disso, por princípio; de outro, se esquece que as atividades humanas reais (incluindo a adaptação) são totalmente condicionadas pela sociedade no seu conjunto, de tal forma que essas atividades podem ser, na maioria dos casos, perturbadas por intervenções "puramente" biológicas, abstratas e muito raramente favorecê-las; os pores teleológicos que determinam na prática as manipulações genéticas necessariamente ignoram os problemas sociais reais.

Apresentamos tal caso singular – em muitos aspectos grotesco – como exemplo negativo unicamente porque não apenas as debilidades de seu ponto de partida, de sua metodologia, indicam claramente que tais problemas só poderiam ser formulados corretamente a partir da totalidade do ser social, mas também porque a maior parte de seus críticos incorre em um erro semelhante, levando em consideração simples momentos parciais-isolados do ser social, e não seu contexto ontológico operativo global[84].

Por isso, tomamos esse exemplo apenas como exemplo. Como tal, é sintomático, não irrelevante. Pois mostra como seria importante ver e seguir de modo crítico a metodologia (e os empreendimentos que dela partem) das ciências em um contexto ontológico. Por maior que seja o progresso da razão abstrata (desantropomorfizante) que se manifesta nas ciências, diante do entendimento da vida cotidiana apenas experimentalmente orientado em sentido ontológico, temos de lembrar que a "razão" científica – que se independentiza metodologicamente,

---

[84] Cf. *Menschenzüchtung*, organizado por F. Wagner, 1969.

que aceita, de modo acrítico, como realidade, os próprios pressupostos metodológicos –, precisamente como modo de conhecimento puro, não controlado pelo entendimento, muitas vezes no passado desembocou em construções aventurescas e inconsistentes. Pensemos na divisão do mundo em sublunar e supralunar, na "harmonia das esferas" pitagórica etc. etc. É criticamente justo lembrar que a exclusão da mera experiência (e com ela do mero "entendimento") da metodologia, ainda hoje, pode conduzir a "razão" científica a semelhantes "aventuras" com nuanças temporais, à criação de construções ocas, como tantas vezes ocorreu no passado, cujos erros os modernos pensam ter superado por meio de uma técnica mais desenvolvida e de construções recentes.

Mas tais exemplos – embora não se deva menosprezar seu significado metodológico, seja como engano, seja, sobretudo, como sua crítica ontológica – permanecem como meros exemplos, e estas considerações introdutórias sobre novos aspectos da posição e da resolução de problemas não podem pretender sequer definir, nem mesmo alusivamente, muito menos criticar concretamente seus variados modos de manifestações típicas. O exame do significado que assume o ponto de partida ontológico para nossas atividades práticas e para as tentativas de fundá-las teoricamente deve ser muito mais detalhado se se quer contribuir realmente com a consideração crítica desses dois momentos com a investigação concreta sobre sua respectiva relação. No quadro de tais considerações, a universalidade que surge com isso pode, na melhor das hipóteses, ser formulada de modo bem geral, mas não uma generalização partindo de casos singulares – por mais característicos que sejam. A crítica ontológica do método que se contrapõe à manipulação – tanto a brutal quanto a sutil – dirige-se só de modo generalizado contra o menosprezo das experiências humanas, que atua em ambos. Esse menosprezo, hoje, chega a tal ponto que a máquina cibernética muitas vezes não apenas começa a suplantar a valoração intelectual das experiências, mas se contrapõe, como modelo de pensamento mais perfeito, ao pensamento experiencial usual sendo exaltada como realização exemplar diante do pensamento humano. Isso significa, como determinação e crítica do "entendimento", que se deve eliminar dele, sem deixar resquícios, toda "mera" experiência imediata. (Pensemos nas sugestões que pretendem "cibernetizar" inteiramente o diagnóstico médico, a relação imediata e empírica entre médico e paciente, portanto, a essência da medicina clínica.) Na avaliação de tais complexos de questões naturalmente sempre se deve levar em conta que a objetivação matematizante significa um gigantesco avanço em relação às meras experiências. O exagero acrítico pode, porém, anular facilmente esse caráter progressista, sobretudo quando em nome do "progresso técnico-revolucionário" da manipulação que daí deriva pretende eliminar as categorias ontológicas issuprimíveis.

A questão de que se trata diretamente em tais controvérsias é a de como se avalia o significado da experiência na elaboração de nossa imagem de mundo. Vimos que as tendências dominantes são orientadas para minimizar seu significado, até mesmo de excluí-la inteiramente, se fosse possível, da série de elementos que ajudam a elaborar uma imagem de mundo. Mostramos, repetidas vezes, que a condição originária em que o órgão da orientação no mundo, de seu domínio pelo pensamento, era exclusivamente a experiência, foi justamente superada e que sua permanente e crescente exclusão sem dúvida significou um grande progresso em determinados aspectos. Mas, como vimos, esse progresso tem limites bem demarcados, e não é por acaso que precisamente Hegel, não obstante sua rigorosa logicização dos conteúdos do conhecimento – visto que essa logicização tinha como base também uma necessidade ontológica do conhecimento do mundo – sempre procurou assegurar também para a experiência o lugar que lhe convinha no sistema do conhecimento. Na introdução da *Enciclopédia*, em que atribui à filosofia a tarefa de reconhecer adequadamente a realidade, ele diz:

> A consciência mais próxima desse conteúdo chamamos *experiência*. Uma consideração sensível do mundo já diferencia aquilo que no amplo reino da existência exterior e interior é apenas aparição [*Erscheinung*], transitório e desimportante, e o que realmente merece o nome de *realidade*. Na medida em que a filosofia se distingue apenas na forma de outra maneira de tomar consciência desse único e mesmo conteúdo, sua concordância com a realidade e a experiência é necessária.[85]

Em conformidade com essa visão, Hegel destaca elogiosamente que Bacon "reconduziu a filosofia para as coisas mundanas, para as casas dos homens". Em seguida, ele fundamenta sua própria visão da seguinte maneira:

> E, nessa medida, o conhecimento que provém do conceito, do absoluto, pode tomar ares de grandeza contra esse conhecimento [nascido da experiência]; mas

---

[85] Hegel, *Enzyklopädie*, §6.

para a ideia é necessário que a particularidade do conteúdo seja desenvolvida. Um aspecto essencial é o conceito, mas igualmente essencial é a finitude do conceito como tal.[86]

Todavia, aqui se evidencia também uma das fraquezas metodológicas de suas visões, tão grandiosas em suas intenções. Pois Hegel é aqui – no fundamento último de seu método – tão dualista como antes e depois dele foram os defensores e adversários da experiência (empirismo). Esta última poderia apreender apenas a particularidade, a finitude, enquanto as formas reais de construção da realidade, os autênticos objetos da filosofia, são sua universalidade, sua infinitude, sua idealidade etc. O fato de que Hegel também reconheça isso como um conteúdo da filosofia mostra seu entendimento penetrante que de alguma forma se faz valer por toda parte. Com isso, porém, ele só é capaz de completar em termos extrínsecos a mera racionalidade, mas não de compreender a unidade dialética última da realidade.

Mostramos repetidamente como Marx combate a tendência abstrata da logicização idealista hegeliana da realidade, que deforma o ser. Mas não se contenta, em absoluto, com isso, e nos *Manuscritos econômico-filosóficos* também chega a falar em nosso problema atual. Parte do fato de que a apropriação da realidade em Hegel, em última análise, só ocorre no pensamento puro: é uma apropriação "desses objetos como *pensamentos* e *movimentos de pensamento*". E como Marx também conhece e critica a tendência do pensamento hegeliano que acabamos de tratar, acrescenta:

> é por isso que já na *Fenomenologia* – apesar do seu aspecto absolutamente negativo e crítico, e apesar da crítica efetivamente encerrada nela, crítica frequentemente antecipadora do desenvolvimento ulterior – está latente enquanto gérmen, enquanto potência, como um mistério, o positivismo acrítico e do mesmo modo o idealismo acrítico das obras hegelianas posteriores, essa dissolução e essa restauração filosóficas da empiria existente.[87]

Se, pois, quisermos apreciar corretamente em Marx a superação crítica da dialética hegeliana, temos de ver que nesse tocante não apenas – como em geral costumam dizer os marxistas – um "colocar de pé" do idealismo hege-

---

[86] Hegel, *Werke*, Stuttgart, 1928, v. 19, p. 282.
[87] MEGA, I/3, p. 155.

liano, mas, ao mesmo tempo, inseparavelmente, também da crítica do seu "positivismo acrítico".

Crítica significa aqui: crítica ontológica das tentativas logicizantes (embora não explícitas, em Hegel), metodologicamente abstratas, da teoria do conhecimento etc. de tomar decisões essenciais sobre o ser, concernentes à coisa mesma, em vez de procurar no próprio ser processual os seus fundamentos. A afirmação de Marx, já reiteradamente citada, de que as categorias não são, de modo primário, abstrações realizadas pelo pensamento, mas formas do ser, determinações da existência, já pode, nesta fase de nosso exame do problema fundamental, ser organicamente ligada com a outra determinação também fundamental sobre a atividade sócio-histórica dos homens: "Eles não sabem, mas fazem". Anteriormente, a propósito de temas específicos, singulares, mostramos repetidas vezes que a influência real das categorias é significativamente mais antiga do que a mera suposição de sua essência real. Na medida em que as pessoas agem na vida, seus pores teleológicos, os caminhos que seguem para realizá-los só podem ocorrer no quadro das respectivas determinações da objetividade existentes e em devir. O caráter elementar da práxis real pressupõe ("sob pena de perecer", como Marx delimita a necessidade que opera na sociedade) um permanente confronto prático e por isso consciente, por vezes formulado no pensamento, e em determinadas condições sócio-historicamente dadas, até teórico, com as determinações objetivas dadas. Independentemente de os homens terem ou não consciência do fato (na maioria dos casos não têm), isso significa ao mesmo tempo um efeito das categorias sobre as atividades, tomadas no sentido mais amplo, da vida social dos homens. Em considerações específicas anteriores, apontamos como determinada reação prática correta à relação categorial de gênero e exemplar, estava inevitavelmente dada, até para a vida dos animais, e nas considerações há pouco feitas, mostramos que o fato de se contar de modo diretamente efetivo com tais complexos de categorias, levou a atos corretos na prática, até a sua formulação intelectual, no plano do cotidiano, na criação de animais domésticos. Tais exemplos podem ser facilmente multiplicados. Eles mostram que o confronto prático, por isso muitas vezes teórico, do homem com a constituição objetiva, também categorial, de seu ambiente é inevitável. Tais exemplos também provam que, em muitos casos nos quais o êxito prático das atividades humanas depende de imediato de uma avaliação relativamente correta em termos ontológicos de determinadas relações objetivo-categoriais concretas, é a própria práxis impõe determinadas generalizações, ainda que somente dentro de determinados limites. Assim que, no respectivo caso, a apreensão direta das constelações ontológicas indispensáveis para a práxis não for mais suficiente para a realização de seus fins postos na prática e de seus meios, o homem(mais uma vez: sob pena de perecer) necessita sair dos limites do pensamento cotidiano. Na práxis humana e na teoria que dela se origina, não seria possível permanecer sob o predomínio exclusivo do pensamento cotidiano (mesmo em suas formas mais refinadas). Já nos primeiros tempos, esse tipo de pensamento havia sido empurrado total ou parcialmente para um segundo plano por formas de práxis que iam bem além, vale dizer, pela introdução de elaborações intelectuais desantropomorfizantes da realidade (matemática, geometria etc.). O desenvolvimento das forças produtivas, a crescente divisão do trabalho, a gradativa socialização da vida social etc. atuam todos numa direção, isto é, a de fazer recuar sempre mais a esfera apenas imediata de experiências da práxis cotidiana.

Nas generalizações teóricas produzidas pelo novo tipo de práxis (ciência, mas também lógica, teoria do conhecimento etc.), esse progresso importante, mas, como qualquer progresso – em última análise –, relativo, aparece como absoluto. Nascem dele, diretamentamente, absolutizações tais que se explica assim o funcionamento eficaz dos novos meios de conhecimento: só em seus pressupostos, meios, procedimentos etc. – metodológicos – seria possível expressar legitimamente um domínio do ser em geral, e "por isso" seu conhecimento adequado (pitagorismo). Esse deslocamento ontológico na valorização do domínio da realidade parece brotar diretamente do próprio processo de conhecimento, da valorização exagerada dos métodos e momentos da realidade em sua relação com o próprio ser. Tal "erro", meramente gnosiometodológico, porém, não bastaria para explicar seu constante reaparecimento e sua eficácia por vezes tão duradoura.

Em geral, socialmente falando, por trás dessas decisões que concernem imediatamente apenas ao processo de conhecimento [sobre a questão]*: o que é o ser? costuma haver, para dada sociedade, também decisões ideológicas. A

---

* Seguimos aqui a edição italiana, que, no intuito de deixar o texto mais compreensível, acrescenta as palavras entre colchetes.

determinação marxiana da ideologia já foi exposta por nós várias vezes. Se recorrermos agora, tendo em vista nosso problema atual, para a determinação essencial de toda ideologia, de que com sua ajuda são tornados conscientes e combatidos os conflitos sociais, não é necessária uma fundamentação muito detalhada para ver como o complexo de problemas "o que é consciência científica sobre o ser e que papel assume no desenvolvimento social" nasce em grande parte das bases ontológicas da ideologia, e sem isso permaneceria incompreensível. Existem, sobretudo entre as inovações científicas importantes, poucas que não tenham socialmente esse mesmo tipo de função. Não é verdade o que costumam apresentar os teóricos do desenvolvimento imanente da cientificidade, a saber, que a cientificidade se desenvolveu apenas pela própria lógica interna, de passo em passo, de problema em problema. Por isso, sobretudo a produção material, o metabolismo entre sociedade e natureza, assume uma grande e sempre crescente importância. A posição monopolizadora que a experiência imediata assume no começo está cada vez mais limitada; hoje, muitos querem tirá-la inteiramente desse domínio. Só isso já acaba com qualquer ilusão relativa a um desenvolvimento imanente-autônomo. As necessidades e tarefas aqui nascidas brotam primariamente das tendências dominantes do desenvolvimento econômico e determinam também os caminhos principais da cientificidade. Assim nasce a primeira dependência das forças de crescimento da economia nas respectivas sociedades.

Todavia, como nenhuma sociedade poderia reproduzir-se realmente sem regular e dirigir as atividades sociais e pessoais de seus membros – para ela necessárias – com os mais diversos meios (desde os instrumentos de poder da superestrutura, como o Estado e o direito, até a influência predominantemente ideológica de tradição, costumes, moral etc.); também as principais tendências de importância social, das tentativas intelectuais de dominar intelectualmente o ser em seu aspecto ontológico a cada vez relevante, devem estar em conexão íntima com esse sistema de regulação da tomada de posição ideológica. É óbvio que esse sistema já tem formalmente um caráter alternativo, pois todas as decisões que são minimamente codeterminadas por tais complexos sociais, formam sobretudo fundamentos para as decisões alternativas das atividades humanas. Todavia, as alternativas intensificam-se muitas vezes em oposições antinômicas, conforme a agudeza com a qual se colocam os conflitos de classe de sua sociedade, na prática (e, em consequência, também na teoria), para os homens que tomam decisões ideológicas. O antagonismo entre a defesa do existente e o ataque a este, as tomadas de posição contra ou a favor da generidade agora tornada ser, provocam necessariamente antagonismos ideológicos, que de ambos os lados se ligam intimamente com a explicação daquilo que deve valer como ser real. Tanto as experiências imediatas quanto os métodos científicos tomados – mais ou menos racionais tornados científicos podem assim, com frequência, produzir deformações bem profundas nas concepções do ser.

Aqui entra em consideração, em especial, uma distinção muito importante do ser social em relação a qualquer outro que o tenha precedido. Assim que a consciência dos organismos conseguiu exercer qualquer tipo de influência sobre o desfecho da reprodução do organismo, emerge – objetivamente, mas não necessariamente de forma consciente – a possibilidade de um "erro", da avaliação incorreta do que é objetivamente existente-em-si, e por isso ativo. Mas, enquanto se trata da mera reprodução biológica ontogenética e filogenética de gêneros mudos, vem em questão apenas no curso do processo reprodutivo, no plano objetivo, uma adaptação correta ou falsa e, no plano subjetivo, a imediata adaptação, bem-sucedida ou fracassada, a complexos singulares determinados, perceptíveis de forma determinada, do ser. O "erro" pode, pois, provocar apenas uma problematização do processo imediato de reprodução e, em certas circunstâncias, também a impossibilidade de se prosseguir na reprodução da espécie.

A adaptação ativa ao ambiente, por meio da decisão alternativa em cada pôr teleológico, produz assim situações diferentes de forma radical e qualitativa no processo de reprodução do ser social, que se desenvolve por tal via. A caracterização das atividades sociais dos seres humanos, tantas vezes comentadas por nós como "eles não sabem, mas fazem", significa, vista mais de perto, que os seres humanos ativos não conseguem tornar conscientes nem as causas, nem as consequências e muito menos a essência daquilo que forma o objeto ou o instrumento (ou ambos) de suas atividades, conforme o verdadeiro ser, todavia, tornam-se capazes de destacar aqueles momentos de seu complexo do ser relevantes para a atividade em questão, mas – segundo as respectivas situações sociais concretas – em momentos conscientes de sua práxis. O decisivamente novo no caso não é que o ser agora dado, na medida em que entra em questão para a práxis (no sentido mais amplo), teria de ser necessariamente bem controlado na teoria, sob pena de perecer, mas apenas que esse recorte do ser total é elaborado em uma "imagem de mundo" da práxis, cuja verdade ontológica pode permanecer objetivamente muito problemática, mas cujos espelhamentos falsos podem figurar na consciência, com a qual se executa na prática o processo de reprodução da sociedade, propriamente como ser, muitas vezes podem figurar até como o ser mais elevado, efetivamente compreendido e dominado. Assim, no ser social, algo não existente, cujas representações, porém, dirigem e determinam as atividades sociais na prática, pode desempenhar um papel importante como momento do ser. Essa situação paradoxal já foi claramente reconhecida por Marx bem no começo de sua atividade literária. Na *Dissertação*, justo onde a existência de Deus é mais decididamente refutada, consta como parte orgânica constituinte do seu raciocínio: "O velho Moloque não dominava? O Apolo délfico não era uma força real na vida dos gregos?"[88].

Precisamente do ponto de vista ontológico, surge assim uma situação bastante paradoxal, mas, por isso, adequada para determinar com precisão o caráter ontológico dos atos conscientes e dos seus objetos, que desempenham um papel determinante nos pores teleológicos que desencadeiam a práxis. Trata-se de uma objetividade toda nova, particular, para a qual não se encontra analogia nas formas do ser precedentes, mas que determina justamente o específico da objetividade (portanto, do ser e de suas categorias) no âmbito do ser social. Por isso, não é casual que, quando Marx analisa, nas considerações iniciais de sua obra principal, a gênese e a essência de uma forma objetiva tão fundamental como a mercadoria, fale logo no começo de uma "objetividade espectral"[89]. A expressão "espectral" contém uma crítica irônica ao materialismo vulgar. Isso porque as relações categoriais que Marx expõe na análise das funções reais do sistema de mercadorias impõem-se, de um lado, com uma irresistibilidade semelhante à das leis naturais, de outro lado, se consideradas na sua imediatidade, parecem ser apenas abstrações do pensamento. Parece que categorias como o tempo de trabalho socialmente necessário, em sua contraposição marcante com o trabalho concreto, seriam apenas abstrações intelectuais, que são derivadas

---

[88] MEGA, I/1, Erster Halbband, p. 80.
[89] Marx, *Kapital*, I, p. 4; MEW, p. 52.

pelo pensamento do trabalho concreto imediato. Na verdade, porém, são realidades econômicas, cuja existência imediata (eventualmente mediada na realidade), cuja operacionalidade fática determina faticamente a produtividade do trabalho de cada membro da sociedade. Portanto, o ser humano tem de reagir faticamente a isso, como a uma lei natural material total ou parcialmente conhecida, ou, às vezes, apenas suposta. Por isso, a "objetividade espectral", tanto como desencadeadora quanto como consequência, é para a práxis (por isso também para o pensar) de cada ser humano que vive na sociedade algo tão existente quanto a própria realidade material do trabalho concreto. Valor de uso e valor de troca têm no ser social uma coexistência real dialeticamente determinada, independentemente de como se constitui a objetividade de cada uma, tomada de maneira isolada.

Porém, do ponto de vista da ontologia do ser social, a análise que fizemos até aqui não fez mais que isolamento abstrativo. Pois, de um lado, na práxis e no pensamento que a funda e a conduz, o membro da sociedade só em raras exceções se defronta com uma objetividade que opera como mera particularidade, mas confronta-se antes com seus complexos reais, complexos que se processam realmente; isso se torna bem visível em sua relação comumente realizada com o importante problema central da mercadoria. De outro lado – e já tratamos desse complexo de problemas em outro contexto –, permanece o confronto direto, normal, prática e teoricamente essencial para a vida, do membro singular da sociedade, como unidade complexa, com a totalidade, agente sobre a conduta de todo ser social, em que (sob pena de perecer) é forçado a viver, a agir. Quando tratamos anteriormente desse complexo de problemas, tentamos mostrar que, aquilo que chamamos individualidade humana (a transformação da singularidade meramente natural do homem em individualidade), só pode ser resultado de tais interações entre as duas totalidades. A ação concretamente agregadora, que se faz valer como unidade, da sociedade como totalidade, torna indispensável para o membro singular da sociedade – tanto mais quanto mais socializada ela for, tanto de modo extensivo como intensivo – desenvolver suas reações ativas e passivas ao seu ambiente social em um modo de agir e pensar o mais unitário possível, isto é, para tornar-se, sobretudo, individualidade em sua práxis. Isso que, num maior distanciamento intelectual da imediatidade da vida cotidiana, costumamos chamar "concepção de mundo", possui uma gênese social segundo um desenvolvimento superior dessa tendência que, numa sociedade medianamente desenvolvida – naturalmente, em estágios muito diferentes da visão real, das consequências, da unitariedade etc. –, se pode constatar, pelo menos como tendência, no modo de viver de cada membro da sociedade. É mais do que mera espirituosidade o que se disse do ponto de vista pragmático: se um inquilino vai pagar seu aluguel ou não, depende da sua visão de mundo. Trata-se, evidentemente, apenas daqueles germes de visão de mundo que brotam na vida cotidiana do seres humanos como tentativas de unir as formas da objetividade objetivamente dadas, inevitáveis para o indivíduo, com as próprias e profundas necessidades vitais. Mas a visão de mundo como forma superior da síntese intelectual generalizante se distingue exatamente nisso da mera "filosofia" escolástica abstrata; nela, essa relação retroativa com a práxis social dos seres humanos – naturalmente em uma esfera superior do pensamento – volta a atuar como fator operante ativo.

Apenas por essa via podem se manifestar precisamente nas mais consequentes abstrações dos mais importantes pensadores as contradições básicas da constituição econômico-social de um período. Considerando exatamente os problemas da mercadoria e do valor, Marx se expressou com muita clareza na análise dos posicionamentos de Aristóteles quanto a esse complexo de problemas. O grande pensador fixou com toda a clareza a abstração intelectual da troca de mercadorias: "A troca não pode existir *sem a igualdade*, mas a igualdade não pode existir *sem a comensurabilidade*". Revelando assim os fundamentos corretos – filosóficos e de visão de mundo – desse fenômeno social, ele se coloca numa oposição insolúvel com a constituição econômico-social real de seu tempo. Marx a descreve da seguinte maneira:

> Mas aqui ele se detém perplexo e desiste de prosseguir na análise da forma do valor. "É, porém, na verdade impossível que coisas tão diferentes sejam comensuráveis", isto é, qualitativamente iguais. Essa equiparação só pode ser algo estranho à verdadeira natureza das coisas, portanto, apenas "um artifício para a necessidade prática". O próprio Aristóteles nos diz, pois, em que fracassa a continuidade de sua análise, a saber, na falta do conceito de valor. O que é o igual, isto é, a substância comum, que representa a casa para a almofada na expressão de valor da almofada? Uma coisa dessas "na verdade nem pode existir", diz Aristóteles. Por quê? A casa representa contraposta à almofada algo igual, na medida em que representa o que é realmente igual em ambas, a almofada e a casa. E isto é: trabalho humano.

Mas Aristóteles não podia deduzir da própria forma de valor, que na forma de valores de mercadorias todos os trabalhos são expressos como trabalho humano igual, e portanto como equivalentes, porque a sociedade grega baseava-se no trabalho escravo e tinha, portanto, por base natural a desigualdade entre os homens e suas forças de trabalho.[90]

Para um primeiro olhar superficial, parece haver aqui um problema gnosiológico, o da igualdade e comensurabilidade. Mas é um equívoco. Na realidade, tratou-se e trata-se do seguinte problema sócio-ontológico: se, e em que condições, objetos e processos totalmente estranhos entre si podem entrar na situação ontológica da comensurabilidade. E o problema concreto, que Aristóteles divisou e formulou corretamente, é este: uma comensurabilidade inimaginável no ser natural (e em fases não desenvolvidas do ser social) pode se tornar operante socialmente por meio de "objetividades espectrais", como se corporificam no tempo de trabalho socialmente necessário, que iguala tudo, e tem de ser reconhecida como possibilidade do ser. A partir do conhecimento daquele ser social (economia escravagista) em que Aristóteles elaborou sua teoria e práxis, isso era impossível. A barreira ontológica insuperável de seu conhecimento do ser nesse caso mostra – o que a análise de Marx revela claramente – como um não-poder-saber totalmente justificado, porque fundado no ser de então, transformou seu esforço corretamente intencionado no plano ontológico em um esforço vão e – em última análise – fracassado.

O significado, rico de consequências, dessa análise marxiana revela que uma mera ampliação intelectual – mesmo assim estática frente à totalidade – dos componentes operantes – ainda que se sintetizem até sua totalidade socialmente determinada – em última análise permanece infrutífera se simplesmente não só não levar em conta a determinação fundamental, reconhecida sobretudo por Marx, da irreversibilidade dos processos (portanto, de sua historicidade) como elemento motor central de toda totalidade (também entendido no sentido de delimitação), mas também não reconhecer o seu significado central na demonstração de toda totalidade (formação etc.). O domínio prático e teórico do ambiente pela práxis humana tomada no seu sentido mais amplo não pode, pois, de modo algum, ignorar a situação fundamental de que toda objetividade é histórica como produto e como produtora, que sua maneira do ser a cada vez

---

[90] Marx, *Kapital*, I, p. 26; MEW 23, p. 73 e ss.

existente como dada pode ser apenas um momento de suas formas processuais, que o presente, então, é uma transição do passado para o futuro. Para poder apreender corretamente o respectivo ser de cada momento, ele até deve tornar o ponto de vista da historicidade o mais central possível.

Mas com isso não se deve esquecer que já esse modo de se aproximar dos objetos, de suas formas de objetividade, só pode ser resultado do próprio processo histórico. Isso só pôde se formar aos poucos, na práxis e na sua teorização, seguindo o desenvolvimento econômico das forças produtivas, o recuo das barreiras naturais, a integração e socialização da sociabilidade etc. As primeiras formas primordiais do estranhamento consistem especialmente no fato de que a espécie humana, que emerge lenta e contraditoriamente do mutismo, atribui suas próprias ações e conquistas a poderes transcendentes, considerando-as como dádivas. Também sua substituição pela glorificação intelectual de uma necessidade abstrata geral na natureza e na sociedade substitui, em última análise, esse ser estranhado por outro tipo de estranhamento, sem destruir, no pensamento, a concepção fundamental reificada do mundo (coisas e "forças" que movem as coisas operando independentemente delas), sem impor ao ser humano o autoconhecimento de que a sua própria vida, a do gênero e a dos seres humanos nela existentes, deve ser um processo histórico amplo, complicado e, em última análise, irreversível, portanto, histórico. Hegel introduziu essa grandiosa tentativa de formar tal concepção, mas, como demonstramos várias vezes, ainda numa forma lógico-idealista e deformante. Só em Marx a história adquire um significado objetivamente mais adequado à realidade, como forma-base fundante de todo ser. Apenas mediante o seu novo método ontológico é possível apreender o processo global do ser como história, bem como o passado em conformidade com seu caráter histórico objetivo. Mas, apesar de todos os avanços importantes para a apreensão de processos detalhados, tal visão de conjunto não pôde se desenvolver nem se impor.

Seria uma grande ilusão pretender que esses obstáculos já pertencem ao passado. Hoje, a nova concepção da historicidade como categoria ontológica superior, dinamicamente central de todo ser e, por isso também, sobretudo do ser social, está longe de dominar intelectualmente as visões do ser de quem professa o marxismo. Para ilustrar a questão logo na superfície da imediatidade, diga-se desde já que esse "historicismo" radicalmente novo tem muito pouco em comum com as antigas concepções da história, embora naturalmente não apenas o próprio processo histórico, mas também toda uma série de tentativas de descrever intelectualmente a irreversibilidade dos processos em complexos singulares colaboraram muito para possibilitar sua cognoscibilidade[91]. Tal fato ocorre pela exposição de processos irreversíveis que se verificam na realidade, dos quais na maioria dos casos nem os próprios pesquisadores tiraram consequências gerais em relação à totalidade de todo ser. O jovem Marx foi o primeiro a fazê-lo e, como pudemos ver, em última análise não logrou êxito, nem mesmo entre a maioria dos que aderiram à sua teoria.

Esse fracasso possui razões profundamente enraizadas no desenvolvimento que se verificou até hoje. Talvez, antes de tudo, porque as tentativas imediatas e cientificamente expressas conclamadas a tratar a história como um ciência desviaram mais decididamente do problema central do que dele se aproximaram. Apenas nos tempos modernos a história conscientemente se tornou ciência, o que não ocorria antigamente, nem na intenção nem nos métodos concretos. Precisamente o tornar-se-ciência a levou a renunciar cada vez mais conscientemente, do ponto de vista metodológico, a uma universalidade. É evidente que isso tem fundamentos ideológicos. Para as classes dominantes de cada sociedade era natural descrever ideologicamente a forma social existente como algo definitivo e que não necessitava mais de avanços. Da fábula de Menênio Agripa, que parece ter surgido muito antes do momento em que a conhecemos, até o "historicismo" romântico subsequente à Revolução Francesa, constata-se essa linha, ainda que diferente em diferentes épocas, e que por fim culmina, ideologicamente, na tese segundo a qual as revoluções seriam, em sua essência, "a-históricas", ou até "anti-históricas". O histórico no ser foi, pois, reduzido à evolução "orgânica" socialmente sem atritos. A ciência histórica do século XIX aperfeiçoou de muitas maneiras essa tendência: de Ranke até Rickert, e para além dele, a ciência da história tornou-se formalmente uma ciência particular sempre mais "exata" nas suas intenções, fator ideológico segundo o seu verdadeiro conteúdo, para tornar

---

[91] Pense-se em muitos resultados da geologia, na virada revolucionária que Darwin, seus grandes precursores e seus dignos sucessores executaram no panorama da natureza orgânica, em toda uma série de resultados etnográficos etc. É indubitável que a moderna física atômica, a partir de Planck, apesar de ela própria ainda não se ver como observação histórica da natureza inorgânica, deu um dos passos mais importantes para a construção científica da historicidade como categoria central do ser.

o processo histórico real (mesmo no mais limitado sentido metodológico) um ponto de apoio ideológico para a conservação do meramente existente.

É claro que a universalidade marxiana da historicidade nada tem em comum com tendências desse tipo. (Naturalmente, excetuando determinadas técnicas de constatação de fatos.) Portanto, ela só pode se impor em contraposição a tais tendências, tanto científica como ideologicamente. Com isso, cai uma luz sobre a dificuldade principal: uma teoria só pode se afirmar socialmente quando pelo menos uma das camadas sociais então importantes avista nessa teoria o caminho para a própria conscientização e solução daqueles problemas que considera indispensáveis para o seu presente, portanto, se ela se tornar ideologia operante *também* para esses estratos. Foi o caso de Copérnico e Galilei, Descartes e Espinosa, e, por fim, Darwin. É certo que a amplitude e a profundidade de tais efeitos é extraordinariamente diferente em cada caso, dependendo dos complexos de problemas da vida social que forem tocados pelo novo aspecto descoberto da verdadeira constituição do ser, a ponto de as consequências da transposição para a atividade prática dos seres humanos serem sentidas desde a vida cotidiana lá embaixo, até a visão de mundo lá em cima.

A situação atual, porém, é tal que a maneira dos seres humanos de voltarem-se à práxis, à ciência que a fundamenta, e sua postura geral com a vida, contrasta seriamente com os princípios marxianos. Mas essa constatação hoje não é mais inteiramente exata. Pois, de um lado, a crise da economia da manipulação, que recentemente teve início de forma aberta, fez oscilar um pouco a solidez da ideologia da "desideologização" e sua autocracia considerada "eterna". É verdade que ainda hoje há teóricos respeitados que nela veem o fim (isto é, a derradeira culminância) da história. De outro lado, a oposição que tem início contra a universalidade do sistema de manipulação ainda está longe até de buscar uma conexão com a real concepção do ser do marxismo – mesmo lá onde certa simpatia pelo marxismo, certa aproximação com a sua doutrina, começa a surgir. Não é aqui local, porém, para catalogar – coisa perfeitamente possível – aquelas atitudes em relação à realidade e seu domínio conceitual, que objetivamente estão na base dessas contraposições extremadas, desse total estranhamento. Em contrapartida, o momento socialmente decisivo – não importa como seja avaliado – é conhecido de todos, ainda que pouquíssimas vezes apreendido pela consciência e abertamente enunciado. É a tendência dominante em geral de rebaixar toda atividade dos seres humanos operantes na sociedade, colocando-a ao nível de um domínio ilimitado de sua particularidade. Tal tendência sempre existiu no capitalismo, ainda que de maneira muito contraditória. De saída é evidente que o fundamento, já mencionado, de que o predomínio aberto e absoluto dos motivos puramente econômico-sociais no agir humano, a relação casual do indivíduo com a sua própria generidade, opera de modo espontâneo para dar aos motivos surgidos direta e exclusivamente da particularidade do ser humano um predomínio também interior. Mas é preciso dar-se conta, ao mesmo tempo, de que esse motivo se tornou eficaz no início como princípio acelerador do recuo das barreiras naturais, como destruição das realizações limitadas que tiveram papel importante nas sociedades precedentes, mais primordiais, mais "ligadas à natureza", "mais tradicionais". Nesse sentido, na medida em que nele também atuam as tendências que visam introduzir na vida dos seres humanos uma generidade em-si de tipo mais elevado, mais puramente social, se tornam compreensíveis muitas contradições da fase inicial do capitalismo. O ideal de *citoyen* das grandes revoluções, especialmente a francesa, que no plano social se libertaram de elementos religiosos e "naturais", num sentido ontológico real se fundamentou mais na transição revolucionária, nos esforços destrutivos revolucionários em relação ao feudalismo, e menos no que diz respeito ao ser social da sociedade capitalista. Marx, que em seus textos históricos sobre as crises revolucionárias de 1848 analisa essa situação detidamente, com todas as suas consequências, diz a respeito do grande ímpeto do *citoyen* da grande revolução a partir de 1789: "mas, por menos heroica que seja a sociedade burguesa, foi preciso heroísmo, sacrifício, terror, guerra civil e batalha dos povos, para colocá-la no mundo". Daí o apelo às ideologias do *citoyen* antigo totalmente diferente no seu modo de ser. As ideologias revolucionárias encontraram aí "os ideais e as formas de arte, os autoenganos, de que precisavam para esconder de si mesmas o conteúdo burguesamente limitado de suas lutas, e manter sua paixão à altura da grande tragédia histórica"[92].

Já na década de 1840, Marx viu que se tratava aqui de algo fundamentalmente novo, por meio do que a sociedade capitalista se torna eficaz para a renovação dos problemas da vida humana genérica. Na *Questão judaica*, ele diz: "O Estado político perfeito é em sua essência a *vida genérica* do ser humano *em oposição* à sua vida material".

---

[92] Marx, *Der Achtzehnte Brumaire*, Viena/Berlim, 1927, p. 22.

Anteriormente, em outros contextos, descrevemos como os seres humanos, em consequência do cessar da generidade muda, se aproximaram (como lutas sociais pela articulação da nova "linguagem"). A oposição aqui apresentada por Marx é uma nova e importante etapa desse caminho. As contradições que aí surgem iluminam ativa e realmente essa oposição que leva até a brusca cisão do comportamento humano diante de seu ambiente social. Marx diz:

> Todos os pressupostos dessa vida egoísta permanecem *fora* da esfera do Estado, na *sociedade civil*, mas como qualidades da sociedade civil. Onde o Estado político atingiu sua verdadeira constituição, o ser humano leva, não só no pensamento, na consciência, mas na *realidade*, na *vida*, uma *vida* dupla, uma celestial e outra terrena, a vida *na comunidade política*, na qual ele vale como *ser comunitário*, e a vida na *sociedade civil*, na qual ele atua como *ser humano privado*, considerando os outros homens como meios, degradando-se a si mesmo como meio, e se torna joguete de poderes estranhos. O Estado político se porta tão espiritualmente para com a sociedade civil quanto o céu com a terra.[93]

A alusão à analogia com a religião é justificada do ponto de vista crítico-ideológico. O papel que Jesus de Nazaré tem no feudalismo desenvolvido é semelhante em muitos aspectos ao de Robespierre e Saint-Just em 1848, embora a sociabilidade mais puramente desenvolvida no capitalismo tenha criado ao mesmo tempo contrastes tão importantes que se prestam a encobrir as semelhanças. Os legisladores revolucionários da grande virada no fim do século XVIII agiram, pois, contradizendo seus ideais teóricos gerais, mas em consonância com o ser social do capitalismo, de modo ontologicamente coerente, quando em suas constituições subordinaram o representante idealista da generidade, o *citoyen*, ao *bourgeois*, que representava o materialismo dessa sociedade. Essa avaliação da importância do ser também dominou mais tarde todo o desenvolvimento capitalista. Quanto mais energicamente se desenvolvia a produção, tanto mais o *citoyen* e seu idealismo e tornavam componentes dirigidos pelo domínio material-universal do capital. Naturalmente, isso não foi possível sem lutas entre frações. Mas a rivalidade entre liberalismo (reconhecimento e imposição dessa supremacia material) e democracia (tentativa de conexão com as tradições das grandes revoluções) acabaria com a vitória do primeiro – em conformidade com o desenvolvimento econômico do ser capitalista –, com a trans-

---
[93] MEGA, I/1, Erster Halbband, p. 584.

formação de todas as reformas outrora pretendidas contra o feudalismo (voto universal, liberdade de imprensa etc.) em instrumentos do domínio ilimitado do capital. Essa constituição do capitalismo necessariamente traria consigo um estranhamento universal do ser humano. Ao tratarmos essa questão destacamos que também o estranhamento acabou por se tornar universal, apenas com acentos emocionais contrapostos de acordo com a situação de classe.

Como igualmente destacamos, também o estranhamento adquire traços cada vez mais sociais. É natural que na classe capitalista o estranhamento se intensifique de modo tanto mais ininterrupto quanto mais puramente desenvolvida for sua economia, quanto mais energicamente se impuser, sobre o idealismo do *citoyen*, o domínio do *bourgeois* materialista, que se amplia sobre todos os momentos da vida. Mas também no lado oposto a luta contra o estranhamento acabou por sofrer mudanças essenciais. Também seus conteúdos e formas são condicionados pelo desenvolvimento econômico do capitalismo. Marx observou com precisão esse processo histórico, e mostrou como das mais cruéis formas de acumulação primitiva surgiu a ordem capitalista da economia. Ele conclui sua precisa descrição histórica caracterizando ironicamente o estado normal daí surgido: "Para o curso normal das coisas, o trabalhador pode ficar à mercê das 'leis naturais da produção'"[94]. Esse desenvolvimento normal recebeu, porém, nas formas da exploração, e, com isso, do estranhamento humano geral, elementos suficientes para desencadear, do lado dos explorados, forças contrárias revolucionárias mais ou menos conscientes, que também se revelaram nos movimentos de trabalhadores do século XIX, como todos sabem. Já no jovem Marx vê-se com clareza como a longa jornada de trabalho e o salário desumanamente baixo criam condições das quais só a revolução radical pode mostrar uma saída. Seu fundamento radicado no ser imediatamente determinado pela economia mostra por isso a direção do movimento: como da luta por uma vida material relativamente digna do ser humano pode brotar organicamente a transformação total de toda a sociedade. Sem dúvida, esse foi o fundamento material e ideológico que determinou ideologicamente o movimento revolucionário dos trabalhadores em meados e na segunda metade do século XIX.

No entanto, o próprio Marx pôde constatar ainda outra mudança essencial na estrutura econômica, ontologicamente decisiva e na direção dos movimen-

---
[94] Marx, *Kapital*, I, p. 703.

tos da economia capitalista. Referimo-nos à transição da forma decisiva de exploração da mais-valia absoluta, cuja gênese foi explicada na análise do fim da acumulação primitiva, para aquela realizada por meio da mais-valia relativa. Sua natureza é assim descrita por Marx, ao mesmo tempo de modo concentrado e enfatizando a essência: em oposição à mais-valia absoluta não é preciso prolongar a jornada de trabalho para se chegar ao aumento da mais-valia, mas é preciso diminuir o trabalho necessário para a autorreprodução do trabalhador, "por métodos pelos quais seja produzido o equivalente ao salário do trabalho em menos tempo". Portanto, em vez de aumentar a jornada de trabalho, revolucionam-se totalmente os processos técnicos do trabalho e os agrupamentos sociais. Isso faz surgir um novo período da produção capitalista: "em lugar da subsunção formal, surge a subsunção real do trabalho ao capital"[95]. É evidente que com isso aumenta-se – naturalmente, correspondendo aos interesses de classe da *bourgeoisie* – a sociabilidade da reprodução social dos seres humanos. É claro, ao mesmo tempo, que a imediatidade da reação revolucionária à exploração capitalista enfraquece com isso. Essa mudança como efeito da alteração categorial no processo da exploração espelha-se também nos diversos movimentos revisionistas, de acordo com os quais, a transformação revolucionária da sociedade não é parte orgânica do marxismo, mas um acréscimo estranho (em Bernstein: meramente blanquista, isto é, *à la citoyen*). As tentativas de refutar o revisionismo preservando as velhas fundamentações econômicas terminaram em um ecletismo que emprestou à revolução no marxismo um caráter de *citoyen* utópico-idealista, que pode ser manipulado à vontade, sendo por isso impotente na prática.

O importante feito teórico de Lenin foi a rebelião contra esse falso dilema, que ignora o ser social do proletariado, sua exploração e seu estranhamento. Mas tal ato não contém uma análise nova, mais profunda, da transformação da própria situação ontológico-econômica. Quando Lenin pensou tê-la encontrado mais tarde na economia do imperialismo, apontou, como ao mesmo tempo fez Rosa Luxemburgo, com muita razão, para uma das mais importantes manifestações da situação econômica modificada; ambos, porém, em suas análises críticas não atingem as categorias econômicas fundamentais. Rosa Luxemburgo contrasta a práxis revolucionária espontânea do proletariado com o oportunis-

---

[95] Ibidem, p. 474.

mo de seus dirigentes em um funcionamento normal do capitalismo, e com isso chega à concepção de uma necessária manifestação automática e espontânea do fator subjetivo em situações objetivamente revolucionárias, ou pelo menos voltadas para possibilidades revolucionárias. A análise de Lenin foi mais crítica com relação a isso. Às vésperas da Revolução de Outubro, polemizando contra Zinoviev, ele mostra que mesmo rebeliões espontâneas e contundentes do fator subjetivo contra o sistema capitalista dominante têm um caráter alternativo, podendo também, portanto, espontaneamente tornar-se diretamente reacionárias[96]. Essa crítica justa vincula-se a uma análise correta e profunda das possibilidades gerais de ação dos seres humanos no capitalismo, com o reconhecimento de que a mera rebelião espontânea dos seres humanos (que permanece particular), ainda que atinja as massas, não vai além, de modo necessário e espontâneo, do horizonte do capitalismo. Quando, em O que fazer?, ele coloca a espontaneidade – que chama de "tradeunionista" – no mesmo plano do terror individual dos socialistas revolucionários[97], sua crítica ideológica é amplamente válida também para ações atuais de puro espontaneísmo. A saída desse atoleiro pela mera espontaneidade, que caracteriza a maneira normal de agir dos seres humanos particulares, é o que Lenin – também com razão – procura em sua superação ideológica, baseada no fato de que a superação da particularidade, com todas as suas consequências no plano da ação e da teoria, só pode ser uma consciência trazida "de fora" para o ser humano, uma consciência política de classe. Ele descreve esse fato da seguinte maneira:

> A consciência política de classe só pode ser trazida ao trabalhador vinda *de fora*, isto é, fora da luta econômica, fora da esfera das relações entre trabalhadores e patrões. O único campo no qual é possível atingir esse saber é o campo das relações de *todas* as classes e camadas com o Estado e o governo, o campo das relações recíprocas entre todas as classes.[98]

Com isso, foi dado um passo importantíssimo para a superação da falsa "cientifização" do marxismo daquele tempo. Para o próprio Marx, a economia era sempre o fundamento material para as formas decisivas (categoriais)

---

[96] Lenin, *Werke*, v. XXI, cit., p. 437-8.
[97] Ibidem, IV, 2, p. 212.
[98] Ibidem, p. 216-7.

da vida humana, para seu desenvolvimento histórico, cuja expressão mais geral se concretiza, realmente, como desenvolvimento da generidade-não--mais-muda. Na medida em que seus seguidores fizeram dessa base universal do ser humano uma "ciência singular" dela isolada, puderam descobrir, em seus contextos parciais, apenas relações com as atividades dos seres humanos meramente particulares, de modo que mesmo sua síntese mais total não conseguiu ir além dessa particularidade. Na medida em que – de modo consequente sobre esse fundamento – só a manifestação não estritamente econômica da vida humana se defrontava com essa economia isolada de modo artificial como uma superestrutura dela mecanicamente dependente (ou idealisticamente autonomizada), a própria economia acabou por perder qualquer ligação interna com a generidade humana e seu movimento histórico, não importando se a relação "científica" de base e superestrutura fosse formulada como idealisticamente "válida" ou mecânico-materialisticamente "legal". A doutrina de Lenin da consciência de classe do proletariado, não mais espontânea, mas trazida "de fora", foi, pois, o único grande avanço teórico para uma renovação do marxismo e construção de sua totalidade autêntica fundada no ser e sua mobilidade histórico-mundial.

O único ponto débil importante – então não divisado e por isso falsamente criticado – dessa generosa concepção de Lenin, que trazia Marx para o presente de maneira realmente revolucionária, é que ela se concentra muito exclusiva e incondicionalmente na transformação da ideologia, e por isso não orienta esta última de modo concreto o bastante para a mudança do objeto a ser transformado, isto é, a economia capitalista. Também não se pode ignorar que o próprio Marx jamais tirou consequências explícitas – para o movimento revolucionário – da modificação da economia capitalista que apresentamos acima, e que ele próprio considerava fundamental, devido à tendência para o predomínio da mais-valia relativa na exploração dos trabalhadores[99]. Também em Lenin falta qualquer alusão para esclarecer se a sua importante distinção entre

---

[99] Com a repetida advertência da importância do que Marx diz a tal propósito, não se pretende, de maneira alguma, afirmar que essa mudança seja a solução econômica ou mesmo apenas uma das soluções para compreender realmente a fundo o capitalismo contemporâneo. Trata--se de algo que só pode ser confirmado ou negado a partir de bem fundadas pesquisas específicas. Marx apenas disse – e fazemos o mesmo ao tentar interpretá-lo – que em seu tempo começava a verificar-se essa diferenciação extremamente relevante. Apenas pesquisas

consciência de classe tradeunionista e consciência de classe política foi provocada por uma mudança no ser social do capitalismo, e se teria relação especialmente com essa mudança, ou se seria igualmente válida para qualquer estágio do desenvolvimento. Assim, tudo se limita a uma – importante – confrontação ideológica de dois tipos de comportamento. Isso teve consequências funestas no desenvolvimento posterior. Tal universalidade ideológica parecia, para Stalin e seus seguidores, oferecer a possibilidade de apresentar sua própria ideologia política – que em algumas questões importantes foi o exato oposto daquela de Lenin – como sua continuidade adequada. Com isso, essa ideologia se tornou instrumento de um "citoyenismo" manipulado nos moldes de um socialismo burocrático, no qual a superação do dualismo burguês, identificada por Marx e concretizada por Lenin foi unificada formalmente em termos socialistas, e exatamente por isso comprometida para a práxis da atualidade. Se quisermos renová-la, é preciso recuperar o que Lenin perdeu: o registro daqueles fundamentos econômicos, suas tendências de desenvolvimento, que permitem concretizar aqui – e exatamente aqui –, por fim, a superação da dualidade entre *bourgeois/citoyen* e, no interior disso, em especial a superação do domínio da humanidade puramente particular sobre aquela orientada para uma nova e não mais necessariamente estranhada.

Nunca será demasiado repetir: isso pressupõe um amplo e preciso conhecimento científico da economia daquelas formações nas quais se podem e devem realizar essas tendências. As explicações dadas até aqui, espera o autor, nos colocaram em situação de divisar um pouco mais precisamente aquilo que deve ser entendido por cientificidade. Se também nessa questão seguidamente nos referimos ao método de Marx, vemos logo que um de seus mais inovadores resultados é que ele derrubou a muralha chinesa muitas vezes erguida entre ciência e filosofia. É claro que isso jamais significou a tentativa de homogeneizar mecanicamente a peculiaridade dos dois campos que, no fundo, estão juntos, mas diferem tanto em objetivos e métodos que por vezes chegam a se contrapor. Isso significa, ao contrário, a visão de que ambos

---

específicas sobre o mundo econômico atual poderão dizer até que ponto representa um papel importante ou episódico na razão econômica do capitalismo contemporâneo, se como categoria transitória será significativa ou desprezível. Esta avaliação não tem, portanto, nenhuma pretensão de assumir alguma posição concreta sobre a questão.

devem se tornar em última análise, em sua diferença, atividades teórico-práticas complementares da espécie humana, para cumprirem, de maneira autêntica, suas legítimas funções cognitivas.

Com isso chegamos mais uma vez ao ponto em que se torna bem visível o contraste entre Marx e o pensamento burguês em relação às categorias do ser. Para Marx, como mostramos repetidas vezes, as categorias são "formas do ser, determinações da existência", isto é, são partes, momentos moventes e movidos daquele grande processo irreversível que costumamos chamar, da maneira mais geral, do ser. É um fato do próprio ser, como já demonstramos anteriormente, que as categorias sejam capazes de desempenhar um papel por vezes episódico, por vezes importantíssimo, na vida cotidiana imediata dos seres humanos (como vimos, de todo ente capaz de perceber de alguma forma o seu ambiente e reagir de alguma forma àquilo que percebeu) como objetos da ação destes, como modos do ser objetivos, que realmente influenciam essas atividades. Por vezes, é muito importante para seus resultados como, em que medida etc., essa influência é corretamente entendida; como fato do ser, porém, ela deve ser reconhecida em todos os casos.

Há muito tempo, os modos de pensar burgueses seguem outros caminhos. Nesse sentido, existem determinados métodos filosóficos (lógica, teoria do conhecimento, semântica etc.) – criados ou inerentes à essência do espírito humano – para que se possam reconhecer, com sua ajuda, todas as categorias apresentadas como determinações de pensamento. Portanto, as ciências particulares, que são confrontadas com a empiria, isto é, uma forma de datidade na qual as categorias em si não são visíveis nem apreensíveis, ou trabalham "empiricamente", isto é, sem levar em conta as categorias, ou "criticamente", na medida em que retiram de uma filosofia contemporânea ou passada categorias que são "aplicadas" às sínteses de sua concepção da realidade. Nesse último caso, surge uma imagem da realidade como se esta só pudesse ser cientificamente apreendida de modo correto no quadro da validade de determinadas categorias reconhecidas. Naturalmente, também nessa concepção, que isola entre si de forma artificiosa as ciências particulares e a filosofia, as quais na práxis se contrapõem de maneira excludente uma à outra, apesar de tudo (não obstante sua essência), se verificam as consequências do caráter ontológico das categorias – ainda que apenas em termos práticos. Sobretudo porque as filosofias, com frequência, são constrangidas a ver, nos resultados e inovações internas puramente metodológicas das ciências particulares, fundamentos para modificações da doutrina das categorias, e por essa razão as introduzem em seus sistemas. Talvez possamos dizer, sem muito exagero, que uma parte considerável das determinações categoriais filosóficas ainda hoje vigentes nasce de tais fontes, ainda que muitas vezes nada tenham a ver com a estrutura real, com o modo real do movimento dos próprios seres. Nas ciências singulares perde-se, porém, em geral, a sensibilidade em relação ao ser real, ao movimento autêntico de cada campo pesquisado. Formas estruturais externas, formais, emergem como substitutas dos modos de existência efetivos, e a filosofia também, sob tal influência – mas, em questões decisivas, orientada pelos interesses manipuladores do capitalismo –, se afasta cada vez mais do reconhecimento e análise do ser efetivo. Kant reconheceu ainda um ser-em-si, ainda que incognoscível; no neokantismo, e mais ainda no positivismo e no neopositivismo, o principal esforço é: eliminar completamente o ser da esfera do conhecimento. Essa "objetividade" não fundada no ser, da ciência e da filosofia, foi criada exatamente para "desideologizar" as atividades humanas, isto é, trasformá-las em meros objetos de manipulação (pela onipotência universal das "informações").

É muito compreensível que nessa operação conjunta entre ciências particulares e filosofia também a história se tornasse uma ciência particular sem irradiação sobre outras disciplinas. A própria historicidade se limita não somente ao ser social em sentido mais estrito, mas no interior deste aos seus estágios mais desenvolvidos. A expressão "pré-histórico" já revela essa tendência, ao delimitar o campo do autenticamente histórico em relação ao passado. Essa delimitação, que exclui o "começo" da historicidade, corresponde a uma outra [delimitação] na direção de seu fim. É evidente que para todo ser humano seu presente apareça de imediato como algo irrevogavelmente dado no plano ontológico, e enquanto essa representação permanecer apenas pensada em sua imediatidade, não precisa ignorar necessariamente a realidade, podendo até tornar-se útil, no plano cognoscitivo, como abstenção crítica de julgamento diante da construção de enunciados concretos sobre o futuro. Mas se permitirmos que o presente se congele em um dado imutável, o histórico tem de ser concebido como algo limitado ao passado, e o presente como algo que, por sua essência, não se desenvolve mais. Já em 1847, Marx escrevia contra Proudhon, o qual pretendia acompanhar historicamente a transformação do feudalismo em capitalismo, mas, além disso, não divisava nenhum espaço para o desenvolvimento histórico: "De modo que houve uma história, mas agora não há mais"[100]. Isso naturalmente tem razões sobretudo ideológicas: toda ideologia de classes tende a conceber a situação social que lhe parece solução de todos os problemas como "fim da história". Por isso, puderam ser encontradas, nessas tentativas de resolução metodológicas, ideologias conservadoras românticas, e entusiasticamente progressistas, em seus princípios abstratos. Assim, não é por acaso que a maioria dos chamados filósofos da história procure coroar suas considerações intelectualmente com um "fim da história". (Em nosso tempo, isso é visível nas mais diversas concepções de Spengler a Gehlen.)

A degradação da história a uma ciência particular entre outras, tem consequências ainda mais amplas. Não apenas o volume total da história é artificialmente reduzido, como também a totalidade existente de cada etapa histórica deve ser subdividida entre as diversas ciências particulares igualmente reduzidas; isto é, a totalidade existente do histórico-social deve sofrer em toda a linha esse tipo de fragmentação em "campos especializados" precisamente separados[101]. Assim, a historicidade como ponto de vista universal ao abordar a realidade perdeu cada vez mais sua influência sobre as ciências. As exigências da "diferenciação especializada", de limitação à "exatidão" devida a tal diferenciação etc., tornaram as ciências particulares cada vez mais incapazes de conceber corretamente, em termos ontológicos, até os momentos parciais do processo em seu conjunto. Mas, como esse idiotismo da especialização (tratamento "exato" de problemas aparentes) que surge daí alivia e estimula a subsunção das ciências particulares à manipulação capitalista universal, essa tendência passou a predominar também na práxis científica acadêmica oficial.

Historicidade no sentido de Marx é, em contrapartida, um princípio universal, chamado não apenas a apreender aquele tratamento científico do ser,

---

[100] Marx, *Elend der Philosophie*, cit., p. 104.

[101] Saliento expressamente que estas observações nunca vão contra análises especializadas. Estas são, naturalmente, indispensáveis para o progresso verdadeiro, objetivo de cada ciência. Mas a análise especializada como tal não envolve, de modo algum, uma delimitação metodológica

especialmente do ser social, mas também, e sobretudo, a influenciar, dirigir, de modo correspondente, as atividades humanas. Ela é fundamentada pela ideia de que, de um lado, tudo – também o dado material-"coisal" – em seu verdadeiro ser é um processo irreversível de complexos; de outro lado, que tais processos nunca podem possuir um ser isolado, "precisamente" separável de outros processos, que entre eles sempre vigoram influências recíprocas intensas ou extensas, fortes ou fracas, de modo que a autêntica constituição do seu ser apenas pode ser concebida de maneira adequada no contexto do processo em seu conjunto em que ontologicamente se sintetiza, e também no interior da sociedade em seu conjunto como totalidade processual. Desejamos acentuar aqui mais uma vez: a totalidade em Marx é sempre uma totalidade de totalidades, motivo pelo qual também cada deter-se – muitas vezes inevitável do ponto de vista do conhecimento – numa tal totalidade em certo sentido tem de permanecer, sempre, apenas relativo, na medida em que, muitas vezes por razões de fundamentos do conhecimento, se renuncia conscientemente ao exame de totalidades mais abrangentes. Assim, por exemplo, o desenvolvimento do ser social impôs, por dinamismo próprio, que ele só pode ser entendido como movimento para a totalidade autêntica da espécie humana. O contexto cósmico, o efeito de nosso destino planetário sobre o do gênero humano, permanece ligado e operante ontologicamente (assim como o do sistema solar sobre o de nossos planetas etc.), mas, devido às gigantescas quantidades de tempo que leva para atingir a eficácia real, pode ser concretamente negligenciado sem prejuízos no tratamento teórico do gênero humano.

Para o processo do ser que assim deveio e por devir do gênero humano, são decisivas duas categorias, ao mesmo tempo unitárias, mas duais, para a totalidade operante. Em suas *Teses ad Feuerbach*, Marx afirma como crítica a Feuerbach, que tentava decifrar filosoficamente esses problemas como sendo da essência humana abstratamente concebida: "Mas a essência humana não é uma abstração intrínseca ao indivíduo isolado. Em sua realidade, ela é o con-

---

a uma área especial, definida academicamente ou até por convenção. Como mostram precisamente as análises especializadas, das quais cada obra sua está repleta e as declarações metodológicas em cartas etc., trata-se do método de trabalho, do tipo de tratamento dado aos assuntos e não de uma temática formal, daquela que determina em geral o método das análises burguesas (e que frequentemente denominam-se marxistas).

junto das relações sociais"[102]. O fundamento desse conjunto é em seu aspecto ontológico primário o próprio processo econômico, que, emergindo do trabalho, como determinação central ontológica do ser social assim surgido, determina de maneira primária todas as linhas de desenvolvimento. Contudo, toda formação econômica assim produzida é, enquanto respectivo conjunto das relações sociais, não apenas inseparável de sua constituição econômica, mas propriamente sua corporificação, como o conjunto real das relações sociais é ao mesmo tempo a figura, o ser não mais abstrato da essência humana, da generidade humana não mais muda. O que antes mencionamos como efeito elementar das relações e processos categoriais em um nível ainda não caracteristicamente consciente, aparece aqui em sua mais elevada forma do ser, que desencadeia a consciência desenvolvida, e lhe empresta o conteúdo mais concreto. O desenvolvimento do gênero humano, sua história como processo objetivo, transcorre em uma dupla relação nessa sua base dual-unitária, que, em sua duplicidade, se torna simultaneamente desencadeadora e objeto de toda atividade. As relações categoriais que surgem na consciência dos seres humanos que assim operam são, pois, dinâmica e simultaneamente causas e consequências do ser-propriamente-assim, da transformação-propriamente-assim do mundo de suas próprias atividades humanas. Portanto, Marx apenas extrai as consequências conceituais do fundamento do ser dado irrevogavelmente de cada existência humano-social, ao ver na práxis o fundamento real de cada ser e devir social: "Toda a vida social é essencialmente prática" – diz também nas teses críticas sobre Feuerbach. Mas acrescenta que essa práxis não é apenas o motor de todo movimento desse ser, como, ao mesmo tempo, a chave de sua autêntica e correta apreensão intelectual: "Todos os mistérios que conduzem a teoria ao misticismo encontram sua solução racional na prática humana e na compreensão dessa prática"[103].

A tese marxiana da historicidade como fundamento de todo ser e por isso de toda sua consciência correta, apresentada por nós repetidas vezes como pioneira, como criadora de princípios novos, só adquire sua forma concreta quando compreendida como inseparavelmente conectada com o caráter on-

---

[102] MEGA, I/5, p. 535. [Ed. bras.: Karl Marx, "Ad Feuerbach (1845)", em *A ideologia alemã*, cit., 2007, p. 534.]

[103] Idem.

tológico das categorias, como resultado necessário da objetividade originária de cada ente, com a práxis, com os poros teleológicos fundados em decisões alternativas como base elementar do ser social. Essa forma concreto-categorial altamente desdobrada da historicidade ilumina também, retrospectivamente, para o conhecimento, o irreversível ser movido (histórico) das formas do ser precedentes e mais simples. Marx apresenta em detalhes essa cognoscibilidade *post festum* em relação à sociedade burguesa e a seus precedentes, mas alude claramente ao fato de que tal modo de conhecimento deve possuir uma validade geral para todos os modos do ser. Ele diz:

> A sociedade burguesa é a organização histórica mais desenvolvida e diversificada da produção. As categorias que expressam suas relações, a compreensão de sua própria articulação, permitem, por isso, penetrar na articulação, e nas relações de produção de todas as formas de sociedade desaparecidas, sobre cujas ruínas e elementos se acha edificada, cujos vestígios não ultrapassados ainda em parte arrasta consigo, desenvolvendo antes de tudo o que fora apenas indicado, que toma, assim, toda a significação etc. Na anatomia do homem há uma chave para a anatomia do macaco. Em contrapartida, o que nas espécies animais inferiores indica uma forma superior não pode ser compreendido senão quando se conhece a forma superior.[104]

Com isso, foi dado o método para o conhecimento do curso da história até aqui, em sua generalidade. É um método rigorosamente científico, ontologicamente baseado no fato de que os processos reais são de caráter causal, de que no seu domínio – com a óbvia exceção dos poros teleológicos da práxis humana, cujas consequências reais também têm caráter causal – não se pode falar nem de forças provenientes do exterior, de uma teleologia objetiva, nem de uma transcendência, não importa de que tipo. Esse domínio total do princípio causal em todos os processos que constituem cada ser não permite senão um conhecimento *post festum*: que se volta para processos já decorridos, por isso, em um tratamento histórico-científico baseado em resultados fáticos, insuperáveis dos processos. Da historicidade do processo total do ser nasce, portanto, a exigência metodológica da cientificidade precisa dessa investigação.

Por isso, tal é também o fundamento metodológico da rigorosa cientificidade do marxismo. O fato de que essa cientificidade pode e deve passar para um

---

[104] *Rohentwurf*, p. 25-6.

modo de ver filosófico é, sobretudo, resultado da objetividade ontológica das categorias. A separação, até mesmo a contraposição reciprocamente excludente entre ciência e filosofia, resulta – não importa se com consciência clara ou falsa e confusa – de um dualismo assumido entre categorias "ideais" e do ser – real ou presumidamente – formado por elas. Desse ponto de vista, é indiferente quanto às consequências metodológicas se aquelas visões que não compreendem as categorias em sua objetividade originária insuperável, mas, seguindo acriticamente a manifestação imediata de seu conhecimento as consideram diretamente como produtos do pensamento, entendem essa imediatidade como algo dado por algum poder transcendente ou uma potência espiritual necessariamente atribuída à consciência humana (não derivável). De fato, em ambos os casos, surge na consciência a constituição categorial dos objetos, de sua relação objetiva, e que no ato imediato do pensar aparentemente se vê uma potência "espiritual" que se opõe como estranha à realidade material, e essa potência, em sua imediatidade, deve definir por si mesma as determinações categoriais dos objetos.

Temos aqui à nossa frente ambos os lados da *conditio humana* visualizada por Marx. De um lado, o referente ao ser, a atividade, a práxis como aquilo que torna homens os homens, aquilo que faz surgir, da dialética interna de sua práxis associada, o mundo dos homens; do outro lado, as objetividades dadas, socialmente mediadas, dos objetos de uma tal práxis nas objetividades dos fatos naturais, já elaboradas pela práxis social ou ainda intactas. Na interação entre os dois "mundos", realiza-se a práxis, a atividade humana. Dela emerge a consciência sempre relativa, como precondição indispensável da nova adaptação ativa ao ambiente. A consciência é, em sua gênese no plano ontológico, nada mais do que o momento fundante indispensável desse novo processo do ser. Portanto, não nos deve surpreender que essa consciência por longo tempo não tenha tido nenhuma consciência de si mesma; que ela tenha conseguido surgir e operar só num estágio relativamente desenvolvido. Mais precisamente: com o desenvolvimento do trabalho, com o surgimento da divisão do trabalho, dos modos da práxis mediáveis a partir daí e que possibilitaram na prática o desenvolvimento do trabalho em um grupo social, amplia-se naturalmente cada vez mais o âmbito dessa consciência, liberta-se da ligação exclusiva com o trabalho no sentido estrito, porém sem querer nem poder sequer atenuar, nos poros teleológicos assim surgidos da práxis, a ligação com ela.

O conteúdo de tal consciência está em sua gênese, obviamente sem consciência do próprio agir, e orienta-se sobretudo para a constituição categorial dos objetos da própria práxis, para os objetos e processos indispensáveis para a adaptação ativa. Também aqui têm continuidade – devido ao caráter das categorias como determinações da existência – aqueles modos de adaptação – desenvolvendo-se de maneira incomparavelmente mais elevada – que já existiam, indispensáveis, no processo biológico (passivo) de adaptação. O salto aqui realizado pode ser precisamente comprovado pelos próprios fatos: a orientação espontânea para os objetos, suas ligações, seus processos etc., a adaptação espontânea àqueles que são importantes por razões biológicas vitais se converte – esse é o salto – objetiva e subjetivamente no pôr teleológico, na orientação que procede, de modo mais ou menos consciente, de suas pré-condições práticas. O fato de que com isso surge, como pressuposto de uma práxis que funcione corretamente, uma orientação cada vez maior para as categorias, já se pode ver nitidamente na constituição da linguagem, que pertence às condições indispensáveis para o funcionamento do trabalho, e por isso surge por toda parte onde o homem enquanto homem se afasta do reino animal. Não importa como se desenvolveram, diferentemente, as línguas singulares, pois uma coisa elas têm em comum, como salto, opondo-se à comunicação por sinais dos animais: já seus elementos, as palavras, não são como aqueles sinais não formulados e não formuláveis com os quais o mundo animal se comunica em sua adaptação passiva, ligados especialmente ao *hic et nunc* concreto, como um perigo, mas expressam, na medida em que isso era então reconhecível, a generidade de seus objetos, entendida como universal, isto é, nos fatos aos quais reagem, orientam-se espontaneamente para sua essencialidade categorial imediatamente perceptível. Por isso, só o gênero pode, na linguagem, nas palavras em geral, expressar a tendência para o categorial. Isso ocorre mesmo na mais primitiva das línguas, e seu desenvolvimento, já nos tempos "pré-históricos", se dirige para uma intensificação cada vez maior dessa tendência para o genérico-categorial, isto é, para essa constituição abstrativa das palavras. Mas, para abordar corretamente o salto, portanto, não como "milagre", como salto de um "nada" para um "algo", devemos observar que também a linguagem animal dos "sinais" nunca manifesta apenas coisas singulares, mas também sempre a generidade. A abstração mais elevada, que nasce do salto, porém, é que possibilita sintetizar os sinais assim surgidos de objetos e processos como complexos enunciativos unitários, elevando assim os sinais singulares do nível aproximativo de "representações" para aquele da aproximação ao conceito. Quando em fases superiores de desenvolvimento da sociedade, na qual os homens singulares já se tornaram individualidades, com formas individuais de práxis, com necessidade de expressar também isso no convívio dos homens, essa abstração da linguagem muitas vezes se torna consciente, e pode até se tornar objeto de crítica a ela. Lembraremos apenas o epigrama "A linguagem", de Schiller, que diz:

Por que o espírito vivo não pode aparecer para o espírito?
Porque, assim que a alma *fala*, ah! a *alma* já não fala mais.

Essa máxima, que não é única nos tempos modernos, deve ser entendida apenas como reação honesta – ainda que muitas vezes injustificada historicamente – à necessária abstratividade da linguagem ditada pela práxis (relação com o gênero). Pois propriamente a totalidade da práxis humana, não apenas a linguagem considerada isoladamente, mostra, coisa que Schiller devia saber em virtude de sua própria atividade, que desde o início na expressão verbal literária também se buscava uma maior proximidade com a concretude da vida, sem, todavia, dever nem poder renunciar com isso a exprimir a generidade, que esse desenvolvimento na arte literária produziu uma intenção específica para a particularidade como *medium*. Como essa questão foi amplamente abordada em meus textos sobre estética, posso me limitar, aqui, apenas a essa menção. Portanto, é a práxis que liga a vida cotidiana dos seres humanos com a preparação e execução consciente, da qual surge não apenas a linguagem, mas, pouco a pouco, também a ciência. É, porém, igualmente a práxis que impele e controla sua inevitável orientação para a constituição categorial do ser no sentido da filosofia. Por mais que ciência e filosofia se distingam em seu objeto imediato de conhecimento, por mais que, por isso mesmo, possam se defrontar muito crítica, até antagonicamente, em última análise, têm um objeto de conhecimento comum: esclarecer cada vez mais os caminhos da práxis, em um sentido cada vez mais elevado e socializado da sociabilidade, isto é, orientar de modo cada vez mais unívoco as atividades humanas para a constituição categorial das totalidades, da totalidade do ser. O fato de que, via de regra, a ciência procura um caminho da realidade imediata do ser para a generalização categorial, enquanto a filosofia – também na maioria dos casos – procura o caminho que parte das categorias para a apreensão do respectivo ser (e a direção de seu desenvolvimento), em casos concretos pode levar a controvérsias, mas não deve ocultar a copertença interna essencial, a permanente dependência recíproca das duas tendências em relação à conscientização da práxis e de seus objetos. Não existe aí uma superioridade apriorística. Há correções mútuas, nas quais ora uma parte ora outra representa a tendência para a justeza. Como em contextos anteriores já apontamos como evoluções científicas podem corrigir preconceitos da filosofia, apresentaremos aqui uma constatação igualmente correta de Engels sobre essa relação, nos séculos XVII-XVIII:

> É altamente honroso para a filosofia daqueles tempos não ter se deixado demover pelo estado limitado dos conhecimentos naturais de seu tempo, que – de Espinosa aos grandes materialistas franceses – ela tenha insistido em explicar o mundo por si mesmo, deixando à ciência natural futura a justificação no detalhe.[105]

O grande feito metodológico de Marx é que ele colocou esse contexto de cooperação objetivamente indispensável, mas até então nunca realizado, entre ciência e filosofia, esse complexo de forças, no centro da metodologia de toda práxis e do conhecimento que a acompanha e estimula – referindo ambas à copertença processual necessária entre ser, categorias, práxis e conhecimento, remetendo-as à historicidade geral que lhes dá fundamento comum. Com isso – tendo por base a historicidade universal, o estatuto do ser das categorias, da práxis como órgão de sua apreensão –, supera-se a velha contraposição entre ciência e filosofia. Nas conquistas (controle) intelectuais do ambiente existente do ser humano baseadas na práxis, na sua conscientização objetiva e subjetiva, não há limites, objetivamente, que possam separar claramente o ser de sua constituição categorial. O conhecimento pode avançar da realidade imediata dos fenômenos para sua apreensão categorial ou desta para aqueles; de um lado, sempre se trata do mesmo processo do ser, de outro, de uma – embora só em última análise – práxis humana unitária historicamente cada vez mais capaz de revelar as determinações ontológicas essenciais de um ser que é – precisamente em seu aspecto ontológico – unitário, não obstante todas as diferenciações. Se essa processualidade irreversível do ser (em todas as suas determinações)

---

[105] *Anti-Dühring*, MEGA, p. 486.

se tornou consciente para a humanidade como fundamento da práxis humana e do conhecimento do ser que dela emergiu, toda muralha chinesa que tenha sido erguida no curso do desenvolvimento social entre ciência e filosofia deve ser demolida, sem que as diferenças entre ambas sejam anuladas.

Essa compreensão tem, todavia, uma longa pré-história. Também seu conhecimento pressupõe a característica, já conhecida nossa, das atividades humanas: "Eles não sabem, mas fazem". De acordo com isso, a práxis humana é consciente em seu ato de pôr fins e modos de realização reais e concretos. Se o homem da Idade da Pedra quer fabricar um machado, deve tomar consciência das funções, formas possíveis etc. do machado, determinados gestos para burilar etc. Esse é exatamente o salto da esfera biologicamente determinada do ser para a sociabilidade. Mas não se segue daí que o conhecimento indispensável para tal práxis dos seres humanos dessa fase de desenvolvimento também deva se tornar consciente. As experiências laborativas concretas, que também devem ter um caráter consciente em termos práticos para funcionar, para eventualmente ser ampliadas na prática, possuem esse conhecimento apenas em relação ao processo concreto da própria práxis, não em relação à gênese e constituição daquela consciência da qual são, *de facto*, manifestações prático-concretas.

Esse não-saber daquilo que foi uma função vital dos seres humanos, a ser diariamente cumprida, e realmente cumprida, não era de modo algum um fato isolado em estágios iniciais do desenvolvimento. Ao contrário. Na práxis daquele período, tratava-se sempre, primeiro, de um círculo vital objetiva e subjetivamente muito estreito, em que se podia dizer que havia um certo conhecimento da própria atividade imediata e de suas circunstâncias também imediatas, mas fechada dentro de um ambiente insondável e aparentemente imperscrutável, sobre cuja constituição, nesse estágio, não podia haver nenhuma visão correta, e cujo domínio o ser humano só podia tentar, no melhor dos casos, com meios intelectuais da analogia. Sem dúvida, o pensamento analógico tem um papel nada desprezível mesmo na esfera da vida dominada, mais ou menos estritamente dependente da esfera do trabalho; mas aqui, no quadro da práxis concreta, ainda era ininterruptamente corrigido, de maneira crítica, por seus resultados, e assim, paulatinamente, prosseguia sua formação na direção de um conhecimento causal – não necessariamente consciente como tal.

No entanto, inteiramente diferente devia ser a situação quando se tratava da esfera ilimitada do ser não dominável, onde faltava inevitavelmente um controle similar sobre o procedimento analogizante. Não se pode entrar aqui nos complicadíssimos problemas desse desenvolvimento; pode-se apenas observar que fazia parte dessa enorme esfera da vida não dominada e por isso mesmo não dominável nem pelos conhecimentos obtidos na práxis concreta, tudo aquilo que objetivamente destacava o ser humano da generidade muda do ser animal precedente: trabalho, linguagem, sociabilidade etc. Portanto, não é de se admirar que a existência, o modo de funcionar do próprio conhecimento aplicado – no trabalho, na divisão de trabalho etc. – que aqui e somente aqui era submetido à prova no seu funcionamento, e fora das experiências imediatas do trabalho era extremamente limitado, o mesmo acontecendo com a própria capacidade de pensar, que pertencia em grande parte a esse mundo não dominado, e por isso mesmo não intelectualmente dominado.

O caráter imediato das experiências de trabalho, cuja imensa maioria era obtida pela práxis imediata, ligava-se a um motivo que servia para o domínio da tradição, da autoridade dos anciãos experientes etc. Também isso colaborava essencialmente para que as experiências laborativas se fixassem por períodos de tempo em geral muito longos, e sua origem mesma como ato prático pudesse ser esquecida. Já isso tornava possível o fato que caracteriza amplamente os modos de estranhamento nos princípios do desenvolvimento, isto é, que os homens dos primórdios executavam sem questionamentos, pela própria práxis, determinadas formas de domínio prático de seu próprio ambiente, tomando-as depois como dádivas de um além imaginado. (Em outros contextos já apontamos para a importante questão do controle do fogo; mas mitos bastante tardios ainda relatam como determinadas forças de trabalho surgiram como "dádivas divinas" aos homens.) Com tais comportamentos em relação à própria práxis, não admira que os homens percebam sua própria consciência – que os destaca da natureza nos pores teleológicos do trabalho, que os torna partes constitutivas do ser social novo assim surgido – como orientação contraposta à natureza biologicamente determinada, mas nessa contraposição também vejam uma intervenção de poderes transcendentes. Como os homens das fases iniciais de desenvolvimento (e muito tempo depois disso) eram incapazes de imaginar seu próprio ser social em sua gênese, em sua historicidade, isto é, eram incapazes de fazer, da sua própria práxis e da consciência daí surgida, o fundamento de sua própria imagem de mundo, foi preciso que surgisse a primeira forma importante de estranhamento humano: os homens transferiam a gênese, a essência, o funcionamento de seu próprio ser a poderes transcendentes, cuja constituição elaboravam, no início de modo muito simples, depois cada vez mais refinadas intelectualmente, por meio de deduções analogizantes de sua própria existência. Do trabalho teleológico do homem nasceu o modo de estranhamento de um mundo criado por poderes transcendentes e, nele, o estranhamento do próprio homem criado por tais poderes[106]. Não podemos entrar em detalhes aqui; devemos nos contentar com essa característica básica, certamente muito geral.

O desenvolvimento da práxis humana conduziu relativamente cedo a considerações críticas acerca dessa forma inicial de estranhamento religioso. Mas estas só puderam adquirir uma universalidade dominante na Renascença e em suas consequências ideológicas. Com o *cogito ergo sum* de Descartes começa a tendência de substituir essa forma primordial de estranhamento no pensar o mundo (com todas as suas consequências para a concepção do homem, de sua práxis, de sua generidade etc.) por uma maneira progressista, moderna, mas que continua sendo um estranhamento. Não há dúvida de que o surgimento do capitalismo, ou seja, da primeira formação em que, como nós sabemos, os momentos sociais se fazem valer de um modo relativamente dominante, que afasta cada vez mais os resquícios da "naturalidade", não por acaso coincide historicamente com essa transformação no campo das ideias. Do atual ponto de vista poderíamos dizer: a teoria do conhecimento substitui a teologia, isto é, em vez de atribuir a estrutura categorial da realidade à teleologia criadora de uma essência transcendente, perfeita (ou a várias relativamente mais perfeitas), de maneira crescente, opõe-se ao mundo representado como algo não criado, eterno e imutável, um pensar também representado como não tendo gênese. Portanto, em vez de confrontar o destino objetivo do mundo com a vontade do ser transcendente, a indagação filosófica se concentra cada vez mais na seguinte questão: com que meios, com que autocontrole, o pensamento

---

[106] Na história da criação do Antigo Testamento, por exemplo, essa analogia chega até mesmo a garantir um dia de descanso ao Deus todo-poderoso depois da criação do mundo.

conseguirá dominar o mundo de maneira correta, consequente e adequada. Idealismo e materialismo realizam seus grandes embates exatamente nesse período. E, naturalmente, para o desenvolvimento do pensamento é da maior importância se as categorias que constroem e organizam a realidade são pensadas como fundadas no próprio ser e reconhecidas no pensamento ou se as imaginamos impressas na realidade pelo pensamento. A dualidade entre pensar e ser, a impossibilidade de derivar o princípio intelectivo do ser, e com isso o princípio da gnosiológico como centro do método filosófico, porém, permanece – em sua essência – inabalado. Tanto mais que, como contraparte polêmica da teologia, o princípio da eternidade última e imutabilidade essencial do universo é chamado a substituir a imagem de mundo da teologia. Assim, mesmo em um grande pensador como Espinosa, relativamente próximo do materialismo filosófico, a totalidade da realidade pode se chamar *deus sive natura*, e possuir, ao lado da extensão (materialidade), também o atributo do pensar. Já foi por nós destacado em outro lugar que as pesquisas científicas singulares registraram paulatinamente a historicidade, a processualidade do ser. Mas essas pesquisas, embora importantes, não puderam abalar a prioridade filosófica generalizadamente dominante da teoria do conhecimento (o autoconhecimento do pensamento que não veio a ser). Especialmente porque, como tentamos aludir em outra passagem, essa prioridade do gnosiológico não raro também recebeu a função ideológica de, de alguma maneira, conciliar o desenvolvimento econômico do capitalismo, cuja expressão era em última análise esse pensamento, com os poderes religiosos dominantes, tornando irrelevantes conflitos como o de Galileu. Essa tendência teve como resultado que o ser posto diante do pensamento se esvaísse, muitas vezes, a ponto de se tornar irreconhecível e mesmo inexistente, o que veio a se consolidar sobretudo desde o capitalismo, após as grandes mudanças revolucionárias, como forma dominante da sociedade, fazendo com que, no neokantismo, positivismo, neopositivismo etc., diferentes determinações intelectuais, úteis para a práxis, em suas funções como instrumentos de manipulação eficaz da realidade, fossem elevadas à condição de únicos objetos de conhecimento dignos da cientificidade.

É claro que essa práxis já não tem mais do que traços muito gerais em comum com a práxis primitiva; tecnicamente, aquela se ergue a um nível muito mais alto do que era possível sequer pressentir no tempo do máximo florescimento espiritual do pensamento burguês. Mesmo assim, essa técnica, tão grandiosamente racionalizada em todos os seus detalhes, conduz, na relação do ser humano com a realidade, a um retrocesso espiritual e humano em relação às fases anteriores. Isso ocorre na medida em que a práxis real, tanto como metabolismo da sociedade com a natureza, quanto como divisão de trabalho, como efeito retroativo socialmente imposto do trabalho sobre a generidade do ser humano, tem a tendência objetiva de reduzir esse ser humano à sua particularidade imediata. Essa tendência caracteriza toda manipulação com meios predominantemente econômico-sociais, em parte de maneira consciente (pensemos em ideologias como a "desideologização", como a "teoria da informação" etc.), em parte como resultado prático da manipulação generalizada da própria conduta de vida. Esta última, de fato, privilegia, promove e até aprimora nos seres humanos motivações para ação que precisamente conservam uma aparência de extrema diferenciação, reconduzindo a personalidade para os motivos mais primitivos de uma particularidade exclusiva, e parecendo, com êxito, querer perenizá-los nesse nível.

É impossível, aqui, tentar uma exposição detalhada desse complexo de problemas, especialmente porque grande parte das tendências contrárias, que criticam, e até se rebelam, no plano emotivo, e, nessa oposição veemente de caráter emocional, voltam-se contra as necessárias consequências humanas do sistema de manipulação, atualmente, raras vezes são capazes de compreender corretamente seus fundamentos teóricos e de princípio, e de criticá-los partindo das questões centrais do ser e de sua estrutura categorial e do comportamento humano genérico[107]. Falta, precisamente, como primeiro passo, o autorreconhecimento da própria situação como particularidade, acima da qual seria preciso começar a se erguer, para que se pudesse avaliar com rela-

---

[107] Deve-se pensar que às vezes apareceram propostas críticas bem-intencionadas, confrontando a técnica da manipulação do capitalismo atual e altamente desenvolvido com o fomento de uma transformação do trabalho em jogo. Um silogismo analógico ingênuo e abstrato que, no tempo de Schiller e também de Fourier, poderia ser historicamente compreensível como atitude subjetiva, como posicionamento que tentava antecipar o desenvolvimento sendo hoje evidente que ele negligencia os problemas verdadeiros, sem nem de longe pressentir sua natureza.

tivo realismo os problemas de sua superação. Tal crítica e autocrítica da particularidade ainda hoje está ausente quase completamente, e como atitude resoluta baseada apenas na consciência, tampouco poderia opor uma atividade bem objetiva ao mecanismo de manipulação. Para isso faltam ainda hoje as primeiras iniciativas. Talvez seja interessante, para ilustrar teoricamente essa situação geral, lembrar o texto claro e espirituoso de Hegel, "Quem pensa abstratamente?". Segundo as tradições intelectualistas de seu tempo, que determinaram sua postura para com a realidade, ele designa a particularidade como o "não cultivado" e, de modo muito espirituoso, chama de "abstrato" o pensamento que nasce desse nível do ser. Aqui, uma mulher vê que os ovos da vendedora estão podres. Segue-se um rompante de ira, em que personalidade, moral etc. da mulher que critica aparecem como o mais reprovável do reprovável.

> Em uma palavra, ela não deixa a vendedora com um fio de virtude sequer. Ela pensa abstratamente e a julga, bem como seu xale, gorro, camisa, dedos e outras partes, também seu pai e toda a sua laia, unicamente pelo crime de ter encontrado os ovos podres. Tudo nela é absolutamente tingido por esses ovos podres.[108]

Se agora pensarmos que o ser humano particular de nossos dias no mundo da "informação" de mercado (propaganda) "prova" sua sabedoria, sua superioridade em todas as questões da vida, com o fato de fumar cigarros Gauloises, temos, espiritualmente, a exata contra-imagem diante de nós: segundo Hegel, tudo é "subsumido" aos interesses momentâneos-particulares. Nessa noite, realmente, todos os gatos são pardos, todas as condições de vida, determinações de pensamento são dominadas pela mesma *couleur* de um procedimento analogizante particular superficial, que hoje naturalmente não para na propaganda, mas também perpassa a mais "alta" e "rigorosa" ciência. Aí, tudo o que não se opõe a nenhum interesse de manipulação é permitido. Analogias superficiais, diante das quais a escolástica medieval pareceria uma ciência rigorosa, podem ser pronunciadas tranquilamente por intelectuais famosos sem correr o risco do ridículo. Um exemplo basta. O físico internacionalmente conhecido Pascual Jordan pôde anunciar a seguinte conexão analogizante: seria possível "considerar a tendência da matéria para o aumento da

---

[108] Hegel, *Jubiläumsausgabe*, v. XX, Stuttgart, 1930, p. 449.

entropia, portanto, para a destruição da ordem, como espelho físico ou substrato físico do pecado original"[109]. Naturalmente, é um exemplo um tanto grotesco, mas as derivações teológico-físicas de Teilhard de Chardin, levadas a sério e respeitosamente discutidas (muitas vezes por intelectuais que se dizem marxistas), não ficam muito atrás na análise abstrato-leviana. Se o ser cessou de ter um papel de controle sobre o pensar do mundo, tudo se torna possível, e todo o possível se realiza, se ele convier à confusão das poderosas correntes políticas, sociais, econômicas da época.

É absolutamente necessário ver e avaliar esses fatos como grotescos se procuramos a sério uma saída dessa situação. Mas também não devemos esquecer que nunca se trata apenas de um mero grotesco individual, e que este é produzido muito antes pelos movimentos dominantes das ideias, que colocam em prática com coerência os seus princípios.

Trata-se mesmo da eliminação do ser do pensamento filosófico do mundo. Isso, como já indicamos, é produto de uma longa e paulatina evolução. Quando o famoso matemático Poincaré declarou que a diferença essencial entre o sistema ptolomaico e o copernicano era a relativamente maior simplicidade matemática deste em relação àquele, de um modo formal e rigorosamente científico já se trilhara esse caminho, embora sem tirar, ainda, as consequências diretas disso: o único verdadeiro controle, o ser – portanto, aqui, a questão se realmente o Sol gira em torno da Terra ou a Terra em torno do Sol – como critério da verdade de teorias contraditórias entre si, deveria ser definitivamente eliminado da argumentação científica e filosófica. Com isso, e com posições semelhantes, abrira-se o caminho para analogizações grotescas sem o controle do ser. Bastava apenas surgir a nova fase do desenvolvimento capitalista, a da manipulação universal, para que – muitas vezes por caminhos emaranhados – suas necessidades ideológicas despertassem a analogia grotesca, tornando-a influente.

Naturalmente essa mudança para o domínio absoluto do particular não se detém na ciência e na filosofia. Os elementos grotescos que aqui surgem, as grotescas misturas de pressupostos refinados com resultados particularísticos sobre o plano humano, mostram-se na totalidade da vida desde a mais or-

---

[109] Pascual Jordan, *Der Naturwissenschaftler vor der religiösen Frage*, Oldenburg/Hamburgo, 1963, p. 341.

dinária cotidianidade (que podemos observar nas propagandas, nas "informações de mercado") até a mais elevada espiritualidade. Na medida em que o estado de manipulação geral da vida cotidiana traz apenas a alternativa: ou adapta-se simplesmente, ordinariamente, à particularidade dominante, ou forma-se dentro de si uma particularidade espiritualmente "elevada", "interessante", com aspecto excêntrico que corresponda de modo formal e decorativo às necessidades espirituais – que pareça no aspecto exterior extremamente subversiva, mas que no interior também se adapte, nas questões essenciais, a esse mundo manipulado-particularizado –, surgiram nos domínios espirituais as mais diversas formas desse falso interessante. Assim como a nova orientação recebeu no lema da "desideologização" um resumo teórico, também a palavra de ordem da rejeição do século XIX sintetizou suas tendências humano-culturais[110]. Já na virada do século começa esse desenvolvimento, na medida em que, de um lado, ele glorifica a liberação do indivíduo dos vínculos sociais mediante a excentricidade puramente autoconstituída (em aparência) mais imediatamente possível da vida pessoal, movimento que recebe sua formulação teórica na *action gratuite* de Gide, no surrealismo, nas formas iniciais do existencialismo. De outro lado, vê-se cada vez mais decididamente – já no futurismo, de forma muito radical – a dissolução verbal de todos os vínculos sociais, como ruptura com qualquer passado, como contraste absoluto de passado e presente (especialmente: futuro). Em sua grande obra da maturidade, *Doutor Fausto*, Thomas Mann resumiu o conteúdo último de todos esses movimentos aparentemente muito diferentes. No diálogo do herói com o demônio, este diz, a propósito do presente e da perspectiva de futuro: o inferno é "no fundo apenas a continuação da vida extravagante", na qual, como ele sabe, o ser humano que sucumbiu a ela vê a única coisa que poderia satisfazer o seu orgulho. Assim, Adrian Leverkühn chega à última e decisiva resolução de sua vida: quer, em sua obra, "desmentir" a *Nona sinfonia*, isto é, expressar com plena determinação uma ruptura radical com todas as tradições das aspirações humanas, expressar na própria personalidade, na própria obra, a generidade humana como essência dessa existência.

---

[110] Cf. a propósito meu ensaio "Lob des XIX. Jahrhunderts", em *In Sachen Böll*, Berlim, 1968, p. 325 e ss.

Marx naturalmente morreu muito antes de essas tendências se desenvolverem, de modo que, como Lenin disse espirituosamente por ocasião da introdução da NPE (Nova Política Econômica), não pôde deixar contra elas "citações úteis". Por isso, toda tentativa eficaz de sua renovação para a práxis social deve se ligar a uma análise econômica da nova fase do capitalismo. A inseparabilidade de ciência e filosofia na estrutura metodológica do marxismo prescreve exatamente esse imperativo. Pela mera constatação de tendências parciais realmente operantes, mesmo que tenham sido corretamente descritas, não se pode fundamentar nenhuma decisão social concreta prática. Nesse sentido, mesmo o reconhecimento correto das categorias, de suas conexões, de suas tendências de desenvolvimento, continua sendo algo meramente filosófico. Apenas a união da filosofia e da ciência como espelhamento intelectual do mesmo ser pode se tornar um fundamento teórico real da práxis. Aqui, onde tratamos essas questões apenas de um ponto de vista ontológico geral, devemos nos contentar com essas considerações também gerais. Com isso, não se nega ainda uma certa importância prática (criticamente limitada) também da filosofia. Pensemos naquele modo atual de manifestação do estranhamento já indicado. O princípio do estranhamento – que aparece pelo menos nas partes economicamente mais desenvolvidas do capitalismo – distingue-se, por razões econômicas, de suas antigas formas capitalistas. Quanto mais a exploração capitalista deixa para trás – pelo menos num estágio mais desenvolvido – a forma original direta de exploração (prolongamento da jornada de trabalho, achatamento dos salários), transformando a subsunção formal do trabalho sob o capital numa subsunção real, tanto mais fortemente desaparece da práxis do movimento de trabalhadores a coincidência imediata entre luta contra a própria exploração e luta contra as consequências do estranhamento para os homens. A mudança categorial na exploração separa de maneira nítida os dois momentos. A luta evidentemente ainda necessária contra o estranhamento recebe, devido à mudança econômica, um caráter sobretudo ideológico. (Como o ser humano deve aproveitar seu tempo livre?) O conhecimento da transformação categorial, já que as categorias são formas do ser, pode, pois, levar a certa visão da perspectiva estratégica das lutas de classe atuais. Mas se faltar uma visão igual dos detalhes concretos nos quais e através dos quais as categorias podem mostrar no ser social sua constituição concreta verdadeira, a compreensão que se tenha, mesmo que correta, não pode levar a uma práxis social autêntica e efetiva.

É justamente essa vinculação mútua indissolúvel que torna as categorias em Marx princípios fundamentais de formação do próprio ser e, por conseguinte, também do pensamento. Uma vez que a universalidade da categoria só pode existir como princípio, como portadora da unidade do ser por ela determinado, assim como os movimentos dos complexos processuais sempre produzem uma unicidade categorial interna, é impossível existir uma "muralha chinesa" gnosiológica que separe o conhecimento científico das objetividades concretas de sua universalidade categorial (filosófica).

Se para esclarecer bem a estrutura categorial da imagem marxiana de mundo apresentarmos agora de maneira resumida os três grandes processos por ele registrados, então o faremos sobretudo para esclarecer melhor do que até agora foi possível a constituição específica das categorias, precisamente em seu ser processual. Deve-se observar desde logo que em nenhum dos três processos se trata primariamente de constatações puramente categoriais. Não são senão constatações de fatos *post festum* do próprio desenvolvimento, em que tanto a preservação, ou melhor, a permanente reprodução de determinados componentes em geral existentes há muito tempo, como o ininterrupto surgimento de novas objetividades, novas formas de processo etc., podem ser observados. Portanto, em nenhum desses complexos de processos irreversíveis se verifica o resultado de alguma construção que, por mais bem fundada que fosse, não passaria, entretanto, de uma construção primariamente intelectual. Por toda parte, trata-se da constatação de transformações processuais reais, que ocorrem de fato com todas as suas determinações no processo vital do ser social, e são preservadas *post festum* como fatos na memória da humanidade com auxílio das ciências. Portanto, os processos aqui conhecidos são mesmo processos reais do próprio ser social. Por isso, os três processos são muito conhecidos, chegando a ser uma trivialidade.

O modo mais simples de caracterizar o primeiro processo é dizendo que o tempo de trabalho socialmente necessário para a reprodução do ser humano sofre uma permanente tendência de redução. Aqui veem-se com clareza inequívoca as consequências do salto que separa a natureza orgânica do ser social. Enquanto até os animais mais evoluídos[111] têm necessidade, para sua

---

[111] Naturalmente só os que vivem em liberdade; no modo do ser do animal doméstico também já predominam para o próprio animal em grande parte as categorias sociais do ser.

reprodução biológica, de um dispêndio de energia igual ao de milhares de anos atrás, no ser social – considerado globalmente, incluindo o desenvolvimento desigual que também aqui prevalece –, o desempenho no trabalho apresenta uma linha ascendente. Para concebermos esse processo em sua verdade existente, não só é preciso considerar o desenvolvimento desigual em geral, mas também que a processualidade autoconstituinte do ser social mostra uma linha descendente no trabalho necessário à reprodução da vida. Marx, entretanto, registrou com concreta exatidão científica essa linha de desenvolvimento praticamente só para a civilização europeia. Essa escolha, todavia, em termos teóricos gerais, não é casual: ela mostra as possibilidades objetivas que os fundamentos ontológicos em sua forma pura, como diz Marx, clássica, podem oferecer à sociedade, isto é, mostra para onde e como essas forças podem se desenvolver, quando as circunstâncias não colocam em seu caminho fortes obstáculos inibidores ou até insuperáveis, impondo ao processo de reprodução até mesmo, talvez, o caráter de beco sem saída. É claro que Marx sabia muito bem que, na realidade, a linha de desenvolvimento por ele concretamente abordada não era a única; quanto às assim chamadas relações de produção asiáticas, pode-se verificar nos textos marxianos seus nexos sistemáticos[112]. Marx não se ocupou muito em termos teóricos com outras linhas de desenvolvimento. Engels, como o próprio Marx, conhecia com precisão os resultados científicos de pesquisas da época sobre sociedades primitivas, e ambos os usaram para os primórdios do desenvolvimento social que analisavam, sem examinar mais de perto os motivos econômico-sociais das diversas formas de estagnação. Para fundamentar a teoria do desenvolvimento desimpedido e especialmente para aplicação prática na estratégia e na tática dos movimentos revolucionários de trabalhadores, isso, na época, parecia uma questão ainda menos decisiva do que se assiste hoje. (Só mais tarde isso ocorreu, e um renascimento do marxismo deveria ampliar o território de pesquisa e a teoria do desenvolvimento nessas direções também.) Para aqueles tempos, a questão central era: em que medida se pode apreender a generidade humana como ser processual, do ponto de vista histórico e teórico? Que doutrinas teóricas e sobretudo práticas daí derivam para as atividades atuais e futuras dos seres humanos? Marx respondeu essas questões descrevendo histo-

---

[112] Cf. Tökei, *Zur Frage der asiatischen Produktionsweise*, Neuwied/Berlim, 1969.

ricamente (científica e filosoficamente) quais os principais caminhos trilhados pelo desenvolvimento do ser social, quando as forças humanas por ele desencadeadas conseguem se impor sobre a realidade. Isso é evidentemente um processo de síntese de processos singulares muitíssimo variados. A possibilidade intrínseca da permanente intensificação da eficácia do trabalho nasce propriamente de sua sociabilidade. Esta desencadeia no processo do trabalho, em seus meios e resultados, reações devido às quais a eficácia do trabalho, os meios de trabalho, a divisão de trabalho etc. podem estar submetidos a uma intensificação permanente. Essa possibilidade, denominada por Marx de clássica, encerra importantes complexos de processos, desde as influências sobre o ambiente natural até o social, e assim mediadas até a constituição individual das reações humanas a esses desenvolvimentos, em que tais tendências podem se desenvolver livremente. Assim, estas não são destacadas do curso histórico normal; aparecem, ao contrário, como manifestações típicas e autênticas do ser social, e exatamente por isso se deslocam para o centro do seu conhecimento histórico. É aqui que aparece a nova generidade, o trabalho como meio para uma vida cujos conteúdos decisivos ultrapassam ou apontam para além do círculo da mera reprodução.

Por mais que essas considerações produzam uma imagem de mundo unitária, ou, melhor dito, ofereçam as bases factuais de uma tal imagem de mundo, é certo que os fatos que as fundamentam mostram grandes diferenças no ritmo, nas direções imediatamente visíveis etc. Para compreendê-las corretamente, na efetividade de seu ser real, em suas conexões efetivas, é preciso, pois, um duplo movimento intelectual: de um lado, o conhecimento mais preciso possível dos seus próprios movimentos concreto-reais, em sua imediata propriedade concreta, de outro lado – sem querer superar abstratamente esse tipo de constatações –, o conhecimento dos momentos comuns, que neles operam, e que, sem anular essas propriedades, instauram entre eles uma unidade dos seres processuais, que os transformam em momentos de toda formação econômica. Esse processo em sua totalidade é, portanto, no plano ontológico, algo em última análise unitário, embora (ou propriamente porque) seus diversos momentos mostrem sua diferença também na unidade, mas ao mesmo tempo preservem ontologicamente a unidade nas diferenças. Muito indicativo disso é a produção frequente de mudanças de funções em tais processos. Alguns processos parciais do capitalismo (capital comercial, capital monetário) aparecem naturalmente muito antes de se poder falar de capitalismo. Suas funções socioeconômicas em tais estágios distinguem-se, porém, qualitativamente do papel que mais tarde desempenham como momentos subordinados do capital produtivo dominante. O conhecimento de tais mudanças, processos, caso não correspondam ao seu ser, deve reunir metodologicamente em si ambos os momentos. Isso só é possível mediante uma cooperação orgânica entre ciência e filosofia, na qual o pensamento separe isso que é unitariamente ligado, e una isso que se apresenta como diverso, específico, de modo a dar, em conformidade com sua dinâmica ontológica, expressão conceitual adequada ao próprio processo de vida das categorias que aqui se apresentam. Mas isso significa, falando metodologicamente, nada mais, nada menos, que todo o conhecimento científico deve se orientar pelo conhecimento filosófico, e todo conhecimento filosófico pelo científico, e de modo ininterrupto extravasar-se, a fim de apreender, intelectivamente, o ser em sua articulação categorial e as categorias como determinações internas do ser.

Se abordarmos assim o processo que agora nos interessa, logo se torna visível a unidade, que já constatamos em argumentos anteriores, de teleologia e causalidade na propriedade de seu funcionamento prático-motor, como princípio determinante dessa propriedade do processo de reprodução. O ser social se constitui como forma específica do ser exatamente porque, de um lado, cada momento de sua estrutura interna nasce direta e irrevogavelmente de um pôr teleológico; de outro, que cada pôr assim realizado só coloca em movimento séries causais, nada em si teleológico (pois isso só pode ser existente como pôr teleológico, nunca como elemento móvel objetivo de qualquer ser). Com efeito, essas séries causais são postas, em seu conteúdo, sua direção etc., mais ou menos pelos pores teleológicos, mas seu real transcurso total jamais pode ser inteiramente determinado por eles; cada pôr teleológico realiza, pois, o movimento de uma ou mais séries causais, que é por ele determinado em certo grau, mas sempre contém ao mesmo tempo algo de mais ou algo de menos do que pretendeu a intenção do ato de pôr. A unidade sintética que surge dessa maneira nas diversas totalidades do ser social, bem como em sua totalidade conclusiva, é por isso, em todas as amplas inter-relações entre os momentos do pôr e as séries causais, algo pluralista, uma síntese de diversidades, muitas vezes até contraditórias. Mas não devemos instaurar uma oposição gnosiológica entre os momentos teleológicos e causais. Pois, de um lado, nos processos causais, que desviam dos atos de pôr, esses últimos ainda têm forte influência codeterminante, limitando variadamente o espaço dos desvios possíveis etc., de outro lado, também os próprios atos de pôr não estão submetidos ao arbítrio de seus sujeitos. Estes devem (em última análise: sob pena de ruína), de alguma forma, de saída, confrontar-se com o campo de manobra cada vez operante no processo em seu conjunto. Impõe-se, portanto, por toda parte, uma unidade tendencial determinante, sem que se possa, porém, conferir uma unidade absoluta ao processo (no sentido do velho materialismo ou das consequências lógicas da lógica hegeliana). Marx também manifesta claramente a negação de tal unidade absolutizante: "Considerar a sociedade como um único sujeito é considerá-la falsamente: especulativamente"[113]. É claro que isso não exclui, antes inclui uma unidade última, muitas vezes contraditória dos processos, das formações no sentido acima mencionado, mas essa é a unidade tendencial, muitas vezes altamente contraditória, de processos singulares complicados.

A rejeição da unidade especulativa, como diz Marx, dos momentos sociais e sua totalidade liga-se intimamente à rejeição da necessidade conceitual absolutizante dos próprios processos. Hegel, que conhecia bem as argumentações corretas do Iluminismo contra uma pseudoteleologia interpretada nos processos causais, quer resolver a questão no sentido de sua estrutura sistemática logicizante, com a conscientização de tais processos. Por isso, diz: "A necessidade só é cega na medida em que não é compreendida"[114]. Engels, de início, aceita essa determinação como correta. Mas, quando a explica concretamente, vê-se que a entende de modo totalmente diferente de Hegel. Infelizmente, a explicação retificadora não se verifica como consequência de uma crítica da determinação hegeliana, que até hoje ainda assombra por aí nas formas distorcidas do marxismo. Engels reconhece, com acerto, que não se trata apenas da conscientização da necessidade cega. Esta pode assumir uma importância apenas no quadro de uma processualidade logicizante, que de forma coerente, mas falseada, em

---

[113] *Rohentwurf*, p. 15.
[114] Hegel, *Enzyklopädie*, §147. Complemento.

Hegel, conduz ao sujeito-objeto como coroamento de uma visão dialeticamente pretendida, porém, no resultado degradada a uma criptoteleologia logicizante em relação ao processo em seu conjunto. Engels liga de modo acertado essa visão com a práxis, sobretudo técnico-econômica. A superação da "cegueira" está "no conhecimento dessas leis, e na possibilidade assim dada de fazê-las atuar para determinados fins planejados". Não é nenhum acaso que Engels concretize assim seu raciocínio, identificando simplesmente a liberdade, isto é, o comportamento socialmente ativo que supera a necessidade "cega" partindo do ser humano, com a "capacidade de decidir com conhecimento de causa"[115]. Isso é uma excelente descrição de determinados momentos importantes, decisivos, do processo de produção no sentido estrito, mas Engels não dá, aqui, nenhuma resposta aos complexos de problemas que são importantes na totalidade social, à questão acerca de como a maioria dos seres humanos, cuja atividade é necessária para uma determinada formação, reage a determinadas mudanças na produção, coisa de que depende, amplamente, o papel que a consciência (certa ou falsa) dos seres humanos tem do mecanismo causal do processo do qual participam ativa e passivamente.

Chegamos com isso à segunda tendência do desenvolvimento do ser social descoberta por Marx: a transformação que o ser humano sofre nesse crescimento objetivamente regulado das forças produtivas. O surgimento do ser social é – podemos tranquilamente dizer: sobretudo – uma transformação do ser humano, enquanto transformação processual dos modos do ser que pela primeira vez produz sujeitos e objetos. É tão óbvio o fato de que no ser inorgânico nada semelhante a um sujeito pode acontecer e operar, que não é necessário acrescentar nenhuma palavra. Isso se deve claramente ao fato de que a natureza inorgânica em si também não conhece nenhum objeto. No ser social, objeto só existe como objeto para a atividade que põe conscientemente e que nesse processo é tornada sujeito. Os organismos singulares que se reproduzem imediatamente a si mesmos na natureza orgânica produzem ontologicamente apenas um processo de adaptação biologicamente dirigido entre o organismo que se reproduz e seu ambiente, o que pratica-

---
[115] *Anti-Dühring*, MEGA, p. 117-8.

mente não tem analogia no ser inorgânico. Ontologicamente, porém, não se pode falar aí nem de sujeito nem de objeto.

O fato de ambos se tornarem objetos no ser social, objetos de seu metabolismo com a natureza, pertence, ontológico-categorialmente, apenas à especificidade do ser social. Só no pôr teleológico, junto com seus preparativos intelectuais, em cuja totalidade o ser social surge como modo do ser autônomo e peculiar, surge também a relação sujeito-objeto, como uma das determinações categoriais centrais desse grau do desenvolvimento do ser. Por isso é fácil compreender, historicamente, que na história da humanidade o pensamento tenha figurado tão longa e obstinadamente como uma potência independente do ser, inderivável dele, e porque suas conquistas, tão importantes para o desenvolvimento humano, como as categorias reconhecidas e conscientizadas, pareciam pretender uma independência do ser. Para o pensamento abstrato-imediato posto sobre si mesmo não é fácil entender que o produto de sua atividade pode ser apenas a tendência de reconhecer corretamente as categorias, que essas categorias – só existentes, não reconhecidas – possuem em si uma objetividade muito determinada, concreta, que, pois, a correção das determinações categoriais consiste na reprodução mais aproximada possível do seu ser-em-si.

Não surpreende, pois, do ponto de vista da história do desenvolvimento do modo do ser social, que, embora o mais primordial pôr teleológico consciente representasse um salto em relação à natureza orgânica, ainda fosse necessário um longo desenvolvimento desigual e contraditório para copenetrar extensa e intensivamente o ser social, desenvolvendo-se como sua própria, original forma de atuação, como fator efetivamente formativo do seu ser. Marx descreve esse processo em todas as suas exposições econômico-sociais. Ele o chama com razão de processo de recuo das barreiras naturais. A expressão "recuo" é de grande importância. De fato, por mais que os diversos graus do ser se destaquem nitidamente uns dos outros, cada momento mais ou menos decisivo da totalidade da reprodução social preserva em si elementos dos modos do ser anteriores. O desenvolvimento desses modos do ser consiste, sobretudo – Marx reconheceu isso corretamente para o ser social –, em que as categorias operativas correspondentes ao próprio ser paulatinamente atingem uma superioridade no confronto em relação àqueles originários, e no curso da transição assumidos. Esse processo também é observado no ser orgânico: na interação entre organismo e ambiente, nos graus inferiores, influências diretas de forças físico-químicas têm um papel decisivo; só no mundo animal, especialmente em seus graus mais desenvolvidos, surgem no organismo sistemas de transformação biológicos específicos para adaptação das influências físico-químicas do ambiente (visão, audição, olfato etc.). Entre as novas condições do ser social, o recuo das barreiras naturais designa uma ultrapassagem da adaptação passiva ao ambiente, cujos pressupostos biológicos o ser humano em-devir trouxe de sua existência como animal altamente desenvolvido. Marx utiliza corretamente o termo "recuo". Pois os dois processos são diversos exatamente porque o mundo animal inicia formas de transformação radicalmente novas (vibração do ar e som, tonalidade etc.), enquanto no mundo humano "apenas" se fala de que esses órgãos do processo de reprodução, sendo momentos biológicos do ser humano como criatura viva, não podem desaparecer na interação com o ambiente, mas se socializam gradativamente. Marx diz: "A formação dos cinco sentidos é um trabalho de toda a história do mundo até aqui", e depois concretiza: "Portanto, a objetivação da essência humana, tanto do ponto de vista teórico quanto prático, é necessária tanto para fazer *humanos* os *sentidos* do homem, quanto para criar *sentido humano* correspondente à riqueza inteira para o ser humano e natural"[116]. Esse processo de transformação atinge seu auge quando das vibrações do ar – já no animal tornadas som – nasce, por exemplo, a música e o senso musical, mas seus resultados também se revelam nas mais elementares necessidades biológicas como a alimentação, a sexualidade etc.

Em diversos contextos anteriores já apresentamos importantes momentos desse processo. Por isso, aqui se tratará apenas de uma síntese de princípio de seus momentos mais essenciais. Trata-se de que a práxis humana orientada para a adaptação ativa produz espontaneamente em seus sujeitos transformações desse tipo, que constrangem os seres humanos a modificar o conteúdo e a forma em seus modos de comportamento de acordo com os pressupostos necessários de suas atividades. Esse processo de transformação não significa apenas que surgem tipos inteiramente novos de atividades que não raro têm de se expressar em modificações biológicas do corpo

---
[116] MEGA, I/3, p. 120-1.

humano[117]. A modificação espiritual e de costumes é ainda mais importante para nosso problema. Nunca devemos esquecer que cada modificação no processo de produção, para se tornar efetiva, acarreta uma mudança nos seres humanos que de alguma forma dela participam, naqueles comportamentos que costumam estar ligados àquele processo objetivamente. As diferenças entre divisão manufatureira do trabalho e – para mencionar brevemente os polos opostos – a artesanal ou mecanizada, não podem de modo algum ter apenas caráter objetivo. Cada uma delas exige imperativamente (sob pena de ruína) diferentes posturas dos participantes em sua respectiva atividade, portanto, com isso – não importa em que medida a mudança se torne consciente, em que medida influa sobre outras manifestações da vida dos participantes –, uma determinada transformação também do ser humano singular. E embora exatamente aqui a desigualdade do desenvolvimento – que decorre de seu caráter causal, nunca teleológico – apareça com muita força, esse desenvolvimento conjunto, tendo por metro as massas humanas por ele atingidas, apresenta uma direção humana comum: ele faz recuar, com força cada vez maior na atividade dos seres humanos, aqueles comportamentos surgidos do ser biológico, impondo-lhes um comportamento sempre mais decisivamente determinado pela sociedade, diferencia seus modos de realização, de modo que, no curso desse processo geral, o ser humano não apenas se socializa mais decididamente, também em sua interioridade, mas ao mesmo tempo trilha, aos poucos, o caminho da mera singularidade para a individualidade[118].

A teoria marxiana do recuo das barreiras naturais não é a única tratada de modo puramente científico em suas obras, mas também aquela do crescimento das forças produtivas no trabalho, isto é, os processos efetivos de desenvolvimento até aqui realizados são pesquisados em sua faticidade,

---

[117] Deve-se pensar no resultado das escavações, que mostram exatamente como o formato e o tamanho da cabeça, volume da massa encefálica etc. se produzem em virtude das mudanças no processo de reprodução humana já tornado social em termos iniciais, por causa do efeito de tais transformações em suas atividades, até que surgisse a constituição biológica do *homo sapiens*. Mas podemos notar mudanças biológicas na espécie humana também em níveis de desenvolvimento mais altos, tais como o aumento do crescimento corporal e o aumento da idade média.

[118] Esta última questão já foi tratada em outros contextos.

como processos reais reconhecíveis *post festum*, com a maior precisão científica possível, e assim apresentados. Mas ao mesmo tempo, em sua fundamentação, como partes de um processo conjunto, no que diz respeito aos direcionamentos e resultados essenciais de seu desenvolvimento, podem ser lidas com clareza respostas filosóficas a questões antiquíssimas sobre a totalidade da imagem de mundo, respostas que estávamos habituados a considerar como teses independentes e até mesmo contrapostas às faticidades cientificamente constatáveis. Com isso não nos referimos apenas às construções do idealismo filosófico, mas também às arrogâncias abstrativantes sobre fundamentos supostamente materialistas. O surgimento do ser humano a partir do reino animal é antes de tudo uma questão de fatos, cujos dados no futuro se espera que refutarão as elaborações vazias de modo mais convincente do que até hoje tem sido possível. Embora as oposições fundamentais entre as duas esferas do ser, quando concretamente tratadas, sem que permaneçam construções ideais vazias e abstratas, já permitam fazer distinções bem nítidas em muitas questões. Pensemos, por exemplo, como é longo o período de desenvolvimento em que a criança não dispõe de autonomia em comparação com o dos filhotes dos animais. Não se pode duvidar que, em tal caso, a maior segurança, como possibilidade fundante, e as complicadas tarefas de adaptação e aprendizagem, como exigências da reprodução, desempenham papel decisivo.

A terceira linha de desenvolvimento que Marx registra é em si ainda mais conhecida e reconhecida: é o processo necessário de integração dos agrupamentos humanos, originalmente bem reduzidos, em agrupamentos maiores, nações, reinos, para finalmente mostrar, sob forma de mercado mundial e de seus efeitos sociais e políticos, os primeiros inícios de uma realização, em que pela primeira vez se mostra de fato a tendência para desembocar numa unidade social efetiva da humanidade. A fundamentação científica dessa constatação é de tal modo reconhecida que não dispenderemos uma palavra a respeito. Sua importância filosófica para a teoria marxiana consiste em sua ligação com o significado específico da generidade no ser social. A generidade muda na natureza orgânica não conhece em absoluto conexões desse tipo: conforme a generidade específica, por exemplo, de uma espécie, pode surgir uma coesão muitas vezes apenas temporária de grupos maiores ou menores, mas não existe uma necessidade real de união efetiva daqueles que pertencem ao gênero. Mas justamente isso é característico da generidade humana. Para o animal, a união efetiva dos exemplares em um gênero realmente unitário não desempenha nenhum papel. O ser-em-si do gênero é totalmente independente disso. Com a superação do seu mutismo no ser social, porém, a unidade efetiva do gênero, realizada na vida, se torna uma tendência de desenvolvimento real – em última análise – irresistível. O fato de essa tendência ter levado muito tempo para se tornar visível, pensável, pensada, o fato de suas formas de manifestação em geral terem se expressado como exasperação dos contrastes, nada muda em seu caráter fundamental: ela age de fato como tendência real causal, isto é, de modo desigual, contraditório, produzindo oposições etc., como todas as orientações importantes no processo da socialização do ser humano.

Também no ser social aparecem, portanto, essas tendências – especialmente se levarmos em consideração sua realidade efetiva – de maneira extremamente contraditória. Em especial, não se pode negar que a linha geral do desenvolvimento econômico se encaminha para a criação de unidades econômicas cada vez mais amplas, tanto extensiva como intensivamente (com a superestrutura correspondente). Tais tendências de desenvolvimento, que aparecem relativamente cedo, atingem naturalmente seu auge no sistema de produção mais social que existe, o capitalismo. Esse sistema conseguiu, ainda que internamente com formas em geral muitíssimo problemáticas, engendrar unidades sociais, como as nações, cujos efeitos integradores com frequência perpassam toda a vida social, e com isso conseguem imprimir sua peculiaridade até nos processos econômicos nelas vigentes. O desenvolvimento da economia capitalista, porém, não se limita a isso; ultrapassa as fronteiras nacionais, sobretudo aquelas que tal desenvolvimento assim constituiu, e hoje já lançou os fundamentos objetivos de um mercado mundial. Correspondendo a isso, surgiram também ideologias, segundo as quais a integração de fato já havia ultrapassado essas barreiras nacionais, segundo as quais a humanidade já se defrontava com formas mais abrangentes, mais elevadas de integração como perspectiva previsível. Até agora, pelo menos, essa ideologia mostrou-se no mínimo precipitada. A integração econômica do mercado mundial ainda não conseguiu constituir formas próprias, mais elevadas de integração social. Apesar de todos os problemas engendrados pelos efeitos econômicos do mercado mundial, as formas nacionais de capitalismo puderam persistir. Tanto que, como resultado da Segunda Guerra Mundial, o velho colonialismo entrou em colapso tanto em termos políticos como sociais, sendo substituído provisoriamente, em suas linhas principais, por um colonialismo novo, não mais explícito, mas sim oculto por ideologias hipócritas. Mas também as forças contrárias, seguidamente suscitadas por esse desenvolvimento, até aqui ainda não conseguiram se desenvolver como força organizada e resoluta. Isso se deve sobretudo ao fato de que os povos economicamente subdesenvolvidos que aspiram libertar-se do colonialismo até o momento ainda não foram capazes de esclarecer, com uma análise científica (marxista), seu próprio desenvolvimento econômico – que nada tem em comum com o europeu, entendido por Marx como "clássico" –, que muitas vezes mostra traços totalmente diferentes daqueles dos modos de produção asiáticos, e, partindo desses conhecimentos corretos, enveredar por caminhos de desenvolvimento que correspondam objetivamente a seus contextos especiais.

Em termos teóricos tais inter-relações já foram tratadas por Marx apenas relativamente a um estágio precedente. Primeiro, mostra a imposição dos modos de produção pelo povo conquistador. Daí surgiu um colonialismo, do qual os povos que buscam sua independência tentam escapar e os conquistadores novos e antigos tentam manter de um modo ideologicamente modificado – mas apenas na superfície –, preservando sua natureza econômica; em segundo lugar, ele mostra a manutenção da velha economia, na medida em que se limita à tributação, modo que hoje não tem mais nenhuma atualidade imediata; terceiro, o caso da inter-relação dos dois sistemas, da qual pode surgir algo novo. Foi o que aconteceu entre o beco sem saída da economia escravagista no Império Romano e a economia das tribos germânicas. Marx disse, corretamente, que daí surgiu algo novo, vale dizer, o feudalismo europeu. Trata-se de uma possibilidade, porém, que possui com o presente semelhanças muito abstratas, nem ao menos fundadas sobre a analogia, com a atualidade[119]. Hoje, apenas a aproximação com as formas econômico-sociais desenvolvidas das sociedades muito adiantadas na socialização tem possibilidades reais de indicar uma saída do neocolonialismo tão profundamente falso. As potências socialistas da atualidade não podem mobilizar, nem na teoria nem na prática, os ensinamentos do marxismo para solucionar essas grandes questões: o desenvolvimento sob

---
[119] Marx, *Rohentwurf*, p. 18.

Stalin fez esquecer de tal maneira os autênticos princípios do marxismo que não se consegue, nesse complexo de questões, prestar nenhum serviço importante, a não ser eventuais apoios táticos momentâneos. Estes podem eventualmente ser úteis (como o apoio ao Vietnã, por meio de armamentos), mas, enquanto permanecerem como são, não poderão, de modo algum, trazer perspectivas ou caminhos para o futuro.

As sociedades de hoje, opressoras e oprimidas, estão, portanto, como tantas vezes no curso da história, diante de um complexo de problemas que é impossível solucionar com os meios intelectuais disponíveis. O único avanço trazido nos últimos decênios – muito importante, aliás – é que a crise cada vez mais intensa do capitalismo manipulatório, que produz o neocolonialismo, começa a se tornar manifesta. Também aqui não é tarefa nossa falar nos métodos, previsões etc. de tais movimentos. Claro ficou apenas que, sob as atuais condições, tanto a conscientização da base teórica correta da práxis revolucionária como o seu caráter de massa, a ela estreitamente ligado, poderá demandar, previsivelmente, um lapso de tempo longo, talvez alguns decênios. O momento que, em última análise, gera mais dificuldade é que essa tarefa, tão positiva quanto importante para a humanidade, que é transpor para a vida concreta aquela generidade onímoda, cuja base material a economia do capitalismo atual criou no mercado mundial, sem consciência e sem vontade de fazê-lo, muito raramente é percebida nas realidades atuais como tal. O desenvolvimento causal puramente econômico, isento de qualquer dimensão valorativa, que até aqui tudo produziu de forma estranhada, conseguiu provocar essa integração apenas como sistema baseado no emprego imediato da violência e destinado à exploração e à opressão. Esse espírito imediatista conferiu às tendências dominantes de opressão e de exploração uma ideologia política que, no capitalismo manipulatório atual, é produto e produtor dessa situação. A oposição a esse estado de coisas, a aspiração a uma generidade ampla da humanidade, caso se pretenda que ela se torne realmente efetiva, deve suplantar esse imediatismo e penetrar na essência objetiva do problema para não ser obrigada a trocar, em termos meramente táticos, a exploração crua por outra formalmente mais refinada. O caráter causal predominante de todo desenvolvimento social produz, também nesse caso, suas formas necessariamente estranhadas, mas – isso se liga a sua universalidade social – não sem expor também esse complexo sócio-objetivo que a fundamenta, a sua relação com a generidade da humanidade.

Seria um "economicismo" abstrativante ver no surgimento do mercado mundial um complexo de problemas meramente econômico, embora suas soluções concretas possam receber uma fundamentação ontológica apenas em termos econômicos. Mas não esqueçamos que os grandes processos que estão na base da especificidade do ser social são, de um lado, as tendências, espontaneamente originadas da dialética interna do trabalho (ao contrário da reprodução meramente biológica), de difusão e aperfeiçoamento extensivos e intensivos de momentos – em última análise, do mesmo processo – que vigem na superação da generidade muda. Esta última, como fator de desenvolvimento da reprodução meramente biológica, faz surgir os mais diferentes gêneros; a existência deles, porém, completa-se com seu ser-em-si fático. Porém, o que vigora desde o começo objetivamente no ser social é o início da superação desse mutismo, que só pode realizar-se no ser-para-si da generidade: todavia, tal generidade existente-para-si consegue realmente superar e despojar-se do mutismo da antiga fase meramente orgânica apenas quando todos os exemplares do gênero se tornarem capazes de, também como seres genéricos individuais, realizar a vida de uma tal generidade em seu próprio modo real de viver. Portanto, é uma tendência real duplicada do desenvolvimento que o progresso espontâneo do processo de reprodução crie, com sua base de exploração extensiva e de aperfeiçoamento intensivo do trabalho, ao mesmo tempo, um movimento no sentido da união da humanidade em unidades genéricas conscientes. Que essas unidades tenham inerentemente também uma tendência de intensificação e elevação da tribo até a humanidade ultrapassando as nações, isso está baseado no fato de que as atividades dos seres humanos são sempre, apenas, respostas àquelas questões vitais que lhes foram impostas pelo desenvolvimento das forças produtivas, e seus efeitos diretos ou indiretos sobre a própria vida humana. Por mais complicadas que sejam essas interações dentro desse processo, só em última análise unitário, porém profundamente dividido nos modos reais de manifestação, contraditórios, tal unidade última também é uma parte real, por isso operante, de seu ser social. Só assim o surgimento econômico do mercado mundial pode se tornar a possibilidade ontológica da generidade humana socialmente unida, portanto, superadora de qualquer mutismo. Também aqui vale a constatação de Marx:

Por isso a humanidade sempre se propõe apenas problemas que pode resolver, pois, examinando mais de perto, veremos, sempre que o próprio problema só surge onde já existam as condições materiais de sua solução, ou pelo menos estejam implicadas no processo do seu devir.[120]

Essa constatação de Marx é decisiva para a práxis social da espécie humana. Mas ela só preserva sua verdade, e por isso também sua fecundidade prática, se dela for afastado, rigorosamente, todo elemento teleológico ou criptoteleológico. Isso significa que o desenvolvimento econômico em seu curso objetivo suscita e até determina amplamente as bases de conteúdo e forma das reações humanas, mas nem essas questões humanas nem as respostas sociais sintetizantes possuem qualquer caráter sequencial-teleológico "realizador de valores". Sabemos, da essência do trabalho, que ele repousa sobre decisões alternativas postas. Marx, porém, não se contenta com essa constatação do caráter alternativo das decisões no processo de trabalho, mesmo tomadas no sentido mais amplo. Ele vê com clareza que daí decorre um determinado caráter alternativo para todo acontecimento social, naturalmente não em um sentido lógico-abstrato, como alternativa em um espaço vazio (privado ontologicamente de determinações), mas concretamente, determinado pelo desenvolvimento econômico como âmbito de possibilidades concretas. Já suas primeiras considerações no *Manifesto Comunista* mostram que ele considera isso como algo produzido pelo modo do ser universal do ser social. Depois da constatação fundamental de que a história da sociedade é a história das lutas de classe, ele não deixa de acrescentar como determinação concretizante mais próxima que essa história possui, como um todo, um caráter alternativo: trata-se de "uma luta que sempre terminou com uma transformação revolucionária de toda a sociedade, ou com a derrocada comum das classes em luta"[121].

É óbvio que isso não pode se referir apenas ao desfecho das lutas de classe (portanto: das mais importantes decisões sociais): seria absurdo, irreal, se não vigorasse em todos os seus momentos. Se, pois, abordarmos mais de perto a alternativa que se põe diante de todos nós: a realização da generidade humana como ser-para-si real da existência da humanidade, devemos ver que

---

[120] Marx, *Zur Kritik der pol. Ökonomie*, Stuttgart, 1919, p. LVI.
[121] MEGA, I/6, p. 526.

a economia (fundada em alternativas) produz precisamente a integração sempre mais forte, extensiva e intensivamente, da espécie humana, criando situações cuja solução prática reforça as tendências nessa direção. Esse desenvolvimento, porém, transcorre, em sua linha principal, como fortalecimento de tendências humanas que se tornam dominantes, e, abstraídas dessa linha principal de desenvolvimento, poderiam parecer forças que atuam na direção contrária. Em outros contextos procuramos demonstrar como a história humana, o cessamento processual do mutismo da generidade, é ao mesmo tempo uma história de estranhamentos, em que até agora uma forma perdeu sua vigência porque foi sucedida por outro modo de estranhamento. Do ponto de vista geral da generidade humana, é claro que todo estranhamento deve ser negativamente avaliado. Mas se constatarmos, ao mesmo tempo, que o ser meramente orgânico não conhece absolutamente o estranhamento como modo do ser, veremos como o desenvolvimento para uma forma do ser mais avançada jamais pode ser concebida como domínio de categorias de tipo mais elevado (talvez morais). É na existência daquelas "respostas", das quais também costuma surgir o que é moralmente condenável, que se expressa esse desenvolvimento ontológico real (nem teleológico nem criptoteleológico). A crítica social dos iluministas, que em tais casos opuseram a "natureza", que não conhece tais imoralidades, à sociedade moralmente consciente, era em grande parte correta nos detalhes da sociedade; mas eles não deram atenção ao autêntico problema ontológico do desenvolvimento. Nós mesmos, em outros contextos, indicamos, por exemplo, que a expressão "crueldade animal" é, no plano teórico, uma frase oca, pois a crueldade só pode surgir socialmente. Da mesma forma, agora, devemos apontar que opressão e exploração, as quais obstaculizam e, hoje em dia, impedem as realizações práticas da generidade humana finalmente universal, também não são resquícios de nossa existência outrora animal, mas, ao contrário, são frutos de seu desenvolvimento, cuja origem podia até designar um progresso objetivo na época de sua gênese (escravidão em vez de canibalismo).

Se, na situação atual – sem sermos capazes de sequer sugerir as mais gerais medidas concretas para sua solução –, falamos na necessidade de uma fundamentação econômica da ação socialmente correta como pressuposto indispensável de uma práxis correta, pensamos principalmente nos seus contextos estritamente econômicos e nas mediações decorrentes de reações corretas. Aí se expressa também a exigência do progresso no desenvolvimento social: enquanto não havia surgido a sociabilidade predominantemente pura da sociedade, até modificações que fundavam novas formações podiam acontecer sem uma visão teórica do próprio agir. É o caso, por exemplo, a transição de escravidão para feudalismo; até o surgimento do capitalismo tem, nesse sentido, um caráter de transição. Ele ajudou a economia a nascer como ciência, mas só quando a produção capitalista já existia e se aproximava espontaneamente do predomínio. Apenas no marxismo surgiu a base teórica para eliminar a exploração do trabalho da reprodução social e, com isso, ele se tornou marco indicador do caminho para a verdadeira transformação da sociedade. A elaboração de fundamentos teóricos para a práxis efetiva, baseados em uma historicidade concreta e verdadeira, é uma das mais importantes questões do atual renascimento do marxismo, nesses complexos de questões que o próprio Marx não pôde trabalhar.

Isso jamais significa a exigência de um "economicismo" puro. Desde que se iniciou na sociedade o processo de integração aqui considerado, sempre houve correntes ideológicas que examinaram a humanização dos seres humanos como problema real de sua sociabilidade. O fato de que isso tenha assumido as mais diversas formas (em Homero, por exemplo, a hospitalidade, cujos mandamentos estão acima das amizades temporárias) nada de essencial modifica na coisa. O fato de, já no período da escravidão, existirem pessoas que reconheciam o *instrumentum vocale* como seres humanos em última análise iguais, teve consequências práticas apenas no tratamento dos seus próprios escravos, mas não deixou de ter sua importância histórico-prática. A concepção hoje – formalmente – existente, da igualdade dos homens enquanto homens, dificilmente teria ocorrido sem esses preparativos; sua difusão geral – embora importantes momentos da práxis (desigualdade racial) a contrariem fortemente – é um preparativo para a efetiva integração, um enfraquecimento da resistência, ainda grande, ao reconhecimento do fato, criado pelo desenvolvimento social, de que, no mundo social unificado pela economia, a igualdade dos seres humanos forma uma base para a generidade existente-para-si aqui surgida. Só o renascimento do marxismo, cujo conteúdo é, em última análise, apenas o socialismo como unidade teórico-prática da integração econômica com a generidade autêntica e, embora paulatinamente, difícil de realizar, pode dar resposta correta a esse complexo de questões.

A mudança stalinista na teoria do socialismo é um importante empecilho para a realização dessa linha, que é a única que pode conduzir a soluções. De fato, a prioridade da tática na práxis – inaugurada por Stalin – pode levar a decisões em casos isolados, promover o desenvolvimento em períodos de crise (Vietnã), mas com muita frequência promove posicionamentos puramente arbitrários, extremamente problemáticos para o caminho geral (apoio à Nigéria contra Biafra). A exigência de um verdadeiro retorno a Marx, o que significa uma ruptura radical com as tradições burocráticas do stalinismo, também deve ser posta aqui.

••••

Nas considerações precedentes, em diversos contextos concretos, tocamos mais ou menos detidamente em algumas questões de princípio da concepção marxiana das categorias. Agora, importa explicar os princípios atuantes, pelo menos em seus traços mais gerais. Avançando, assim, para o problema das categorias no sentido próprio, temos de constatar, mesmo preliminarmente, que Marx as explicou de modo amplo, sobretudo para o ser social. Mas para ele sempre foi evidente que uma ontologia do ser social só era, de um lado, pensável levando em conta simultaneamente a propriedade dos outros modos do ser, as suas conexões e diferenças, e, de outro, que a conexão e a contraposição entre a constituição ontológica das categorias devem ser observadas e concretizadas em sua verdadeira objetividade, em seu ser independente da consciência, e nas formas de pensamento com que a consciência procura apreendê-los, se quisermos realmente apreender intelectualmente os dois complexos.

Tornou-se claro, a partir das explicações até aqui dadas, que nada podia estar mais distante de Marx do que derivar a essência e o contexto da problemática categorial de um princípio abstrato, não importa de que tipo fosse. Ponto de partida e execução do método são, ao contrário, ler e entender, por um lado, na ontologia dos objetos e dos processos existentes em si a sua diversa constituição real, constituição ontologicamente ligada, mas não enquanto uma consequencialidade antes de tudo lógica, e, por outro lado, as necessidades sócio-históricas que a cada vez orientam seus respectivos modos de manifestação, formas etc. com o objetivo de obter uma base real para a práxis humana. Os princípios classificatórios abstratos que se tornaram tão importantes na teoria do conhecimento e na lógica, por exemplo, ponto de partida e conclusões concretas e abstratas, simples e complicadas etc., podem ter aí um papel apenas na medida em que neles se revelem as determinações ontológicas reais (históricas) da própria coisa e não permaneçam meras determinações de pensamento para introduzir os fenômenos em um sistema de pensamentos fixado previamente. Muito característica desse procedimento é a determinação marxiana do concreto:

> O concreto é concreto porque é síntese de muitas determinações, portanto, unidade do diverso. Por isso, no pensamento ele aparece como processo de síntese, como resultado, e não como ponto de partida, embora seja o verdadeiro ponto de partida, e por isso também ponto de partida da intuição e da representação.[122]

Nessa determinação é notável, sobretudo, que Marx conceba o mundo que nos é dado (seja natureza ou sociedade) de saída como síntese real de processos, e não como uma "imediatidade" cujas determinações primeiro se constroem em pensamento. Aqui se vê com que seriedade o jovem Marx falava ao designar a objetividade (em última análise: a concretude real) pura e simplesmente como sinônimo do ser. A objetividade não é uma determinação (ou um complexo de determinações) que de algum modo – seja no plano ontológico, seja por meio da consciência cognoscente – é acrescida ao ser – formando-o –, mas deve, pelo contrário, ser reconhecida no sentido rigorosíssimo: todo ser, na medida em que é ser, é objetivo. O fato de que, portanto, no pensamento o concreto apareça como processo de síntese é uma aparência à qual, como mostra Marx nas considerações subsequentes, até Hegel sucumbiu. O concreto, em suma, é ontológico e justamente por isso a consideração ontológica não o assume como resultado, mas como ponto de partida. Essa importante constatação, ontologicamente decisiva, não significa, porém, que dela se pudessem simplesmente tirar deduções mecânicas quanto ao processo de conhecimento científico. Ao contrário. Marx mostra, na mesma exposição sobre o desenvolvimento da economia como ciência, que a análise simples e direta do ponto de partida concreto em determinações singulares abstrativantes é no melhor dos casos uma ação preparatória do conhecer, não o próprio conhecer.

---
[122] *Rohentwurf*, p. 21-2.

Isso porque essas abstrações são, em si, sem determinação concreta, vazias, não dizem nada; por exemplo, classe é uma palavra vazia sem os elementos concretos sobre os quais repousa. Depois das tentativas analíticas e abstrativantes de conhecer, o pensamento deve voltar ao ponto de partida e, como diz Marx, empreendendo a viagem de retorno, chegar à totalidade, na origem, imediatamente percebida, "mas desta vez não como uma representação caótica de um todo, e sim como uma totalidade rica de muitas determinações e relações"[123]. Marx constata, quanto à história da economia, que no começo ela seguiu o primeiro caminho, para formar, depois, o aparato conceitual, o "método cientificamente correto". O método de conhecimento é, pois, determinado pela constituição objetiva (ontológica, categorial) de seu objeto. Mas isso não significa, em absoluto, que seu caminho, seu método, possa ou deva ser modelo ou uma simples imitação do ser processual do concreto objetivo. Portanto, o conhecimento científico e também o filosófico devem partir da objetividade concreta do existente que a cada vez torna-se seu objeto e desembocar no esclarecimento de sua constituição ontológica. Por isso mesmo, esse processo nunca pode ser idêntico àquele do ser, nem simplesmente imitar os seus processos. No entanto, precisamente dessa exigência metodológica quanto à autonomia do caminho do conhecimento, segue-se que os "métodos" aí aplicados, as determinações assim obtidas, não têm nenhum valor de conhecimento baseado em si mesmo, muito menos podem servir como "modelos" para a constituição do próprio ser, como costuma ocorrer devido ao predomínio da teoria do conhecimento. E que, ao contrário, só o grau de aproximação à constituição ontológica da respectiva objetividade a ser examinada pode fornecer o critério de correção ou falsidade de um modo de conhecer.

Essa prioridade incondicional do ser em sua respectiva objetividade concreta determina também seu modo de conhecimento em forma generalizada, portanto, como categoria. Também sobre isso Marx se manifestou com clareza inequívoca nesse tratado. Ele constata, sobretudo, que, por exemplo, a produção pode se tornar existente sempre apenas em determinado estágio do desenvolvimento social, como produção de seres humanos socialmente determinados. Marx aqui indaga: a designação "produção em geral", que já

---
[123] Ibidem, p. 21.

possui caráter categorial, faz sentido? A questão é respondida positivamente por Marx, na medida em que essa expressão contém uma abstração, mas uma "abstração razoável", porque "realmente destaca, fixa, o elemento comum", portanto, se orienta para um princípio ontologicamente persistente no ser processual da produção. Esse reconhecimento de uma universalidade do ser, isto é, uma persistência continuada de momentos importantes no processo irreversível das transformações, é importantíssimo para a ontologia de Marx. Com isso, tal reconhecimento vai além da dinâmica abstrata de um "tudo flui" no sentido de uma dinâmica heraclitiana abstrata, e mostra que a nova ontologia pode e deve reduzir a antiquíssima oposição de princípios, insolúvel do ponto de vista lógico ou da teoria do conhecimento, de Heráclito e dos eleatas, a uma cooperação contraditória e desigual dos dois momentos do processo irreversível no ser. Por isso, é coerente que, logo depois de constatar essa "abstração razoável", Marx a concretize da seguinte maneira:

> Entretanto, esse elemento *geral*, ou comum destacado por comparação, é ele mesmo algo articulado de modo múltiplo, que se desmembra em diversas determinações. Parte disso pertence a todas as épocas; outra parte, a algumas em comum. Algumas determinações pertencem a todas as épocas, outras são comuns a algumas. Algumas determinações serão comuns à época mais moderna e à mais antiga. Não se poderia pensar nenhuma produção sem elas; somente quando as linguagens mais desenvolvidas têm leis e determinações em comum com as menos desenvolvidas, então precisamente aquilo que constitui seu desenvolvimento é o que diferencia em relação a esse caráter geral e comum. As determinações que valem para a produção em geral têm de ser destacadas, para que não se esqueça a diferença essencial, em razão da unidade – que já deriva do fato de que o sujeito, a humanidade e o objeto, a natureza, são os mesmos.[124]

Só assim a persistência de alguns momentos, seu permanente ser reproduzido, pode ser indicado concretamente como um momento importante, mas como mero momento no processo irreversível do próprio ser.

Semelhante estrutura dinâmica, semelhante compenetração recíproca na dialética entre autonomia, em princípio, e dependência multilateral de uma em relação à outra em cooperação concreta, são mostradas por tais relações categoriais também quando não as consideramos meramente na sequência e

---

[124] *Rohentwurf*, p. 7.

serialidade do processo, mas, em certa medida, como um corte transversal do processo em seu conjunto. Marx tratou disso pormenorizadamente no mesmo tratado, referindo-se aos momentos categoriais da produção (produção no sentido estrito, consumo, distribuição etc.). De suas explicações concretas, ricas em determinações, podemos destacar aqui apenas alguns momentos, aqueles em cuja consideração vêm a lume as mais importantes propriedades categoriais de sua ontologia. Nos comentários introdutórios, Marx indica aquele fato aparente que levou muitos economistas a logicizar essas relações, generalizando-as na forma de um silogismo. Marx diz: "A forma é certamente uma concatenação, mas é superficial"[125]. Essa superficialidade só pode ser superada pelo ser reconhecido como processo irreversível, como história, na medida em que o pensamento se aproxima sempre mais decididamente do próprio ser processual. Assim, vê-se, ao mesmo tempo, que a dualidade coordenada dos atos de produção e de consumo – em forma inicial e primitiva – já se mostra no ser orgânico; que o consumo também é "diretamente" produção: "Assim como na natureza, o consumo dos elementos e das substâncias químicas é produção da planta". E esse nexo imediato também se impõe na vida social do ser humano: "É claro que na alimentação, por exemplo, uma forma de consumo, o ser humano produz seu próprio corpo"[126]. Assim, no começo existe uma unidade imediata dos dois momentos, na qual, porém, como Marx observa, encerrando essas considerações, também persiste sua dualidade igualmente imediata. Sobre essa base, que ontologicamente representa sua pré-história, surge agora sua recíproca inter-relação dinâmica analisada por Marx de maneira muito diferenciada, sobre o terreno próprio da economia, na produção e consumo.

Não é possível nos determos aqui nos interessantíssimos detalhes dessa análise. Podemos apenas destacar resumidamente o mais essencial, que nisso, precisamente devido à dinâmica histórica dos fundamentos do ser, tanto o complicado sistema dos efeitos recíprocos concretos é elaborado nesse nível de generalidade, quanto devem ser relacionados ininterruptamente com isso os momentos singulares da produção, que não entram apenas em interações recíprocas concretas, historicamente mutáveis, mas também se ancoram em

---

[125] Ibidem, p. 11.
[126] Ibidem, p. 12.

contextos sociais gerais, e que por sua vez retroagem sobre eles. O fato de que, segundo Marx, por exemplo, o processo de distribuição apareça como momento decisivamente importante do desenvolvimento social geral, e não apenas como mero elo mediador para distribuição do produto, designa um importante resultado teórico dessa diferenciação precisa e concreta das categorias, tendo por base suas funções reais no processo do ser social.

Estaríamos ignorando a importância na história mundial das concepções filosóficas de Marx para o pensar humano adequado da realidade se absolutizássemos esse seu interesse primário por constituição, gênese e processo, eficácia e perspectiva do ser social, limitando-o apenas ao desenvolvimento da sociedade[127]. A determinação ontológica marxiana da história como característica fundamental de todo ser é uma teoria universal, válida tanto na sociedade como na natureza. Mas isso não significa, de modo nenhum, a visão amplamente difundida nas últimas décadas, especialmente entre os comunistas, de que a concepção total de Marx seja uma teoria filosófica abstratamente geral (em sentido antigo), cujos princípios gerais, válidos para todo o ser, agora também fossem "aplicados" à história e sociedade (no sentido mais estreito e burguês). Com essa "aplicação" surge pretensamente a teoria do "materialismo histórico". Assim, Stalin tomou posição em sua descrição desses complexos de problemas no conhecido capítulo IV da *História do partido*. Ele afirma: "O materialismo histórico é a *ampliação* dos princípios do materialismo dialético para a pesquisa da vida social, a *aplicação dos princípios do materialismo dialético* às manifestações de vida da sociedade, à pesquisa da sociedade, à pesquisa da história da sociedade"[128].

Quanto ao próprio Marx, até onde sei, ele não empregou a expressão "materialismo dialético"; naturalmente, fala com frequência em métodos dialéticos, e a expressão "materialismo histórico", que aparece com especial frequência em Engels, sempre se relaciona com a totalidade da teoria, e nunca significa uma "aplicação" específica ao "domínio" da história como esfera particular. Para Marx, que via na história o princípio universal de movimento de todo ser, a expressão "aplicação" já seria uma contradição com seus pró-

---

[127] Este é, por exemplo, um dos erros fundamentais do meu livro *História e consciência de classe*.
[128] *Geschichte d. KPdSU*, Moscou, 1939, p. 126. Grifo meu, G. L.

prios princípios fundamentais. Portanto, quando fala de processo histórico, via de regra se refere a todo o processo irreversível do universo, do qual em determinadas circunstâncias (em última análise também casuais) se desenvolve o período histórico do ser humano, trabalho, sociedade etc. como nova maneira do ser. Assim, nos *Manuscritos econômico-filosóficos* ele diz:

> Para que o "*ser humano*" se torne objeto da consciência *sensível*, e a necessidade do "ser humano enquanto ser humano" se torne necessidade, para isso toda a história é uma história da preparação. A história mesma é uma parte *real da história natural*, do devir da natureza em ser humano.[129]

E esse processo histórico não tem nem começo nem fim. Abstraindo-se o fato de que o fim de uma possibilidade de vida sobre a Terra, e com isso o fim da nossa história humana, pertence aos aspectos de probabilidade muito real da perspectiva da natureza, o marxismo não reconhece nenhuma conclusão no interior desse processo histórico. A oposição a todo utopismo se expressa em Marx também no fato de que todo "fim da história" é declarado estritamente impossível. Também o comunismo é, aos olhos de Marx, apenas um fim da pré-história (e não da história) da espécie humana, portanto, o começo da história da humanidade propriamente dita.

O caráter fundamental irreversível (histórico) de todo ser como processo pode, portanto, evitar todas aquelas características que as teorias, até aqui, determinaram como pressupostos de sua possibilidade, assim como o papel da consciência, do valor, da individualidade etc. Por isso, na ontologia marxiana, a caracterização das categorias como formas do ser, determinações de existência da objetividade como marca inseparável de todo ser, pertence às determinações fundamentais resultantes da historicidade geral como característica ontológica de todo ser. Pode e deve ser enfatizado particularmente que também a unidade original insuprimível entre ser e objetividade (todo ser é concretamente objetivo; um ser abstrato, ponto de partida teórico de Hegel, não pode ser um modo verdadeiro do ser, ele aponta para uma construção conceitual meramente abstrativante) nem ao menos tocou a questão do ser. De todas essas características elementares do ser resulta, por si, que a categoria como forma do ser determinada não é nada mais do que o momen-

---
[129] MEGA, I/3, p. 123.

to de uma universalidade processual existente na inter-relação permanente, igualmente processual, das objetividades ao mesmo tempo únicas e singulares.

O fato de que universalidade e singularidade sejam determinações elementares do ser e não resultados de atos de abstração conceituais, portanto, não é algo só conceitualmente dito sobre os objetos – determinando-os –, mas determinações concretas, imediatas do próprio ser, pode a um primeiro momento até soar paradoxal para os hábitos burgueses de pensar. Mas se, para nos referirmos apenas a um exemplo prático muito importante, pensarmos no experimento, reconheceremos logo que ele é apenas uma eliminação o mais perfeita possível, de um complexo do ser concretamente processual, daqueles elementos do ser que não costumam ser permanentemente atuantes, segundo as regras experimentadas na prática, para observar, em um ambiente (categorial-ontológico) "depurado" dessa maneira, as inter-relações dos (também via de regra) componentes permanentemente atuantes em uma forma assim "depurada" de suas inter-relações, e poder torná-las cognoscíveis como resultado – conforme suas proporções. É igualmente claro que o ser examinado no experimento, na realidade, nunca aparece nem atua dessa maneira "depurada". Mas é igualmente claro que no experimento, ainda que nessa forma "depurada", também se examine um contexto ontológico como em nosso comportamento prático normal com nosso ambiente natural real. A universalidade que aparece no experimento e se torna conceitualmente apreensível não é, pois, primariamente produto de nosso pensar, embora essa experiência sobre o ser, que culmina com uma síntese, tenha um papel decisivo na preparação do experimento. Mas seu papel é apenas um agrupamento consequente "depurador" de fatores ontológicos. De acordo com isso, o resultado também desvenda um contexto ontológico, e não uma mera tentativa de apreender o ser conceitualmente de modo abstrativante. Não importa a relevância dos momentos conceituais na preparação do experimento, isso ainda pode mudar no caráter do resultado como um desvendamento de contextos ontológicos autênticos. Isso já se vê quando o experimento é chamado a confirmar ou refutar precisamente as "hipóteses" que fundamentam a "depuração" do ser. A decisão sobre a verdade do pensamento também é tomada, aqui, pelo próprio ser.

Para nós, várias consequências se tornam importantes para o conhecimento do ser. Principalmente, que a universalidade nas determinações das objetividades é um momento em si ontológico de sua totalidade existente, não algo intelectualmente projetado na universalidade. (Se não fosse assim, experimentos reais e fecundos seriam dispensáveis, até impossíveis.) Em segundo lugar, é claro que essa universalidade no complexo processual das objetividades partilha, como existente, apesar de determinados momentos limitantes, ao mesmo tempo a qualidade de uma objetividade concreta com outros momentos. Nunca é uma universalidade meramente abstrata, nunca é algo simplesmente universal, mas sempre, ao mesmo tempo, um ser concreto de modos de objetividades concretas; portanto, jamais uma universalidade conceitual em si, mas sempre a universalidade existente de algo existente, a universalidade de objetividades concretas e suas inter-relações e interações. Seu pôr-se em atividade é, portanto, também concreto, uma parte, um momento de um nexo "se... então" concreto. Para o conhecimento geral do ser, isso tem, primeiro, a importante consequência de que uma tal universalidade pode desenvolver no experimento bem-sucedido sua própria constituição, em forma pura, imperturbada, mas, em segundo lugar, que a "pureza" no ser total consegue se tornar eficaz apenas como tendência – por vezes, ou até frequentemente, dominante –, mas jamais nessa "pureza" mesma, e sim como momento de um processo total que nasce, cada vez, da interação recíproca de momentos heterogêneos. Com isso, porém, seu tornar-se eficaz real, ontológico, transforma-se em um momento do processo total, sua necessidade, evidenciada também em muitos experimentos, se torna um momento parcial – eventualmente decisivo – das probabilidades maiores ou menores dessa totalidade móvel. Naturalmente, os desvios assim originados podem ser tão mínimos, seus efeitos práticos ampliados por lapsos de tempo tão longos, que esse aspecto da coisa seja praticamente irrelevante para a práxis imediata. Se, em contrapartida, se busca um conhecimento ontológico, correspondente ao ser, da própria realidade, então não é absolutamente decisivo, no plano puramente teórico, se tais desvios se fizeram valer em alguns dias ou milhões de anos, a ponto de ser perceptíveis na prática. A importância prática da insignificância de tais lapsos de tempo dos processos permanece uma questão puramente prática, uma determinação da práxis humana como tal. Teoricamente, já chegamos ao ponto de perceber na extensão temporal de um processo o fato ontológico, e avaliar como comentários antropomorfizantes as diferenças na duração temporal do percurso.

Nessa forma, o problema da universalidade evidentemente só aparece na natureza inorgânica. Nela também existe a singularidade como forma objetiva, mas sem efeito ou consequência transformadora ontológica no processo do ser imediato do objeto singular. Se uma rocha se quebra em, digamos, mil pedaços, essas mil pedras também são objetos existentes no interior do ser inorgânico, tal qual era antes sua coexistência na rocha.

Não pode ser negado o fato de que com isso também podem surgir consequências no plano ontológico; antes, houve uma rocha existente, e agora mil pedrinhas, e sem dúvida o *quantum* como momento da objetividade tem certo papel nos processos do ser. Se, por outro lado, um animal morre ou uma árvore resseca, retiram-se do processo do ser orgânico, completa e definitivamente, e se tornam meros objetos de processos físico-químicos, mas já no interior do ser inorgânico. Nos dois casos, trata-se, sobretudo, da singularidade como determinação ontológica, que, abordada abstratamente, existe na mesma medida nos dois modos do ser. Mas – o que é importantíssimo para a concepção de categoria de Marx – em cada sistema do ser de forma diferente, com isso provocando modificações ontológicas nos processos totais.

É preciso atentar aí para duas diferenças básicas. Primeiro, o ser inorgânico pode, de maneira dominante em escala cósmica, existir autonomamente, funcionando em conformidade com o próprio ser, sem jamais ter de confrontar-se com outro tipo do ser. Mas o ser orgânico só pode surgir como resultado do desenvolvimento de um complexo do ser inorgânico, e só como um ser persiste em ininterruptas inter-relações com o inorgânico: o ser inorgânico produz, pois, parte essencial daquilo que se pode designar no ser orgânico como ambiente dos organismos (nada muda essa situação se o fato de que para exemplares singulares, como para gêneros do mundo orgânico, este também figure como ambiente). Trata-se de uma relação ontológica, que nem existe no mundo inorgânico. Em segundo lugar, nessa base ontológica, o ser-total se divide em dois tipos do ser que se influenciam mutuamente, mas atuam de maneiras diferentes; com base no ser inorgânico, surge um novo ser, constituído de processos objetivos que funcionam de maneira relativamente breve, nos quais um determinado começo e um determinado fim pertencem inevitavelmente ao próprio processo do ser de cada objetividade singular. Já com isso, a singularidade como forma do ser se modificou radicalmente e a universalidade concreta que lhe corresponde, o gênero, é a soma de todos os exemplares singulares, de maneira bem diferente do que poderia ocorrer no ser inorgânico: aqui, o gênero se conserva no processo de surgir e passar de seus exemplares singulares, portanto, não possui aquela continuidade mecanicamente eficaz que é característica do ser inorgânico. Essa processualidade breve, antecipadamente delimitada de cada singularidade no ser orgânico sublinha, por um lado, sua singularidade em todo o campo dos modos de manifestação da objetividade, de maneira plástica. Certamente não é por acaso que, quando quis demonstrar que na natureza não há dois objetos iguais, Leibniz tenha usado folhas de plantas como exemplo. Em si, poderíamos dizer com a mesma justificação, que na natureza também não há duas pedras inteiramente iguais, que nenhum ser humano possui a mesma impressão digital que outro. Apesar dessa continuidade imediata da categoria da mera singularidade em todos os três tipos do ser, o modo da singularidade no ser orgânico significa uma mudança qualitativa na história dessa categoria. O fato de que, como vimos, Marx já observe no mundo vegetal uma analogia estruturalmente antecipadora da dialética de produção e consumo aponta para essa direção.

Para o desenvolvimento objetivo do ser é mais importante ainda, porém, que, assim que os processos reprodutivos do mundo do ser orgânico não sejam mais rigorosamente localizados como nas plantas, aparece uma relação ontológica inteiramente nova, isto é, a transformação dos modos de atuação físico-químicos objetivos no biologicamente "subjetivo": visão, audição, olfato etc. É claro que, no sentido rigorosamente ontológico, não é exato, e certamente é um tanto prematuro, falar aqui em geral de subjetividade e objetividade. Tais transformações são muito exclusivamente subordinadas às leis da reprodução biológica. Mas Marx distinguiu precisamente essa diferença entre animal e homem, no qual esse processo de transformação forma um pressuposto biológico-natural do seu ser-homem, de sua práxis, mas em que já acontecem outras transformações necessárias[130]. No animal, porém, essa transformação jamais abandona a esfera natural do biológico. Marx diz, a respeito dessa diferença: "O animal não se '*relaciona*' com nada, nem se relaciona, aliás. Para o animal, sua relação com os outros não existe como relação"[131]. Portanto, seria uma abstração precipitada falar de sujeito e objeto já nesse nível do ser. Pois só na adaptação ativa ao ambiente surge um sujeito

---

[130] O recuo das barreiras naturais, já discutido anteriormente, contém como momento importante justamente esse processo de transformação.
[131] MEGA, I/5, p. 20.

como força conscientemente orientadora e ordenadora de tais transformações, e só em seus poros teleológicos o objeto – não importa a que tipo do ser pertença – se torna seu objeto. Na natureza orgânica trata-se ainda apenas de como o processo biológico de reprodução dos seres vivos (imediatamente nos exemplares singulares, por eles mediados nos gêneros) impõe as condições de sua reprodução em relação a um ambiente que, naturalmente, não se orienta em absoluto para a sua realização, mas, no máximo, produz sua possibilidade mais geral. O processo reprodutivo realiza-se, pois, como pura adaptação passiva a essa realidade, em atos biologicamente determinados, físico-quimicamente executados, que podem ter efeitos favoráveis ou desfavoráveis para o processo reprodutivo do ser vivo em questão.

Essa oposição nas interações entre organismo e ambiente caracteriza esse processo de reprodução, opondo-se à adaptação social ativa ao ambiente pelos poros teleológicos do trabalho, que já produzem correlativamente a alternativa entre eficácia ou fracasso. Favorável-desfavorável permanece, portanto, ainda uma oposição no interior da natureza. Sucesso ou fracasso, porém, ocorrem apenas no metabolismo entre sociedade e natureza. Apesar de todas as contradições ali contidas, ambas expressam algo que não pode possuir analogia na natureza inorgânica. Isso porque embora esse processo no domínio da natureza orgânica – considerada em geral – mostre características puramente causais como os processos na natureza inorgânica, representando, assim, uma oposição com o significado ontológico dos poros teleológicos, expressa novos traços em relação aos processos da natureza inorgânica, na medida em que o processo biológico tenta estimular a reprodução de cada organismo com seus meios e suas possibilidades, tendência essa inexistente nos processos da natureza inorgânica. A situação paradoxal que daí deriva foi expressa da forma mais adequada até hoje por Kant, ao falar de uma "finalidade sem escopo", na qual a situação aparentemente paradoxal mostra a constituição ontológica de que o complexo vivo autorreprodutivo, sem qualquer pôr consciente, tem em si uma tendência inerente a impor as próprias condições de reprodução. Naturalmente, depende das respectivas condições externas e internas se, e em que medida, isso dá certo, se o organismo singular em questão (ou o gênero) se preserva ou morre. Mas tudo isso, apesar desses traços novos, permanece no quadro de um ser meramente natural dos desenvolvimentos meramente naturais. Gêneros podem se extinguir, transpor para novos gêneros, mas as fronteiras do ser-natural jamais são transpostas. Os modos de adaptação que se preservam e reproduzem podem manter-se por tempo relativamente longo, mas não têm nenhuma tendência interna de desenvolvimento superior que rompesse as barreiras naturais. O abandono da natureza, devido aos pores teleológicos no trabalho, é que, por primeiro, traz a nova constelação que produz a sociabilidade: as possibilidades de desenvolvimento aparentemente ilimitadas do novo tipo de gênero que surge nessa base, e no interior de seu domínio o dos exemplares singulares que o formam. Já mostramos, em outros contextos, como tais desenvolvimentos produzem a individualidade humana partindo da singularidade originária meramente natural. Obviamente, como já mostramos, com uma simultânea transformação ontológica do tipo de gênero: do gênero mudo da natureza surge um gênero capaz de expressão genérica, um gênero tendencialmente unitário. A natureza inorgânica* repousa no plano ontológico sobre a insuprimível pluralidade do gênero. É inerente ao ser social, como vimos, a tendência de integrar a espécie humana em um gênero – consciente de sua unidade. Também já foi descrito que se trata aqui de um processo contraditório e desigual, mas irreversível. A singularidade e a generidade aqui descritas, na natureza orgânica – permanecendo, objetiva e no plano ontológico, natureza –, são um elo histórico com a nova constituição ontológica (social).

As mudanças de categorias como universalidade e singularidade, aqui descritas, lançam uma luz sobre a constituição, sobre a constância e a modificação nos processos dinâmicos do ser. O princípio motor que põe tudo isso em movimento e assim o mantém é aquilo que desde tempos imemoriais costumamos chamar de causalidade. A dinâmica interna dos complexos objetivos, suas interações materiais, seus efeitos mútuos etc. produzem o que costumamos chamar processos causais, e isso na forma em que já foi geralmente reconhecida como processos irreversíveis de interações, com frequência muitíssimo variadas e complexificadas, de que costumamos agora nos conscientizar conceitualmente nas probabilidades estatísticas. Tais processos causais na natureza não pressupõem nenhum tipo de consciência viva, formadora ou até determinante; são processos materiais objetivos, cuja constituição é incessantemente determinada por aquelas objetivida-

---

* No original em alemão, consta *anorganiche Natur*. Na edição italiana, o tradutor Alberto Scarponi substitui "inorgânica" por "orgânica", destacando a modificação por meio de colchetes.

des, processos etc., dos quais são, objetivamente, produtos, e também o caráter específico dos processos biológicos que acabamos de tratar, não mudam nada de essencial nessa constituição fundamental dos processos causais. (O fato de que a singularidade neles recebe um papel importante certamente produz diferenças internas, mas não toca o problema geral, aqui decisivo, dos processos causais.)

Só com o significado fundamental dos pores teleológicos no ser social a consciência se torna um elemento importante na causalidade social. Mas – precisamente quando queremos apreender corretamente essa dualidade opositiva – nunca devemos esquecer que também no ser social não podem dar-se processos de tipo teleológico, apenas um pôr-em-andamento especial e, por tal via, uma influência daqueles processos causais que foram iniciados pelos pores teleológicos. Esses conferem um caráter particular a cada processo no ser social, evidentemente também àqueles orientados para influenciar acontecimentos naturais, mas nem com isso podem eliminar a constituição causal dos processos reais. Naturalmente, surgem com frequência modificações muito amplas nos processos causais originários, mas também esses nunca podem revogar seu caráter causal. Mesmo em casos em que os processos concretos nem ocorrem como tais na natureza, em que o complexo concretamente processual parece ser resultado do pôr teleológico, essa situação permanece a mesma. Pensemos no exemplo, antes apresentado, da roda, que não é encontrada como tal em parte alguma da natureza, parecendo, pois, ser produto exclusivo do pôr teleológico. Seus movimentos que se realizam tal qual planejados, porém, são processos puramente causais, que não se distinguem, categorialmente, nas bases do seu ser, de processos naturais causais teleologicamente apenas influenciados.

Esse conhecimento ontológico do único nexo do ser entre causalidade e teleologia produz a possibilidade de determinar mais precisamente suas inter-relações quanto ao ser em geral, especialmente o ser social, único modo do ser em que ocorrem de maneira faticamente comprovável em determinações recíprocas. Isso tanto objetivamente em relação à constituição existente dos processos desencadeados em comum, quanto subjetivamente como resultado da situação de que a causalidade, encarada puramente como processo, não precisa de nenhum tipo de sujeito para a sua gênese e seu transcurso, na medida em que é capaz de funcionar puramente como processo objetivo, enquanto não pode existir nenhum tipo de teleologia que não surja provocada por um pôr subjetivamente dirigido. O que tem como consequência para o conhecimento do mundo, em especial, que toda tentativa de interpretar os processos naturais formados por uma teleologia necessariamente leva ao estabelecimento de um sujeito transcendente, estranho à natureza. Ontologicamente, isso produz uma separação pura, inequívoca, entre ciência e religião. Isso porque um processo teleológico universal só poderia ser aquele cujo curso fosse capaz de realizar em todas as suas fases e momentos um fim precisamente determinado antes de ser instituído, isto é, dirigido faticamente – em todas as fases e momentos – pelo sujeito que estabelece tal fim. Também aqui não podemos citar nem indicar as diversas variantes de problemas insolúveis que surgem de tal construção universal de processos do ser de tipo teleologicamente dinâmico. Trata-se essencialmente de dois complexos de problemas. Primeiro, todo processo teleologicamente transcorrido pressuporia um sujeito capaz de ações autônomas em relação ao ser que ele deve dominar. No interior da autonomia necessária, em relação ao trabalho, das atividades humanas na práxis em geral, destaca-se o ser social surgido simultaneamente com ela, e nunca é demais repetir que não se trata de processos teleológicos desencadeados, mas apenas do esforço para influenciar processos causais de modo teleologicamente correspondente. Um sujeito que põe, capaz de transformar os próprios processos causais em processos teleológicos, deveria ter em relação a todo ser uma existência inteiramente transcendente a ele, uma onisciência e onipotência; portanto, teria de pertencer, em seu ser, ao tipo da divindade judaico-cristã[132]. Torna-se evidente, a partir desses pressupostos, que com isso teria de ocorrer uma modificação fundamental no conteúdo, nexo, orientação etc. em todos os processos naturais e sociais; nunca foi descoberto e registrado, até aqui, nada parecido nos processos efetivos. Ao contrário, a formação do ser social, o crescente domínio prático (e o teórico, que o fundamenta) dos processos ontológicos pela espécie humana, mostram por toda parte um recuo das representações objetiva e transcendentemente teleológicas, que no início eram analogicamente tomadas. Nesse sentido, Engels escreve para Marx depois de sua leitura de Darwin: "A

---

[132] Os deuses greco-romanos têm apenas uma existência humana elevada e alcançam excepcionalmente os mais altos direitos a um tal conhecimento e poder – que transforma as determinações fundamentais do ser.

teleologia, de um lado, ainda não fora destruída, mas, agora, isso aconteceu". E, quanto à conexão de todos os problemas ontológicos com sua historicidade, é característico que ele assim prossiga: "Até aqui nunca se fez uma tão grandiosa tentativa de comprovar o desenvolvimento histórico na natureza"[133]. O domínio geral da causalidade em todos os processos do ser é uma experiência antiquíssima, faticamente nunca abalada, da espécie humana, de toda práxis, seja orientada para a natureza ou para a sociedade. Quase se poderia dizer: o desenvolvimento do conhecimento da realidade, a elaboração da correta postura com o próprio ambiente, estão, em sua essência, inseparavelmente ligados com o conhecimento sempre mais amplo e aperfeiçoado da essência dos processos causais, com sua descoberta em cada momento parcial do ser. Não importa quando e em que medida isso foi consciente e adequadamente conhecido, esse conhecimento domina cada vez mais toda práxis humana. Sua ampliação, seu funcionamento, sempre repousou apenas sobre esse conhecimento: quais processos causais (não importa em que ser) teriam de ser conhecidos, e como teriam de ser aplicados para podermos realmente controlar nosso ambiente por meio de nossos pores teleológicos, para que nossa adaptação ativa a ele aumentasse em extensão e intensidade. O aperfeiçoamento do trabalho repousa essencialmente sobre um desenvolvimento na concretização do conhecimento de quais séries causais são desencadeadas e em que proporção pelos pores teleológicos, e quais devem ser eliminadas ou reduzidas segundo a possibilidade. Por isso, o conhecimento adequado das séries causais sempre foi e será a base da práxis humana, do conhecimento da realidade que a fundamenta, que a partir desse papel torna-se eficaz potência social. A insuprimível determinação do ser por processos causais, que se liga inseparavelmente, no ser social, com sua crescente capacidade de influenciar, até dirigir por meio de pores teleológicos, cria aquela dualidade dialética que Marx – como repetidas vezes dissemos – expressa afirmando que os seres humanos *fazem* eles próprios a sua história (ao contrário da mera dinâmica da natureza), mas não são capazes de fazê-lo em condições que eles próprios tenham escolhido. Essa situação ontológica espelha-se na cognoscibilidade e no conhecimento fático do ser, de modo tal que os processos ontológicos na natureza e sociedade – apesar de todas as diferenças – trans-

---
[133] MEGA, III/2, p. 447-8.

correm dessa maneira mais generalizada, unitária e legal, e, em sua legalidade, são em princípio cognoscíveis; esse conhecimento, segundo sua natureza imediata, pode ser histórico, vinculado às circunstâncias, um conhecimento *post festum*. Na citadíssima introdução da primeira grande apresentação de suas concepções sobre economia e sociedade, Marx formula suas ideias da seguinte maneira:

> A sociedade burguesa é a organização histórica mais desenvolvida e diversificada da produção. As categorias que expressam suas relações, a compreensão de sua própria articulação, propiciam, por conseguinte, ao mesmo tempo, uma noção da articulação e das relações de produção de todas as formas de sociedade desaparecidas, sobre cujas ruínas e elementos se acha edificada, cujos restos, não ultrapassados ainda, em parte arrasta consigo, meros indícios evoluíram para significados bem-elaborados etc. Na anatomia do homem há uma chave para a anatomia do macaco. O que nas espécies animais inferiores indica uma forma superior não pode, ao contrário, ser compreendido senão quando se conhece a forma superior. A economia burguesa fornece, assim, a chave para a economia antiga etc. Porém, não ao modo dos economistas, que apagam todas as diferenças históricas, e veem a forma burguesa em todas as formas sociais.[134]

É característico da ontologia marxiana que também aqui, onde o desenvolvimento na sociedade constitui o problema central, ela aponte ininterruptamente para o processo histórico no seu conjunto, portanto, também para a natureza, para jamais perder de vista sua unicidade última.

O caráter *post festum* de todo conhecimento, que deve ser, em seus objetos e em seus sujeitos, sempre histórico, expressa teoricamente a constituição ontológica acima aludida de toda atividade prática. O ser tanto na natureza quanto na sociedade é cognoscível na medida em que os processos causais nele operantes são corretamente apreendidos pela consciência cognoscente. A história da práxis humana é uma prova prática e irrefutável disso. Todo conhecimento, porém, tem seus limites bem nítidos na infinitude dos componentes que se tornam operantes, que atingem uma síntese concretamente determinada nos processos causais. Que os processos nunca sejam de todo previsíveis, devido à infinitude dos componentes possíveis, aparece como evidente desde o começo, já porque a proporção dos componentes, o respectivo peso de cada

---

[134] *Rohentwurf*, p. 25-6.

um, só pode se mostrar quando o nexo operativo se torna real; portanto, para o conhecimento, pode se mostrar somente *post festum*. Mas isso não significa que, em suas realizações, o imprevisível não pudesse mostrar-se *a posteriori* em sua verdadeira figura, em suas proporções autênticas etc. O caráter *post festum* do conhecimento corresponde exatamente às verdadeiras leis de movimento do ser, que, como processos irreversíveis com base nas constelações cada vez existentes podem produzir também formas do ser, relações do ser, modos do ser etc. até então não existentes. Essa irreversibilidade do ser processual se expressa no caráter *post festum* de seu conhecimento adequado.

Mas faríamos concessões inadmissíveis a velhos e novos preconceitos gnosiológicos se, desse caráter histórico de todo conhecimento, tirássemos conclusões sobre uma constituição inferior, portanto, apenas fática e empiricamente apreensível, ou sobre uma irracionalidade dos processos ontológicos. Pois esse caráter *post festum* não exclui, de modo algum, o ser nem, consequentemente, o conhecimento de nexos gerais. Estes últimos se exprimem no ser processual não como "eternas grandes leis férreas", que poderiam reivindicar uma validade "atemporal" supra-histórica, mas como etapas determinadas por via causal de processos irreversíveis, nos quais tanto a gênese real – partindo dos processos anteriores – como o novo, simultaneamente, se tornam visíveis de modo ontológico, por isso apreensíveis de modo cognoscitivo. Que só possam ser compreendidos *post festum* não significa, em absoluto, que se fique preso a um "empirismo" que deveria se limitar ao registro dos fatos. Ao contrário. Na medida em que processos realmente transcorridos no conhecimento *post festum* se tornam visíveis e apreensíveis em todas as suas determinações dinâmicas, a ciência pode conhecer ao mesmo tempo, em sua reprodução e análise conceituais, como forças reais do ser, as tendências neles vigentes. O conhecimento *post festum*, por isso, tem, inseparavelmente de seu caráter que apreende de fato os processos ocorridos, também um aspecto teórico: o conhecimento das determinações gerais (categorias) que, na caracterização dos processos, de suas transformações, se evidenciam em um conhecimento correto *post festum* como seu resultado.

Precisamente a inter-relação dialético-fatual inseparável de universalidade e singularidade das determinações operantes impõe tal caráter a esses processos. As análises que fizemos até aqui mostraram, com base em muitos casos singulares, que cada ser que surge de um ser anterior configura de modo cada vez mais complexo sua estrutura categorial, tanto nas singularidades quanto em interações. Como resultado, temos, de um lado, que na universalidade aparece de modo cada vez mais complexo o caráter processual irreversível, até que, dos processos irreversíveis da natureza – que de certa forma ainda eram históricos em si – no curso de seu próprio desenvolvimento, emerge o ser social como a história da espécie humana, consciente de si mesma, como história existente por si. De outro lado, vemos uma crescente concretização do lado da singularidade, na medida em que, sobre suas determinações biológicas, processuais em termos resolutamente singulares, no ser social ocorre paulatinamente a individualidade e sua síntese no gênero humano não mais mudo. As interações de tais categorias, tornadas cada vez mais complexas, dos processos gerais irreversíveis expressam-se nos traços de cada modo do ser como maior complexificação dos próprios processos. Na tão citada introdução, Marx apresentou esse caráter dos processos sociais como questão importante do desenvolvimento desigual. Embora lá ele descreva essa desigualdade principalmente como fato que ocorre entre a base econômica e as formas ideológicas que evoluem a partir dela (direito e, sobretudo, arte)[135], o conjunto de sua obra mostra que aqui se trata de uma propriedade geral de todos os processos sociais. Pensemos no conceito de realizações "clássicas" nas próprias formações econômicas, em suas análises concretas, que indicam, com precisão, como nenhuma formação se realizou evolutivamente e se constituiu da mesma forma por toda parte.

Para que em tais processos a respectiva práxis necessária se impusesse, segundo as circunstâncias, o conhecimento *post festum* teve que igualmente se diferenciar. Das experiências iniciais, orientadas para detalhes concretos (é óbvio que junto com suas generidades concretas, a elas imanentes), que aos poucos se tornavam mais refinadas e se acumulavam, surgiram no curso da história métodos de controle da universalidade, que ao longo do tempo também se desenvolveram muito desigualmente, como ciência e filosofia. Quanto mais dominantes se tornavam essas últimas tendências, mais claramente se percebe: trata-se também aqui de modo de relação com o ser originado da práxis social, que da mesma forma exibe sinais de desigualdade em seu desenvolvimento. Mas, assim como no comportamento

---
[135] Ibidem, p. 29-31.

geral dos seres humanos com sua generidade até agora se mantém o fato de que um estranhamento sempre foi substituído por outro, nota-se, do mesmo modo, uma desigualdade espontânea do desenvolvimento, ou seja, que as experiências da singularidade, as generalizações primitivas que surgem das experiências feitas e acumuladas daquele modo, e os esclarecimentos científicos quanto às determinações gerais do ser, em vez de simplesmente se complementarem entre si – como seria mais útil – podem entrar em relações antagônicas recíprocas; e que também seu desenvolvimento torna-se desigual. Basta apontar para a situação atual, em que os sistemas de manipulação dominantes da sociedade tentam dirigir, com êxito, até mesmo a ciência no sentido de deixarem as experiências concretas em favor de generalizações cada vez mais abstratas a serem estendidas ao conhecimento de cada fenômeno, tendendo a ver no ser humano cognoscente apenas uma máquina cibernética imperfeita. Um procedimento desse tipo dificilmente pode ser "fundamentado" do ponto de vista gnosiológico, abstratamente metodológico. Ignoram-se com isso "ninharias" tais como, por exemplo, que a singularidade de cada organismo já na esfera do ser biológico, sem a contínua consideração desses momentos, pode conduzir a becos sem saída científicos. (Para apresentar um exemplo simples, não se curam as doenças em geral, mas doentes, isto é, organismos singulares em sua insuperável singularidade.) Naturalmente, em todos os complexos de problemas semelhantes já hoje aparecem importantes vozes críticas contrárias, mas dificilmente, ou nunca, poderão ter sucesso contra a predominância universal da manipulação.

Não é supreendente para nós que a superação real de falsas tendências no desenvolvimento científico do conhecimento da realidade, em última análise, sempre tenha sido continuamente produzida por ela própria. E isso precisamente devido ao caráter causal (que não contém nenhum pôr de fins) do próprio ser social, o que igualmente repousa sobre seu irrevogável caráter ontológico, apesar de todas as diferenças de modos do ser anteriores. Se os processos ontológicos fossem teleologicamente guiados apenas por um sujeito transcendente que põe, somente este – como ocorre em todas as concepções de mundo religiosas ou semirreligiosas – poderia efetuar correções de "desenvolvimentos falhos" sobre o próprio ser, e de avaliações incorretas em seu conhecimento. Quando muito, poderia delegar, parcialmente, essa capacidade a seres humanos eleitos. As séries causais que também operam no ser social são, em sua processualidade ontológica, livres de quaisquer dessas tendências semelhantes de aperfeiçoamento finalista ou autojustificação. Mas, de modo bem paradoxal do ponto de vista gnosiológico ou lógico, são elas propriamente que trazem à luz do dia na sua mera faticidade as consequências decisivas de um sistema ou de uma etapa do desenvolvimento desconhecida dos seres humanos. Em determinadas circunstâncias, isso pode ter o caráter de beco sem saída da formação em questão, como nas relações de produção asiáticas, como na economia escravagista greco-romana, em que só um acaso, isto é, a confrontação com as tribos germânicas nômades, mostrou uma saída objetiva. Mas também numa formação em desenvolvimento podem tornar-se significativos momentos causais necessários – em cuja possibilidade de existência ninguém poderia pensar, mas que revelam propriedades importantíssimas da formação em questão ou de uma de suas etapas de desenvolvimento. Pensemos no súbito aparecimento das crises econômicas no capitalismo, de 1812 a 1929. O maior teórico burguês da economia, Ricardo, ficou totalmente perplexo diante desse fenômeno, embora certamente não tivesse um mero caráter casual ou fatual. Marx até diz, sobre a crise econômica – é claro que *post festum*: "A crise manifesta, portanto, a unidade dos momentos tornados independentes um em relação a outro" do capitalismo[136]. Sem podermos entrar em detalhes, vê-se que aqui, como em todos os fenômenos e grupos de fenômeno da economia, o conhecimento *post festum* pode tornar compreensíveis não só uma constatação de novas formas de operação de uma formação, mas, ao mesmo tempo, também aquelas contradições concretas em sua estrutura processualmente modificada, que lançam uma luz esclarecedora sobre a legalidade de tais mudanças "surpreendentes", e com isso sobre o surgimento de categorias novas e o desaparecimento de antigas. É, portanto, um preconceito gnosiológico pensar que somente os métodos de pensamento "clarividentes" (extrapoladores) das ciências podem descobrir e formular as leis científicas dos processos. Ao contrário. É precisamente com a ajuda do conhecimento *post festum* que podem ser elevados à consciência os nexos reais, isto é, momentos de processos em

---

[136] Marx, *Theorien über den Mehrwert*, v. II, 2, Stuttgart, 1921, p. 274.

seu conjunto que atuam ao menos temporariamente de modo constante. Só com base em seu fundamento, só com sua aplicação consequentemente consciente, é possível, por exemplo, constatar até onde, e em que medida, as extrapolações escondem ou encobrem o processo real. Todavia, é preciso acrescentar que, em verdade, o princípio universal do *post festum* pode se manifestar direta ou indiretamente. Ele o faz no ser social, predominantemente de maneira direta no ambiente imediato de nossas atividades puramente sociais, embora naturalmente também haja casos em que desenvolvimentos históricos bem posteriores consigam tornar evidentes, *post festum*, momentos importantes de etapas precedentes.

Esse caráter indireto esconde de muitos que o princípio do *post festum* chega a vigorar também no conhecimento da natureza. Como o metabolismo da sociedade com a natureza é o termo mediador, falando de modo geral, também, via de regra, só se torna visível, dos processos naturais, aquilo que é incondicionalmente necessário como base de conhecimento para os pores teleológicos respectivamente atuais e importantes. O desenvolvimento da produção sempre coloca, porém, novas tarefas, nas quais também tais momentos dos processos naturais devem ser controlados intelectualmente, quando antes, em geral, não eram levados em consideração. Trata-se de uma mudança na consideração *post festum* dos processos naturais, que objetivamente já antes transcorreram nessa maneira recém-descoberta, para cuja descoberta e valoração intelectual, porém, foi necessário um desenvolvimento superior do metabolismo da sociedade com a natureza. O ponto de vista cognoscente do *post festum* afirma-se aqui, portanto, de maneira socialmente mediada. Aí, naturalmente, os elementos ideológicos desempenham também um papel. Suas funções, porém, só podem se tornar compreensíveis se, como sempre aconteceu até aqui, a ideologia for entendida não (gnosiologicamente) como "falsa consciência", mas (segundo a teoria de Marx) como meio para conscientização e combate dos conflitos lançados pelo desenvolvimento econômico. Assim, na sociedade antiga, visões isoladas da constituição heliocêntrica do sistema solar não puderam se afirmar, ao passo que o período do surgimento do capitalismo conduziu-as à afirmação geral. É que momentos econômicos amplos e importantes necessitaram de uma nova teoria. Em primeiro lugar, todavia, emergiu o fato de que a ruptura com a concepção de mundo geocêntrica se tornara indispensável para a definição da ideologia da formação capitalista. O correto domínio científico dos processos naturais, dos nexos categoriais na natureza, nem sempre apresenta caráter de *post festum*, mas quando muito, raramente, de conscientização de modificações verdadeiramente objetivas nos próprios processos, ou muito antes como surgimento das necessidades socialmente originadas, e os meios de satisfazê-las, e de um conhecimento mais correto devido ao desenvolvimento da sociedade. A história mostra – mais uma vez *post festum* – que os processos de mediação são tão necessários socialmente quanto aquelas modificações diretas, devido a cuja eficácia novas constituições do ser social se tornam, imediatamente (*post festum*), propriedade da consciência do gênero. A diferença entre relação imediata e relação mediada entre processo objetivo e sua correta cognoscibilidade é, portanto, de maneira primária (geral) condicionada pelas diferenças ontológicas entre as atividades sociais diretas e aquelas do metabolismo entre sociedade e natureza. (A existência de fenômenos de transição não modifica essencialmente a diferença fundamental dentro do domínio geral do *post festum*, no conhecimento do ser.)

Tudo isso mostra com clareza a nova tomada de posição resoluta de Marx em relação ao conhecimento enquanto tal. Ao período em que a transcendência religiosa dominava ontologicamente e o conhecimento superior aparecia como sua aplicação aos seres humanos segue a revolução moderna, que concebeu o pensamento do mundo como algo ontologicamente originário, como um princípio cósmico não mais derivável. Mesmo Espinosa, quando determina o pensamento ao lado da extensão (da materialidade do ser) como atributo da substância última *deus sive natura*, está na perspectiva dessa inderivabilidade. Em Marx, em contrapartida, lidamos com o seguinte problema: como o pensamento (o conhecimento pensante do ser) se desenvolveu, paulatinamente, das condições de existência e dos modos da práxis, que reagem ativamente a essas condições, até atingir uma autonomia – na verdade, apenas relativa. Conduzida de modo consequente até o fim, a história como categoria processual fundamental de todo ser implica, necessariamente, que também a consciência pensante deva ser condicionada pelo ser e ter uma gênese no plano ontológico, que atua de modo determinante sobre sua constituição, também nos estágios superiores de um aparente depender-de-si-mesmo.

O ponto de partida ontológico para tal gênese é o trabalho, como modo fundamental de movimento do ser social. Na medida em que com isso se expressa a adaptação ativa dos modos de vida assim socializados, surgem novas determinações para os novos modos de ação, que os processos ontológicos precedentes não puderam revelar em geral. O momento objetivamente decisivo aí, o pôr teleológico, já foi detidamente estudado por nós em seu modo objetivo de ser, em sua relação com a causalidade normal. Mas o pôr teleológico tem consequências subjetivas, não menos importantes para a ontologia do ser social: o fato de que tais pores sejam caracterizados pelo fato de que "no fim do processo de trabalho aparece um resultado que no início já se encontrava na representação do trabalhador, portanto, idealmente"[137]. Marx também não deixa de apontar, no mesmo lugar, para o fato de que na adaptação biológica, passiva ao ambiente, esse elemento decisivo também falta, mesmo quando externamente, no produto, parece existir algo análogo (exemplo da abelha). O pôr da finalidade como direcionador para o próprio processo fático é, porém, um momento ideal, que põe em movimento objetos e processos materiais de maneira nova, na medida em que pode modificar proporções importantes em seus nexos causais, provocando com isso efeitos materiais que, embora sejam tão determinados de modo causal quanto os objetos e processos naturais, eventualmente não ocorrem na natureza sob tal forma, pelo menos não dessa maneira.

Com isso, nos complexos do ser processual surge um momento radicalmente dinâmico, realmente novo. O fato de que não possa agir imediatamente sobre os processos materiais existentes, mas – primeiro de maneira imediata, mais tarde frequentemente de maneira muito complicadamente mediada – consiga atuar sobre o ser por meio do desencadeamento de determinados processos materiais causais, não influi em que, em comparação com a natureza inorgânica e orgânica, tenha aparecido um sistema de movimento do ser de tipo qualitativamente novo. O significado objetivamente ontológico dessa nova situação já foi abordado por nós na comparação de teleologia e causalidade. No que concerne especialmente ao ser social, é universalmente reconhecido que esses processos de tipo novo costumam provocar uma imensa aceleração das mudanças dos processos naturais apenas causais. É claro, porém, que estes não ocorrem como consequência imediata dos novos proces-

---

[137] *Kapital*, I, p. 140.

sos como tais, mas porque os próprios processos singulares, em oposição à natureza, produzem uma modificação ininterrupta, seja na difusão extensiva seja no aperfeiçoamento intensivo (tornar-se mais efetivo), e porque as modificações nos processos causais objetivos só podem sofrer tal mudança de seu caráter pela mediação ativa dos sujeitos que põem o momento teleológico, e não como resultados imediatos de processos espontaneamente eficazes, como na natureza. Mas, precisamente ao enfatizar essa diferença qualitativa, deve-se apontar, ao mesmo tempo, para certa continuidade histórica no interior dessas modificações. Seria um mito conceber esse papel de iniciativa dos sujeitos que põem o momento teleológico como seu entrar-em-atividade eficaz primário e espontâneo. Como a maioria das modificações nos processos naturais surgem porque os processos espontâneos precedentes provocam mudanças objetivas no próprio ser, e só por meio dessas modificações suscitam nos processos naturais reações novas, assim se cria – nessa máxima abstratividade – certa semelhança entre os dois tipos de processo. Só que no qualitativamente novo nunca se deve ignorar, nem menosprezar, que essas reações no ser social não são mais puramente espontâneas e materiais, mas desencadeadoras de novos tipos de pores teleológicos, que respondem, de maneira consciente, com novos pores teleológicos, não apenas às próprias modificações, mas, até principalmente, às novas constelações por elas provocadas, às necessidades, e tarefas etc. que delas surgem.

A adaptação ativa ao ambiente obtém com essas respostas sua verdadeira fisionomia objetiva e existente, que nessa concretização quase não revela mais nada de análogo com os processos naturais. Por isso mesmo é decisivamente característico, para a particularidade da adaptação ativa, para a mobilidade por meio do pôr teleológico, precisamente esse momento de resposta. A gênese do pensamento partindo do próprio processo do ser, iniciada por Marx, adquire nessa medida já aqui sua constituição decisivamente característica, de que é a preparação indispensável para o reagir ativo ao ser (com todas as suas mudanças processuais) através de pores teleológicos. Nascem daí todas aquelas concretizações das determinações, até as abstrações mais extremas, em que cada relação com as forças concretas do ser já parece apagada. Todavia, precisamente, essa tendência para generalização (para captar a generidade universal de cada um de seus objetos) já estava criativamente presente nos primeiros modos tateantes de manifestação do trabalho.

Engels aponta, com razão, para o fato de que a linguagem surgiu dos pressupostos, condições e consequências ontológicos do trabalho. E formula isso de maneira simples e feliz: os seres humanos tinham apenas *"alguma coisa a dizer uns aos outros"*[138]. Ter algo para dizer significa, no entanto, fixar com clareza em uma forma universalmente compreensível que ultrapassa a reação imediata, o nexo de um fenômeno com a sua generidade. Uma vez que tanto o processo de trabalho quanto seus instrumentos e produtos materiais, como sabemos, já em seu ser material imediato possuem essa sociabilidade, que encerra em si, ao mesmo tempo, necessidade e capacidade de uma tal mediação universal, foi necessário surgir, simultaneamente com o trabalho – para que ele pudesse funcionar da maneira mais elementar e simples –, esse veículo importantíssimo, de expressão da universalidade. No ser social atual, tal fato parece uma evidência banal, tanto que muitas vezes nos inclinamos a não considerar o processo sócio-histórico – que leva do falar ao escrever, do escrever ao imprimir, aos meios de comunicação de massa – como um processo ontológico histórico nascido do trabalho.

Mas, com a linguagem, surgiu apenas o instrumento de uma comunicabilidade geral, e geralmente determinável com evidência. O fato de que seu desdobramento histórico até a universalidade, acima indicada, pelo intercâmbio social dos seres humanos não se faz valer apenas no processo imediato da reprodução, mas também deve ser concebido em suas mais diversas e amplas mediações, ser capaz de relacionar-se com seu passado e com suas perspectivas, tem seus fundamentos dinâmicos decisivos no desenvolvimento do próprio trabalho, que provoca condições sempre mais elevadas e ramificadas de realização, às quais os seres humanos, como vimos, são forçados a adaptar-se ativamente cada vez mais no curso desse processo, como exemplares da espécie que se desenvolvem para a individualidade, sob pena de ruína. O pressuposto ontológico de tal processo é que cada comportamento diante da realidade, que mais tarde em larga medida se autonomizou na sociedade, como comportamento científico, esteve presente como novo modo de comportamento nos mais originários e primitivos atos preparatórios dos pores teleológicos. É evidente que outrora nenhuma pedra pôde ser criada como instrumento de trabalho sem que se constatassem suas mais

---
[138] *Anti-Dühring*, MEGA, p. 696.

importantes qualidades objetivas desse ponto de vista, por meio da experiência, que de uma maneira sempre crescente decifra as formas fenomênicas imediatas, por vezes ilusórias, afastando-as do conteúdo dos pores teleológicos como inessenciais ou perturbadoras. Podemos até dizer que mesmo no período da coleta nem alimentos de origem animal ou vegetal poderiam ter revelado suas propriedades úteis ou inúteis sem esse tipo de exame objetivo prévio, por mais primitivo que fosse. Aqui a relação de desenvolvimento natural com os atos de seleção puramente biológicos, ainda não conscientes – vistos dessa perspectiva – do mundo animal, era mais evidente do que no próprio trabalho, onde toda analogia com a etapa precedente desaparece, sendo que também aí se podem constatar momentos de transição.

No próprio trabalho essa preparação intelectual é bem evidente. Sua constituição totalmente nova mostra-se já no fato de que, ao contrário da ampla estabilidade do processo de reprodução meramente biológico, da adaptação passiva ao ambiente, a adaptação ativa pode revelar um processo ininterrupto de aperfeiçoamento. Esse processo possui, como órgão impulsor, o caráter social (teleologicamente posto) do próprio trabalho, e, partindo dele, por ele mediado na divisão de trabalho e suas consequências sociais, um impulso para a estruturação geral da divisão de trabalho de toda sociedade. No curso desse desenvolvimento, a preparação "teórica" dos pores teleológicos da observação crítica correspondente dos processos e resultados do trabalho passa a ser uma ciência que socialmente já se impõe como autônoma. Lembremos como da categoria do *quantum* ainda ligada essencialmente à experiência imediata, desenvolve-se a quantidade, agora cientificamente objetivada, criando com isso a base para a matemática e a geometria.

É verdade que esse processo se espelha imediatamente na teoria em termos invertidos, em consequência das necessidades ideológicas da *pólis* baseada na escravidão. Basta lembrar o desprezo de Platão no plano dos princípios por qualquer aplicação prática da geometria etc. Tais pontos de vista, porém, não poderiam dominar isoladamente na práxis dessa formação. Já Plutarco descreve (na biografia de Marcelo) como Arquimedes defende sua aplicação prática da mecânica em máquinas de guerra, embora de uma maneira atenuadamente sofista (como jogo). Mas o próprio Marx já aponta para o desenvolvimento particular da produção bélica, na qual, em contraste com o trabalho escravo no setor da paz, já se introduziu "o regime corporativo no interior da corporação dos *fabri*", bem como a "primeira aplicação da maquinaria em grande escala"[139]. E na introdução, aqui seguidamente mencionada, essa noção já aparece metodologicamente clara como programa para futuras pesquisas, como de resto também na carta anteriormente citada como exortação para Engels. Marx diz aqui:

> A *guerra* é construída antes da paz; modo com que por meio da guerra e nos exércitos etc. certas relações econômicas, como trabalho assalariado, maquinaria etc., são desenvolvidos mais cedo do que no interior da sociedade burguesa. Também a relação de força produtiva e relações comerciais particularmente explícitas no exército.[140]

Marx aponta de maneira convincente para o fato de que essa ligação inseparável no surgimento da ciência e seu desenvolvimento com o processo de reprodução da sociedade também se impõe quando a linha principal do desenvolvimento da formação em questão, e consequentemente a sua ideologia, parecem contradizer essas tendências e gerar, contra elas, uma oposição de fato. Sem podermos nos deter aqui nessa questão, diremos apenas, ainda, que Engels mostra muito claramente, com poucos comentários, como a formação da escravidão (e das inibições ideológicas que dela surgem) já antes do nascimento do capitalismo, na sombria "Idade Média", provocou um impulso relativamente grande precisamente nessas relações[141].

Nesses raciocínios, nunca se trata de uma valoração utilitarista da ciência. Ao contrário. Contra as visões estritamente acadêmicas, "imanentes", orientadas para "o seu fim-em-si-mesmo", deve-se mostrar apenas sua importância insubstituível no desenvolvimento da espécie humana para uma generidade autêntica e plenamente desenvolvida. Mas isso só é possível se a ciência for ordenada em conformidade com seu relevo de importante e eficaz elemento naquele sistema das atividades processuais dos homens, que executam de fato esse desenvolvimento. E só a teoria e o método marxianos, que compreendem esse processo como a ação dos próprios homens, isto é, dos homens reais, ativos não de modo idealista, pode repre-

---

[139] MEGA, III/2, p. 228.
[140] *Rohentwurf*, p. 29.
[141] *Anti-Dühring*, MEGA, p. 645-6, 647-8.

sentar o verdadeiro papel da ciência na sociedade, de modo inequivocamente concreto. Quando o processo histórico no ser social aparece como resultado da colaboração de atividades humanas por meio de pores teleológicos, de seus efeitos causais, de novos pores teleológicos que colocam em movimento estes últimos etc., fica provado que pensar e saber aquilo que é realmente existente, de onde vem, para onde vai, aparecem como um grupo de forças fundamentais no processo que conduz os homens para sua verdadeira generidade, que supera a mudez animal, não só na forma, mas também no conteúdo. Exatamente por compreender as mais altas realizações do espírito humano como momentos ativos impulsores desse grande processo, Marx pode ser o primeiro a superar realmente de forma radical a fase precedente da concepção transcendente do mundo. O pensamento, que no *cogito* cartesiano e no atributo espinosiano do *deus sive natura*, ainda representava uma essência inderivada e, por isso, veladamente transcendente em relação ao próprio ser, aparece finalmente como momento terreno-real, realmente atuante, do devir homem do homem, pois seu conhecimento daquilo que é realmente o seu próprio ser forma uma condição prévia indispensável desse processo. Se, pois, a imaginada onipotência do pensar e saber desaparece depois do desaparecimento da crença na onipotência de um ser transcendente à consciência e autoconsciência dos homens, isso só pode ocorrer como consequência da visão de sua verdadeira constituição. Essa nova teoria, a primeira em que o homem realmente pode se compreender como criador de si próprio, pressupõe um longo desenvolvimento histórico, em que finalmente o homem pode superar, espiritual e praticamente, o falso dilema ontológico sobre as funções reais do conhecimento. Em outras palavras, se ele é, em última análise, produtor de si próprio como individualidade concreta em uma sociedade concreta, ou produto de potências a ele estranhas, sejam espirituais ou materiais. Esse dilema, que no curso da história foi lançado e respondido das mais diversas maneiras, recebe explicações particularmente sedutoras e contraditórias desde que o desenvolvimento social criou o modo do ser da individualidade. Surgiram tanto teorias em que esse novo modo de vida social do homem foi transformado em único critério de toda humanidade autêntica, assim como teorias que queriam conceber o homem como um mero produto de necessidades objetivas. Uma vez que os dois extremos têm objetivamente a mesma base social, podem muito facilmente ser levados, no âmbito da vida cotidiana, subjetivamente na mera particularidade imediatamente dada do ser-homem a uma cooperação espiritual duplamente falsificada. Isso acontece precisamente no capitalismo atual. A manipulação, tornada universal, tem sucesso quando pretende dirigir amplamente todas as necessidades dos homens, mas, antes de tudo, o modo de satisfazê-las. No entanto, esse domínio aparece como se o homem, submetido sem resistência às potências manipuladoras, exatamente nisso, e com isso, expressasse sua autêntica individualidade. Não é um acaso que essa manipulação, que se afasta do verdadeiro ser-homem, tenha aparecido, e se tornado eficaz, simultaneamente com uma fetichização do modo de conhecimento utilizado, e com a palavra de ordem da "desideologização".

Sem dúvida, o entendimento da solução marxiana desse complexo de questões é obstaculizado por uma série de preconceitos muito difundidos quanto à relação entre pensamento objetivamente correto e ideologia. Portanto, é necessário, por mais brevemente que seja, abordar de maneira mais detida o problema da ideologia, sobretudo em sua relação com a ciência, com a questão da objetividade do pensamento científico. Os leitores deste texto há muito conhecem a determinação marxiana da ideologia como meio de tornar conscientes os conflitos lançados pelo ser econômico-social e resolvê-los. Essa determinação tem importantes consequências para sua relação com a objetividade cientificamente exigida e a correção de fato do pensar. Antes de tudo, tanto o pensamento ideológico quanto o científico podem ser igualmente corretos ou falsos, importantes ou superficiais, conforme conteúdo e método. Uma intenção ideológica não exclui profundidade, compreensibilidade, apreensão correta dos fatos etc., nem a imposição bem-sucedida de tais exigências de sua superação surge com incondicional necessidade de alguma impostação "puramente" científica. Ciência e ideologia – cada uma em sua imediatidade – estabelecem diferentes fins, mas ambas, para ser e continuar sendo eficazes, pressupõem a tendência realizada com sucesso: captar corretamente o ser, na medida em que pode ser adequadamente reconhecido em determinada fase de desenvolvimento. Se, onde e quando esses pressupostos comuns de ciência e ideologia são corretamente realizados, é a cada vez um fato histórico, um conhecimento *post festum*, que só pode ser decidido particularmente em cada caso singular. Na práxis, há certamente muitos casos de fracasso nos dois terrenos.

Muito menos se pode realizar uma separação exata nas questões de método. Certamente houve muitíssimos casos em que a postura ideológica forneceu aspectos novos e fecundos para o controle intelectual do ser, e é claro que não poucos conduziram a um beco sem saída. Mas o mesmo vale para a ciência sem intenção ideológica. Aliás, particularmente em casos socialmente significativos, não depende em aboluto da intenção se uma pesquisa é predominantemente eficaz do ponto de vista ideológico ou "puramente" científica (Copérnico, Darwin etc.). Em resumo: é um preconceito crer que se possa traçar uma fronteira precisamente determinável entre ideologia e ciência. Também aqui são as situações sociais que se acentuam em conflitos que impõem as respectivas decisões práticas. O fato, certamente inegável, de que há pesquisas científicas em massa, particularmente sobre questões de detalhe, que não apenas jamais se tornam ideologias, mas que podem permanecer intocadas pelos conflitos que desencadeiam, assim como há, também, incontáveis manifestações ideológicas nas quais, objetivamente, não parece que se pretenda expressar algo científico, nada muda nessa situação básica, ou seja, que, de um lado, movimentos sociais fazem surgir as ideologias, muitas vezes agindo intensamente sobre o desenvolvimento das ciências (o efeito pode tornar-se favorável ou desfavorável, conforme conteúdo, situação etc.) e que, de outro lado, constatações puramente científicas podem se tornar elementos decisivos de desenvolvimentos ideológicos. Como aqui não se trata da análise das interações múltiplas que assim surgem, mas apenas de constatar o fato básico de que tanto ciência como ideologia são forças ativas no controle social do ser, podemos interromper aqui nossa explicação.

Seu mais importante resultado é que só devido a uma tal concepção ontológica do funcionamento dos atos de pensar, estes se tornam compreensíveis como momentos indispensáveis no processo de desenvolvimento do ser social. A atividade humana, tanto espiritual como material, aparece agora, extensiva e intensivamente, como consequência muito ramificada da adaptação ativa do ser humano, em tal modo tornado social, ao desenvolvimento específico – que pressupõe a natureza como base – do ser social, da própria generidade. Com isso, é descrita uma das mais significativas conquistas da ontologia marxiana do ser social: a gênese do pensamento a partir da gênese do ser humano como ser vivo peculiar, a partir da gênese da sociedade como fundamento peculiar e consequência da constituição genérica essencialmente nova dele [do ser humano][142].

Essa concepção fundamentalmente nova, realmente genético-histórica, teve dificuldades de se impor depois de séculos de hábitos mentais contrários a ela. As duas visões de mundo dominantes, que lutam entre si, o idealismo e o materialismo, são incapazes de deduzir, um em relação ao outro, momentos do ser, imediatamente heterogêneos, e ainda mais de fazê-lo em uma gênese livre de valoração e em um processo que dela brota e que permanece livre de valoração, puramente ontológico. O idealismo filosófico nem ao menos tenta fazer isso. Para ele, o espiritual existe como algo não criado em si, não surgido. Ou produz o ser material na medida em que o degrada a uma visão ou representação, ou o eleva a um conceito, não importa se junto com isso seja estabelecido um ser incognoscível e por isso objetivamente irrelevante. No materialismo – no melhor dos casos –, o espiritual é reduzido a mero produto, por vezes no plano ontológico, como um tipo de epifenômeno do movimento do material. Portanto, são preconceitos em quantidade suficiente e com efeitos suficientes para dificultar a compreensão da nova ontologia de Marx, radicalmente histórica.

Mas as condições de difusão do método e teoria marxianos também colaboraram para reforçar esses mal-entendidos e as resistências deles originadas. Nunca devemos esquecer que o marxismo, na origem, foi induzido a elaborar a peculiaridade de seu método em conflito crítico com Hegel, e sobretudo contra seus efeitos idealistas. O marxismo, já metodologicamente desenvolvido, entrava agora numa luta constante contra diversas tendências idealistas no pensamento burguês. Sem falar da necessidade, assim surgida, de eventualmente lançar a dialética hegeliana contra o pensamento idealista mecânico-metafísico, a divulgação geral exigia que tais conhecimentos se tornassem revolucionariamente práticos e metodologicamente aplicáveis ao movimento dos trabalhadores, que se pudessem expressar de um modo através do qual – sem distorções vulgarizantes – fossem não apenas compreensíveis, mas também estimulassem determinadas atividades bem focalizadas.

---

[142] Esta questão pode aqui apenas ser indicada na mais alta generalidade. Apenas uma teoria social e histórica da atividade humana, que temos planejada como continuação desta exposição, pode realmente descobrir os nexos reais.

Não é possível compreender Marx sem compreender a simultaneidade dessa dupla tendência como centro de sua atividade de escritor. Fala-se frequentemente da oposição de seus textos "filosóficos" de juventude com o espírito rigorosamente científico, puramente econômico, de O capital. Assim posto, essa oposição é insustentável, e nada tem a ver com sua pretensa mudança da filosofia para a economia.

Entretanto, sempre se pode constatar uma diferença na descrição entre os textos mais tardios, já destinados à publicação, e aqueles que surgiram para autoesclarecimento sobre todos os problemas em sua ramificação maximamente concebível. Basta comparar o chamado *Rohentwurf* com o primeiro livro de O *capital*, para ver claramente essa diferença, não no método de pensamento, mas apenas na expressão[143]. Devido a essa tendência, determinados momentos da teoria marxiana universal da história tiveram de receber modos de expressão particulares adequados para ter eficácia sobre as massas. Donde a prioridade causal do desenvolvimento econômico na sociedade, sua predominância ontológica diante de todas as ideologias, a necessária ausência de alternativa de vida com consequentes crises no desenvolvimento da sociedade capitalista, a necessidade incondicional do socialismo e do comunismo como formações que substituem a sociedade capitalista. O próprio Marx sempre procurou fazer concessões meramente exteriores, e reduzidas ao mínimo possível, a essas inevitáveis tendências de simplificação. Mas nem sempre conseguiu evitar inteiramente as consequências dessa situação. Apresentarei apenas um exemplo. No prefácio da segunda edição de O *capital*, Marx critica Ricardo por sua concepção das "leis naturais da sociedade". Diz então que, com isso, "também a ciência burguesa da economia chegou diante de seu limite insuperável". Algumas páginas adiante, nesse mesmo prefácio, ele menciona um crítico russo de sua obra, cujas explicações ele próprio considera "acertadas". Mas nessa crítica o autor escreve em um trecho decisivo:

Marx considera o movimento social como um processo de história natural, guiado por leis que não só são independentes da vontade, da consciência e da

---
[143] Um dos grandes danos ao desenvolvimento do marxismo devidos ao regime stalinista é o fato de os manuscritos originais de O *capital* – foi-me dito que se tratam de cerca de dez volumes – ainda não terem sido tornados totalmente acessíveis.

intenção dos homens, mas, muito antes, determinam o querer, a consciência e as intenções deles. [...] Quando o elemento consciente desempenha um papel tão subordinado na história da cultura, então é evidente que a crítica, cujo objeto é a própria cultura, não pode, menos ainda do que qualquer outra coisa, ter como fundamento qualquer forma ou resultado da consciência.[144]

Se, como aqui, considerarmos o método marxiano em sua totalidade objetiva, as inconsequências episódicas similares não desempenham em absoluto qualquer papel na exposição, e até aqui estivemos certos ao ignorá-las. Mas a situação muda quando se pensa no destino histórico do marxismo, em seus modos de interpretação ainda hoje amplamente difundidos, cuja maioria deve ser removida como ingrediente estranho, se quisermos compreender corretamente, com fundamento de fato marxiano, a economia em geral, a sociedade atual, suas contradições, suas possibilidades de desenvolvimento etc. Repassaremos agora aquelas questões que já foram pelo menos aludidas antes em outros contextos. No centro de nosso interesse atual estão a essência e o papel da consciência (do pensar, do conhecer etc.) nos processos do ser social: com efeito, dos princípios da ontologia marxiana emerge, com clareza, que no plano ontológico não se pode falar de uma relação direta entre consciência (pensamento, conhecimento) e natureza em geral. Os processos objetivos que transcorrem na natureza não têm, no seu ser, nenhuma relação com qualquer consciência. Um conhecimento de objetos e processos naturais só surgiu devido ao metabolismo da sociedade com a natureza. A exigência de serem objetivamente corretos é um postulado indispensável da efetividade daqueles pores teleológicos surgidos no curso desse metabolismo. Tal exigência só pode ser efetivada, em dimensão, conteúdo, formas etc., no modo e até o ponto em que o permitir a respectiva constituição econômica e ideológica daquela etapa do desenvolvimento do ser social, em que tem lugar o metabolismo concreto. O que Marx constata sobre a relação geral da consciência e ser também vale para as formas de um correto conhecimento da natureza. Marx diz, falando de maneira bem geral: "Não é a consciência dos homens que determina o seu ser, mas, ao contrário, o seu ser social que determina a sua consciência"[145]. Deve-se observar aqui que é impossível que

---
[144] *Kapital*, I, p. XI e XVI.
[145] Marx, *Zur Kritik der politischen Ökonomie*, cit., p. LV.

a determinação da consciência pelo ser social se manifeste, em absoluto, como um acontecimento social, na maneira habitual, direta e simplesmente causal, como na natureza inorgânica. Se devido a um fato natural uma pedra rolar da montanha, e se devido a uma crise alguém vender suas ações, trata-se, do ponto de vista abstrato-gnosiológico, em ambos os casos, de processos causais, de causações. No primeiro caso, porém, estes surgem mais ou menos diretamente de interações entre objetos e processos puramente materiais, cujas determinações gerais prescrevem efeitos inequivocamente legais. No segundo caso, o ser social só pode forçar a necessidade de decisões alternativas. O ser humano em questão pode também tomar uma decisão errada e, devido a ela, arruinar-se. A determinação pelo ser social é, pois, sempre "apenas" a determinação de uma decisão alternativa, um espaço concreto de suas possibilidades, um modo de atuar, algo que nem existe na natureza em geral. Com isso, todas as alternativas puramente gnosiológicas acerca da prioridade do pensamento ou do ser são indagações falsas, como abstrações que escamoteiam diferenças essenciais: quando o pensamento, segundo Marx, surge como parte constituinte daqueles processos nos quais a atividade humana surge e se desenvolve no ser social e é determinada pelo ser, nesse quadro, todo o problema da prioridade abstratamente construída entre pensamento e ser não é senão contornar a questão real, pois o tornar-se-eficaz do pensamento já pressupõe o ser social em sua propriedade específica.

Mas também o concreto problema gnosiológico, o da capacidade do pensamento de apreender adequadamente o ser real, revela-se, sob essa óptica, como problema aparente. O metabolismo da sociedade com a natureza é o pressuposto real, ontológico, do seu ser como processo. Um processo que no plano ontológico se concretiza também, e também diretamente, como reprodução ontológica dos seres humanos existentes, em suas atividades, e, com efeito, na forma de suas adaptações ativas ao ser do seu próprio ambiente. O pensamento é na origem o órgão de preparação daqueles pores teleológicos em que esse modo de adaptação pode se concretizar, e adquire no curso do processo de socialização da convivência humana funções cada vez mais universais para todas as atividades dos seres humanos. Para expressar essa situação no plano ontológico em sua faticidade aqui necessariamente trivial: o fato de que essa adaptação ativa ao ambiente tenha produzido não o fim da espécie humana, mas uma enorme ampliação, extensiva e intensiva, de capacidade de operar (por mais que isso ainda nos possa parecer diversamente problemático), mostra comprovadamente que a linha geral de domínio da realidade pelos homens repousou sobre sua reprodução intelectual pelo menos bastante correta (relativamente correta), e o conhecimento *post festum* dos conhecimentos científicos que miravam tal correção confirma, apesar de toda a relatividade de seus resultados, a realidade desses nexos. Portanto, a questão de se o pensamento humano pode reproduzir corretamente o ser é uma questão inútil. Toda objetividade contém um número infinito de determinações, e o tipo de suas interações nos processos do ser exprime também evidentemente as consequências dessa situação. Por isso, conforme constata Marx, todo conhecimento é apenas uma aproximação mais ou menos ampla do objeto. E os meios espirituais e materiais dessa aproximação são, por sua vez, determinados pelas possibilidades objetivas da respectiva sociabilidade. Objetiva e subjetivamente, pois em todo conhecimento só pode se tratar de aproximações (portanto, de algo relativo). Mas como as constelações objetivas – das quais surgem tanto as perguntas quanto as respostas – são determinadas pelo desenvolvimento objetivo que também produz o fundamento-do-ser de cada homem singular, frequentemente as relatividades aí contidas recebem diretamente, para aqueles que convivem, um caráter absoluto, que por sua vez pode ser fixado – como absoluto – pelo grau de desenvolvimento objetivo e suas condições de movimento, ou pode ser superado como relativo.

Ao contrário das causalidades naturais, portanto, cada ser-determinado de cada acontecimento consciente do respectivo estágio (tendencial) do ser social significa um campo concreto de manobra para o surgimento e a efetivação de novas decisões alternativas relativamente aos pores teleológicos realizados pelos homens.

A vulgarização do marxismo fez desaparecer precisamente esse problema decisivo do espaço de manobra. O materialismo vulgar, que muitas vezes se chama "ortodoxo", tentou fazer da objetividade dos processos econômicos uma espécie de "segunda natureza", isto é, a economia concretiza – de modo análogo – na sociedade as legalidades materiais (principalmente da natureza inorgânica). O fato de que tudo que é "espiritual" não pôde ser nada além de um produto mecânico das forças materiais aqui operantes, não é nenhum componente da verdadeira essência do marxismo, mas nasce do fato de que uma parte muito influente de seus pretensos seguidores – com certeza subjetivamente convictos – fez da economia uma espécie de "segunda natureza" de efeito mecânico, e do próprio marxismo uma espécie de ciência natural superior (portanto: uma ciência particular). A análise realizada há pouco acerca da "determinação" do pensamento por sua base material mostra o que a economia é realmente, e com isso já provou nitidamente a insustentabilidade filosófica de tais opiniões.

Em suas últimas consequências mais destrutiva, mais devastadora para o verdadeiro método do marxismo, mesmo que teoricamente mais transparente, é a variante idealista desse modo de pensar. Se a economia marxiana for reduzida a uma "física" do ser social, é natural substituir o nexo total ausente de modo que, para complementação, fundamentação, edificação etc. da economia marxiana, degradada a uma ciência particular "exata", se procure um sucedâneo filosófico, e ele tenha sido encontrado em Kant, no positivismo etc. Que esses modos de pensar – independentemente das intenções de seus representantes – tenham levado ao desaparecimento completo do marxismo no pensamento "socialista" ocidental, já não necessita mais de uma fundamentação detalhada. No fundamento filosófico, especialmente nas consequências evolutivas do positivismo, a ideologia do movimento dos trabalhadores aproxima-se cada vez mais da posição burguesa. E, se aqui avançamos o suficiente, já não é mais tão difícil substituir a ciência particular "em fase de envelhecimento", ou melhor: "envelhecida" da economia, por outra mais atual, já puramente burguesa.

Na variante materialista da etapa pós-marxiana, a oposição entre o caráter puramente material da economia, como oposição excludente, com relação à superestrutura ideal, desempenha o papel filosoficamente decisivo na determinação de tal superestrutura "pelas leis naturais" absolutas da economia. Uma verdadeira eliminação dessas motivações intelectuais deve, pois, levantar a questão, se uma tal oposição excludente entre economia "material" e superestrutura "ideal" for sustentável no plano ontológico. Acreditamos que, para todos os que conhecem razoavelmente a economia marxiana, sua negação deve ser evidente. Por certo, o ser social tem uma base material, ou nem poderia ser considerado ser. Não esqueçamos, porém, que as formas naturais do ser não têm base material, mas, devido à sua constituição totalmente material, elas constituem sua própria "base". (O fato de que na natureza orgânica também o ser biológico e seus processos pertençam à essência desse ser, nada muda nessa constelação fundamental.)

Só no ser social cada existente surge com base em um pôr teleológico, cujos fundamentos indispensáveis necessariamente são de natureza ideal. Naturalmente, estes só se tornam elementos do próprio ser quando – direta ou indiretamente – colocam em movimento processos sociomateriais reais. Mas, com isso, seu caráter ideal não é eliminado. Um exame mais aprofundado dos processos econômicos no ser social, segundo o método de Marx, deveria mostrar que não se trata simplesmente desse pôr-em--movimento. É verdade que, já com isso, o momento econômico do ser social cessaria de ser puramente material no sentido da física ou da química. Mas esse entrelaçamento íntimo vai muito além. Anteriormente, já comentamos como Marx fala de "objetividades espectrais" em análises puramente econômicas no interior da economia, expressando claramente que mesmo os modos de existência puramente econômicos não mostram uma constituição material homogênea. Por certo, seria muito instrutivo seguir exatamente essa indicação em uma análise ontológica detalhada do modo--do-ser econômico. Aqui, devemos nos limitar a um exemplo, ainda que bem característico. Marx diz, por exemplo, que uma categoria tão puramente econômica quanto o preço é "uma forma distinta da forma corpórea tangivelmente real, portanto, é só forma ideal, representada"[146]. O caráter material, compacto e homogêneo da esfera econômica do ser social aparece, pois, como um mito vulgar materialista. O mesmo ocorre com o caráter puramente ideal da superestrutura. Exatamente para o desenvolvimento do ser social em sua realidade material, seus modos fenomênicos que são socialmente chamados a provocar processos materiais diretos têm papel decisivo, principalmente Estado e direito. Basta lembrar as formulações espirituosas de Max Weber, de que só existe direito onde, em caso de recusa, chegam os "homens com elmos de pontas" forçando as pessoas a executarem os pores teleológicos socialmente necessários. Também aqui não se deve, pois – gnosiologicamente –, erguer uma muralha chinesa separatória entre economia, como base material, e coerção, como elemento da superestrutura. Em outros contextos, já invocamos as argumentações de Marx em

---

[146] *Kapital*, I, p. 60.

O capital, segundo as quais, por exemplo, a coerção é um momento econômico insuperável na determinação do salário.

Com tudo isso, a teoria marxiana do caráter ontologicamente primário da economia no ser social não é contestada em momento algum. Mas Engels expressou o sentido ontológico dessa constelação em discurso fúnebre para Marx com uma simplicidade correta e drástica, dizendo:

> Como Darwin descobriu a lei da evolução da natureza orgânica, Marx descobriu a lei do desenvolvimento da história humana: o simples fato, até aqui encoberto por excrescências ideológicas, de que os seres humanos primeiro têm de comer, beber, morar e vestir-se antes de poder fazer política, ciência, arte, religião etc.; de que, portanto, a produção dos meios de vida materiais imediatos, e com isso a fase de desenvolvimento econômico de um povo ou de uma época, em cada momento determinado, constitui a base sobre a qual se desenvolveram as instituições estatais, as concepções jurídicas, a arte – e até as próprias representações religiosas dos seres humanos em questão, e partindo da qual também devem ser explicadas – e não ao contrário, como até agora aconteceu.[147]

Quando, pois, a interpretação vulgar-materialista do marxismo, a derivação mecânica de toda a ideologia, sua subordinação mecânica a uma economia enrijecida em uma física social, como doutrina da revolução proletária sofreu uma derrota espiritual em relação ao idealismo, esta foi bem merecida. Mas, desse modo, só foi vencida a distorção mecânico-materialista do marxismo, e não o marxismo propriamente dito. E faz parte dos momentos cômicos da história das ideologias que o materialismo mecânico tenha se mostrado tão fraco exatamente porque – sem saber, ou querer – também assumiu espiritualmente uma herança religiosa. Pois, enquanto o desenvolvimento humano inicial inventou seus deuses em analogia ao pôr teleológico do trabalho, estes, como criadores da realidade, terminaram por possuir uma superioridade de valor em comparação ao seu produto. A economia real, e por isso também sua correta concepção, nada tem a ver com essa relação de valor. Em um ponto decisivo para estruturação e perspectiva de toda sua teoria, onde ele examina a condição do reino da liberdade, o fim da pré-história da humanidade, Marx também fala no papel da economia nessa grande mudança, e diz:

---
[147] Marx, *Eine Sammlung von Erinnerungen und Aufsätzen*, Moscou/Leningrado, 1934, p. 21.

Mas esta (a economia, G. L.*) permanece sempre um reino da necessidade. Além dele começa o desenvolvimento das forças humanas, que passa a ser um fim em si mesmo, o verdadeiro reino da liberdade, mas que só pode florescer tendo aquele reino da necessidade como sua base.[148]

Base como categoria do ser não tem, portanto, aos olhos de Marx, nada a ver com relações sócio-humanas de valor. Esse tipo de relação de valor nada é senão resquício do estranhamento espiritual por obra de uma concepção religiosa do ser, na qual surge a necessidade ideológica da fé, de que o "Criador" teria de assumir, na hierarquia dos valores, uma posição mais elevada do que o "criado" por ele.

Os processos reais do ser, porém, nada têm a ver com uma hierarquia de valores tão simples. Seus processos complicados e irreversíveis produzem nexos ontológicos cada vez mais complicados, categorias diferenciadas, embora sem criar relações de valor. Mas é parte integrante das constituições internas do ser social que nele, em certas circunstâncias, transformações do ser também possam produzir relações de valor. (Demonstramos, anteriormente, como em fases bem primordiais esses pores valorativos são resultados inevitáveis, ontologicamente ineliminaveis, de todo processo de trabalho[149].) Mas para o marxismo isso não resulta em uma superioridade, na hierarquia de valores, da base que desencadeia uma reação de transformação em relação ao que foi desencadeado. A frase de Marx, há pouco citada, sobre a economia como base – apenas como base – do reino da liberdade, mostra como ele estava longe de qualquer pretensa necessidade desse tipo.

Portanto, é uma grosseira abstração formalista gnosiológica querer separar, com exatidão mecânica no ser social, os processos materiais dos "puramente" intelectuais. Quanto mais a sociedade se socializa, tanto mais inseparavelmente se entrelaçam os dois processos propriamente na produção

---

* Iniciais de György Lukács, presentes no manuscrito, indicando um acréscimo seu à citação de Marx.

[148] *Kapital*, III, II, p. 355.

[149] De que modo, com que transformações tão essenciais, essas relações de valor no ser social e total transformam-se em momentos essenciais da atividade humana pode ser mostrado apenas pela análise concreta e pormenorizada. Para nossa presente análise, deve bastar a constatação de que o valor não é um produto da espiritualidade humana altamente desenvolvida, mas um momento ontológico indispensável do mais simples trabalho.

material. Suas diferenças ontológicas não são negadas, mas o fato primariamente ontológico de seu funcionamento na esfera do ser social (e fora dessa esfera não existe nada espiritual, nem processos materiais desencadeados por pores teleológicos) é sua inseparável coexistência. Questões de prioridade, portanto, só podem ser colocadas de maneira sensata no exame dos grupos de fenômenos, com o reconhecimento dessa inseparável coexistência. Para a totalidade do ser social, essa coexistência – como motor histórico – continua sendo o fator ontológico fundamental.

Mal-entendidos na interpretação correta e completa do marxismo causaram também nesses últimos decênios a ideia muito difundida do materialismo dialético como sua doutrina fundamental absoluta, filosoficamente abrangente, de cuja aplicação aos problemas da sociedade é que surgiu o assim chamado materialismo histórico. O trecho de Stalin que citamos anteriormente fala de uma "aplicação dos princípios do materialismo dialético" na sociedade. Essa postura contradiz o marxismo em dois pontos decisivos. Primeiro, assumindo uma doutrina filosófica das categorias abstrato-gerais, cujas constatações teriam de valer da mesma maneira para todo ser, e, segundo, na medida em que o momento da historicidade é transformado em mero problema singular do ser, mas que só pela aplicação dos princípios gerais supra-históricos universais do materialismo dialético nesse "setor especial" poderia receber seu autêntico conteúdo objetivo e, consequentemente, sua possibilidade de formulação intelectual. Essa codificação da essência do materialismo dialético aparece como univocidade precisa de seus princípios – comparada com os comentários de Marx, que sempre se referem ao processo histórico, ao contrário das tentativas vacilantes de Lenin de apreender, aproximativamente, de vários ângulos, os traços essenciais do seu movimento processual[150], portanto, como tentativa de fixar de uma vez para sempre determinações unívocas das categorias. Na realidade, tais tentativas reconduzem às antigas contradições teoricamente insolúveis das determinações burguesas, abstratamente rígidas e, por isso, inaproveitáveis para a práxis. Se agora – para esclarecermos a diferença principal entre a concretude histórica de uma autêntica ontologia e sua abstratividade gnosiológica necessaria-

---

[150] Lenin, *Aus dem philosophischen Nachlass*, Viena/Berlim, 1932, p. 144 e ss.

mente alheia ao processo – nos referirmos a um exemplo de Kant, não pretendemos, obviamente, apontar para isso como algo concretamente análogo à posição de Stalin. Trata-se exclusivamente do problema mais geral da oposição entre processualidade histórica concreta e universalidade abstrata na determinação concreta das categorias. Já Hegel, em seus primeiros tempos, protestou contra tal determinação de Kant, tipicamente metodológica, segundo a qual do conceito gnosiológico de depósito seguiria, necessariamente, a proibição moral de apropriá-lo. Metodologicamente, a sua crítica – desse modo atingindo também a concepção stalinista – é no sentido de que se subordinem processos sociais práticos heterogêneos como consequências lógicas homogeneizadas de uma determinação abstrata do conceito, perdendo com isso sua real essência, isto é, de serem momentos concretos de um processo histórico concreto e por isso de serem também momentos da práxis social expostos à mudança[151].

É um fato histórico muito conhecido que abstrações extravagantes desse tipo facilmente se tornem instrumento de uma sofística sócio-histórica abstrata. Lenin viu claramente esse perigo, antes mesmo dessa sistematização enrijecedora. Ainda que cada uma de suas importantes decisões seja resultado, em última análise, da doutrina de princípios do marxismo sobre as tendências fundamentais do desenvolvimento sócio-histórico, ele exige, incansável e ininterruptamente, "a análise concreta da situação concreta" como mediação indispensável para a aplicabilidade dos princípios gerais, como elucidação daquele espaço de manobra no qual – com a mudança desse espaço de manobra prático – esse desenvolvimento é capaz de e é constrangido a modificar mais ou menos historicamente o seu objeto. Em contrapartida, na práxis stalinista – como tentei mostrar em diversas oportunidades –, a decisão tática da correspondente instância competente superior é dogmaticamente absolutizada. A determinação abstrata de suas categorias, que são históricas em sua essência ontológica, tornou-se, assim, instrumento auxiliar teórico do método stalinista: a teoria marxiana assim generalizada em sistema de dogmas intelectuais também adquire – conservando sua rigidez abstrativa

---

[151] Em meu estudo sobre o jovem Hegel, tentei mostrar essa problemática concretamente. G. Lukács, "Der junge Hegel", em *Werke*, v. 8, Berlim/Neuwied, 1967, p. 369-70.

dogmaticamente – um caráter abstratamente voluntarista, puramente arbitrário[152]. Essa concepção do materialismo dialético e histórico – intensificada pela prioridade da tática realizada na teoria da práxis – torna-se um obstáculo tão grave para a correta compreensão do método de Marx quanto as distorções socialdemocratas apontadas anteriormente.

Se, depois de deixar de lado as distorções até aqui mencionadas do método marxista, voltarmos às questões básicas de sua ontologia, naturalmente seremos forçados a repetir, resumindo, o que até aqui foi pelo menos tangenciado. Como ponto de partida, deve servir a constatação de que a objetividade é uma forma originária, isenta de gênese (por isso inderivável por meio do pensamento), de todo ser material. Aos olhos de Marx, ser é sinônimo de ser objetivo. Não existe "outra força", seja espiritual ou material, que teria imposto, "de fora", uma objetividade a um ser em si informe (caótico), como pensa a maioria dos seus predecessores, conteudística e formalmente, das mais variadas maneiras. Se tentarmos seguir adiante, para além dessa forma básica, deparamos com sua outra declaração de princípio, de que as categorias são formas do ser, determinações da existência. Aqui, em um âmbito generalizado, o contraste de Marx com seus antecessores é ainda mais marcante. Já a expressão "categorias" manifesta essa oposição: categoria significa, textualmente, asserção, portanto, a formulação intelectivo-verbal daquilo que é, no mundo existente, o permanente, o essencial, que, devido a essa essencialidade, são suas determinações permanentes e duradouras. Parece, por isso, em geral evidente que aqui o pensamento se aproxima da realidade, imprimindo-lhe essa essencialidade. Segundo a concepção de Marx, ao contrário, esses traços generalíssimos da essência dos objetos são determinações do ser objetivas que existem independentes da consciência pensante ou, melhor dizendo: os momentos de generalidade daqueles complexos de objetividades que justamente conhecemos como momentos indissolúveis do ser de todo o existente. O caráter ontológico das categorias conduz, pois, diretamente, à compreensão das categorias concretas determinadas. Nesse caso, sobretudo, à compreensão de que universalidade e singularidade, gêne-

---

[152] Deve-se pensar em como Stalin, depois do pacto com Hitler, identificou teoricamente a Segunda Guerra Mundial contra Hitler com a Primeira e prescreveu aos comunistas franceses e ingleses uma tática ao estilo de Liebknecht.

ro e exemplar, já são determinações que se originam de maneira diretamente ontológica da objetividade inderivável de todo o existente[153].

A mais insignificante e modesta concretização no âmbito do problema das categorias conduz diretamente à questão central da teoria marxiana: a história como princípio fundamental de todo ser. Em termos gerais e precisos, isso foi enunciado por Marx já muito cedo (em *A ideologia alemã*); de fato, é este o princípio que domina do início ao fim suas argumentações sobre o ser. Essa constatação tem um caráter profético genial, na medida em que, na época de sua formulação, seu fundamento ontológico, o ser como processo permanente e irreversível, ainda estava longe de ser reconhecido como constituição ontológica fundamental da natureza, muito menos conhecido amplamente. Mas já Hegel havia enunciado, antes de Marx, o problema de uma historicidade geral do ser em sua totalidade. Todavia, não obstante os grandes méritos de Hegel para o esclarecimento desse complexo de questões, não nos esqueçamos dos seus limites nítidos na execução dessa concepção. No que dissemos até aqui, mostramos, repetidamente, que essa concepção consiste principalmente na coexistência permanente de nexos lógicos e ontológicos, na maioria dos casos com predomínio dos primeiros. Isso confere a todo o sistema de Hegel um caráter teleológico. Se as categorias lógicas "são os pensamentos de Deus sobre a Criação" e se realizam no processo total, não se pode eliminar do processo total esse componente teleológico. E esses elementos idealista-logicistas, assim como outros, têm um papel tão importante na estrutura do sistema e do método que a expressão difundida de que Marx teria colocado a filosofia hegeliana sobre seus pés se tornou facilmente um motivo de erro para a compreensão do método de Marx. Apesar de todos os estímulos, muitas vezes importantíssimos, que sem dúvida Marx recebeu de Hegel, parece-nos que sua formulação de sua relação com Hegel contida no prefácio da segunda edição de O *capital*, de que seu método não apenas é diferente do hegeliano, "mas seu oposto direto", elucida corretamente essa relação[154].

---

[153] Para não complicar esta exposição desnecessariamente, falou-se aqui apenas de generalidades e singularidades. Pude ignorar aqui o tratamento da particularidade ontológica mediadora porque já havia tratado dessa questão em um estudo especializado. G. Lukács, Über die Besonderheit als Kategorie der Ästhetik, em "Probleme der Ästhetik", *Werke*, v. X, Neuwied/Berlim, 1969, p. 539-786.

[154] Marx, *Kapital*, I, p. XVII.

Quando Marx, de maneira intelectualmente franca, concebe a irreversibilidade como marca essencial daqueles processos em que o ser se manifesta, preservando-se e desdobrando-se como complexo de processos, ele parte diretamente de uma das mais elementares experiências da vida cotidiana dos homens. Aquilo que aconteceu aconteceu e não pode mais ser considerado como não acontecido, do ponto de vista real e prático; essa é uma das mais elementares e irrefutáveis experiências vitais dos seres humanos. Por certo, daí até o conhecimento da irreversibilidade dos processos objetivos do ser há ainda um longo caminho. Não falaremos aqui das tentativas primordiais de eliminar em casos singulares essa situação por meio da manipulação mágica ou religiosa. Mas também em fases bem posteriores e mais desenvolvidas, quando o ser natural em sua totalidade foi concebido como estático em última análise, como eternamente igual em sua totalidade, pôde a vivência primordial do "o que aconteceu aconteceu" ser conhecida e reconhecida como processos irreversíveis sem que isso chegasse a ser aceito. Assim também, nos processos vitais, em que se firmara o reconhecimento da irreversibilidade no processo reprodutivo dos exemplares singulares do gênero, todo processo desse tipo no ser genérico como única estabilidade continuou sendo, por longo tempo, simultaneamente, linha dominante do conhecimento (Lineu, Cuvier). Após demorados embates ideológicos, só com Darwin os processos irreversíveis se impuseram de forma generalizada. Mais complicada ainda é a situação relativa à natureza inorgânica. Embora também aqui se tenham conquistado ininterruptamente, com ajuda do conhecimento *post festum* de tais processos, fatos importantes a respeito dessa maneira do ser (basta pensar nos resultados da geologia, em que o ser de nosso planeta já aparece como processo irreversível), ainda hoje não se pode falar de uma imagem unívoca e total como na natureza orgânica. É verdade que os resultados da pesquisa atômica esclareceram mais univocamente do que antes o verdadeiro modo do ser de nosso mundo "de coisas". No entanto, nosso conhecimento tem ainda a tarefa de aproximar-se mais dessa imagem total por meio de uma observação cada vez mais ampla dos processos que podemos apreender. Mas como também aqui se trata do conhecimento *post festum* de processos realmente transcorridos, essa declaração pode hoje ter apenas um caráter geral de perspectiva.

Nos processos a partir dos quais se constitui o ser social, a situação do conhecimento é ainda mais complicada. De um lado, nessa forma do ser mais desenvolvida, a irreversibilidade tanto dos processos singulares como de sua totalidade emergem de maneira muito mais evidente do que em estágios mais simples do ser processual. De outro lado, em muitos sistemas sociais surgem necessidades ideológicas que exigem sua própria eternização no pensamento, como a negação de um processo de desenvolvimento irreversível e irresistível da essência do ser (em certas circunstâncias, isso pode chegar à exigência de um "fim da história"), ou considerar como saída a restauração de condições sociais superadas. Segundo essas visões, a irreversibilidade dos processos objetivos é muitas vezes contestada. Enquanto existirem sociedades de classe, é inevitável o surgimento e a manifestação desse tipo de correntes ideológicas, embora o curso real dos processos e, portanto, seu conhecimento *post festum*, mostre, cada vez mais univocamente, que também o ser social, e em particular ele, não poderia ser adequadamente apreendido de outro modo. Esse conhecimento forma cada vez mais o fundamento dos pores teleológicos corretos do ponto de vista prático – caso essa irreversibilidade dos processos de movimento sociais não seja eliminada por uma "cientificidade pura" assim surgida. Que precisamente por isso – apesar de todos os orgulhosos *slogans* de "crítica", "desideologização" – a ciência se encontre numa dependência direta de poderes econômicos, políticos etc. dominantes no longo curso da história das manipulações, desde a magia até o neopositivismo, não é nem ao menos percebido, quanto mais criticamente considerado[155]. A crise prática do sistema de mani-

---

[155] Naturalmente, a crítica dos meios de conhecimento é uma questão séria e importante que, no entanto, só pode ser realmente formulada ou bem resolvida por meio da sua confrontação com o ser mesmo. Sem poder aqui aprofundar esse complexo de questões, é bastante assinalar que, por exemplo, a quantificação resultante da homogeneização abstrata dos "quanta" como determinações do ser, como fundamento da matemática, com todas as determinações quantitativas, também exclui de seu método os processos causais do ser. Disso surge, por exemplo, nessa esfera do pensamento, a possibilidade ilimitada da extrapolação, que, em verdade frequentemente, torna possíveis importantes conhecimentos, embora possa conduzir, em aplicação acriticamente generalizante, a uma total incompreensão dos processos concretos do ser. Uma "crítica da razão tecnológica", portanto, seria extraordinariamente útil não só para a concepção conjunta do pensamento, da cientificidade, mas impediria também muitas decisões práticas erradas. Para isso, no entanto, o primeiro pressuposto é uma correta compreensão do autêntico papel da técnica no ser social, sobretudo na economia. Já há alguns decênios, eu mesmo, sem ainda poder entrar então nas questões concretas aqui aludidas, critiquei historicamente a falsa concepção de fundo de Bukhárin sobre a posição da técnica na economia, ao mostrar como ele invertia com isso os autênticos nexos do ser: "Não é o desenvolvimento incompleto da técnica que torna possível a escravidão, mas, ao contrário, é a escravidão, como

pulação, que agora emerge, talvez – esperemos – promova o esclarecimento teórico de tais complexos de problemas.

Essa inseparabilidade – constatada por Marx – de conhecimento e práxis, da práxis social tanto como pressuposto ontológico de todo comportamento autêntico, eficaz e que leva ao conhecimento, quanto como momento importante não apenas do ser social em geral, mas também de autodesdobramento interno e externo de seu processo permanente de se tornar cada vez mais pura e decididamente social, de ser movida por forças especificamente sociais, coroa a sua concepção histórica do ser. Um deus poderia criar livremente professores capazes de, com um pensamento purificado de qualquer ontologia, impor quaisquer manipulações intelectuais. O processo irreversível do ser só conseguiu produzir o pensamento como momento fundamental da práxis na medida em que surgiu, desses processos, um ser no qual tal atividade se torna possível e necessária enquanto força motriz. O ser inorgânico conhece complexos irreversivelmente móveis só nas interações causais. No ser orgânico, o motor do desenvolvimento é a interação entre os organismos singulares que se autorreproduzem (mediada por eles: por gêneros) em sua adaptação passiva ao seu ambiente. Aqui já se vê um modo do ser como resultado do qual a capacidade de adaptação dos organismos singulares (gêneros) mostra, como possibilidade objetiva de sua preservação, seu desenvolvimento ou seu perecimento, condições do desdobramento do ser mais complicadas do que aquelas que estiveram e estão operantes na natureza inorgânica. Não sem alguma paradoxalidade na formulação, mas sem nos desviarmos da dinâmica objetiva do processo do ser, poderíamos dizer que certo fator subjetivo – embora só rigorosamente em-si e sem um rastro de ser-para-si – já existe em germe nesses processos. O processo de desdobramento das determinações especificamente orgânicas, que descrevemos nesse processo do ser, produziu por fim exemplares singulares (gêneros) que tornaram objetivamente possível a transição para uma adaptação ativa ao ambiente.

Foi o que tivemos de perceber no modo do ser que precedeu a sociedade para que pudéssemos entender a possibilidade do salto para o novo. Já tentamos compreender várias vezes esse novo, partindo de diversos aspectos. Por-

---

forma dominante de trabalho, que torna impossível uma racionalização do processo de trabalho e – por meio dela – o surgimento de uma técnica racional" (György Lukács, *Frühschriften II*, em *Werke*, v. 2, Berlin/Neuwied, 1968, p. 603).

tanto, para evitar repetições, podemos dizer, resumindo da forma mais breve possível: as novas categorias em que se expressa esse novo modo do ser surgem, por um lado, tanto em termos objetivos, ontológicos e materiais como aqueles em todos os estágios precedentes de desenvolvimento do ser, mas – ao contrário deles – são também, inteiramente, atos de pôr conscientes. Objetivamente, essa duplicidade unificadora, ou essa unicidade com uma dupla fisionomia subjetiva e objetiva, se mostra, tanto nos objetos quanto em sua processualidade, no fato de que dos pores que fundam a universalidade sempre pode surgir apenas uma universalidade de processos causais. Subjetivamente, no fato de que a nova figura central que surge desse ser é um ser que age pensando ou pensa agindo, o que – também nas *Teses ad Feuerbach* – Marx expressou dizendo que a modificação das circunstâncias e a atividade ou autotransformação humanas coincidem[156]. Se na análise da constituição de tal práxis dissemos que o ser humano é um ser que responde, nossa expressão quis dizer o mesmo: autodesenvolvimento pela transformação dos objetos.

Chegamos, com isso, à questão central das categorias que operam no ser social – não importa a que tipo do ser pertençam em sua origem e sua essência. Pois exatamente o conhecimento de que o ser humano é um ser que responde, o enquadra, nesse estágio de desenvolvimento do ser, organicamente, no modo do ser e operar das categorias – objetivamente existentes, independentemente de qualquer consciência, como momentos gerais de determinações objetivas existentes – que ao mesmo tempo se conservam e se modificam. É claro, portanto, que – conseguimos demonstrar isso até aqui e em vários casos importantes – que, quando o próprio ser tem, de modo irreversível, um caráter processual, suas determinações mais essenciais devem participar desses processos, na forma de transformações. O caráter histórico do ser em seu conjunto determina também o caráter histórico das categorias, na medida em que ele realiza o seu próprio ser. Esse nexo geral determina de igual maneira toda forma do ser, só que – compreensivelmente – a constituição mais simples ou mais complexa das diversas formas do ser se expressa na relativa simplicidade ou complexidade de suas

---

[156] MEGA, I/5, p. 534.

categorias. A universalidade da história aparece, portanto, também como historicidade universal das categorias.

O ser social, com suas forças motrizes pensantes e teleologicamente instituidoras, no nível dessa generalidade ainda abstrata não se distingue radicalmente dos modos do ser precedentes, menos complexos. Quando esse ponto de vista se concretiza, somente então a mesma questão aparece sob uma luz mais clara. Que as categorias só aqui também possam se concretizar em enunciados, enquanto na natureza só podem operar como determinações de constituições cegamente causais, não produz nenhuma diferença substancial no plano ontológico. Certamente, os pores teleológicos que, em última análise, repousam no conhecimento das categorias, influenciam o curso dos processos de maneira muitas vezes bem decisiva. Mas isso ocorre apenas quando e na medida em que o pôr teleológico, como atividade de um ser que responde, consegue apreender corretamente, segundo o seu ser, aqueles momentos dos processos existentes sobre os quais tenta atuar. E, quanto mais realmente nos aproximarmos do fenômeno, tanto mais nitidamente se mostra que de modo algum se trata de uma aplicação de conhecimentos logicamente corretos, do ponto de vista gnosiológico, aos objetos da atividade em questão. A história da humanidade mostra incontáveis casos em que a teoria aplicada era em si falsa, mas conseguiu produzir resultados corretos. Mas nisso nada há de "miraculoso" nem surpreendente. Isso porque cada pôr teleológico é concreto, isto é, pretende tornar um determinado nexo singular concreto útil para as finalidades de um pôr de objetivos concreto-singulares. Como também as teorias surgem e operam no solo das experiências de tais inter-relações, pode facilmente ocorrer – e a história das ciências está plena de casos como esses – que, como costumam demonstrar desenvolvimentos posteriores, as teorias gerais eram essencialmente falsas, mas capazes de apreender corretamente, de modo aproximativo, momentos singulares do complexo em questão. Nesses casos, podem-se obter resultados corretos com teorias incorretas. A história conhece muitos exemplos de como, sem qualquer teoria, simplesmente por meio de experiências acumuladas, se podem obter resultados efetivos nos pores teleológicos.

Com isso não se pretende em absoluto reduzir o valor do que foi corretamente apreendido pelo pensamento. Apenas – para poder avaliar de forma correta a relação do ser humano com a realidade e o caráter de sua apreensão das determinações ontológicas (categorias) – também foi preciso indicar aqui que, em última análise, existe apenas um único critério real do pensamento correto: a concordância com as determinações objetivas, assim como existem e se tornam operantes ontologicamente no próprio ser, independentemente de que, e em que medida, sejamos capazes de apreendê-las de fato. Só nesse sentido o conhecimento humano das categorias é um real, um verdadeiro conhecimento. E só nessa historicidade geral, que tudo abrange, ele pode se tornar fundamento da práxis e da teoria.

Evidentemente, o marxismo não é uma simples justaposição das mais importantes determinações gerais do ser enumeradas até agora. Ao contrário, o marxismo quer demonstrar propriamente que todas essas determinações em sua dinâmica operatividade conjunta produzem um processo em última análise – mas só em última análise – unitário, que cria, de maneira crescente, as condições para que a humanidade supere os estorvos de sua pré-história e que possa começar sua história efetiva. Também nesse sentido, na imagem de mundo de Marx domina o processo real da história. Dessa perspectiva, os processos naturais que precederam o ser social, cuja realização pode trazer à vida os pressupostos de sua própria gênese, devem ser considerados: como processos do ser, cujo decurso histórico, incluídos todos os acasos que aí operam, possibilitou o surgimento do ser social. Portanto, não há doutrina dialética geral cuja mera aplicação fosse a nossa história. Há, muito antes, já na natureza, um processo objetivo, irreversível, muito ramificado, que possibilitou a existência de um ser natural orgânico em nosso planeta sem o qual não poderia ter surgido nem mesmo um ser social. As diferentes formas do ser que se desenvolvem diversamente não são, pois, deriváveis de um sistema abstrato geral de categorias, não são compreensíveis por meio da aplicação em "territórios especiais", mas são, muito antes, processos do ser que transcorrem por regras próprias, que em determinados pontos do desenvolvimento possibilitam o surgimento de formas de ser mais complexas.

O que sabemos a respeito dessas formas do ser nada mais é, portanto, que a história daquelas determinações gerais específicas por meio de cuja colaboração processual toda forma do ser se desdobra e pode passar para uma nova forma. Nunca se enfatiza o suficiente: que todos esses processos (também em suas determinações mais gerais) são, sobretudo, formas do ser; que o pensamento nunca poderia produzi-las idealmente, atribuindo-os a um ser privado de determinações, se já não tivessem figurado, de fato, sem exceção, como modos ontológicos nos diversos desenvolvimentos do ser. O caráter *post festum* de todo conhecimento do ser é por isso um componente fundamental do método marxiano que brota da realidade, nele nada pode se expressar (nem deve) senão a tentativa de reproduzir no pensamento os processos reais segundo seu decurso efetivo, da maneira mais precisa e generalizada possível. Por mais que as experiências passadas aconselhem cautela em relação a generalizações bastante arrojadas, pode-se constatar que exatamente o reconhecimento incondicional da prioridade do ser em relação a todas as meras teorias pode conduzir, e já conduziu, a conclusões importantes sobre tendências básicas essenciais dos diversos grandes processos do ser.

Nisso mostram-se com toda a clareza dois momentos do ser desses processos. Em primeiro lugar, tais processos nunca podem realizar quaisquer tendências gerais que não brotem de sua própria dinâmica. O seu caráter puramente causal, não predeterminado, distante de qualquer teleologia, mostra-se na constituição variada, nunca homogeneamente evidente, sempre encerrando movimentos desiguais, perpassada de acasos, dos processos singulares em sua relação com o processo em seu conjunto de todo modo do ser. E essa prioridade do ser manifesta-se, quanto ao seu conhecimento, também no fato de que o conhecimento *post festum*, que observa cuidadosamente o ser, muitas vezes pode constatar corretamente processos essenciais antes de ser capaz de apreendê-los no plano intelectual em seu fundamento causal último do ser. As categorias têm efeitos fatuais muito antes de serem conhecidas. Já indicamos, em considerações anteriores, que as categorias, como determinações do ser, movimentos e tendências de movimentos, em estágios mais complexos são até capazes de provocar modos de adaptação, ainda que, devido à constituição ontológica dos grupos de fenômenos em questão, não exista nem mesmo base do ser para uma falsa consciência. E também na fase de desenvolvimento atual, relativamente avançada, do conhecimento, devemos nos contentar com a constatação *post festum* do ser e o funcionamento de tendências significativas, analisando suas conexões, sua direção de desenvolvimento, para torná-las compreensíveis como tendências, sem, porém, sermos capazes de descrever em termos causais, com precisão, suas forças motrizes últimas. Não se pense que essa limitação – aparente – de nosso pensamento se limite a uma apreensão adequada daquilo que existe independentemente dele, ou somente aos nexos objetivos na natureza e na sociedade. Em última análise, até o autoconhecimento de cada ser humano aparece na mesma luz. Enquanto não interciona agir, todo ser humano pode naturalmente pensar – profunda ou superficialmente – sobre si mesmo, o que sua consciência, espontânea ou dirigida, está produzindo, em tais tentativas. Quando, porém, se pretende traduzir em atos a ideia que se forma desse modo, com frequência resulta evidente que também aquilo que transforma o ser humano em personalidade, em larga medida, em um modo objetivo bastante complicado, é realmente verificável apenas por meio de experiências práticas. Por certo, o espaço de manobra aqui parece ser muito mais elástico do que na natureza inorgânica; embora a práxis cotidiana apresente muitos casos, por exemplo, como o organismo reage a uma alimentação excessiva, muito gordurosa etc., de maneira totalmente independente da consciência, quase como um complexo da natureza exterior. Mas isso se relaciona, de maneira determinada, também, com as mais sutis questões internas. Naturalmente, nenhum ser humano recebeu suas capacidades com aquela clareza que podemos observar numa pedra, por exemplo. Mas observam-se também na vida de pessoas excepcionalmente talentosas "tendências falsas" impossíveis de desdobrar. Recordo apenas as tendências, temporariamente muito convictas, de tornar-se pintor, em Goethe e Gottfried Keller. A vida sensata de diversas pessoas muitas vezes nasce do fato de que não são capazes de desenvolver sua personalidade em-si em um ser-para-si, mas passam a vida inteira sem saber com clareza o que realmente são e como deveriam, portanto, organizar a própria vida. Não é por acaso que um gênio como Goethe, por viver muito conscientemente, sempre teve uma posição cética e de recusa em relação ao autoconhecimento teórico, vendo na práxis o único caminho plausível para conhecer-se da maneira mais correta possível.

Como já enfatizamos seguidamente, no ser inorgânico até aqui apenas fomos capazes de constatar, *post festum*, importantes processos singulares em sua irreversibilidade. Por enquanto, podemos nos referir apenas concretamente a processos como o de nosso planeta, onde nos foi imposto, pelos fatos, o processo de como surgiu, gradualmente, processualmente, irresistivelmente, o caráter "de coisa" da objetividade. A perspectiva de estudar esses processos também em outros corpos celestes em seu contexto *post festum* perceptível, parece agora existir de forma concreta. Mas também esses ainda são apenas processos singulares. Ainda hoje não podemos prever se e com quais resultados o nosso conhecimento progredirá observando o cosmo, mais ou menos acessível, com os métodos da ciência atômica como meios para a constatação de processos, em casos onde só se percebiam estados.

Em contrapartida, é fato há muito tempo evidente (embora sob interpretações muito deficientes) que na natureza orgânica, na medida em que em processos ontológicos os exemplares singulares se reproduzem a si mesmos, e, assim fazendo, com essa mediação, também ao seu gênero, no momento em que estes últimos são feitos desses processos singulares que surgem e passam necessariamente, relativamente orientados para si mesmos, se produz ontologicamente a contradição processual entre organismo e ambiente, como modo processual do ser, fundamental para a natureza. Mas precisamente esse movimento de relações que se dá no plano ontológico, entre a singularidade que se reproduz e seu ambiente, é – surgindo daí – submetido a um desenvolvimento importante. Isso porque enquanto esses processos de reprodução singulares se desenrolam inteiramente vinculados a um local, o ambiente tende a influenciar de maneira direta, isto é, por processos físico-químicos, que daí em diante são biologicamente elaborados pelos organismos, em conformidade com o novo modo de adaptação ontológico. Mas, depois que o processo reprodutivo dos seres vivos supera esse vínculo local rigorosamente mecânico, surgem transformações que até então não tinham aparecido em parte alguma nos processos naturais: as transformações de processos físico-químicos na sensibilidade sensorial, com cuja ajuda os organismos, agora não mais presos localmente em sua existência singular, conseguem realizar seu processo de adaptação ao ambiente. Sem podermos, aqui, sequer aludir de forma concreta à importância dessa transformação, podemos nela constatar a mais importante tendência de desenvolvimento (*post festum*): a gradação do ser orgânico desenvolve-se em uma direção que conduz a um domínio interno crescente daquelas categorias que são ontologicamente ancoradas no próprio modo do ser, portanto consideradas também como processos de detalhamento, de caráter essencialmente biológico, mas não mais meras intervenções diretas de forças inorgânicas, do mundo categorial da natureza inorgânica no mundo biológico. Visão, audição, olfato, paladar são modos de reação (em sua universalidade: categorias) operando cada vez mais universalmente que, na estrutura categorial do mundo do ser inorgânico, em geral não estavam presentes como determinações do ser.

Inquestionavelmente, o ser social por seu lado, se baseia em tais transformações no ser orgânico: esse tipo de adaptação passiva ao próprio ambiente é totalmente indispensável como base para a adaptação ativa. No entanto, como característica geral do ser social, é um momento igualmente inelimável que os exemplares singulares do novo gênero assim surgido dos seres humanos, em seu ser imediato devem ser seres vivos no sentido biológico. Essa importante ligação ontológica entre as duas esferas do ser é, porém, simultaneamente o motivo ontológico de sua separação sempre mais acentuada. Essa separação surge porque na adaptação ativa ao ambiente se formam categorias de tipo inteiramente novo, que – aqui está o interessante paralelo com o desenvolvimento precedente –, por meio de sua formação, desdobramento, por meio de sua crescente preponderância nos modos de vida e reprodução sociais específicos do ser social, formam com isso um modo do ser peculiar, totalmente subordinado às próprias determinações do ser. A genialidade de Marx mostra-se no fato de que na análise do trabalho ele reconheceu corretamente, como categorias fundamentais desse novo modo do ser, modos de pôr teleológico para influenciar e orientar processos causais. É impossível compreender o desenvolvimento da humanidade segundo o seu ser se não se percebe que no processo de trabalho, em sua preparação, em seus resultados etc. estavam contidas em germe também as mais altas e mais importantes categorias de sua existência futura, mais desenvolvida. Com isso, indicamos apenas que tanto a própria atividade quanto a necessidade de sua preparação permanente e consciente já estabeleceram tanto o valor quanto o dever-ser como critérios e reguladores internos dessas atividades no processo e produto do trabalho[157].

Se quisermos considerar mais de perto esse processo de surgimento – de modo algum teleológico, muito pelo contrário, totalmente causal – do predomínio das categorias especificamente sociais na estrutura e no processo dinâmicos do ser social, estamos na feliz situação de poder simplesmente reproduzir as visões e exposições de Marx. Como vimos anteriormente, Marx demonstrou como nas linhas importantes de desenvolvimento essas tendências se tor-

---

[157] Apenas na análise sistemática da atividade humana será possível examinar detalhadamente o problema aqui surgido.

navam predominantes. Sabemos que aí o momento primário é o ininterrupto crescimento da produtividade do trabalho, que – apesar do aumento também importante das necessidades de consumo – reduz constantemente, no curso do desenvolvimento, o trabalho socialmente necessário para a reprodução. (Importante diferença em relação ao estágio biológico do ser é – deixando de lado todas as outras diferenças e até contrastes – que aqui um processo dinâmico de desenvolvimento substitui a invariabilidade biológica das necessidades de reprodução e sua satisfação.) Marx denominou expressamente a segunda tendência de recuo das barreiras naturais. O ser humano é, e continua sendo, um ser vivo que necessariamente se reproduz biologicamente. Todavia, sem falar no crescimento extensa e intensivamente constante daquelas atividades, necessidades etc., que se ligam mais ou menos frouxamente com a constituição biológica do ser humano, e dela não podem, em circunstância alguma, ser diretamente derivadas (por exemplo, audição e música), também se sociabilizam as manifestações de vida essencial e irrevogavelmente fundamentadas no biológico de uma maneira cada vez mais intensa (alimentação, sexo etc.). A terceira tendência, a integração dos grupos sociais originalmente reduzidos que, em última análise, conduz ao fato da espécie humana unitária, também expressa o predomínio de formas e processos especificamente sociais. Isso sem mencionar que, com o trabalho – como Marx também constatou –, cessa a generidade muda da natureza que é substituída por outra que se expressa articuladamente, e a generidade – que na natureza só poderia ocorrer como ser-em-si (cada exemplar do gênero pertence em si a um gênero, e este é igualmente a soma de tais exemplares) – mostra já nas mais primordiais manifestações do ser social uma copertença ontológica, tornada consciente, pois cada membro de tal comunidade não deve apenas se tornar consciente de seu pertencimento, mas este passa a ser uma determinação decisiva do conjunto de sua conduta de vida. E a base econômica de uma generidade unitária da humanidade, o mercado mundial, aparece até aqui em formas altamente contraditórias, na medida em que antes aguça do que reduz ou supera os antagonismos entre os grupos singulares, mas, precisamente por isso, devido às interações reais que intervêm até mesmo na vida dos seres humanos singulares, é um importante momento ontológico no ser social da atualidade. Esses últimos comentários também devem servir para destacar, ainda mais uma vez, o caráter puramente causal desses processos. São as determinações próprias no plano ontológico (categorias como formas de existência), cujas inter-relações ontológicas impõem esse devir-sempre-mais social do ser social. O conhecimento humano pode constatar – *post festum* – tais tendências de desenvolvimento como realidade e extrair delas observações e conclusões sobre a constituição dinâmica desse modo do ser; ele pode e deve – também *post festum* – constatar que as novas formas do ser puramente sociais da sociedade, assim surgidas, são igualmente produtos das próprias atividades humanas e sociais.

Exatamente esse desenvolvimento objetivo do ser social, em que as categorias de tipo sempre mais puramente social atingem o predomínio objetivo nos processos decisivos, nos reconduz para a questão da concepção marxiana da gênese e operatividade social da consciência humana, de sua ligação inseparável com a práxis social como momento mais essencial daqueles processos objetivos a partir de cuja coatuação se estrutura o ser social. Essa relação genética e operativamente inseparável é uma das mais importantes e centrais determinações ontológicas objetivas do ser social. Os complexos tantas vezes concebidos separadamente na filosofia: realidade objetiva e imagem de mundo intelectual são momentos inseparáveis no plano ontológico de um processo, em última análise unitário, de caráter histórico. Por isso, a conscientização da realidade jamais pode ser concebida como um mero pensamento "sobre" algo; em vez disso, é preciso examinar esse "sobre" como um momento indispensável, mas, mesmo assim, apenas um momento do conjunto do processo do pensamento, que parte necessariamente das atividades sócio-humanas dos seres humanos e aí desemboca, também necessariamente. Marx, muito cedo, reconheceu com clareza essa fundamental situação ontológica do pensamento, que é a verdadeira base tanto de sua operatividade quanto de seus resultados. Ele diz, a respeito disso, nas *Teses ad Feuerbach*:

> A questão de saber se ao pensamento humano cabe alguma verdade objetiva [*gegenständliche Wahrheit*] não é uma questão da teoria, mas uma questão prática. Na prática tem o homem de provar a verdade, isto é, a realidade e o poder, a natureza interior [*Diesseitigkeit*] de seu pensamento. A disputa acerca da realidade ou não realidade de um pensamento que se isola da prática é uma questão puramente escolástica.[158]

---

[158] MEGA, I/5, p. 534. [Ed. bras.: Karl Marx, "Marx sobre Feuerbach (1845)", em *A ideologia alemã*, São Paulo, Boitempo, 2007, p. 537.]

A crítica de Marx, segundo a polêmica de então, volta-se principalmente contra o isolamento abstrativo idealista, professoralmente arrogante das assim chamadas últimas e mais elevadas questões filosóficas do pensamento de toda práxis, sempre considerada em termos vulgarizantes e também tratada desdenhosamente[159]. Entretanto, corresponde às reais intenções dessa crítica marxiana entendê-la também como voltada contra qualquer tecnicismo, praticismo etc. Pois nestes desaparece igualmente do pensamento humano o momento da práxis autêntica, na medida em que o vasto processo em seu conjunto é rejeitado por meio de movimentos detalhistas artificialmente isolados. Isso tem, como resultado, que exatamente os momentos essenciais da relação entre pensamento e ser desapareçam, e toda a circunstância seja reduzida à utilização imediata de determinados meios de conhecimento. Com isso, o pensamento e a ciência são tratados como meros instrumentos de dominação de questões técnicas cotidianas, o que resulta, necessariamente, no fato de que qualquer reflexão sobre o ser efetivo é afastada no domínio da ciência como "não científica". A constituição ontológica das categorias não é um limite, um obstáculo ao pensamento humano. O ser humano, até em seu autoconhecimento tão rodeado de lendas, deve reduzir-se ao ser-em-si de sua própria constituição categorial e comprová-la por meio da própria práxis, se quiser realmente conhecer a si próprio. De fato, aquilo que ele real e propriamente é, para ele mesmo, é dado como um ser existente-em-si e não é jamais o produto das representações ou das ideias que ele possui de si mesmo. Portanto, também a si mesmo ele só conhece de maneira correta na própria práxis; só por meio dela é capaz de realmente fazê-la desdobrar-se. Nem mesmo as paixões têm, aqui, força comprobatória para o ser. Pensemos nas falsas tendências, como o desejo de ser pintor se torna importante – como falsa tendência – na vida de Goethe e Gottfried Keller. Não é nenhuma surpresa que exatamente Goethe, tão profundamente cético a propósito de um autoconhecimento "teórico", considere apenas a práxis como o órgão do autoconhecimento. Quando Epimeteu pergunta a Prometeu como ele via o seu ser real, a resposta é:

---

[159] Admitindo plenamente a correção desta atitude crítica de Marx, de que a verdadeira grande filosofia esteja profunda e organicamente vinculada às grandes questões da práxis social, por mais que frequentemente de uma maneira idealista-exagerada e, portanto, inclinada a deturpar, imediatamente, precisamente o problema da práxis, seu significado somente poderá ser avaliado de forma adequada na análise pormenorizada das atividades humanas.

O círculo que preenche a minha obra!
Nada embaixo, e nada em cima!

Se, portanto, quisermos concretizar o pensamento metodológico fundamental de Marx sobre a importância – que tudo fundamenta – da historicidade para a doutrina das categorias, temos de dizer: a história é a transformação das categorias. A filosofia pré-marxista considerava sua tarefa principal pensar um sistema de categorias no interior de cujo domínio algo fosse capaz de existir determinado por ele e – quando uma tal filosofia pudesse reconhecer a história como modo-do-ser – fosse capaz de se tornar histórico. Em Marx, a história é o próprio processo universal irreversível em cujo curso, unicamente, as categorias são capazes de realizar seus processos singulares, por ele determinados, na simultaneidade de continuidade e transformações. O fato de só poderem tornar-se conscientes no pensamento do sujeito é um momento do ser altamente importante, ontologicamente irrevogável do ser social, mas que nada muda na constituição objetiva em si do processo em seu conjunto e das categorias nas quais as mudanças históricas das formas da objetividade se tornam a cada vez existentes no interior desse processo*.

---

* Nas últimas linhas de seu *Pensamento vivido*, Lukács expõe com clareza essa importante determinação: "Marx elaborou principalmente – e esta eu considero a parte mais importante da teoria marxiana – a tese segundo a qual a categoria fundamental do ser social, e isto vale para todo ser, é que ele é histórico. Nos manuscritos parisienses, Marx diz que só há uma única ciência, isto é, a história, e até acrescenta: 'Um ser não objetivo é um não-ser'. Ou seja, não pode existir uma coisa que não tenha qualidades categoriais. Existir, portanto, significa que algo existe numa objetividade de determinada forma, isto é, a objetividade de forma determinada constitui aquela categoria à qual o ser em questão pertence. Aqui a ontologia se distingue da velha filosofia. A velha filosofia esboçava um sistema de categorias, no interior do qual apareciam também as categorias históricas. No sistema de categorias do marxismo, cada coisa é, primariamente, algo dotado de uma qualidade, uma coisidade e um ser categorial. Um ser objetivo é um não-ser. E, dentro desse algo, a história é a história da transformação das categorias. As categorias são, portanto, partes integrantes da efetividade. Não pode existir absolutamente nada que não seja, de alguma forma, uma categoria". G. Lukács, *Pensamento vivido: autobiografia em diálogo* (Santo André/Viçosa, Estudos e Ad Hominem/UFV, 1999), p. 145-6.

Posfácio*

Nicolas Tertulian

Os *Prolegômenos para uma ontologia do ser social* têm o valor de um testamento por constituírem o último grande texto filosófico de Lukács. De fato, foram redigidos pouco antes de sua morte.

Conhecendo o seu empenho na redação da *Ontologia*, obra muito aguardada por todos aqueles que tinham interesse no seu pensamento, lhe havíamos pedido, numa carta enviada de Paris, onde estávamos para realizar algumas conferências sobre a sua *Estética*, notícias acerca desse seu trabalho. No dia 14 de janeiro de 1971, ele nos enviou esta breve resposta, o que permite datar o nascimento dos *Prolegômenos*: "Com a *Ontologia* a coisa vai de modo bastante lento. No outono ficou pronta a primeira redação de um *prolegomenon* (cerca de 300 a 400 páginas). Ainda enfrento o problema da revisão e de uma eventual reelaboração. Nesse entremeio, ainda tive uma [palavra indecifrável] ligeira gripe; na minha idade, a capacidade de trabalhar retorna muito lentamente".

---

* Publicado como introdução à edição italiana dos *Prolegômenos para uma ontologia do ser social* (*Prolegomeni all'ontologia dell'essere sociale. Questioni di principio di un'ontologia oggi divenuta possibile* [Milão, Guerini e Associati, 1990]). Traduzido por Ivo Tonet, com revisão de Maria Orlanda Pinassi, para a revista *Crítica Marxista*, São Paulo, Brasiliense, n. 3, 1996.

Quando, dois meses depois, o visitamos em Budapeste, ele ainda não havia revisto o texto: dava andamento ao trabalho de decifração e à datilografia. A "leve gripe", mencionada naquela carta (provavelmente um sintoma do mal que devia levá-lo no dia 4 de junho seguinte), deu-lhe tempo para redigir alguns apontamentos autobiográficos, publicados sob o título de *Pensamento vivido*. No entanto, não pôde revisar o texto dos *Prolegômenos*. A morte interrompeu a realização de um grande projeto, cujos trabalhos preparatórios tinham começado em maio de 1960 – exatamente no momento em que finalizava o volumoso manuscrito da *Estética*[1]. Nesse projeto, a *Ontologia do ser social* aparecia como o prelúdio necessário de uma *Ética*. Até os últimos momentos da vida, o filósofo alimentou a esperança de realizá-lo, isto é, de dar uma sequência lógica a sua *Ontologia*, sequência que devia ser constituída pela *Ética*, como testemunha uma carta de 30 de dezembro de 1970, endereçada a Ernst Bloch. Depois de alguns altos e baixos, a amizade que os havia unido na juventude era retomada por ocasião de uma iniciativa assumida por Lukács em favor de Angela Davis, à qual Ernst Bloch se tinha *associado* de muito boa vontade. Assim, mais ou menos cinco meses antes da morte, Lukács escrevia ao seu amigo de juventude, informando que o assunto do trabalho que projetava escrever era sobre *die Entwicklung der menschlichen Gattungsmässigkeit* (o desenvolvimento da generidade humana). A *Ontologia*, aí compreendidos os *Prolegômenos*, culmina efetivamente numa teoria do gênero humano – distinguindo entre *Gattungsmässigkeit an sich* e *Gattungsmässigkeit für sich* (entre generidade em-si e generidade para-si); seria por meio da *Ética* que pretendia desenvolver essa problemática. "No que me toca", escrevia ao seu correspondente, "espero conseguir terminar, nos próximos meses, os *Prolegômenos para uma ontologia do ser social.*" Trata-se de um passo importante, porque confirma a intenção de Lukács de rever o texto dos *Prolegômenos*. "E se, em seguida, vou escrever um prosse-

---

[1] Já citamos, em outro momento, a carta endereçada a Ernest Fischer, em 10 de maio de 1960, em que Lukács comunica a sua passagem da *Estética* à *Ética* e fala dos problemas originados por esse deslocamento no eixo dos seus interesses. Cf. Nicolas Tertulian, *Lukács: la rinascita dell'ontologia* (Roma, Riuniti, 1986), p. 11. Um fragmento da carta foi reproduzido na p. 243 do nosso estudo *Lukács' Ontology*, publicado em Tom Rockmore (org.), *Lukács Today* (Dordrecht, D. Reidel, 1988).

guimento teórico (desenvolvimento da generidade humana) ou, então, aquilo que tanto desejam os meus jovens amigos (uma autobiografia intelectual) ainda não está certo. Seria bonito ser capaz de trabalhar por um período suficiente para terminar todas essas três coisas."[2]

A respeito das razões que levaram o velho filósofo a escrever os *Prolegômenos*, depois de terminado o texto da *Ontologia* (nas cartas a Frank Benseler, curador das suas obras, ele comunicava que havia completado esse texto, "numa primeira redação", no curso de 1968), não se podem formular mais do que conjecturas. Teria Lukács pensado no ilustre exemplo de Kant, que dois anos depois da *Crítica da razão pura* escreveu os *Prolegômenos a toda metafísica futura*? Não se pode excluir essa possibilidade. Resta o fato de que ele sentiu a necessidade de expor, em forma mais condensada – a *Ontologia* tinha um volume de cerca de 1.500 páginas –, as ideias mestras do seu trabalho e os seus objetivos. O subtítulo dos *Prolegômenos* – "Questões de princípios para uma *Ontologia* hoje tornada possível" – deixa transparecer claramente essa intenção. Segundo alguns testemunhos (especialmente aquele de István Eörsi, seu tradutor para o húngaro), Lukács tinha algumas dúvidas a respeito do modo como fora organizada a matéria da *Ontologia*, subdividida em uma parte histórica (na qual, apesar disso, o capítulo sobre Nicolai Hartmann precede aqueles sobre Hegel e sobre Marx, afastando-se, assim, da ordem cronológica) e em uma parte teórica, o que poderia ter dado margem a alguma repetição. Concebidos como um discurso estritamente teórico, que tinha por objetivo fixar os pontos básicos da *Ontologia*, os *Prolegômenos* não conhecem essa dicotomia.

Depois da morte de Lukács, um grupo de filósofos húngaros (entre os quais alguns ex-alunos, como Agnes Heller), para o qual ele entregava os manuscritos da *Ontologia* à medida que os escrevia, publicou um longo texto, composto de uma síntese de suas próprias observações críticas acerca da ontologia, além de uma introdução, na qual se informava a respeito das discussões que o grupo havia tido com Lukács sobre a questão. Publicadas, em tradução italiana, no fim dos anos 1970 na revista *Aut aut* e, sucessivamente

---

[2] Ernst Bloch e György Lukács, *Dokumente zum 100. Geburtstag* (Budapeste, Lukács Archívum, 1984), p. 150. A compilação ficou a cargo de Miklos Mesterhazi e György Mézei.

em inglês e alemão, essas *Anotações sobre a ontologia para o companheiro Lukács*, datadas de 1968, 1969 e 1975, criaram um clima bastante desfavorável no confronto com a obra póstuma lukacsiana, sobretudo num momento em que o leitor não tinha ainda qualquer possibilidade de tecer seu próprio julgamento sobre a obra. O texto integral da *Ontologia* ainda não havia sido publicado: a tradução italiana da segunda parte – a mais importante – só apareceu em 1981 e a versão original, a alemã, que incluía também os *Prolegômenos*, surgiu ainda mais tarde, em 1984 e 1986. Em tais circunstâncias, a precipitação de tornar conhecidas tais *Anotações* só se explica pelo desejo dos autores em ressaltar, a todo custo, o seu rompimento definitivo com aspectos essenciais do pensamento de seu mestre.

Do nosso ponto de vista, trata-se de um episódio importante, uma vez que, considerando que os *Prolegômenos* foram escritos *depois* de Lukács ter conhecido as críticas formuladas por esse grupo de filósofos, seus amigos e discípulos, poder-se-ia perguntar se a decisão de escrever *post festum* uma longa introdução à obra não foi tomada exatamente para responder às suas objeções. Ora, uma leitura dos *Prolegômenos* à luz das *Anotações* mostra com toda evidência que Lukács não mudou uma vírgula nas suas posições de fundo tais como foram expressas ao longo de todo o texto inicial. Apesar das afirmações dos quatro leitores, que nos asseguram que o filósofo tinha admitido a pertinência de uma grande parte de suas críticas, não se constata que Lukács tenha sequer registrado tais objeções: ele continua a explicitar imperturbavelmente as próprias posições filosóficas que, segundo seus alunos, foram objeto de viva contestação da parte deles. Compreende-se, então, porque os autores das *Anotações* mantiveram até hoje um silêncio absoluto acerca dos *Prolegômenos*: o conteúdo desse livro opõe, por si mesmo, uma *fin de non-recevoir* ao discurso crítico deles. O único resultado tangível de tais *discussões* terá sido provavelmente a sensação de Lukács de não ter conseguido, com o texto da grande *Ontologia*, exprimir com suficiente clareza suas próprias intenções fundamentais. Pode-se, então, supor que ele tenha decidido escrever os *Prolegômenos* para expor, em termos mais claros e sintéticos, o seu programa de reconstrução da *Ontologia*.

Concebidos, pois, como introdução ao texto principal da *Ontologia*, os *Prolegômenos* representam, de fato, uma vasta conclusão. Isso explica o fato de ter a edição húngara da *Ontologia* resolvido colocá-los no final da obra, como um terceiro volume, enquanto o editor alemão preferiu ater-se à letra do projeto de Lukács.

Com o objetivo de favorecer a compreensão dos *Prolegômenos*, parece-nos útil traçar aqui algumas observações a propósito do conjunto da *Ontologia* de Lukács.

A publicação integral, em sua versão original, da última grande obra filosófica de Lukács, *Zur Ontologie des gesellschaftlichen Seins*, se deu num período que parece ter sido pouco propício a uma recepção favorável. Dois grandes volumes foram publicados pela editora Luchterhand, o primeiro em 1984 e o segundo em 1986, ou seja, vieram à luz tão somente treze e quinze anos após o desaparecimento do pensador: trata-se, pois, verdadeiramente, da obra póstuma de Lukács. Na ocasião em que "o desmoronamento do marxismo" é apresentado, com grande espaço na mídia, sobretudo da França e da Itália, como fato evidente, o paradoxo da história fez com que surgisse nesse momento a *Ontologia* de Lukács, a mais ambiciosa e a mais importante reconstrução filosófica do pensamento de Marx que foi possível registrar nos últimos decênios.

Ponto de chegada de uma trajetória extremamente longa – sua primeira obra, *Entwicklungsgeschichte des modernen Dramas*, terminava em 1908 e o último toque na *Ontologia* era dado em 1970, ano de redação dos *Prolegômenos* –, a *Ontologia* traz algumas novidades relevantes para o panorama da obra lukacsiana. O filósofo apresenta aí, pela primeira vez num contexto sistemático, a crítica ao neopositivismo, voltada, por exemplo, para alguns dos escritos de Carnap ou ao *Tractatus logico-philosophicus* de Wittgenstein. O neopositivismo lhe aparece como o avalista filosófico do reino da manipulação. Pode-se até afirmar que o fato de voltar-se para a ontologia constitui, para ele, uma enérgica reação contra certa hegemonia do neopositivismo no cenário filosófico: diante das tentativas de homogeneização cada vez mais explícita da vida social, submetida aos imperativos do cálculo e da quantificação, a ontologia do ser social pretende dar destaque à heterogeneidade e à diferenciação extremas do tecido social, opondo uma negação clara ao confisco do indivíduo e à manipulação. Heidegger e Lukács encontram-se quando rejeitam a cibernetização da existência e quando se colocam contra o projeto de manipulação genética da vida humana; mas as soluções propostas por eles, individualmente, são – como era de se esperar – absolutamente contrárias. De fato, a ontologia heideggeriana é alvo dos ataques de Lukács. Além de manter as críticas formuladas na obra anterior, *A destruição da razão*, na *Ontologia* Lukács denuncia as carências da análise do *Dasein* no terreno ético. Examinando, por exemplo, a famosa dualidade entre existência inautêntica e existência autêntica, também tema central da sua reflexão, ele faz notar a falta de conteúdo ético positivo em categorias como *das Gewissen* (a consciência) ou *die Entschlossenheit* (o caráter resoluto) e a abstração na qual desemboca a transcendência do *Dasein*. À profundidade enigmática do ser heideggeriano, verdadeiro *pendant* do silêncio proposto por Wittgenstein diante dos grandes problemas da existência (a expressão hegeliana, *leere Tiefe*, "profundidade vazia", figura como epígrafe anteposta por Lukács ao capítulo sobre o neopositivismo e o existencialismo), ele contrapõe uma imagem ricamente articulada do ser, fundada no princípio hartmanniano da estratificação progressiva dos níveis ontológicos. Porém, o verdadeiro *principium movens* da *Ontologia do ser social* encontra-se em outra parte.

Lukács tinha perfeita consciência do extremo empobrecimento sofrido pelo pensamento marxista durante a época staliniana. Aos seus olhos, o stalinismo consistia não apenas em um período de "profunda desumanidade" e de crimes, mas também em um conjunto de concepções teóricas que havia pervertido a própria natureza do pensamento de Marx. Desse modo, a *Ontologia do ser social* representa um gigantesco esforço para examinar, passo a passo, as categorias fundamentais do pensamento marxiano, a fim de restituir-lhe a densidade e a substancialidade, revelando ao mesmo tempo as raízes da sua degradação devida ao stalinismo. Obra de síntese, concebida no curso dos anos 1960, a *Ontologia* pretendia ainda precisar os pontos do debate que havia agitado o pensamento marxista nos últimos decênios. Não se deve esquecer que Lukács foi um dos principais atores das discussões iniciadas por Sartre e Merleau-Ponty na metade dos anos 1950 sobre a natureza do marxismo. Sartre o tinha atacado vivamente em *Questões de método* e Merleau-Ponty ocupara-se longamente dele nas *Aventuras da dialética*. A glorificação e as discussões ensejadas pela obra de juventude, *História e consciência de classe*, não se mantêm, em algumas áreas da intelectualidade, com a sua obra da maturidade. A *Ontologia* permitiu-lhe abordar a fundo esses pontos de dissenso e fornecer esclarecimentos acerca dos problemas essenciais do marxismo e dos fundamentos da própria evolução.

Tomemos, por exemplo, o conceito de *necessidade* na história, um dos pontos de partida do seu pensamento ontológico. Nas conversações com István Eörsi e Erzsébet Vezér acerca da sua biografia intitulada *Pensamento vivido*, que ocorreram em maio de 1971, um mês antes da sua morte, Lukács afirma, num certo momento, que as origens da interpretação logicizante e necessitarista da história – difundida tanto no período staliniano, como, anteriormente, na época da Segunda Internacional – remetem a Friedrich Engels. Lukács não hesita em questioná-lo, como já havia feito várias vezes na *Ontologia*, com o objetivo de distinguir o pensamento autenticamente ontológico de Marx da interpretação dada por Engels, segundo ele ainda muito impregnada de logicismo hegeliano. O interesse disso está em que, no plano estritamente filosófico, Engels é considerado responsável, de certa forma, pela deformação staliniana do marxismo:

> Eu acredito, e isto é, antes de mais nada, muito importante – sem essa deformação o stalinismo não teria sido possível –, no fato de que Engels e, depois dele, alguns social-democratas interpretaram o desenvolvimento da sociedade em termos de necessidade em contraste com aquelas conexões sociais das quais fala Marx. Este praticamente sempre diz que x homens da sociedade em questão reagem de maneira x a um dado sistema de trabalho e que dessas relações x sintetiza-se o processo verificado naquela sociedade. *Ipso facto*, isso não pode ser necessário no sentido em que dois mais dois são quatro.[3]

Lukács identifica em Engels uma certa distorção da relação entre universal e particular ou, mais precisamente, entre a necessidade e a casualidade. A subestimação do peso das casualidades e o crédito excessivo dado à força impessoal, ou a um *deus absconditus*, lhe pareceram reminiscências da filosofia hegeliana.

A crítica endereçada por Nicolai Hartmann à filosofia hegeliana – que, segundo ele, privilegia indevidamente o papel do universal lógico e minimiza o peso dos indivíduos e das suas ações regulares – encontra eco em Lukács: as reprovações que faz a Engels estão de acordo, nesse ponto, com as objeções de Hartmann a Hegel.

Na introdução ao seu livro intitulado *Möglichkeit und Wirklichkeit*, Nicolai Hartmann escreveu, a propósito da filosofia da história hegeliana, que

> essa faz valer como historicamente real [*geschichtlich-wirklich*] somente aquilo que é realização da "Ideia" [*eines substantiell wirkenden geistigen Prinzips*, "de um princípio

---

[3] György Lukács, *Gelebtes Denken. Eine Autobiographie im Dialog* (Frankfurt, Suhrkamp, 1981), p. 173-4.

espiritual que age de maneira substancial"], enquanto a grande massa dos homens, dos acontecimentos, dos destinos privados permanece "irreal" [*unwirklich*] e se torna massa de detritos da história [*zum Schutt der Geschichte zurückfällt*]: a violência metafísica do conceito teleológico da realidade talvez nunca se tenha apresentado com tão terrível clareza como nessa tardia extremização.[4]

Nicolai Hartmann insistiu, nos seus trabalhos, no fato de que a necessidade é uma categoria *modal* subordinada à realidade e às determinações inscritas no coração dos fenômenos. Lukács retomou as análises de Hartmann, acentuando o caráter relativo e condicionado da necessidade: se um contexto determinado reúne um certo número de condições, então o efeito que daí deriva tem um caráter necessário e irreversível. Em consequência, Lukács fala de uma *wenn-dann-Notwendigkeit* (necessidade se-então). Muito mais que onipotente e transcendente, a necessidade sempre aparece como funcional às determinações do real e exprime as conexões que daí derivam: mudando as premissas (que podem apresentar-se de maneira imprevista e "casual" num determinado contexto), mudamos também o curso dos fenômenos. A racionalidade dos fatos não pode ser estabelecida a não ser *post festum*, e toda tentativa de fazê-los entrar em modelos preestabelecidos (a partir de um esquema *a priori* da racionalidade) só pode terminar em fracasso.

No capítulo da *Ontologia* dedicado a Marx, Lukács critica Engels por haver resolvido mal o dilema "historicamente ou logicamente", formulado a propósito da concepção marxiana da história. Ao tratar de *Para a crítica da economia política*, de Marx, Engels afirma que a compreensão da história exige, como único método adequado *die logische Behandlungsweise*, "o modo lógico de tratar" a matéria, que "nada mais é do que o fato histórico, apenas despojado da forma histórica e dos elementos ocasionais perturbadores". "História despojada da forma histórica", exclama ironicamente Lukács, comentando: "Aqui está, de modo especial, o retorno de Engels a Hegel"[5].

Esse exemplo nos permite compreender a vocação verdadeira da *Ontologia* de Lukács. Seu objetivo é superar duas deformações simétricas do pensamen-

---

[4] Nicolai Hartmann, *Möglichkeit und Wircklichkeit* (Berlim, Walter de Gruyter, 1938), p. 22.
[5] György Lukács, *Per una ontologia dell'essere sociale* (trad. aos cuidados de Alberto Scarponi, Roma, Riuniti, 1976, v. I), p. 354. [Ed. bras.: *Para uma ontologia do ser social*, São Paulo, Boitempo, no prelo.]

to de Marx, cada uma das quais contribuindo para comprometer-lhe ou destruir-lhe a credibilidade. O determinismo unívoco, que absolutiza o poder do fator econômico, tirando a eficácia dos outros complexos da vida social, é condenado com rigor não inferior àquele usado para condenar a interpretação teleológica, que, de sua parte, fetichiza a necessidade ao considerar toda formação social ou toda ação histórica um passo no caminho para a realização de um fim imanente ou transcendente. É o epíteto "perturbador" aplicado ao elemento casual que faz Lukács reagir a esse texto de Engels, uma vez que ele lhe lembra uma certa tendência hegeliana ao privilegiar a categoria da necessidade (Hegel, no parágrafo 119, item 1, da sua *Enciclopédia*, tinha escrito: "o verdadeiro pensamento é o pensamento da necessidade").

Solicitado a colaborar, em 1967, num volume em homenagem a Wolfgang Abendroth, Lukács decidiu publicar, pela primeira vez, um fragmento da sua *Ontologia* (fragmento que, antes da sua aparição no volume antológico, tinha sido publicado pela revista *Fórum*, de Viena). E é significativo que, em tais circunstâncias, ele escolhesse as páginas do capítulo sobre Marx em que discute o ultrarracionalismo na interpretação da história. Ocultando a diversidade e a heterogeneidade das categorias de possibilidade e de casualidade, o racionalismo chegava a sacrificar, numa visão retilínea e monolítica, a desigualdade de desenvolvimento dos diferentes complexos. Aqui a mira era dirigida contra o stalinismo, e, de fato, Lukács sublinhava com força, apoiando-se em Lenin, o caráter, por definição, não clássico do desenvolvimento do socialismo na União Soviética (enquanto a canonização do modelo soviético era exatamente um dos pilares do stalinismo). Quando, então, nas suas conversações autobiográficas com Eörsi e Vezér, define o stalinismo como um "hiper-racionalismo" (em 1956 tinha falado de "idealismo voluntarista"), nada mais faz do que denunciar a mesma inclinação para violentar a história: a racionalidade extremamente diferenciada e complexa do processo histórico era substituída por esquemas redutivos de caráter determinístico ou então teleológico.

A virada em direção à ontologia deu-se, portanto, em Lukács, com fundamento em uma dupla reação. Diante do neopositivismo – que tendia a reduzir a realidade à sua compreensão cognitiva, àquilo que é nela mensurável e redutível a termos lógicos, enquanto se libertava dos problemas ontológicos atribuindo-os à esfera da "metafísica" – ele pretendia restabelecer a autonomia ontológica do real, a sua totalidade intensiva e a sua irredutibilidade à pura manipulação. A complementaridade entre hegemonia do positivismo e ressurreição das ideologias religiosas era ilustrada por ele ao afirmar, provocativamente, que o pensamento de Carnap tem hoje a mesma função que o pensamento de Tomás de Aquino teve na Idade Média[6]. Por outro lado, a tendência do marxismo dogmático em privilegiar a categoria da necessidade, tornando hipertrófico seu papel na história, levava Lukács a refletir a fundo sobre as relações entre as categorias modais (possibilidade, necessidade, casualidade) e a reexaminar criticamente os próprios fundamentos do pensamento de Marx. Não se deve esquecer que a *Ontologia do ser social* nasceu como pano de fundo de uma vasta pesquisa consagrada aos problemas da Ética. Depois de muitos anos de pesquisa (e o volume *Kleine Notizen zur Ethik*, anunciado pelo Arquivo Lukács, deveria dar testemunho disso), ele se dava conta de que não era possível estabelecer a especificidade da atividade ética fora de uma reflexão de conjunto, em contraposição aos componentes principais da vida da sociedade (economia, política, direito, religião, arte, filosofia): a *Ontologia do ser social* representa a concretização desse vasto programa totalizante, destinado a preparar a Ética (que infelizmente não virá a ser realizada).

Se a comparamos com os trabalhos precedentes do autor, uma das surpresas da obra consiste na importante parte atribuída a Nicolai Hartmann. Certamente, a estima de Lukács pela filosofia da natureza de Hartmann e pelo seu opúsculo *Pensamento teleológico* (1951) já aparece na *Estética*, onde ele estabelece um diálogo fecundo com a *Estética* do filósofo alemão. Parece, no entanto, que, antes de começar os trabalhos preparatórios para a sua própria ontologia, ele considerou os três grandes livros ontológicos de Hartmann, *Zur Grundlegung der Ontologie* [Para a fundamentação da ontologia], *Möglichkeit und Wirklichkeit* [Possibilidade e realidade] e *Der Aufbau der realen Welt* [A construção do mundo real]. Espanta-nos verificar que o próprio projeto de colocar explicitamente a ontologia como base da reflexão filosófica sequer apareça nos escritos que precederam a *Ontologia do ser social*. Podemos, então, dizer que os escritos ontológicos de Hartmann funcionaram como catalisador na reflexão de Lukács; muito provavelmente lhe inculcaram a ideia de buscar na ontologia e nas suas categorias as bases do seu

---

[6] Ibidem, p. 701 e 806.

próprio pensamento. Também não se deixou perturbar minimamente pelos severos ataques de Ernst Bloch contra Nicolai Hartmann. Por outro lado, a posição fortemente crítica de Lukács com relação ao pensamento do último Bloch[7], de modo particular à sua filosofia da natureza, só podia solidificar sua solidariedade com Hartmann.

Autor, já em 1924, de um verdadeiro artigo-programa, *Wie ist kritische Ontologie überhaupt möglich?* [Como é possível uma ontologia crítica?], então publicado em um volume em homenagem a Paul Natorp[8], Hartmann aparecia a Lukács como um pensador com o qual tinha certas afinidades, sobretudo como crítico penetrante do teleologismo. Um dos objetivos principais da *Ontologia do ser social* era exatamente, como já vimos, dissipar o preconceito difundido que identificava o pensamento de Marx com uma simples variante materialista da filosofia hegeliana da história, variante que teria nascido ao converter o automovimento da Ideia lógica em automovimento, com caráter igualmente finalístico, das relações de produção.

A definição hartmanniana das categorias – que eram entendidas como "princípios do ser" [*Seinsprinzipien*] e não como "essências lógicas" [*logische Wesenheiten*], definição que atingia o teleologismo na raiz – pareceu a Lukács perfeitamente convergente com a categorização que havia sido proposta por Marx: *Daseinsformen, Existenzbestimmungen* [formas do ser, determinações da existência]. Desse modo, estava de acordo com a crítica de Hartmann quanto à redução kantiana das categorias a simples "determinações do intelecto" [*Verstandesbestimmungen*], cujo corolário era o primado da gnosiologia na problemática filosófica, e sobretudo com a sua enérgica reprovação aos neokantianos, os quais tinham decretado, com um verdadeiro ato de força filosófico, a supressão da *coisa em si*.

A coincidência das duas posições é quase perfeita quanto à análise das relações entre teleologia e causalidade. Essa dupla categoria é, para Lukács, a chave de uma correta compreensão da vida social. No livro *O jovem Hegel*,

---

[7] A propósito dessas divergências, ver Nicolas Tertulian, "Bloch-Lukács: la storia di un'amicizia conflittuale", em Rosario Musillami (org.), *Filosofia e prassi* (Milão, Diffusioni'84, 1989), p. 74 e ss.

[8] Encontrado em Nicolai Hartmann, *Kleinere Schriften* (Berlim, Walter de Gruyter, 1958), p. 268-313.

ele tinha sublinhado a novidade do ponto de vista de Hegel, em confronto com os de Hobbes e Espinosa: com a descoberta do papel do trabalho na gênese da vida social, Hegel tinha afirmado a irredutibilidade da atividade finalística ao simples concatenar-se espontâneo das causas eficientes. Por isso Lukács encontrava-se num ambiente familiar quando leu as análises de Nicolai Hartmann que objetivavam sublinhar com energia a heterogeneidade entre o nexo final e o nexo causal, bem como a necessária dependência do primeiro para com o segundo[9]. A posição teleológica [*die teleologische Setzung*] não pode realizar-se a não ser utilizando as cadeias causais, uma vez que a causalidade necessariamente preexiste à atividade finalística (Hartmann diz do nexo final que ele é uma *"Überformung der Kausalität"*, uma sobreformação das cadeias causais): as cadeias causais, na imanência da realidade, são infinitas, enquanto a consciência "ponente", a consciência que põe um fim, se move sempre dentro de horizontes delimitados. Na tensão dialética entre teleologia e causalidade, entre as representações da consciência que fixa os seus objetivos e a realidade indelimitável das cadeias causais, Lukács vê o *principium movens* do ato do trabalho.

Fixando no "pôr teleológico" a célula geradora (*Urphänomen*, o "fenômeno originário") da vida social e na proliferação das "posições teleológicas" o seu conteúdo dinâmico, Lukács torna impossível a confusão entre a vida da natureza e a vida da sociedade: a primeira é dominada pela causalidade espontânea, não teleológica por definição, enquanto a segunda é constituída através dos atos finalísticos dos indivíduos. Mas a conexão indissolúvel entre finalismo e causalidade lhe permite demonstrar tanto o caráter de irredutibilidade do mundo dos valores, que é produto da consciência "ponente" (os fins nunca são apenas epifenômenos da causalidade natural) como o necessário enraizamento dos valores na rede das cadeias causais, objetivas e subjetivas. Desse modo, sua ontologia do ser social tem como fundamento uma teoria dialética da gênese dos valores. O ato de pôr os fins, cuja origem está nas necessidades incessantemente renovadas e extremamente diversificadas dos indivíduos, somente pode ser dissociado das efetivas determinações do real (incluídas as possibilidades e as latências) "com o risco do fali-

---

[9] Nicolai Hartmann, *Teleologisches Denken* (Berlim, Walter de Gruyter, 1951).

mento" (uma expressão de Marx – *bei Strafe des Untergangs* – que volta continuamente, como um *leitmotiv*, na pena de Lukács). Daí resulta que as posições teleológicas são duplamente condicionadas: autocondicionadas pela consciência que põe, que age impulsionada pelas necessidades e pelos projetos individuais, e heterocondicionadas pelas determinações objetivas do real. Como é óbvio, os dois aspectos estão inextricavelmente interligados. Por outro lado, Lukács distingue pelo menos dois tipos de posições teleológicas: aquelas que têm como objeto a natureza em si, ou seja, aquelas que asseguram o intercâmbio orgânico entre a sociedade e a natureza (cujo exemplo privilegiado é a satisfação das necessidades econômicas) e aquelas que têm como objeto a consciência dos outros, isto é, aquelas que tentam influenciar e modelar o comportamento (é a área das relações intersubjetivas por excelência que culmina na Ética).

O esforço para fazer justiça à especificidade de todos os tipos de posição teleológica, levando em conta tanto sua necessária interação como a lei interna de cada um deles, leva a resultados importantes. A sociedade é definida como um "complexo de complexos". Sublinhando com força a heterogeneidade de cada um dos complexos em relação ao outro, incluindo aí os mais intimamente interligados (por exemplo, o Direito e a Economia) e afirmando a lógica irredutível de cada um, Lukács exclui definitivamente a concepção retilínea e monolítica do progresso histórico.

Desse modo, o filósofo pode tomar distância tanto do determinismo de tipo fatalista – que sob a forma de economicismo tem dominado, há muito tempo, na forma corrente do marxismo – como das filosofias da história de caráter teleológico.

O que lhe interessa, essencialmente, é o desenvolvimento desigual dos diferentes complexos sociais, delineado por Marx em um texto famoso: ele continua, por exemplo, a recordar que a lógica do Direito e a lógica da Economia não são de modo nenhum perfeitamente compatíveis, uma vez que as relações jurídicas são o resultado de uma opção relativamente autônoma, que nunca é um simples epifenômeno das relações econômicas; ou então observa que progresso econômico e progresso moral de modo algum coincidem, dado que a lógica do desenvolvimento econômico e a autoafirmação da personalidade humana às vezes são assimétricas, porque cada uma delas tem uma trajetória e uma legalidade própria irredutível (o que não exclui as conexões em nível profundo, uma vez que um projeto ético que faça abstração do estado das relações de propriedade dificilmente pode ser concebido).

A diferenciação entre os diversos tipos de pôr teleológico funda-se, em última instância, na distinção entre as ações realizadas sob o imperativo da coação (especialmente econômica) e aquelas que gozam de uma margem maior de escolha e de decisão livre. Chegamos assim a um ponto crucial da demonstração lukacsiana: o modo como o autor da *Ontologia do ser social* concebe a relação entre teleologia e causalidade no interior da vida social. A tese de fundo é que os processos sociais são postos em movimento exclusivamente através dos atos teleológicos dos indivíduos, mas a totalização desses atos numa resultante final tem um caráter eminentemente casual, privado de qualquer caráter finalístico. A tese pareceu de tal modo paradoxal, ou tão difícil de ser aceita, que os primeiros leitores do manuscrito da *Ontologia do ser social* (Ferenc Fehér, Agnes Heller, György Markus, Mihály Vajda) concluíram que no texto de Lukács coexistiam duas ontologias divergentes e incompatíveis entre si: uma dominada pelo conceito de necessidade, ainda tributária do marxismo tradicional, e outra cujo centro de gravidade era a autoemancipação do homem e, portanto, de caráter finalístico (a formulação é nossa, mas tenta apanhar o essencial das suas objeções)[10].

Para compreender o raciocínio lukacsiano, é preciso recordar a sua tese filosófica principal, que ele também divide com Nicolai Hartmann: as posições teleológicas dos indivíduos nunca chegam a exercer uma coerção absoluta, e isto porque elas só existem quando põem em movimento alguma cadeia causal; o resultado das ações de cada indivíduo nunca é inteiramente igual às suas intenções, uma vez que o resultado das ações de cada sujeito interfere no resultado das ações dos outros; daí que a resultante final escape, por definição, às intenções dos vários sujeitos particulares. O processo social, na sua totalidade, aparece como o resultado da interação entre muitas cadeias causais, postas em movimento por vários atores sociais: a resultante ultrapassa, pois, necessariamente, as intenções individuais, tendo ela, segundo Lukács, um caráter casual e não teleológico.

---

[10] Ferenc Fehér, Agnes Heller, György Márkus e Mihály Vajda, Premessa alie annotazioni sull'ontologia per il compagno-Lukács e Annotazioni..., *Aut aut*, fascículo especial, jan.-abr. 1977, p. 3 e ss.

Com base nessa tese geral ele pôde distinguir entre as ações que os indivíduos são levados a realizar sob os imperativos da reprodução econômica, ações caracterizadas por uma espécie de urgência vital, executadas "sob pena de fracasso", e as ações que se desenvolvem nas regiões mais afastadas da atividade econômica imediata, onde o "coeficiente de incerteza" [*Unsicherheitskoeffizient*] acerca do seu êxito é maior. Mas o desenvolvimento das atitudes e das qualidades requeridas pelos imperativos do crescimento econômico (o desenvolvimento das forças produtivas) não significa necessariamente o desenvolvimento harmonioso da personalidade. Podemos dizer que Lukács procura no espaço interior da personalidade os efeitos da lei do desenvolvimento desigual dos vários complexos sociais. É nesse sentido que ele pode fazer, num certo momento, nos *Prolegômenos*, uma comparação um tanto arriscada entre o nível moral de uma estenodatilógrafa média atual e o de Antígona ou de Andrômeda: parece-lhe que a primeira tem, sem dúvida, quantitativamente falando, mais possibilidades, mas, sob o aspecto moral, a diferença do nível entre as heroínas antigas e essa figura típica da "sociedade de massa" é imensa[11].

A parte mais interessante de *Para uma ontologia do ser social* é dedicada àquilo que poderíamos definir como uma fenomenologia da subjetividade. As distinções entre objetivação [*Vergegenständlichung*] e alienação [*Entäusserung*], entre reificação "inocente" e reificação estranhante, entre multiplicação das qualidades ou atitudes e sua síntese na harmonia da personalidade moral, entre o gênero humano em-si e o gênero humano para-si pertencem a esse capítulo. O estranhamento é definido como contradição entre o desenvolvimento das qualidades e o desenvolvimento da personalidade. Continuando as análises hegelianas do capítulo sobre a "consciência infeliz" da *Fenomenologia do espírito*, ou então a distinção entre espírito objetivo e espírito absoluto, Lukács pôde mostrar como é complexo e trabalhoso o caminho que leva à superação autêntica do estranhamento. A seu ver, enquanto as objetivações da espécie humana, em sua maior parte (as instituições *políticas*, *jurídicas*, *religiosas* etc.), nasceram para assegurar o funcionamento do gênero humano em-si, pelo contrário, as grandes ações morais, a grande arte e a verdadeira

---

[11] Ver parte 3, p. 226.

filosofia encarnam, na história, as aspirações do gênero humano para-si. As melhores páginas da *Ontologia do ser social* são provavelmente aquelas nas quais Lukács analisa a tensão entre essas aspirações irreprimíveis a uma *humanitas* autêntica do *homo humanus* e o poderoso acúmulo de mecanismos econômicos, de instituições e de normas que asseguram a reprodução do *status quo* social.

Há sem dúvida uma continuidade profunda entre O *jovem Hegel* e a *Ontologia*: as análises dedicadas na primeira obra às "figuras da consciência" estabelecidas na *Fenomenologia do espírito* e também ao famoso processo de "alienação" do sujeito e à recuperação dessa alienação [*die Entäusserung und ihre Rücknahme*] são substituídas na segunda pelas análises dedicadas aos diferentes níveis da subjetividade (subjetividade "natural" da vida cotidiana, reificação "inocente" e reificação estranhante, estranhamento propriamente dito, espécie humana em-si e espécie humana para-si) e ao longo e complicado trajeto que conduz à verdadeira existência não estranhada do gênero humano.

A título de exemplo poder-se-ia citar o modo como Lukács retoma a análise hegeliana da "consciência infeliz", ilustrada pela crise que marca a Antiguidade tardia. A dissolução da *polis* atira os indivíduos numa existência puramente "privada", sem apoios para o sentido imanente de sua vida. Nessa época a consciência dos indivíduos torna-se cindida ou dilacerada. O estoicismo e o epicurismo esforçam-se para encontrar respostas para a situação. A análise que Hegel dedica a essa consciência cindida na *Fenomenologia do espírito* (o parágrafo sobre a "consciência infeliz") deixa clara uma separação entre o plano do "inessencial" e o plano do "essencial" da consciência, entre a autoconsciência "transformável" e a autoconsciência "intransformável". Lukács identifica a consciência inessencial, ou também transformável, com aquela dos indivíduos subsumidos a uma existência cotidiana privada do sentido de interioridade, marcada pela pura "particularidade"; estes projetam a sua necessidade de essencialidade na irrealidade de um ser abstrato, localizado na transcendência. A consciência infeliz se move entre a necessidade do indivíduo de libertar-se do nada da sua "inessencialidade instável", que é a sua condição real, e a procura de salvação em sua "essencialidade" irreal. Para Lukács, trata-se de uma forma de tornar perene a necessidade religiosa, porque desse modo se consagra a tensão entre uma existência puramente "criatural" ou "particular" e a vontade de ter acesso ao "essencial" e ao "intransformável" fugindo da prisão representada pela existência terrestre. A verdadeira solução, segundo o autor da *Ontologia do ser social*, consiste no abandono desse dualismo rígido[12]. É preciso descobrir, na imanência da vida cotidiana, as mediações completas que permitem quebrar as reificações estranhantes e realizar, na efetividade histórica, uma existência não estranhada.

Os *Prolegômenos* não são de modo nenhum simples repetição das ideias desenvolvidas no grande *corpus* da *Ontologia do ser social*; pelo contrário, eles comportam novos acentos e até contribuições inéditas. Embora apoiando-se nas aquisições obtidas com o imenso esforço na redação da sua obra principal, Lukács se propõe, aqui, a iluminar os próprios fundamentos da sua concepção e a esclarecer os problemas a partir dessa *perspectiva fundamental*.

Entre as novas contribuições, deve-se assinalar a vigorosa valorização da irreversibilidade enquanto caráter definidor da historicidade, categoria considerada fundamental tanto do ser natural quanto do ser social. Objetivando contrapor uma concepção *aberta* do ser à concepção *fechada*, decidido a demolir as velhas interpretações *necessitaristas* do cosmo e da sociedade para abrir caminho a uma verdadeira filosofia da *liberdade*, Lukács utiliza os resultados de várias ciências para demonstrar que a concepção do mundo como uma totalidade fechada está definitivamente abolida. A ontologia que ele preconiza concebe o ser como uma interação de complexos heterogêneos, em perpétuo movimento e devir, caracterizada por uma mistura de continuidade e descontinuidade, que produz incessantemente o novo e cuja característica fundamental é a *irreversibilidade*.

Lukács remonta a Marx a origem dessa concepção (mais precisamente à tese do jovem Marx: "*Nós conhecemos uma única ciência, a ciência da história*") e nos *Prolegômenos* dedica atenção toda especial à *dissertação* de Marx – na qual há um confronto entre o materialismo de Demócrito e o de Epicuro – para sustentar sua própria opinião de que é muito precoce, no fundador do marxismo, a presença de uma ontologia de caráter universal.

É, também, pela primeira vez, nos *Prolegômenos*, que ele propõe uma reflexão sistemática sobre as categorias modais (necessidade, casualidade,

---
[12] György Lukács, *Per una ontologia dell'essere sociale*, cit., v. II, p. 654-9.

possibilidade) referidas à realidade modal do ser. É verdade que ele já havia abordado esses problemas no primeiro volume da *Ontologia do ser social*, no momento em que discute criticamente a ontologia de Hartmann e, depois, nas análises das determinações reflexivas [*Reflexionsbestimmungen*] na *Lógica* de Hegel; mas é nos *Prolegômenos* que ele se concentra na questão.

A abordagem do problema das categorias propostas por Hartmann nas suas grandes obras, desde *Der Aufbau der realen Welt* e *Möglichkeit und Wirklichkeit* até *Philosophie der Natur*, marca visivelmente o discurso lukacsiano, embora o seu nome seja raramente citado. A leitura ontológica de Marx deve muito às sugestões oriundas dos trabalhos de Hartmann. Essa ponte, lançada entre dois pensamentos tão heterogêneos, é um dos aspectos mais característicos da filosofia do último Lukács[13]. A novidade, do seu ponto de vista, está no acento muito mais forte que imprime à historicidade e à gênese das próprias categorias. Tirando proveito integral da verdadeira e própria destranscendentalização das categorias operada por Hartmann (que tinha insistido muito na conexão entre as categorias e o "concreto" [*das Konkretum*], isto é, na dependência fundamental delas em relação ao ser que as sustenta), Lukács esforça-se por mostrar que o caráter, por definição, *processual* do ser implica também uma gênese e um devir das categorias. *Universalia in rebus*, de modo algum, puras "determinações do intelecto" aplicadas ao ser, como queria a tradição kantiana, as categorias possuem uma esfera de validade circunscrita pelo substrato que as determina e por isso têm um estatuto histórico. Em vez de representar alguma coisa privada de gênese ou determinações *a priori* (Kant), elas são um produto da história do ser (o *universal concreto* de Hegel é uma genial antecipação desse ponto de vista genético-ontológico a respeito da natureza das categorias). A teleologia, por exemplo, é uma categoria eminentemente histórica: nasceu num determinado momento da história, quando a consciência humana projetou sua própria luz sobre o mundo das coisas, introduzindo nas cadeias causais objetivas a marca do *nexo final* (o nascimento do processo teleológico coincide, assim, com a emersão do traba-

---

[13] Cf. os nossos estudos sobre *Para uma ontologia do ser social* citados acima. Ver também Vitória Franco, "Storia della filosofia e teoria ontologica: Lukács", em *La storia della filosofia come problema* (Pisa, Scuola Normale Superiore, 1988), p. 303-28.

lho), uma vez que a natureza em-si, inorgânica e orgânica, não conhece o finalismo, mas apenas a causalidade.

O giro lukacsiano em direção à ontologia, efetuado com o propósito de privilegiar a *ratio essendi* em vez da *ratio cognoscendi*, foi interpretado como o retorno a uma ontologia pré-crítica e pré-dialética[14]. No entanto, o que se passa é exatamente o contrário. Se, na reflexão filosófica, Lukács privilegia a ontologia e rejeita o primado da lógica ou da gnosiologia, é porque se recusa a encerrar a riqueza, a densidade e a heterogeneidade do real no esquema das categorias puramente reflexivas, lógicas ou cognitivas. A precisão com que Nicolai Hartmann tinha traçado as linhas de demarcação entre a ontologia, por um lado, e a lógica e a gnosiologia, por outro, objetivando um fundamento rigorosamente crítico das categorias (aqui está integralmente o sentido da "ontologia crítica"), teve um efeito benéfico também sobre o pensamento de Lukács. E em nome de uma tal ontologia *crítica* (e de modo algum "pré--crítica" e muito menos "pré-dialética") que, na *Ontologia do ser social* e, de modo especial, nos *Prolegômenos*, Lukács rastreia as diversas formas de *reificação* do pensamento e do real, desde a teoria platônica das ideias até o criticismo kantiano ou o logicismo nas suas diversas variantes, desde a ontologia logicizante e criptoteleológica de Hegel (que Lukács distingue cuidadosamente da "verdadeira ontologia" hegeliana, concretizada na lógica da essência) até os escritos dos neopositivistas modernos, que sacrificam a autonomia ontológica do real à sua manipulação pragmática. Desse modo, ele pode demonstrar, por exemplo, a inconsistência de uma famosa "lei da dialética": a negação da negação. Submetendo-a à prova de um rigoroso controle ontológico, ele consegue evidenciar os efeitos negativos produzidos pela sua transubstanciação no marxismo realizada por Engels.

Julgamos os *Prolegômenos* uma introdução indispensável para compreender o pensamento ontológico do último Lukács. Infelizmente o texto é marcado, especialmente na última parte, por repetições cansativas, efeitos de redundância, que tornam a leitura, às vezes, árida. A idade muito avançada e talvez a doença tornavam o autor menos capaz de dominar o próprio

---

[14] Cf. Stefano Petrucciani, "La dialettica mancata", em Rosario Musillami (org.), *Filosofia e prassi*, cit., p. 102-3: "sua última filosofia termina por permanecer surda e muda diante da fundamental exigência de justificar de modo universalmente válido a própria verdade [...]".

discurso; desse modo, há lugares onde as mesmas ideias são retomadas em contextos que não conhecem a progressão rigorosa a que os seus escritos nos acostumaram.

Para uma ontologia do ser social, no seu conjunto, ainda permanece uma obra insuficientemente explorada e analisada na multiplicidade das suas ramificações: um imenso bloco errático numa paisagem filosófica dominada por movimentos de ideias mais conformistas e pouco sensíveis aos grandes questionamentos ontológicos.

Índice onomástico

Adler, Max (1873-1937) – Filósofo austríaco e um dos principais representantes do austro-marxismo, influenciou debates sobre a teoria do Estado segundo os preceitos formais de democracia. Ao lado de Otto Bauer e Rudolf Hilferding, suas teorias alimentaram discussões da esquerda social-democrata alemã antes de 1933. p. 113.

Agripa, Menênio – Cônsul romano que, segundo a lenda, dirigiu-se do Monte Sagrado, em VI a. C., aos grevistas que protestavam e os convenceu a abandonar sua postura de desafio coletivo e retornar aos lugares a eles determinados. Segundo a *Enciclopédia Britânica*, era conhecido como um "homem de pontos de vista moderados". Cf. István Mészáros, *Filosofia, ideologia e ciência social* (São Paulo, Boitempo, 2008), p. 7. p. 147, 280.

Antipatro de Sídon (c. século II a. C.) – Poeta grego cuja especialidade eram os epigramas, breves construções poéticas sobre monumentos ou moedas, compostas com a intenção de rememorar um fato ou elogiar uma personalidade. Costuma-se atribuir a ele a criação da lista das Sete Maravilhas do Mundo Antigo, embora essa seja uma questão controversa. p. 256.

Aristóteles (384 a. C.-322 a. C.) – A extensa obra do filósofo de Estagira se explica não apenas pelo afã de abarcar todos os saberes, mas sobretudo porque, diferentemente de Platão, atentou para as dificuldades de estudar o individual e o contingente e o fato de que somente um saber do universal pode ser um saber verdadeiro. De fato, esse é o tema em torno do qual, *grosso modo*, gira o pensamento aristotélico: pretende ser ciência do que *é* efetivamente, sem sacrificar o momento concreto e variável. p. 43-4, 49, 256, 277-8.

Arquimedes (287 a. C.-212 a. C.) – Matemático, físico, engenheiro e astrônomo grego. Tido como um dos principais cientistas da Antiguidade Clássica. Elaborou alguns dos mais importantes teoremas da física e geometria elementares. p. 351.

Assis, Francisco de [São Francisco de Assis] (1182-1226) – Frade católico italiano, considerado o criador de uma das mais influentes leituras do Evangelho. p. 258.

Bacon, Francis (1561-1626) – Filósofo, escritor e político inglês, criou a "teoria dos ídolos". É o "primeiro dos modernos e o último dos antigos", considerado também fundador da ciência moderna e do empirismo, ao lado de Galileu. Sua obra mais importante é *Novum organum* (1620). p. 44, 66, 269.

Balzac, Honoré de (1799-1850) – Importante romancista francês. Considerado um dos fundadores do realismo europeu. Suas principais obras estão contidas na sequência de escritos conhecidos como *A comédia humana*, composta por romances, contos e peças que retratam um panorama da vida francesa após a queda de Napoleão, em 1815. Sua obra foi objeto de estudos de Lukács em diversos momentos. p. 112, 144-5.

Bauer, Bruno (1808-1882) – Filósofo e teólogo alemão da corrente conhecida como "neo-hegeliana". Marx travou diversos debates com Bauer e os neo-hegelianos, muitos dos quais deram origem a algumas de suas principais obras de juventude. p. 65, 137.

Bayle, Pierre (1647-1706) – Filósofo francês, cético, crítico do dogmatismo religioso. p. 135.

Beethoven, Ludwig van (1770-1827) – Compositor alemão, considerado a mais importante figura da transição do período clássico para o romântico na música clássica ocidental. p. 259.

Bellarmino, Roberto (1542-1621) – teólogo, filósofo do direito e doutor da Igreja, participou do debate em torno da predestinação e da graça, mas sobretudo de questões político-eclesiásticas. Foi beatificado em 1923 e canonizado em 1930. Em uma de suas principais obras, *Disputationes de controversiis christianae fidei adversus huius temporis haereticus*, inaugura o método de luta doutrinal e se põe como expositor da dogmática católica para defendê-la contra os "renovadores". A teoria da "dupla verdade" poderia tolerar o desenvolvimento das ciências, desde que não fosse extraída nenhuma conclusão de caráter ontológico que atingisse a concepção teológica do mundo defendida pela Igreja. p. 33, 64, 68.

Bernstein, Eduard (1850-1932) – Dirigiu uma série de críticas (no contexto da social-democracia alemã) às análises de Marx, considerando-as superadas pelo desenvolvimento histórico. Ou seja, segundo Bernstein, a evolução econômica da sociedade moderna contradiz certas teses de Marx, notadamente aquela sobre a polarização das classes, em decorrência da concentração do capital. As crises econômicas também não se agravam, ao contrário. Por fim, Bernstein propõe a adoção de estratégias reformistas, baseadas na utilização do sufrágio universal, tendo por objetivo a passagem gradual ao socialismo por meio da ampliação das cooperativas e pelo aprofundamento da democracia. Pretendeu, também, fundamentar o método marxiano por meio de uma aproximação à teoria do conhecimento kantiana. p. 155, 285.

Calvino, João (1509-1564) – Teólogo cristão francês influente no período da reforma protestante, criador do preceito religioso conhecido como "predestinação". p. 196.

Carnap, Rudolph (1891-1969) – Filósofo e lógico alemão, ligado ao chamado "Círculo de Viena", cujo projeto era a unificação do saber científico por meio da eliminação dos conceitos vazios de sentido e dos pseudoproblemas. Carnap pretendeu também constituir uma linguagem geral e rigorosa das ciências, em que a lógica matemática fornecia o modelo geral. Em *Para uma ontologia do ser social*, Lukács elabora um contundente *excursus* contra o neopositivismo, notadamente o de Wittgenstein. p. 40, 387, 392.

Cervantes [Miguel de Cervantes Saavedra] (1547-1616) – Escritor espanhol que combateu em Lepanto e na África. Perdeu a mão esquerda, foi encarcerado, excomungado, publicou romances fracassados até alcançar celebridade com O *engenhoso fidalgo Dom Quixote de la Mancha*, cuja primeira parte foi publicada em 1605 e inaugurou um novo gênero literário: o romance. Nessa obra, Dom Quixote divide sua saga com o fiel escudeiro Sancho Pança e a amada Dulcineia. p. 259.

Chardin, Teilhard de [Pierre Teilhard de Chardin] (1881-1955) – Padre jesuíta e filósofo que ambicionou conceber uma filosofia que conciliasse ciência e teologia. p. 305.

Cícero, Marcus Tullius (106 a. C.-43 a. C.) – Político romano, estudou filosofia na Grécia e fez carreira como jurista em Roma. Durante a Guerra Civil entre Pompeu e César, aliou-se ao primeiro. Quando César foi assassinado, opôs-se a Marco Antônio em favor de Otávio. Em outubro de 43 a. C., Augusto, Marco Antônio e Lépido formam o Segundo Triunvirato e Cícero tem mãos e cabeça cortadas e exibidas no foro romano. p. 135.

Cohen, Hermann (1842-1918) – Filósofo alemão, conhecido como um dos maiores expoente da chamada Escola de Marburgo, dedicada a contribuir com o neokantismo. p. 194.

Copérnico, Nicolau (1473-1543) – Astrônomo e matemático polaco que desenvolveu a teoria do heliocentrismo, a qual colocou o Sol como o centro do Sistema Solar, contrapondo-se ao geocentrismo aristotélico, defendido pela Igreja católica. p. 281, 355.

Cuvier, Georges (1769-1832) – Naturalista francês que elaborou as leis da chamada "anatomia comparada". Foi conhecido por conceber cientificamente a extinção como um fato. p. 143, 369.

D'Arc, Joana (1412-1431) – Francesa de origem camponesa que liderou frentes do exército francês em diversas batalhas na Guerra dos Cem Anos. Foi canonizada cinco séculos após ter sido queimada viva pela Igreja católica. p. 90.

Darwin, Charles Robert (1809-1882) – Importante naturalista inglês que concebeu a teoria da evolução das espécies pelo processo da seleção natural. Em 1831, empreendeu uma viagem pela América do Sul e Ilhas do Pacífico. No curso da viagem, recolheu uma impressionante quantidade de dados geológicos, botânicos e zoológicos, cuja ordenação e sistematização ocupou vários anos de sua vida até a completa formulação de sua teoria da evolução. O processo de seleção natural pode ser assim sintetizado: a luta pela existência no mundo orgânico em um ambiente mutável engendra alterações no curso das quais sobrevivem os mais aptos, que transmitem aos seus descendentes tais modificações. p. 54, 88, 128, 143, 180, 262, 264, 266, 280-1, 339, 355, 363, 369.

Descartes, René (1596-1650) – Filósofo francês, um dos principais expoentes da filosofia moderna. Através de seu *cogito* racionalista, concebeu algumas das principais proposições que influenciaram diversas gerações de filósofos modernos das mais variadas linhas. Deu início às suas reflexões pela busca de um novo método. Este não deveria ser mera ordenação e demonstração lógica de princípios já estabelecidos, mas, ao contrário, um caminho para a invenção e o descobrimento. p. 44, 64-5, 281, 301.

Dilthey, Wilhelm (1833-1911) – Filósofo alemão, precursor da chamada metodologia hermenêutica da filosofia, estudou e desenvolveu conceituações de evidência histórica e o *status* da História como ciência. Dilthey converge com o positivismo e o neokantismo na negação da possibilidade do conhecimento metafísico, mas se distancia dessas tendências de pensamento devido à sua oposição ao naturalismo predominante em seu tempo. Seu propósito consistiu em completar a obra de Kant com uma "crítica da razão histórica", ou seja, uma gnosiologia específica para as ciências humanas. p. 12, 139.

Dostoievski, Fiódor Mikhailovitch (1821-1881) – Escritor russo, filho de um proprietário rural. Ingressou nos meios progressistas pelas mãos do crítico Vissarion Belinski, a quem deve seus primeiros sucessos. Descreveu sua experiência num campo de trabalhos forçados na Sibéria em *Recordações da casa dos mortos* (1862). Várias de suas obras, como *Crime e castigo*, *O idiota* e *Os irmãos Karamazov*, são consideradas verdadeiras obras-primas. Viveu sempre com muita dificuldade e sob a vigilância constante da polícia. p. 112.

Dühring, Eugen Karl (1833-1921) – Economista e filósofo alemão crítico do marxismo. Seus pensamentos são objeto de contra-argumentação de Engels no livro *Anti-Düring*. p. 53, 55, 158, 167, 170, 188, 265, 298, 313, 350, 352.

Eckhart [Eckhart von Hochheim, Mestre Eckhart] (1260-1327) – Frade dominicano alemão conhecido por suas obras filosóficas e contribuições para a teologia. Seu pensamento representou a conclusão de uma etapa no século XVI, que assistiu ao declínio das grandes sínteses metafísicas da escolástica e preparou o advento do pensamento moderno. Procurou compendiar instâncias místicas do pensamento francês com as exigências racionais do tomismo. p. 258.

Engels, Friedrich (1820-1895) – Filósofo alemão, amigo e colaborador de Karl Marx, com quem escreveu várias obras fundamentais, como *A sagrada família* e a *A ideologia alemã*. Dedicou-se ao problema da dialética da natureza, além de a estudos sobre a situação da classe trabalhadora na Inglaterra. É autor dos livros *Anti-Düring, A dialética da natureza, A situação da classe trabalhadora na Inglaterra*. Depois da morte de Marx, publicou *Ludwig Feuerbach e o fim da filosofia clássica alemã*. Encarregou-se também da publicação *post mortem* dos Livros II e III de *O Capital*, de Marx. p. 30-1, 52-5, 77, 101, 114, 118-9, 125, 150, 155, 157-8, 166-9, 170, 187-9, 194, 205, 227, 232, 239, 242, 246, 262-3, 265, 298, 309, 312-3, 330, 339, 350, 352, 363, 389, 390-1, 401.

Epicuro (c. 341 a. C.-c. 270 a. C.) – O pensamento de Epicuro partiu de uma dupla necessidade: a de eliminar o temor aos deuses e a de afastar o temor da morte. Contrariamente à opinião tradicional, Epicuro não era ateu: os deuses existem, mas são indiferentes aos destinos humanos. Seu objetivo era alcançar a vida tranquila, ou seja, a ataraxia. p. 134-6, 204-7, 399.

Espártaco (c. 120 a. C.-c.70 a. C.) – Gladiador de origem trácia, liderou o levante conhecido como "Terceira Guerra Servil", na Roma Antiga. p. 109, 169.

Espinosa, Bento de (1632-1677) – Filósofo holandês que exerceu grande influência sobre o racionalismo do século XVIII. Seu sistema apresenta um caráter peculiar em relação à linha de pensamento posterior a Descartes. Ele se propôs, sobretudo, a buscar na filosofia o bem supremo que proporcionasse uma serena e eterna bem-aventurança. Trata-se de um conhecimento racional que deve começar por eliminar toda causa do erro, toda representação confusa e vaga. Daí a primazia, como em Descartes, do pensamento matemático. p. 44, 132, 159, 160, 166, 192-3, 196-7, 208-9, 227, 281, 298, 302, 347, 394.

Feuerbach, Ludwig (1804-1872) – Importante representante do movimento neo-hegeliano que, embora tenha influenciado a trajetória marxiana, quando de seu momento de ruptura com a filosofia especulativa, tendo sido reconhecido, inclusive por Marx, como "o único neo-hegeliano a acertar contas com a embriaguez especulativa", é depois tomado para análise crítica não apenas nas *Teses*, mas, sobretudo, em *A ideologia alemã*, exatamente por conta da incompreensão do papel da atividade sensível e seu modo de conceber, especulativamente, o gênero ou essência humana. p. 15, 71, 73, 75-7, 79, 120-1, 150, 255, 292-3, 372, 380.

Galilei, Galileu (1564-1642) – Pode ser considerado o fundador da ciência moderna, na medida em que despertou a inteligência humana de uma aceitação acrítica da autoridade dos representantes da cultura escolástico-peripatética, no século da Contrarreforma. Foi denunciado em 1615 ao Santo Ofício pela primeira vez. O segundo processo ocorreu em 1633. O fundamento do método galileano é o da experiência sensível, havendo, no entanto, uma síntese razão-sentidos como condição para o surgimento da ciência da natureza. p. 64, 66, 199, 281, 302.

Gassendi, Pierre (1592-1655) – Dado o caráter eclético de sua figura, como também de seu pensamento, é um autor de difícil interpretação. Pode-se falar de duas filosofias de Gassendi: uma espontânea, naturalista e cética, influenciada por Epicuro, orientada para um racionalismo científico, e uma pública, acomodada à ortodoxia. Enfim, haveria nele um contraste entre sua inteligência e seu coração, entre um espírito pagão e uma alma cristã. p. 136.

Gehlen, Arnold (1904-1976) – Filósofo alemão conservador. Filiou-se ao partido nazista em 1933. Contribuiu em campos da antropologia, psicologia social e sociologia da arte. p. 291.

Geoffroy [Étienne Geoffroy Saint-Hilaire] (1772-1844) – Naturalista francês, considerado precursor da embriologia e fundador da teratologia, ramo da medicina que estuda as malformações congênitas. Defendia a teoria de uma unidade de composição orgânica. p. 88.

Gide, André (1869-1951) – Escritor francês, cofundador da editora Gallimard e fundador da Nouvelle Revue Française. Foi um dos primeiros a desenvolver a ideia de *action gratuite* em literatura. Entre suas principais obras estão *Os frutos da terra*, *Corydon* e *O imoralista*. p. 39, 120, 306.

Goethe, Johann Wolfgang Von (1749-1832) – Escritor e pensador alemão, foi um dos baluartes do Romantismo Europeu e um dos mentores do movimento *Sturm und Drang* [tempestade e ímpeto]. Trouxe ao mundo obras como *Os sofrimentos do jovem Werther* e *Fausto*. p. 88, 132, 148-9, 376, 381.

Gramsci, Antonio (1891-1937) – Pensador italiano e cofundador do Partido Comunista de seu país, foi perseguido e preso durante o regime fascista de Mussolini. Teórico da tradição marxista, seus trabalhos versam sobre cultura e lideranças políticas, entre outros temas. p. 156.

Hartmann, Nicolai (1882-1950) – Importante figura do pensamento alemão da primeira metade do século XX. Entre suas obras de destaque estão *Metafísica do conhecimento* e os volumes de *Ontologia*. Descreveu e analisou em detalhe o sistema das categorias comuns a todas as esferas do ser, mas também as categorias especiais do mundo real e do mundo ideal. p. 9, 18, 22, 29, 44, 208, 210, 385, 389, 390, 392-4, 396, 400-1.

Hegel, Georg Wilhelm Friedrich (1770-1831) – Destacada figura do Idealismo alemão, elaborou um sistema filosófico em que a consciência não é apenas consciência do objeto, mas também consciência de si. *A fenomenologia do espírito* descreve a marcha do pensamento até seu próprio objeto, que no final é o próprio espírito, na medida em que venha a absorver completamente o pensado. O espiritual são as formas de ser das entificações. A ciência da Ideia Absoluta procede de modo dialético: trata-se de um processo de sucessivas afirmações e negações que conduz da certeza sensível ao dito saber absoluto. A dialética não é um simples método de pensar; é a forma em que se manifesta a própria realidade, ou seja, é a própria realidade que alcança sua verdade em seu completo autodesenvolvimento. A Ideia é uma noção central no sistema hegeliano, o qual aspira a ser o sistema da verdade como um todo e, portanto, o sistema da realidade no processo de pensar a si mesma. p. 9, 12, 15, 31, 39, 50, 55-8, 60, 64-5, 77, 84, 132, 135, 150-1, 155, 158-9, 160-1, 164-6, 170-1, 173-9, 181-7, 191, 193, 196-7, 205, 209, 258-9, 269, 270, 279, 304, 312-3, 326, 331, 356, 366, 368, 385, 389, 390-1, 393-4, 398, 400-1.

Heidegger, Martin (1889-1976) – Personalidade central do pensamento alemão e mundial do século XX. Existencialista, tem no livro *Ser e tempo*, de 1927, um dos trabalhos mais influentes de sua época. Seu interesse principal foi nem tanto o que ele denominou de analítica do *Dasein*, mas sim a pergunta acerca do ser. Como a compreensão do ser é uma determinação ontológica do *Dasein*, ele é preeminente sobre todos os demais entes, porque no curso de sua compreensão se abre a realidade do ser. Considerou que seu ponto de partida era verdadeiramente radical – mais radical que o *cogito* – e mais radical que toda a "consciência transcendental", seja kantiana ou husserliana. p. 18, 34-5, 102-3, 387.

Heine, Christian Johann Heinrich (1797-1856) – Poeta romântico alemão, bastante crítico da sociedade de sua época. Foi amigo de Marx e Engels. p. 65.

Heráclito (c. 540 a. C.-c. 470 a. C.) – Filosófo pré-socrático. Segundo Heráclito, tudo flui e muda, mas não de qualquer modo. Muda de acordo com uma ordem, ou seja, é o instável no permanente. A realidade pode ser descrita metaforicamente como uma pulsação ou uma série de pulsações regidas por uma lei ou por um logos. p. 134, 205, 328.

Hitler, Adolf (1889-1945) – Político alemão, líder do Partido Nacional Socialista Alemão dos Trabalhadores. Eleito pelo voto popular, em 1933, tornou-se o ditador que levou a Alemanha à Segunda Guerra Mundial e à prática do terror de Estado e do genocídio. p. 267, 367.

Hobbes, Thomas (1588-1679) – Foi um materialista convicto, a ponto de atribuir a Deus uma realidade material. Ou seja, Hobbes admite apenas a existência dos corpos, classificados entre naturais e artificiais.O homem é entendido, ao mesmo tempo, como o mais perfeito dos corpos naturais e como artífice do corpo político do Estado. A obra de Hobbes pode ser entendida como uma tentativa de coordenar a crise surgida entre o feudalismo e a modernidade. *De Cive* e *Leviathan* refletem as experiências dramáticas do Seiscentos inglês, o contraste entre o absolutismo de Cromwell e dos Stuart nas lutas entre o poder soberano e os órgãos constitucionais. p. 44, 66-7, 196-7, 394.

Homero (c. século VIII a. C.) – Poeta épico da Grécia Antiga, autor dos poemas *Odisseia* e *Ilíada*. p. 113, 192, 324.

Husserl, Edmund Gustav Albrecht (1859-1938) – Matemático e pensador alemão, foi o fundador da fenomenologia. Afirma a consciência, isto é, o "eu transcendental" como "único ser indubitável", como "algo" que tem "uma realidade própria". Na descrição fenomenológica, nos encontramos diante do vivido, que é o fundamento de todos os atos intencionais. p. 34-5.

Jaspers, Karl Theodor (1883-1969) – Filósofo e psiquiatra alemão. Foi nomeado professor de filosofia da Universidade de Heidelberg e afastado do cargo em 1937, por causa de sua oposição ao regime nazista. É um dos principais nomes do existencialismo e da filosofia do século XX. A filosofia existencial, segundo Jaspers, constitui o âmbito no interior do qual se dão todo o saber e todo o possível descobrimento do ser. p. 102.

Jesus de Nazaré (c. 5 a. C.-c. 30 d. C.) – Figura central do cristianismo, é considerado filho de Deus pelos cristãos, e teria vindo ao mundo para reconciliar o homem em relação a Deus, por meio de sua morte na cruz. Também é dito que ele ressuscitou três dias após a morte e que vai retornar para salvar definitivamente a humanidade do pecado. Os muçulmanos consideram-no um grande profeta, porém numa escala inferior em relação a Maomé. Há grupos judaicos que também o consideram profeta; outros segmentos consideram-no um apóstata. p. 112, 237, 256-8, 283.

Jordan, Pascual [Ernst Pascual Jordan] (1902-1980) – Matemático alemão e teórico da física, é responsável pela teoria quântica de campos. p. 304-5.

Kant, Immanuel (1724-1804) – Pensador alemão que definiu o filósofo como "legislador em nome da razão humana", autor de obras seminais como *Crítica da razão pura*, *Crítica da razão prática* e *Crítica do juízo*. De acordo com o filósofo, sinteticamente, as ideias da razão são o fundamento da possibilidade de toda experiência, em qualquer campo em que ela se dê. Em *Crítica da razão pura*, por exemplo, Kant admite que todo conhecimento começa com a experiência, mas afirma que é necessário, antes de mais nada, se indagar como a experiência é possível, isto é, encontrar o fundamento da possibilidade de toda experiência. p. 12, 33, 44, 49, 50-1, 53-5, 57-8, 60, 64-5, 113, 128, 136, 149, 173, 178, 191, 216, 218, 290, 336, 361, 366, 385, 400.

Keller, Gottfried (1819-1890) – Escritor e ativista político suíço, sua literatura de traços germânicos, realista e antirromântica, é marcada pelo escárnio em relação à sociedade que o cercava. Tentou, sem sucesso, a carreira de pintor. p. 376, 381.

Kugelmann, Ludwig (1828-1902) – Ginecologista, pensador e ativista alemão, foi amigo de Marx e Engels. p. 118.

Lamarck [Jean-Baptiste-Pierre-Antoine de Monet, Chevalier de Lamarck] (1744-1829) – Naturalista francês, desenvolveu uma teoria da evolução pré-darwiniana hoje desacreditada. É por meio dele que surgiu o termo *biologia*. p. 88.

Laplace [Pierre Simon, Marquis de Laplace] (1749-1827) – Matemático, astrônomo e físico francês. Estudos sobre astronomia, eletromagnetismo e mecânica dos fluidos foram beneficiados pela equação desenvolvida por ele e que leva seu nome. p. 128.

Lassalle, Ferdinand (1825-1864) – Jurista e ativista político alemão, defensor dos ideais democráticos. Seguidor de Hegel e amigo de Marx, embora não estivessem de acordo a respeito das questões fundamentais de sua época. p. 194, 204-5, 207.

Leibniz, Gottfried Wilhelm von (1646-1716) – Pensador e matemático alemão, é responsável pela criação do termo "função" em matemática. A ele e Newton é atribuído o desenvolvimento do cálculo moderno. Em metafísica, formulou a teoria sobre as mônadas. Seu pensamento filosófico se caracteriza por várias ideias centrais: a harmonia, a continuidade e a universalidade. Longe de rejeitar a tradição, Leibniz procurou incorporá-la e integrá-la com as ideias propostas pela ciência e pela filosofia modernas. p. 44, 81, 335.

Lenin [Vladimir Illitch Ulianov] (1870-1924) – Líder revolucionário e chefe de Estado russo, mentor e executor da Revolução Russa de 1917. Em 1922, fundou, junto com os sovietes, a União das Repúblicas Socialistas Soviéticas (URSS). Sua liderança inspirou os partidos comunistas através do mundo. p. 19, 98, 155, 170, 200, 241, 260, 285-8, 307, 365-6, 391.

Lévy-Bruhl, Lucien (1857-1939) – Filósofo, sociólogo e antropólogo francês. Em sua obra procurou analisar, sobretudo, o pensamento das sociedades primitivas. p. 85.

Lineu, Carlos (1707-1778) – Naturalista sueco, criou o sistema de classificação binária, lançando assim as bases para a botânica moderna. p. 369.

Luxemburgo, Rosa (1871-1919) – Pensadora e ativista marxista polonesa que, ao lado de Karl Liebknecht, criou a Liga Espartaquista, a semente do Partido Comunista da Alemanha. Foi presa, espancada e assassinada com outros líderes do partido, fato que gerou o fim da revolta espartaquista de janeiro de 1919. p. 285.

Mandeville, Bernard de (1670-1733) – Seu pensamento se insere no quadro do moralismo inglês, que buscava, sobretudo com Shaftesbury, a superação da antinomia entre *virtude* e *felicidade*, capaz de recuperar, contra Hobbes, uma visão otimista da natureza humana. p. 67.

Mann, Thomas (1875-1975) – Romancista alemão, considerado um dos maiores nomes da literatura do século XX. Entre suas principais obras estão O*s Buddenbrooks* e *A montanha mágica*. p. 306.

Marx, Karl Heinrich (1818-1883) – Filósofo alemão, autor de, entre outras obras importantes, *A miséria da filosofia*, *O capital* e *A guerra civil na França*. Pensador que construiu sua reflexão científico-filosófica voltada prioritariamente às questões candentes da sociabilidade, em especial a moderna capitalista, buscando compreender e explicitar seus elementos e relações fundamentais à luz de parâmetros teóricos que respeitassem e expressassem as reais conexões existentes objetivamente. Esse padrão teórico foi formulado a partir de três críticas cruciais, de caráter ontológico, dirigidas às manifestações de ponta da cientificidade e da filosofia de seu tempo (*filosofia especulativa hegeliana, politicidade moderna* e *economia política*). Participou ativamente, diretamente ou não, dos grandes momentos revolucionários europeus e dos debates político-sociais de século XIX, de forma sempre articulada com suas concepções teóricas. p. 9, 14-6, 18-9, 20-3, 26, 28, 31, 38-9, 42-3, 46, 51-2, 54, 59, 60, 65, 67, 69, 70-3, 75-9, 81-4, 86, 89, 101, 105, 107-8, 110-11, 114-19, 120, 124-5, 127, 131, 133-7, 150-9, 160-1, 164, 169, 170, 178, 184, 188-9, 190, 193-5, 198-9, 200-7, 217, 219, 221-2, 227-9, 233, 236, 239, 241-4, 246-7, 250-2, 256-8, 260-4, 266, 270-1, 275, 277-9, 280-9, 290-5, 298, 307-9, 310, 312-7, 319, 321-2, 324-9, 330-1, 334-5, 339, 340-1, 343, 345-9, 351-3, 356-9, 360, 362-5, 367-9, 371-2, 374, 378-9, 380-2, 385, 387-9, 390-3, 395, 399, 400.

Molière [Jean-Baptiste Poquelin] (1622-1673) – Dramaturgo comediógrafo e, por vezes, ator, conhecido por seu pioneirismo no gênero conhecido como "comédia de costumes". p. 174.

Moreau, Jean-Victor-Marie (1763-1813) – General francês que se tornou uma das principais lideranças das "Guerras Revolucionárias Francesas" (1792-1799). Posteriormente se tornou opositor do regime de Napoleão Bonaparte. p. 119.

Morus, Thomas (1478-1535) – Estadista e escritor inglês, autor de *Utopia*, considerada uma das maiores obras do humanismo renascentista. p. 123.

Münzer, Thomas (1489-1525) – Teólogo revolucionário alemão de grande importância para o processo da Reforma Protestante. Participou da revolta camponesa da Turíngia (1524-1525). p. 169, 257.

Napoleão Bonaparte (1769-1821) – Dirigente efetivo da França a partir de 1799 e imperador de 1804 a 1814. p. 112, 118-9, 188-9.

Natorp [Paul Nartorp] (1854-1924) – Filósofo alemão neo-kantiano, representante da chamada Escola de Marburgo, influenciou filósofos como Hans-Georg Gadamer e Edmund Husserl. p. 194, 393.

Newton, Isaac (1642-1727) – Físico, astrônomo e matemático inglês, fundador da ciência da mecânica, hoje chamada de mecânica clássica. No campo da matemática, suas contribuições referem-se ao método de fluxões e, no da física, ao desenvolvimento e à sistematização da mecânica, com as leis do movimento, ou seja, o "sistema do mundo", com a teoria da gravitação universal; desenvolvimento das leis da refração e reflexão da luz e teoria corpuscular da luz. p. 54-5, 128, 149.

Planck, Max (1858-1947) – Além da pesquisa científica pura, manifestou interesse pelos problemas metodológicos e pelas implicações filosóficas da física, em particular as questões do determinismo e do livre-arbítrio, bem como o significado e os limites da ciência exata. Embora as teorias físicas de Planck, em função de seu caráter inovador em relação à física clássica, tenham fornecido sugestões para a constituição das concepções metodológicas contemporâneas no sentido operativo e neopositivista, ele sempre se opôs a tais interpretações da nova física, sustentando uma concepção metodológico-filosófica "realista". p. 128, 141-2, 263, 280.

Platão (427 a. C.-347 a. C.) – Em princípio, a obra filosófica de Platão pode ser considerada uma continuação da obra socrática, na medida em que os chamados diálogos de juventude são tanto elaborações do pensamento socrático como exposição dos diálogos de Sócrates com seus amigos, discípulos e adversários. Neles, sobretudo, Platão se opõe ao relativismo dos sofistas. Sua principal doutrina filosófica é a teoria das ideias. Estas aparecem como verdade das coisas, pois trata-se de verdades que a alma possui de maneira inata. p. 132, 197, 351.

Plutarco (46 a. C.-126 a. C.) – Filósofo e prosador grego, praticou ativamente o ensaio, a biografia e a escrita histórica. p. 351.

Poincaré, Jules Henri (1854-1912). Matemático, físico e filósofo da ciência. A título de exemplo de seu posicionamento a respeito das relações entre pensamento e realidade natural em seu livro *La valeur de la science*, temos: "Tudo aquilo que não é pensado é um puro nada...". p. 68, 305.

Prometeu – É um titã, personagem da mitologia grega. Foi responsável por roubar o fogo dos deuses para presenteá-lo aos mortais. p. 131, 255, 381.

Proudhon, Pierre-Joseph (1809-1865) – Filósofo político e econômico francês, considerado um dos mais influentes autores anarquistas. p. 246, 251, 291.

Puchkin, Alexander Sergueievitch (1799-1837) – Romancista e poeta russo da era romântica, considerado por muitos o fundador da literatura russa moderna. p. 260.

Ranke, Leopold von (1795-1886) – Influente historiador alemão cuja metodologia de ensinamento, denominada "História científica", definiu em grande parte a historiografia ocidental. p. 280.

Rembrandt [Rembrandt Harmenszoon van Rijn] (1606-1669) – Pintor e gravador holandês, um dos mais célebres de toda a história da arte europeia. p. 259.

Ricardo, David (1772-1823) – Considerado um dos fundadores da escola clássica inglesa de economia política. p. 345, 357.

Rickert, Heinrich John (1863-1936) – Filósofo alemão de tendência neo-kantiana, líder da Escola de Baden, ao lado de Wilhelm Windelband. Seus esforços teóricos consistiam em, como Dilthey, criar uma teoria unitária do conhecimento através de uma distinção qualitativa entre ciência e história. Foi uma das grandes influências de Max Weber. p. 139, 194, 280.

Robespierre, Maximilien de (1758-1794) – Político, advogado e revolucionário francês. Uma das figuras centrais da Revolução Francesa. p. 283.

Rousseau, Jean-Jacques (1712-1778) – Pensador e teórico político suíço, é um dos ícones do Iluminismo francês. Sua teoria sobre a liberdade ser inerente à natureza humana o tornou inspirador de movimentos liberais, do marxismo e do anarquismo. p. 123.

Russell, Bertrand (1872-1970) – Pensador e matemático galês, foi o criador, ao lado de Gottlob Frege e Ludwig Wittgenstein, da filosofia analítica. p. 128.

Saint-Just, Louis Antoine Léon de (1767-1794) – Revolucionário e militar francês, foi membro dos Montanheses e aliado de Robespierre no período conhecido como Terror. p. 283.

Sartre, Jean-Paul (1905-1980) – Pensador e escritor existencialista francês, foi um dos autores mais influentes do século XX. Entre suas obras filosóficas e romances figuram O *ser e o nada* e a trilogia *Os caminhos da liberdade*, entre outras. p. 283.

Scheler, Max (1874-1928) – Pensador alemão, é um dos desenvolvedores do tema do valor em filosofia. Discípulo de Husserl, foi também um dos implementadores da fenomenologia. p. 34.

Schiller, Friedrich (1759-1805) – Poeta, pensador e historiador alemão, foi um dos ícones da literatura romântica daquele país no século XVIII, ao lado de Goethe. p. 297, 303.

Shakespeare, William (1564-1616) – poeta e dramaturgo inglês. Com os dois longos poemas que dedicou ao conde de Southampton, obteve dinheiro suficiente para tornar-se sócio da companhia teatral Lord Chamberlain's Men. Suas obras completas foram publicadas por dois antigos colegas de palco sete anos após a sua morte. p. 259, 260.

Sócrates (c. 469-399 a. C.) – Pensador grego considerado um dos fundadores da filosofia ocidental, conhecido por meio dos escritos de Platão. Desenvolveu várias controvérsias com os cosmólogos e os sofistas. Para Sócrates, a sabedoria se resume, sobretudo, por uma limitação: descobre, por meio do oráculo de Delfos, que é o mais sábio de todos os homens justamente porque é o único que sabe que não sabe nada. Daí o imperativo: "Conhece-te a ti mesmo!". Sua atividade consistia em conversar nas praças de Atenas com aqueles que queriam buscar-se a si mesmos e encontrar a fonte da virtude. Causou irritação entre os poderosos da cidade porque era visto como destruidor de crenças tradicionais. Foi condenado a beber cicuta. Preferiu não se defender da acusação. Tal evento é retratado por Platão em *Apologia de Sócrates*. p. 237, 256.

Sófocles (c. 497/496 a. C.-c. 405 a. C.) – Dramaturgo grego que é considerado um dos pilares do teatro trágico, ao lado de Ésquilo e Eurípedes. Entre suas obras principais estão *Édipo Rei*, *Antígona* e *Electra*. p. 112, 259.

Spengler, Oswald (1880-1936) – Historiador e pensador alemão, sua obra mais marcante é *O declínio do Ocidente*. p. 291.

Stalin, Josef (1878-1953) – Político e chefe de Estado russo. Sob seu domínio, a URSS expandiu suas fronteiras, enfrentou os países do Eixo durante a Segunda Guerra Mundial e tornou-se uma importante superpotência do século XX. p. 152, 156-7, 288, 320, 325, 330, 365-7.

Stendhal [Henri-Marie Beyle] (1783-1842) – Escritor francês, um dos pioneiros do Realismo. Entre suas obras se destacam *A cartuxa de Parma* e *O vermelho e o negro*. p. 112.

Tartufo – Personagem da peça homônima de Molière, é uma crítica à hipocrisia e à falsa religiosidade. p. 112.

Tolstói, León (1828-1910) – Romancista e pacifista russo, foi um dos grandes nomes da literatura do século XIX de seu país, ao lado de Dostoievski, Gorki e Tchekov. Entre suas obras principais figuram *Guerra e paz* e *Anna Karenina*. p. 112, 260.

Virgílio (70 a. C.-19 a. C.) – Poeta romano clássico, entre suas obras figura *Eneida*, poema épico em que o troiano Eneias, ancestral dos romanos, chega à região onde hoje existe a Itália. Dante Alighieri, séculos depois, em *A divina comédia*, faz de Virgilio o personagem que o guia pelos círculos infernais, purgatório e paraíso. p. 113.

Windelband, Wilhelm (1848-1915) – Filósofo alemão neo-kantiano, fundador da Escola de Baden ao lado de Heinrich Rickert. p. 33, 194.

Zinoviev, Grigori (1883-1936) – Revolucionário e político russo, fez oposição a Lenin durante a Revolução Russa e acabou executado durante o governo de Stalin. p. 13, 286.

Referências bibliográficas

BALZAC, Honoré de. Les provemerent à Paris, Le cabinet des antiques. In: _____. *Oeuvres completes*. Paris, Michel Lévy Frères, 1869, t. VII.

ENGELS, Friedrich. *Ludwig Feuerbach und der Ausgang der Klassischen deutschen Philosophie*. Viena/Berlim, Verlag für Kultur und Politik, 1927.

_____. *Ursprung der Familie, des Privateigentums und des Staates*. Moscou/Leningrado, Verlagsgenossenschaft ausländischer Arbeiter in der USSR, 1934.

ESPINOSA, Baruch. *Werke*. Leipzig, 1907.

FROMM, Erich. Le modèle de l'homme chez Freud et ses déterminants sociaux. *L'homme et la société*. n. 3, 1969. [Ed. bras.: *A crise da psicanálise*: ensaios sobre Freud, Marx e psicologia social, Rio de Janeiro, Zahar, 1997.]

GOETHE, Johann Wolfgang von. Erster Entwurf einer Allgemeinen Einleitung in die vergleichende Anatomie, ausgehend von der Osteologie (1795). In: _____. *Zur Morphologie*. v. I, fascículo 2.

HARTMANN, Nicolai. *Möglichkeit und Wirklichkeit*. Berlim, De Gruyter, 1938.

HEGEL, G. W. F. *Enzyklopädie der philosophischen Wissenschaften im Grundrisse*. [Ed. bras.: *Enciclopédia das ciências filosóficas*, trad. Paulo Menezes, São Paulo, Loyola, 1995.]

_____. *Rechtsphilosophie*. [Ed. bras.: *Princípios da filosofia do direito*, 2. ed. São Paulo, Martins Fontes, 2003.]

_____. *Werke*. I, Erste Druckschriften, v. 2-4. Leipzig, 1928.

_____. *Werke*. Jubiläumsausgabe, XX. Stuttgart, 1930.

HEIDEGGER, Martin. *Sein und Zeit*. Halle, Max Niemeyer Verlag, 1941.

HOBBES, Thomas. Lehre vom Körper. In: _____. *Grundzüge der Philosophie*. Leipzig, Meiner, 1915.

JORDAN, Pascoal. *Der Naturwissenschaftler vor der religiösen Frage*. Oldenburg, Stalling, 1963.

KANT, Immanuel. *Kritik der Urteilskraft*. Leipzig, Verlag der Dürr'schen Buchhandlung, 1902. p. 63. Philosophischen Bibliothek, v. 39. [Ed. bras.: *Crítica da faculdade do juízo*, trad. Valério Rohden e Antônio Marques, Rio de Janeiro, Forense Universitária, 2008.]

LENIN, Vladimir Ilitch. *Aus dem philosophischen Nachlass*. Viena/Berlim, 1932.

_____. *Werke*. Viena/Berlim, 1932, IV, XVIII, XXI, XXV, 2.

LUKÁCS, György. Lob des XX. Jahrhunderts. In:_____. *In Sachen Böll*. Berlim, 1968.

_____. *Frühschriften II*. In: _____. *Werke*, v. 2. Berlim/Neuwied, Luchterhand, 1968.

_____. *Über die Besonderheit als Kategorie der Ästhetik*. In:_____. *Werke*, v. 10. Berlim/Neuwied, Luchterhand, 1969.

MARX, Karl. *Briefe an Kugelman*. Berlim, 1924.

_____. *Briefwechsel zwischen Lassalle und Marx*. Berlim, Deutsche Verlagsanstalt, 1922.

_____. *Bürgkrieg in Frankreich*. Leipzig, 1871.

_____. *Das Kapital*. Hamburgo, 1914, I, III. [Ed. bras.: *O capital*: crítica da economia política, São Paulo, Abril Cultural, 1983.]

_____. *Der Achtzehnte Brumaire*. Viena/Berlim, Rjazanov, 1927. [Ed. bras.: *O 18 de brumário*. São Paulo, Boitempo, no prelo.]

_____. *Eine Sammlung von Erinnerungen und Aufsätzen*. Moscou/Leningrado, 1934.

_____. *Elend der Philosophie*. Stuttgart, 1919.

_____. *Grundrisse der Kritik der politischen Ökonomier [Rohentwurf]*. Moscou, Fremdsprachige Literatur, 1939-1941.

_____. *Theorien über den Mehrwert*. II, 2. Stuttgart, 1921.

_____. *Zur Kritik der politischen Ökonomie*. Stuttgart, 1919. [Ed. bras.: *Para a crítica da economia política e outros textos*, São Paulo, Abril Cultural, 1978, Os Pensadores.]

MARX, Karl; ENGELS, Friedrich. *Ausgewählte Briefe*. Organização de Marx-Engels-Lenin-Institute e Vladimir Adoratskij. Zurique, Ring-Verl, 1934.

_____. *Kritiken der sozialdemokratischen Programm-Entwürfe von 1875 und 1891*. Berlim, Internat. Arbeiter-Verlag, 1928.

PLANCK, Max. *Weg zur physikalischen Erkenntnis*. Leipzig, Hirzel-Verlag, 1944.

POINCARÉ, Jules Henri. *Wissenschaft und Hypothese*. Leipzig, 1906.

STALIN, Joseph. *Geschichte der KPdSU*. Moscou, 1939.

TÖKEI, Ferenc. *Zur Frage der asiatischen Produktionsweise*. Neuwied/Berlim, Luchterhand, 1969.

WAGNER, Friedrich. *Menschenzüchtung*. Essen, Auf Buchfühlung, 1969.

Livros da Marx-Engels-Gesamtausgabe (MEGA)

MEGA I/1 MARX, Karl. *Werke und Schriften bis Anfang 1844 nebst Briefen und Dokumenten*, parte 1. Werke und Schriften. Unveränd. Organização de David Rjazanov. Frankfurt, 1927.

MARX, Karl. *Werke und Schriften bis Anfang 1844 nebst Briefen und Dokumenten*, parte 2. Jugendarbeiten, Nachträge, Briefe und Dokumente. Unveränd. Organização de David Rjazanov. Berlim, 1929.

MEGA I/3 MARX, Karl; ENGELS, Friedrich. *Die heilige Familie und Schriften von Marx von Anfang 1844 bis Anfang 1845*. Organização de Vladimir Adoratskij. Berlim, 1932.

MEGA I/5 MARX, Karl; ENGELS, Friedrich. Die *deutsche Ideologie. Kritik d. neuesten dt. Philosophie in ihren Repräsentanten, Feuerbach, B. Bauer u. Stirner u.d. dt. Sozialismus in seinen verschiedenen Propheten 1845-1846*. Organização de Vladimir Adoratskij. Berlim, 1932.

MEGA I/6 MARX, Karl; ENGELS, Friedrich. *Werke und Schriften von Mai 1846 bis März 1848*. Organização de Vladimir Adoratskij. Moscou/Leningrado, 1933.

MEGA I/26 ENGELS, Friedrich. *Herrn Eugen Dühring Umwälzung der Wissenschaft. Dialektik der Natur (1873-1882)*. Organização de Vladimir Adoratskij. Moscou, 1935.

MEGA III/2 MARX, Karl; ENGELS, Friedrich. *Der Briefwechsel zwischen Marx und Engels 1854-1860*. Organização de David Rjazanov. Berlim, 1930.

Obras do autor

A dráma formája. Budapeste, Franklin, 1909.
Megjegyzések az irodalomtörténet elméletéhez. Budapeste, Franklin, 1910.
A lélek és a formák, Budapeste, Franklin, 1910.
Modern dráma fejlödésenek története, 2 v. Budapeste, Franklin, 1911.
Die Seele und die Formen. Berlim, Egon Fleischel & Co., 1911.
"Zur Soziologie des modernen Dramas", *Archiv für Sozialwissenschaft und Sozialpolitik*, XXXVIII, 1914.
"Die Theorie des Romans", *Zeitschrift für Asthetik und Allgemeine Kunstwissenschaft*, t. 2, 1916. [Ed. bras.: *A teoria do romance*, São Paulo, Editora 34, 2000.]
Taktika és Ethika. Budapeste, Közoktaasügyi Nepbiztossag Kiadasa, 1919.
Geschichte und Klassenbewusstsein. Studien über marxistische Dialetik. Berlim, Der Malik Verlag, 1923. [Ed. bras.: *História e consciência de classe – estudos sobre a dialética marxista*, São Paulo, Martins Fontes, 2003.]
Lenin Studie über den Zusammenhang seiner Gedanken. Berlim, Der Malik Verlag, 1924. [Ed. bras.: *Lênin: um estudo sobre a unidade de seu pensamento*, São Paulo, Boitempo, 2012.]
A tórténelmi regény. Budapeste, Hungária, 1947.
Der junge Hegel. Über die Beziehungen Von Dialetik und Ökonomie. Zurique, Europa Verlag, 1948. [Ed. bras.: *O jovem Hegel e os problemas da sociedade capitalista*, São Paulo, Boitempo, 2018.]
Az ész trónfosztása. Az irracionalista filozófia kritikája. Budapeste, Akadémiai Kiadó, 1954.
Die Eigenart des Ästhetischen, werke, v. 11-2. Neuwied, Luchterhand, 1963.
Ensaios sobre literatura. Rio de Janeiro, Civilização Brasileira, 1965 [2. ed., 1968].
Existencialismo ou marxismo? São Paulo, Senzala, 1967 [2. ed., São Paulo, Ciências Humanas, 1979].
Introdução a uma estética marxista. Rio de Janeiro, Civilização Brasileira, 1968 [3. ed., 1977].
Marxismo e teoria da literatura. Rio de Janeiro, Civilização Brasileira, 1968.
Realismo crítico hoje. Brasília, Coordenada, 1969 [2. ed., Brasília, Thesaurus, 1991].
Conversando com Lukács (entrevista concedida a H. H. Holz, L. Kofler e W. Abendroth). Rio de Janeiro, Paz e Terra, 1969.
Müvészet és társadalom. Budapeste, Gondolat Kiadó, 1970. [Ed. bras.: *Arte e sociedade – escritos estéticos 1932-1967*, Rio de Janeiro, UFRJ Editora, 2009.]
Lukács. São Paulo, Ática, 1981. (Coleção Grandes Cientistas Sociais, v. 20.)
Zur Ontologie des gesellschaftlichen Seins. 2 v. Darmstadt, Luchterhand, 1984-1986. [Ed. bras. *Para uma ontologia do ser social*, 2v., São Paulo, Boitempo, 2012-2013.]
Prolegomena zur Ontologie des gesellschaftlichen Seins. Darmstadt, Luchterhand, 1984. [Ed. bras. *Prolegômenos para uma ontologia do ser social*, São Paulo, Boitempo, 2010.]
Pensamento vivido. Autobiografia em diálogo (entrevistas concedidas a I. Eörsi e E. Vezér). São Paulo, Ad Hominem/Universidade Federal de Viçosa, 1999.
O jovem Marx. Rio de Janeiro, UFRJ Editora, 2007.
Reboquismo e dialética. São Paulo, Boitempo, 2015.
Marx e Engels como historiadores da literatura. São Paulo, Boitempo, 2016.
Essenciais são os livros não escritos: últimas entrevistas (1966-1971). São Paulo, Boitempo, 2020.
Goethe e seu tempo. São Paulo, Boitempo, 2021.
Estética: a peculiaridade do estético, v. 1: *Questões preliminares e de princípio.* São Paulo, Boitempo, 2021.

Este livro foi composto em Revival565 BT, corpo 10,5/14,2, e reimpresso em papel Pólen Natural 80 g/m² pela gráfica Rettec para a Boitempo, em outubro de 2023, com tiragem de 1.000 exemplares.